蕉岭年鉴

JIAOLING YEARBOOK

2022

（总第30卷）

蕉岭年鉴编纂委员会 编

方志出版社
Publishing House of Local Records

◆2021年1月23日，中国共产党蕉岭县第十三次代表大会第六次会议在蕉城举行
（汪敬淼 摄）

◆2021年1月27日，蕉岭县精神文明建设表彰大会暨创建全国县级文明城市工作动员大会在蕉城举行
（汪敬淼 摄）

◆2021年2月3日，中国人民政治协商会议第十一届蕉岭县委员会第六次会议在蕉城举行
（汪敬淼 摄）

◆2021年2月4日，蕉岭县第十五届人民代表大会第七次会议在蕉城举行 （汪敬淼 摄）

◆2021年10月26日至28日，中国共产党蕉岭县第十四次代表大会在蕉城举行。图为会议现场 （汪敬淼 摄）

◆2021年1月6日，省政协副主席马光瑜（前排左一）到蕉岭县调研　（林剑湧 摄）

◆2021年1月12日，省水利厅厅长王立新（左二）到蕉岭县调研（汪敬淼 摄）

◆2021年1月26日，广东医科大学党委书记、校长卢景辉（右二）到蕉岭县调研
（汪敬淼 摄）

◆2021年3月8日，蕉岭县2021年园区建设暨招商引资重点项目工作推进会在蕉城举行 （丘林强 摄）

◆2021年3月9日，市政协主席戚优华（左二）到蕉岭县调研 （汪敬淼 摄）

◆2021年 3月 10日，卡拉比—丘（梅州蕉岭）数学大会总结会暨“卡拉比—丘”数学小镇建设动员会在蕉城举行 （汪敬淼 摄）

◆2021年3月13日，广东省数学会第九届会员代表大会暨2021年学术年会在蕉城举行

（汪敬淼　摄）

◆2021年 3月29日，“中国农村教育改革与学校创新发展”校长论坛在蕉城举行

（汪敬淼　摄）

◆2021年3月31日，蕉岭县2021年第一季度招商引资及重点项目集中签约、动工仪式在蕉城举行

（汪敬淼　摄）

◆2021年4月17日，省人民检察院检察长林贻影（左五）到蕉岭县督导检查（林剑湧 摄）

◆2021年4月24日，海峡两岸关系协会副会长孙亚夫（左二）到蕉岭县调研 （丘林强 摄）

◆2021年5月3日，嘉应学院政法学院、中共蕉岭县委党史研究室、蕉岭县人民政府地方志办公室开展实践基地的签约和挂牌活动 （县委党史研究室、县方志办供图）

◆2021年5月18日，蕉岭县农村工作会议暨实施乡村振兴战略现场推进会在蕉城举行

（丘林强 摄）

◆2021年6月1日，蕉岭县妇幼保健院新院区全面开业

（丘林强 摄）

◆2021年 6月 3日，蕉岭县乡村振兴局挂牌

（丘林强 摄）

◆2021年6月20日，举行蕉岭县人民医院新院区开业仪式

（汪敬淼 摄）

◆2021年6月29日，蕉岭县开展“百年历程·光辉丰碑”蕉岭党史党建主题展览活动

（汪敬淼 摄）

◆2021年6月30日，蕉岭县2021年广东扶贫济困日活动暨“千企帮千镇”“万企兴万村”启动仪式在蕉城举行

（汪敬淼 摄）

◆2021年7月13日，中国少年先锋队蕉岭县第二次代表大会在蕉城举行

（汪敬淼 摄）

◆2021年8月19日，蕉岭县乡村“复兴少年宫”挂牌启动仪式

（丘林强 摄）

◆2021年9月3日，蕉岭县委书记、县长刘鸿涛（右二）率县党政代表团赴福建省龙岩市上杭县、武平县学习考察，共同谋划省际边界地区合作发展

（丘林强 摄）

◆2021年9月28日，举行蕉岭县人民政府和美团合作签约仪式暨“畅游蕉岭”品牌馆上线发布会。蕉岭县委书记、蕉华工业园区党委书记刘鸿涛（左三），蕉岭县县委副书记、代县长、蕉华工业园区管委会主任刘裕君（左二）参加活动

（丘林强 摄）

◆2021年9月30日，蕉岭县在镇山公园革命烈士纪念碑前举行国家公祭日公祭活动 （汪敬淼 摄）

◆2021年10月8日，蕉岭县举行庆祝中国农民丰收节活动

（汪敬淼 摄）

◆2021年10月15日，台盟中央两岸融合发展交流营广东乡村振兴主题分营开营仪式在蕉岭县举行

（汪敬淼 摄）

◆2021年 10月 22日，省委党史学习教育巡回指导组到蕉岭县调研

（丘林强 摄）

◆2021年11月4日，广东省委统战部副部长、一级巡视员李阳春（左五）到蕉岭县调研 （县委统战部供图）

◆2021年 11月 23日，广州发展集团股份有限公司与蕉岭县新铺镇“光伏小镇”示范项目战略合作协议签约仪式在丘成桐国际会议中心举行

（汪敬淼 摄）

◆2021年 12月 17日，粤闽赣（蕉岭）苏区省界工业产业发展研讨会在蕉岭县举行 （汪敬淼 摄）

◆2021年12月17日，粤闽赣（蕉岭）苏区省界工业产业发展研讨会与会嘉宾到实地参观

（汪敬淼 摄）

◆2021年5月8日，参加全市乡村振兴现场会的嘉宾到实地参观 （汪敬淼 摄）

◆2021年7月6日，省市场监督管理局实施乡村振兴战略领导小组常务副组长、一级巡视员丘瑞清（左一），星海音乐学院党委副书记、纪委书记李振连（左二）率工作队到蕉岭县长潭镇开展乡村振兴驻镇帮镇扶村工作 （汪敬淼 摄）

◆广福镇美丽乡村建设剪影

（汪敬淼　2021年摄）

◆广福镇广育村党群服务中心

（汪敬淼　2021年摄）

◆道路提升后的文福镇逢甲村 （汪敬淼　2021年摄）

◆文福镇岃湖新村 （汪敬淼　2021年摄）

◆文福镇羊岃村史馆　　（汪敬淼　2021年摄）

◆蓝坊镇峰口村枫桥溪韵　　（汪敬淼　2021年摄）

◆长潭镇石窟河碧道 （汪敬淼 2021年摄）

◆长潭镇醉美书院精品民宿 （汪敬淼 2021年摄）

◆长潭水墨印象　　（汪敬淼　2021年摄）

◆蕉岭（南沙）粤港澳大湾区现代农业示范基地　　（汪敬淼　2021年摄）

◆三圳镇九岭村无花果基地 （汪敬淼　2021年摄）

◆三圳镇招福村丝苗米收割现场 （汪敬淼　2021年摄）

◆蓝坊镇石湖村高磜自然村竹里馆　　（丘林强　2021年摄）

◆蓝坊镇石湖村高磜自然村青檀古树园　　（汪敬淼　2021年摄）

目 录

特 辑

■ 抢抓新机遇 实现新跨越 奋力打造老区苏区振兴高质量发展广东新样本
——2021 年 10 月 27 日在中国共产党蕉岭县第十四次代表大会上的报告 …… 1
■ 政府工作报告
——2021 年 11 月 16 日在蕉岭县第十六届人民代表大会第一次会议上 …… 12
■ 政府工作报告
——2022 年 1 月 20 日在蕉岭县第十六届人民代表大会第二次会议上 …… 21

大事记

■ 1 月 …… 27
2 月 …… 28
3 月 …… 28
4 月 …… 30
5 月 …… 31
6 月 …… 32
7 月 …… 33
8 月 …… 34
9 月 …… 36
10 月 …… 36
11 月 …… 37
12 月 …… 39

蕉岭概况

■ 基本概况
· 建置沿革 …… 41
· 位置面积 …… 41
· 地质地貌 …… 41
· 气候特征 …… 41
· 自然资源 …… 42
· 旅游资源 …… 42
■ 经济社会发展概况
· 发展概况 …… 42
· 农业 …… 43
· 工业和建筑业 …… 43
· 固定资产投资 …… 43
· 服务业 …… 43
· 国内贸易和对外经济 …… 44

·金融和保险业 …………………………… 44
·科技、教育、文化、卫生和体育 ………… 44
·环境和人民生活 ………………………… 45

政　治

县领导机关

中共蕉岭县委员会 …………………… 47
·中国共产党蕉岭县第十三届委员会
第十一次全体会议 ……………………… 47
·中国共产党蕉岭县第十三次代表大会
第六次会议 ……………………………… 48
·蕉岭县精神文明建设表彰大会暨创建
全国县级文明城市工作动员大会 ……… 49
·蕉岭县党史学习教育动员大会 ………… 49
·卡拉比—丘（梅州蕉岭）数学大会总结会暨
“卡拉比—丘”数学小镇建设动员会 … 50
·广东省数学会第九届会员代表大会暨
2021 年学术年会 ……………………… 51
·蕉岭县委理论学习中心组暨全县科级领导干部
党史学习教育专题研讨班 ……………… 51
·2021 年梅州市农村工作会议暨实施
乡村振兴战略现场推进会 ……………… 52
·蕉岭县开展深入学习习近平总书记关于革命
传统的重要论述现场学习活动 ………… 54
·蕉岭县学习贯彻习近平总书记在庆祝中国共产
党成立 100 周年大会上重要讲话精神干部动
员大会 …………………………………… 54
·中国共产党蕉岭县第十三届委员会
第十四次全体会议 ……………………… 55
·中国共产党蕉岭县第十三届委员会
第十五次全体会议 ……………………… 56
·台盟中央两岸融合发展交流营广东
乡村振兴主题分营蕉活动 ……………… 57
·中国共产党蕉岭县第十四次代表大会 …… 58
·学习贯彻中共十九届六中全会精神市委
宣讲团报告会暨蕉岭县科级领导干部
学习贯彻中共十九届六中全会
精神专题研讨班 ………………………… 60
·2021 年广东（梅州蕉岭）
第六届星空大会 ………………………… 61
蕉岭县人民代表大会 ………………… 62
·概况 ……………………………………… 62
·党的领导 ………………………………… 62
·依法监督 ………………………………… 62
·选举任免 ………………………………… 63
·代表工作 ………………………………… 63
·自身建设 ………………………………… 63
蕉岭县人民政府 ……………………… 64
·政府工作报告 …………………………… 64
·政府常务会议和县长办公会议 ………… 65
·重点项目建设 …………………………… 65
·主要民生实事 …………………………… 65
·出台的主要文件 ………………………… 66
政协蕉岭县委员会 …………………… 67
·概况 ……………………………………… 67
·十一届六次会议 ………………………… 67
·十二届一次会议 ………………………… 67
·民主监督 ………………………………… 68
·提案工作 ………………………………… 68
·助力民生改善 …………………………… 68
·文史工作 ………………………………… 68
中共蕉岭县纪律检查委员会
蕉岭县监察委员会 …………………… 69
·概况 ……………………………………… 69
·主要会议召开情况 ……………………… 69
·工作任务落实情况 ……………………… 69
·做实做细监督首责 ……………………… 69
·持之以恒正风肃纪 ……………………… 69
·坚守为民执纪执法 ……………………… 70

·一体推进“三不”建设 …… 70
·落实巡察上下联动 …… 70
·纪检监察队伍建设 …… 71

民主党派·群众团体

中国农工民主党广东省蕉岭县委员会 …… 72
·概况 …… 72
·深化思想引领，把牢政治方向 …… 72
·推进自身建设，夯实履职基础 …… 72
·围绕中心大局，积极建言献策 …… 72
·弘扬爱岗敬业，创新社会服务 …… 73
蕉岭县总工会 …… 73
·概况 …… 73
·创新活动 …… 73
·维护职工合法权益 …… 74
·我为群众办实事 …… 74
·服务职工工作 …… 74
·工会自身建设 …… 74
中国共产主义青年团蕉岭县委员会 …… 75
·概况 …… 75
·政治引领 …… 75
·疫情防控 …… 75
·乡村振兴 …… 75
·志愿服务 …… 75
·创文工作 …… 76
·服务青年 …… 76
·从严治团 …… 76
蕉岭县妇女联合会 …… 76
·概况 …… 76
·党史学习教育 …… 76
·党建带妇建 …… 77
·家庭文明建设 …… 77
·助力乡村振兴 …… 77
·岗位建功行动 …… 77
·参与疫情防控 …… 77
·参与创文行动 …… 78
·加强阵地建设 …… 78
·实施妇儿规划 …… 78
·维护妇儿权益 …… 78
·开展关爱慰问 …… 78
蕉岭县科学技术协会 …… 78
·概况 …… 78
·思想政治建设 …… 78
·汇聚“三长”力量 …… 79
·履行服务职能 …… 79
蕉岭县归国华侨联合会 …… 79
·概况 …… 79
·“侨胞之家”暖侨心 …… 79
·法律服务维权益 …… 80
·扶贫助学纾侨困 …… 80
·侨界活动联侨谊 …… 80
蕉岭县工商联（总商会） …… 80
·概况 …… 80
·党史学习教育 …… 80
·蕉岭县工商业联合会（蕉岭县总商会）第十二次会员代表大会 …… 80
·履职服务 …… 80
·非公有制经济组织党的建设 …… 81
·乡村振兴 …… 81
·抗击疫情 …… 81
·对外联络 …… 81
蕉岭县文学艺术界联合会 …… 82
·概况 …… 82
·党史学习教育 …… 82
·宣传思想工作 …… 82
·深化改革 …… 82
·新时代文明实践活动 …… 82
·开展庆祝中国共产党建党百年文艺创作和文艺作品展示 …… 82

·文艺活动 …… 82
蕉岭县残疾人联合会 …… 83
·概况 …… 83
·新冠疫情防控 …… 83
·康复服务 …… 83
·民生实事 …… 83
·培训就业 …… 83
·文体事业 …… 83

军事

人民武装 …… 84
·概况 …… 84
·思想政治建设 …… 84
·战备训练 …… 84
·党管武装工作 …… 84
·国防教育 …… 84
·征兵工作 …… 84
·正规化建设 …… 85
·双拥工作 …… 85
退役军人事务管理 …… 85
·概况 …… 85
·双拥工作 …… 85
·服务保障体系建设 …… 85
·优抚安置 …… 85
·就业创业 …… 86
·烈士纪念设施修缮 …… 86

组织·人事

中共蕉岭县委组织部 …… 86
·概况 …… 86
·党史学习教育 …… 86
·庆祝中国共产党成立100周年系列活动 …… 87
·思想理论武装 …… 87
·干部队伍建设 …… 87
·组织体系建设 …… 87
·人才队伍建设 …… 88
·事业单位人事管理工作 …… 88
·老干部队伍建设 …… 88
机构编制工作 …… 89
·概况 …… 89
·乡镇体制改革工作 …… 89
·县级机构改革工作 …… 89
·机构编制监督管理 …… 90
·事业单位登记管理工作 …… 90

党　校

·概况 …… 90
·主体班培训工作 …… 90
·外培班工作 …… 91
·外宣工作 …… 91
·队伍建设 …… 91
·科研工作 …… 91

宣传工作

中共蕉岭县委宣传部 …… 91
·概况 …… 91
·理论武装 …… 91
·党史学习教育 …… 91
·文明创建 …… 92
·舆论宣传 …… 92
·文化建设 …… 92
精神文明建设工作 …… 93
·概况 …… 93
·群众性精神文明创建活动 …… 93
·公民道德建设工程 …… 93
·推进新时代文明实践中心（所、站）建设 …… 94

统一战线

中共蕉岭县委统战部 …… 94
·概况 …… 94
·开展党史学习教育 …… 94
·学习贯彻统一战线条例 …… 94
·落实政党协商制度 …… 94

·民族宗教工作 …… 95
·港澳台统战工作 …… 95
·新阶层人士统战工作 …… 95

信访·接待·保密

信访工作 …… 95
·概述 …… 95
·健全信访制度 …… 96
·矛盾化解 …… 96
·“信访超市”建设 …… 96
县委县政府接待服务中心工作 …… 96
·概况 …… 96
·当好“服务员” …… 96
·当好“宣传员” …… 96
·当好“安全员” …… 97
·规范公务接待 …… 97
保密工作 …… 97
·概况 …… 97
·保密监督检查 …… 97
·“4·15”全民国家安全教育日活动 …… 98
·保密宣传月活动 …… 98

政策研究·综合政务服务管理·公积金管理

蕉岭县人民政府发展研究中心 …… 98
·概况 …… 98
·主题教育活动 …… 98
·调查研究活动 …… 98
政务服务数据管理工作 …… 98
·概况 …… 98
·政务服务 …… 99
·数字政府建设 …… 99
梅州市住房公积金管理中心蕉岭县经办业务分理处 …… 100
·概况 …… 100
·机构调整 …… 100
·归集情况 …… 100
·提取及贷款情况 …… 100
·增值收益情况 …… 100
·“我为群众办实事”实践活动 …… 100

党史·地方志·档案

党史研究 …… 101
·概况 …… 101
·党史编纂 …… 101
·党史宣传 …… 101
·革命遗址保护利用 …… 101
地方志工作 …… 102
·概况 …… 102
·《蕉岭年鉴（2021）》编辑出版工作 …… 102
·《全粤村情·蕉岭卷》编纂出版工作 …… 102
·地情资源开发利用工作 …… 102
·嘉应学院校外实习基地建设 …… 102
·基础能力建设和信息化建设 …… 102
档案工作 …… 103
·概况 …… 103
·档案馆建设 …… 103
·档案利用 …… 103
·档案安全 …… 103
·档案接收 …… 103
·信息化建设 …… 103

法治

社会治安综合治理 …… 103
·概况 …… 103
·政法队伍教育整顿 …… 104
·“平安蕉岭”建设 …… 104
·政治安全和维护社会稳定 …… 104
·市域社会治理现代化 …… 105
·扫黑除恶 …… 105
·依法治县 …… 105
·疫情防控 …… 105
公安 …… 106
·概况 …… 106

·疫情防控 …… 106
·打击防范 …… 106
·治安防控 …… 106
·为民办事 …… 107
检察 …… 107
·概况 …… 107
·打击犯罪 …… 107
·诉讼监督 …… 108
·公益监督 …… 108
·化解风险 …… 108
·抓牢教育 …… 108
法院 …… 108
·概况 …… 108
·审判工作 …… 109
·执行工作 …… 109
·服务大局 …… 109
·司法为民 …… 110
司法行政 …… 110
·概况 …… 110
·依法治县 …… 110
·法治政府 …… 111
·社区矫正 …… 111
·法律服务 …… 111
·法治宣传 …… 111
·矛盾化解 …… 112
·队伍教育整顿 …… 112
·党史学习教育 …… 112
普法教育 …… 112
·概况 …… 112
·“八五”普法启动 …… 112
·宪法民法典学习宣传 …… 113
·重点对象普法 …… 113
·公益普法 …… 113
·新媒体普法 …… 113
·履职评议 …… 114
·法治创建 …… 114

经　济

基础设施建设

交通 …… 115
·概况 …… 115
·公路养护 …… 115
·综合执法 …… 115
蕉岭汽车运输有限公司 …… 116
·概况 …… 116
·城乡一体化 …… 116
公路 …… 116
·概况 …… 116
·公路建设 …… 116
·养护管理 …… 116
·路政管理 …… 117
·安全生产 …… 117
邮政 …… 117
·概况 …… 117
·邮政业务 …… 117
·设施建设 …… 118
·企业管理 …… 118
·关爱员工 …… 118
·疫情防控 …… 118
中国电信蕉岭分公司 …… 119
·概况 …… 119
·网络建设 …… 119
·重点项目 …… 119
·社会责任 …… 119
中国移动蕉岭分公司 …… 119
·概况 …… 119
·信息基础设施 …… 119
·网络安全保障 …… 120

·互联网+行动 …… 120
·综合治理 …… 120
中国联通蕉岭分公司 …… 120
·概况 …… 120
·客户服务 …… 121
·智慧创新 …… 121
供电 …… 121
·概况 …… 121
·服务地方 …… 122
·安全生产 …… 122
·电网建设 …… 122
·营商环境 …… 122
住房和城乡建设 …… 123
·概况 …… 123
·房地产市场 …… 123
·建筑市场 …… 123
·监管和检测 …… 124
·老旧小区改造 …… 124
·农村建房整治 …… 124
·人防工程 …… 124
·审批制度改革 …… 124
·住房保障 …… 124
·直管公房 …… 124
·房产交易和物业管理 …… 124
城市综合管理 …… 125
·概况 …… 125
·公共事业管理 …… 125
·城区环境卫生 …… 126
土地房屋征收安置中心 …… 126
·概况 …… 126
·征拆工作 …… 126
环境保护 …… 126
·概况 …… 126
·环境管理 …… 126
·环境保护督察 …… 127
·环境执法 …… 127
·污染防治 …… 127
·入河排污口 …… 128
·环境信访 …… 128
·环境监测 …… 128
·环境宣传教育 …… 128
·许可证核发 …… 128
·国家考核 …… 128

农·林·水利

农业 …… 129
·概况 …… 129
·农业产业化 …… 129
·新农村建设 …… 129
·扶贫攻坚 …… 129
·畜牧业 …… 130
·农业机械化 …… 130
林业 …… 131
·概述 …… 131
·生态工程 …… 131
·国家森林城市 …… 131
·森林防火 …… 131
·森林资源保护 …… 132
·野生动物保护 …… 132
·推进林长制 …… 132
·病虫害防治 …… 132
·林业产业 …… 132
·生态公益林 …… 133
·山林纠纷调处 …… 133
·安全生产 …… 133
·为民办事 …… 133
广东蕉岭长潭省级自然保护区 …… 133
·概况 …… 133
·生物多样性 …… 133
·自然教育基地 …… 133
·生态修复 …… 134

蕉岭县国有皇佑笔林场 …… 134
·概况 …… 134
·森林防火 …… 134
·毛竹产业 …… 134
·森林资源 …… 134
水务 …… 135
·概况 …… 135
·水利工作 …… 135
·安全生产 …… 135
·水行政管理 …… 136
·河长制工作 …… 136
气象 …… 136
·概况 …… 136
·业务工作 …… 137
移民工作 …… 137
·概况 …… 137
·基础设施 …… 137
·社会保障 …… 137
·人口核减 …… 137
·项目申报 …… 137

工业·贸易

经济贸易 …… 138
·概况 …… 138
·经济运行 …… 138
·科技创新 …… 138
·商务工作 …… 138
蕉岭县招商和企业服务中心 …… 139
·概况 …… 139
·基础设施 …… 139
·项目建设 …… 139
蕉岭县城镇集体企业联社 …… 139
·概述 …… 139
·主要经济指标 …… 139
·服务能力建设 …… 139
·管理工作 …… 140
蕉岭县供销合作社联合社 …… 140
·概述 …… 140
·机关管理建设 …… 140
·服务能力建设 …… 140
·管理能力建设 …… 142
·机构编制调整 …… 142
烟草专卖 …… 142
·概况 …… 142
·专卖治理 …… 142
·烟叶生产 …… 142
·营销网络建设 …… 143
·履行社会责任 …… 143
食盐专营 …… 143
·概述 …… 143
·食盐市场的安全保障工作 …… 143
中石化蕉岭石油分公司 …… 144
·概况 …… 144
·零售工作 …… 144
·安全管理 …… 144
·规范服务 …… 144
·便利店服务 …… 144

金融·保险

蕉岭县金融工作局 …… 145
·概况 …… 145
·防范金融风险 …… 145
·深化融资对接 …… 145
·创新农村金融服务 …… 145
中国人民银行蕉岭县支行 …… 146
·概况 …… 146
·金融法治建设 …… 146
·央行志愿服务品牌建设 …… 146
·政银企对接机制建设 …… 146
·货币政策工具 …… 146
· “征信+整村授信”信贷模式建设 …… 146
·重大金融风险防范 …… 147

·金融教育示范基地建设 …………………… 147
·金融安全“防护网”建设 ………………… 147
·征信服务水平建设 ………………………… 147
·为民服务活动 ……………………………… 148
中国农业银行股份有限公司
蕉岭县支行 ………………………………… 148
·概况 ………………………………………… 148
·网点服务建设 ……………………………… 148
·疫情防控期间的金融服务 ……………… 149
·市场拓展工作 ……………………………… 149
·经营目标任务考核 ………………………… 149
·制度建设 …………………………………… 149
广东蕉岭农村商业银行股份
有限公司 …………………………………… 150
·概况 ………………………………………… 150
·“农村金融户户通” …………………… 150
·支农支小服务 ……………………………… 150
·农村科技金融服务 ………………………… 150
·网点建设 …………………………………… 150
·服务社会 …………………………………… 150
·风险防控 …………………………………… 151
中国建设银行股份有限公司
蕉岭支行 …………………………………… 151
·概况 ………………………………………… 151
·存贷款业务 ………………………………… 151
·服务“三农” …………………………… 151
·“裕农通”助农金融服务体系建设 …… 152
·非金融服务 ………………………………… 152
·涉赌涉诈个人账户风险排查管控
工作 ………………………………………… 152
·“保尚保”业务 ………………………… 153
中国工商银行股份有限公司
蕉岭支公司 ………………………………… 153
·概况 ………………………………………… 153
·负债业务 …………………………………… 153
·资产业务 …………………………………… 153
·普惠金融工作 ……………………………… 153
·服务工作 …………………………………… 154
·内部管理 …………………………………… 154
中国人寿保险股份有限公司
蕉岭支公司 ………………………………… 154
·概况 ………………………………………… 154
·业务经营 …………………………………… 154
·服务民生 …………………………………… 154
·防范风险 …………………………………… 154
·疫情防控 …………………………………… 154
中国人民财产保险股份有限公司
蕉岭支公司 ………………………………… 155
·概况 ………………………………………… 155
·业务经营指标 ……………………………… 155
·社会治理创新 ……………………………… 155
·服务质量和服务水平提升 ……………… 155
·企业文化建设 ……………………………… 155
经济管理
发展改革工作 ……………………………… 156
·概况 ………………………………………… 156
·疫情防控 …………………………………… 156
·安全生产 …………………………………… 156
·平台建设 …………………………………… 156
·项目建设 …………………………………… 156
·乡村振兴 …………………………………… 157
·节能降耗、绿色发展 …………………… 157
·粮食物资储备 ……………………………… 157
·价格监管 …………………………………… 157
·优化营商环境 ……………………………… 157
·公车管理 …………………………………… 158
·国防动员 …………………………………… 158
审计 ………………………………………… 158
·概况 ………………………………………… 158
·审计成果 …………………………………… 158

·政策落实跟踪审计 …… 158
·财政审计 …… 158
·公共投资审计 …… 159
·民生审计 …… 159
·企业审计 …… 159
·经济责任审计 …… 159
自然资源管理 …… 159
·概况 …… 159
·耕地保护 …… 159
·土地管理 …… 159
·国土空间规划 …… 160
·矿产资源管理 …… 160
·不动产登记 …… 160
·地质灾害防治 …… 160
·“三调”与测绘管理 …… 160
·执法监察与信访 …… 160
·亮点工作 …… 160
市场监督管理 …… 161
·概况 …… 161
·营商环境优化 …… 161
·质量技术监督 …… 162
·食品药品监督 …… 162
统计 …… 163
·概况 …… 163
·统计数据质量 …… 163
·基层基础建设 …… 163
·重点工作 …… 164

财政·税务

财政 …… 165
·概况 …… 165
·财政收支运行 …… 165
·财政支出情况 …… 165
·财政改革 …… 165
·财政管理 …… 166
·项目谋划工作 …… 166
税务 …… 167
·概况 …… 167
·组织收入 …… 167
·减税降费 …… 167
·疫情防控 …… 167
·税费管理 …… 167
·纳税服务 …… 167

教科文卫体

教育

蕉岭县教育局 …… 169
·概况 …… 169
·普通中小学教育 …… 169
·职业教育 …… 169
·幼儿教育 …… 169
·教育教学成绩 …… 170
·教师队伍建设 …… 170
蕉岭县蕉岭中学 …… 171
·概况 …… 171
·队伍建设 …… 171
·校园安全管理 …… 171
·德育活动 …… 171
·教学教研 …… 171
·高考成绩 …… 172
蕉岭县华侨中学 …… 172
·概况 …… 172
·抓牢党风建设，凝聚党建合力 …… 172
·统筹规划，管理更优化 …… 172
·文明安全校园建设渐深入 …… 172
·立德树人，五育并举 …… 172
·强化育人价值导向，抓实教风学风建设 …… 173
蕉岭县镇平中学 …… 173
·概况 …… 173

·办学理念 …… 174
·特色创建 …… 174
蕉岭县职业技术学校 …… 174
·概况 …… 174
·党建师德 …… 174
·教学方面 …… 174
蕉岭县田家炳实验中学 …… 175
·概况 …… 175
·学校管理 …… 175
·特色活动 …… 176
蕉岭县新铺中学 …… 176
·概况 …… 176
·师德师风建设 …… 176
·支部党建工作 …… 176
·德育安全管理 …… 177
·教学教研工作 …… 177
蕉岭开放大学 …… 177
·概况 …… 177
·党史学习教育 …… 177
·教育教学和管理工作 …… 177
·招生与人才培养工作 …… 178
·社区教育、老年教育 …… 178
蕉岭田家炳师范学校 …… 178
·概况 …… 178
·师资队伍建设 …… 178
·教育教学工作 …… 179

■ 文化·传媒

蕉岭县融媒体中心（广播电视台） …… 179
·概况 …… 179
·安全生产、安全播出 …… 180
·事业建设 …… 180
·队伍建设 …… 180

■ 卫生·体育

卫生健康 …… 181
·概况 …… 181
·新冠疫情防控 …… 181
·医疗卫生体制改革 …… 181
·基本公共卫生服务 …… 182
·人才培养 …… 182
·卫生综合监督执法 …… 183
·疾病预防控制 …… 183
·妇幼健康服务 …… 183
·老年健康服务 …… 184
·中医药事业发展 …… 184
·人口和计生工作 …… 184
·党风行风建设 …… 185
蕉岭县卫生监督所 …… 185
·概况 …… 185
·疫情防控 …… 185
·日常卫生监督 …… 185
·专项执法检查 …… 186
·执法普法成效 …… 187
·其他工作开展情况 …… 187
蕉岭县疾病预防控制中心 …… 188
·概况 …… 188
·传染病监测 …… 188
·艾滋病防控 …… 188
·免疫规划 …… 188
·监测检验 …… 189
·新冠肺炎疫情防控 …… 189
·培训和宣传 …… 189
蕉岭县人民医院 …… 190
·概况 …… 190
·新院搬迁 …… 190
·党建引领 …… 190
·疫情防控 …… 190
·医疗服务 …… 191
·质量管理 …… 191
·文化建设 …… 191

蕉岭县中医医院 …… 192
·概况 …… 192
·倾力为民办实事 …… 192
·共筑防疫坚固堡垒 …… 192
·持续提升医疗服务 …… 192
·先进规模 …… 193
蕉岭县妇幼保健计划生育服务中心 …… 193
·完成全面整体搬迁工作 …… 193
·成功创建“二级甲等妇幼保健院” …… 193
·严格落实疫情防控工作 …… 194
·加强医疗保健服务能力建设 …… 194
·辖区妇幼保健工作 …… 195
蕉岭县文化广电旅游体育局 …… 195
·概况 …… 195
·公共文化 …… 196
·文化遗产 …… 196
·文旅融合 …… 197
·体育事业 …… 197
蕉岭县社会科学界联合会 …… 198
·概况 …… 198
·深入开展党史学习教育工作 …… 198
·加强社科基地建设 …… 198
·开展社科课题调研 …… 198
·举办社科普及活动 …… 198

社会生活

民政

蕉岭县民政局 …… 199
·概况 …… 199
·突出政治引领 …… 199
·坚持疫情防控 …… 199
·提升服务质量 …… 199
·凝聚保障力量 …… 200
·社会福利保障 …… 200
·加强基层政权建设 …… 200
·提升公共服务水平 …… 200
蕉岭县应急管理局 …… 201
·概况 …… 201
·安全运行 …… 201
·安全生产监管 …… 201
·基础性工作 …… 202
·防讯 …… 202
·森林防灭火 …… 202
·自然灾害防治 …… 203

劳动保障·社会保险

蕉岭县人力资源和社会保障局 …… 203
·概况 …… 203
·就业工作 …… 203
·社保工作 …… 204
·劳动关系 …… 204
·三项工程 …… 204
·其他工作 …… 205
社会保险基金管理 …… 205
·概况 …… 205
·调整缴费标准和费率 …… 205
·社会保险宣传 …… 205
·双统筹 …… 205
·“放管服”改革 …… 206
·基金安全管理 …… 206
·乡村振兴 …… 206
·党史学习教育 …… 206
医疗保障 …… 206
·概况 …… 206
·医疗保障 …… 206
·队伍综合素质 …… 207
蕉岭县长寿文化发展研究中心 …… 208
·概况 …… 208

·长寿人口逐年递增 …………………………… 208
·挖掘长寿因子 推广长寿文化 ……………… 208
·育长寿品牌 擦亮寿乡金字招牌 …………… 208
蕉岭县公共就业（人才）服务中心 ……………………………………… 208
·概况 ………………………………………… 208
·就业再就业完成情况 ……………………… 208
·开展公共就业服务 ………………………… 208
·落实就业创业服务 ………………………… 209
·劳动事务（人事）代理工作 ……………… 209
蕉岭县关心下一代工作委员会 …… 209
·概况 ………………………………………… 209
·注重政治引领，培育青少年爱国情操 ………………………………… 210
·注重服务青年，助力创业发展 …………… 210
·开展各类关爱青少年活动 ………………… 210
·宣传报道工作 ……………………………… 210

居民收入与消费

城乡居民人均可支配收入与生活消费 ………………………………… 211
·概况 ………………………………………… 211
·城乡居民人均可支配收入的比重 ………… 211
·城乡居民人均生活消费支出 ……………… 211
·城乡居民人均生活消费支出的比重 ……… 211

乡镇·省、市驻蕉岭单位

乡镇概况

蕉城镇 …………………………………… 212
·概况 ………………………………………… 212
·党建工作 …………………………………… 212
·城乡发展 …………………………………… 213
·重点工作 …………………………………… 213
·民生福祉 …………………………………… 214
·社会治理 …………………………………… 214
新铺镇 …………………………………… 215
·概况 ………………………………………… 215
·党建工作 …………………………………… 215
·经济发展 …………………………………… 215
·镇村面貌 …………………………………… 216
·乡村振兴 …………………………………… 216
·民生福祉 …………………………………… 216
长潭镇 …………………………………… 217
·概况 ………………………………………… 217
·党建工作 …………………………………… 217
·乡村振兴 …………………………………… 217
·疫情防控 …………………………………… 218
·民生实事 …………………………………… 218
三圳镇 …………………………………… 219
·概况 ………………………………………… 219
·党建工作 …………………………………… 219
·经济发展 …………………………………… 219
·环境面貌 …………………………………… 220
·民生福祉 …………………………………… 220
·平安建设 …………………………………… 220
·政府建设 …………………………………… 220
文福镇 …………………………………… 221
·概况 ………………………………………… 221
·党建工作 …………………………………… 221
·经济发展 …………………………………… 222
·民生福祉 …………………………………… 222
·乡村振兴 …………………………………… 222
·平安建设 …………………………………… 223
广福镇 …………………………………… 223
·概况 ………………………………………… 223
·党建工作 …………………………………… 223
·乡村振兴 …………………………………… 224
·城乡环境 …………………………………… 224
·改革创新 …………………………………… 224

·民生福祉 …… 224

蓝坊镇 …… 225

·概况 …… 225

·党建工作 …… 225

·疫情防控 …… 226

·产业发展 …… 226

·生态建设 …… 226

·民生福祉 …… 226

南磜镇 …… 227

·概况 …… 227

·党建工作 …… 227

·经济发展 …… 227

·乡村振兴 …… 228

·民生实事 …… 228

·平安建设 …… 228

■ 省、市驻蕉岭单位

广东粤电长潭发电有限责任公司 …… 229

·概况 …… 229

·经营指标 …… 229

·党建工作 …… 229

·安全生产 …… 230

·改革工作 …… 231

·队伍建设 …… 231

·新能源 …… 231

·企业文化 …… 232

广东塔牌集团股份有限公司 …… 232

·概况 …… 232

·生产经营 …… 232

·节能环保 …… 232

·社会责任 …… 233

广东梅州蕉华工业园区 …… 233

·概况 …… 233

·主要经济数据 …… 233

·党建引领 …… 233

·规划建设 …… 233

·招商引资 …… 234

·企业服务 …… 234

社会经济统计资料

■ 社会经济统计资料

·国民经济和社会发展主要统计指标 …… 235

·地区生产总值构成及指数 …… 238

·建筑企业经济概况 …… 238

·农业总产值及构成 …… 239

·主要农产品产量 …… 239

·全县工业总产值及规模以上增加值完成情况 …… 240

·规模以上工业生产经营情况 …… 240

·居民消费价格和商品零售价格指数 …… 241

·交通、运输、邮电通信情况 …… 241

·教育情况 …… 242

·各类学校基本情况（一） …… 242

·各类学校基本情况（二） …… 243

表彰名录

■ 先进集体

·国家级先进集体 …… 244

·省级先进集体 …… 245

·市委、市政府表彰先进集体 …… 247

■ 先进个人

·国家级先进个人 …… 248

·省级先进个人 …… 248

·市委、市政府表彰先进个人 …… 251

■ **主题索引** …… 252

特 辑

抢抓新机遇 实现新跨越 奋力打造老区苏区振兴高质量发展广东新样本

——2021 年 10 月 27 日在中国共产党蕉岭县第十四次代表大会上的报告

中共蕉岭县委书记 刘鸿涛

中国共产党蕉岭县第十四次代表大会，是在中国共产党成立 100 周年的重要时刻，在“两个一百年”奋斗目标历史交汇的关键节点，召开的一次十分重要的大会。大会的主题是：坚持以习近平新时代中国特色社会主义思想为指导，深入贯彻落实习近平总书记“七一”重要讲话和对广东系列重要讲话重要指示批示精神，立足新发展阶段，贯彻新发展理念，构建新发展格局，动员全县上下抢抓新机遇、实现新跨越，奋力打造老区苏区振兴高质量发展广东新样本。

一、抢抓发展机遇，主动担当作为，县第十三次党代会确定的主要目标任务圆满完成

县第十三次党代会以来的五年，是蕉岭坚定不移沿着习近平总书记指引的方向奋勇前进的五年，是蕉岭发展基础更加牢固、群众获得感更加充实、干事创业精气神极大提振的五年。五年来，县委始终坚持以习近平新时代中国特色社会主义思想为指导，在党中央和省委、市委坚强领导下，团结带领全县广大党员干部群众，应对重大挑战、经受重大考验，奋发作为、攻坚克难，圆满完成“十三五”规划目标任务，打赢脱贫攻坚战，夺取疫情防控和经济社会发展“双胜利”，经济社会发展取得重大历史性成就。

（一）综合实力更上层楼。全县 GDP 年均增长 5.8%，2020 年全县 GDP 实现 100.13 亿元，是 2016 年 73.83 亿元的 1.4 倍；人均 GDP 年均增长 5.7%，2020 年人均 GDP 5.4 万元，是 2016 年 3.5 万元的 1.5 倍；规模以上工业增加值年均增长7%，2020年全县规模以上工业增加值实现26.75亿元，是2016年11.2亿元的2.4倍；城乡居民人均可支配收入年均增长8.3%，2020年城乡居民人均可支配收入2.45万元，是2016年1.78万元的1.4倍，主要经济指标总体保持稳步向前。

（二）产业发展更有成色。塔牌集团600万吨水泥项目、龙腾公司年产130万吨旋窑水泥粉磨生产线、金塔公司旋窑水泥生产线节能降耗等重大工业项目建成投产，新型建材产业实现产值74亿元，加速迈向百亿产值。点燃大健康产业发展新引擎，高起点建设广东梅州大健康高科技产业园，2020年县区融合后，当年实现工业增加值同比增长272%、工业投资同比增长113%。全县培育市级富硒土壤种植示范基地37个、农业龙头企业40家、农民专业合作社474家、家庭农场328家，形成4个国家地理标志产品、6个省名牌产品，7个村入选首批省级“一村一品、一镇一业”专业村。建成丝苗米省级现代农业产业园、蕉岭（南沙）粤港澳大湾区现代农业示范园，获得大米无公害认证5个，培育大米品牌10个，蕉岭大米获评全国名特优新农产品。

（三）乡村风貌更具颜值。所有自然村全部完成农村人居环境基础整治任务，所有行政村全部达到干净整洁村以上标准，自然村生活垃圾处理覆盖率100%，无害化卫生户厕普及率100%，实现全域美丽蝶变。深入打好污染防治攻坚战，筑牢绿色生态屏障，完成碳汇林改造3.9万亩、生态景观林带53.2公里，全县森林覆盖率达79.02%，稳居全省前列。高标准推进万里碧道建设，饮用水源保护区水质达标率100%，受污染耕地、污染地块安全利用率和全县工业危险废物、医疗废物安全处置率均达100%。建成东岭省级“红色村”、九岭“广东十大美丽乡村”及石窟河“寿乡画廊”、“长寿乡中乡”两条“广东美丽乡村精品线路”，先后获评全国森林康养基地试点建设县、全国农民合作社质量提升整县推进试点县、全国“百佳深呼吸小城”，跻身“2020中国最美乡村百佳县市”榜单前列，“卡拉比—丘”数学世界创建国家AAA级旅游景区成功在即。

（四）基础设施更趋完善。新建维修桥梁22座，新建改造国省道99公里、县道40公里、农村公路573公里，新增公路通车里程300公里，在全市率先实现城乡公交一体化，成功创建省级“四好农村路”示范县。推进村村通供水工程，自然村集中供水全域覆盖。建成县镇村三级污水处理设施223座、集污管网280公里，实现城乡污水治理全覆盖、全部达标排放。统筹城乡新基建，乡镇新能源汽车充电站充电桩、自然村4G信号和光纤网络、县城城区5G信号、镇村电商服务站点、行政村物流快递在全市率先实现全覆盖。

（五）改革创新更显活力。扎实推进全国农村综合改革示范试点、乡村治理体系建设试点、全域土地综合整治试点，全省城乡融合发展试点、农村供水智慧化管理试点等“国字号”“省字号”农村改革示范试点任务，荣获全国农村承包地确权登记颁证工作典型地区、全国集体林权制度改革先进集体称号，“一核三元、多层共治、全要素联动”乡村治理机制获得中央农办、农业农村部、省委改革办专题刊发推广。完成蕉华园区管理体制机制改革，为全省园区体制改革作出了有益探索。打响院士品牌，引进创新资源，成功举办“卡拉比—丘理论发展四十年”国际会议、世界长寿乡生物与大健康高峰论坛、卡拉比—丘数学大会等活动，“世界寿乡·富美蕉岭”的开放度、影响力进一步提升。

（六）民生事业更重实效。集中主要财力用于民生，坚持每年办好十件民生实事。坚决打赢新冠肺炎疫情防控的人民战争、总体战、阻击战，全县实现无死亡、无医院感染、无社区传播“三无”目标。县人民医院、县中医医院和县妇女儿童医院完成迁建，镇卫生院中医馆建设实现全覆盖，镇卫生院、村卫生站完成标准化建设。成功创建“广东省推进教育现代化先进县”，桂岭学校、特殊教育学校、镇平小学建成使用，普惠性幼儿园覆盖率达82%。打赢脱贫攻坚战，建档立卡贫困户和19个省定贫困村全部达到脱贫标准。设立县桂岭职业培训学校，建成“粤菜师傅”工程展示体验培训馆、“南粤家政”综合培训就业示范基地，就业形势保持稳定。刑事“零警情”天数创新高，安全生产形势总体平稳，获评全国信访工作“三无”县，群众安全感提升率居全市第一。获评全国文明镇1个、全国文明村2个、省文明村3个，全县文明村镇覆盖率达96%，被确定为2021—2023年创建周期全国县级文明城市提名城市。

（七）*民主法治更深推进*。充分发挥县委总揽全局、协调各方的领导核心作用，保证人大行使职权，支持政协协商民主，推进与民主党派、工商联、无党派人士和人民团体合作共事。大统战工作格局加快构建，成立新的社会阶层人士联合会。宗教、侨务、外事工作取得新成绩，工会、共青团、妇联等群团组织作用得到更好发挥。全面依法治县深入推进。平安蕉岭建设持续深化，扫黑除恶斗争、政法队伍教育整顿成效明显。双拥共建成果突出，成功创建省双拥模范县。

（八）*党的建设更加坚强*。坚持把党的政治建设摆在首位，坚决全面彻底肃清李嘉、万庆良恶劣影响，不断增强“四个意识”、坚定“四个自信”、做到“两个维护”。强化政治忠诚教育，“两学一做”学习教育、“不忘初心、牢记使命”主题教育、党史学习教育扎实开展。严格落实意识形态工作责任制，新时代文明实践中心（所、站）实现县镇村三级全覆盖。深入实施加强党的基层组织建设三年行动计划，圆满完成新一轮村（社区）“两委”换届工作，100%实现村党组织书记“三个一肩挑”；每年投入1000万元升级改造村党群服务中心；培育277名党员致富带头人，打造105个党员创业带富基地。严格执行中央八项规定，持之以恒纠“四风”树新风，基层减负落到实处。深化纪检监察体制改革，抓好上级巡视反馈意见整改落实，实现本届县委任期内巡察全覆盖。整治群众身边腐败和作风问题，一体推进不敢腐不能腐不想腐，政治生态风清气正。

成绩来之不易，历程波澜壮阔。蕉岭的发展，靠的是以习近平同志为核心的党中央领航定向、坚强领导，靠的是省委、市委的科学决策、大力支持，离不开历届县领导班子和广大干部群众的接续奋斗，离不开民主党派、工商联、无党派人士和社会各界的团结努力，离不开驻蕉单位、驻蕉部队以及港澳台同胞、海外侨胞的积极参与。在此，我代表中共蕉岭县第十三届委员会，向为蕉岭改革发展作出贡献的同志们、朋友们，表示衷心的感谢并致以崇高的敬意！

成绩来之不易，经验弥足珍贵。实践充分证明，只有坚持党的全面领导，才能始终做到把准方向、行稳致远；只有坚持发展第一要务，才能始终做到干在实处、走在前列；只有坚持深化改革开放，才能始终做到化危为机、抢占先机；只有坚持以人民为中心，才能始终做到凝心聚力、同向同行；只有坚持党的初心使命，才能始终做到工作不怠、奉献不止。

成绩来之不易，问题不容忽视。我们要清醒看到：经济总量不够大、产业结构不够优、地方财力不够厚、城乡融合不够快、民生短板还不少、干部思想观念有待进一步解放等问题依然存在。对此，我们没有任何理由盲目乐观、没有任何借口踌躇不前，必须始终保持头脑清醒，突出问题导向，采取有力措施加以解决，全力在新时代新征程上披荆斩棘、奋勇前进！

二、坚持“六大升级”、构筑“六新高地”，奋力打造老区苏区振兴高质量发展广东新样本

综观全局发展大势和蕉岭发展态势，把握历史方位和区域定位，我们已经站在新的更高起点上，也将肩负起更加光荣而艰巨的使命。2020年10月，习近平总书记在广东考察时强调，广东要“努力在全面建设社会主义现代化国家新征程中走在全国前列、创造新的辉煌”，为广东今后的发展指明了前进方向、提供了根本遵循。我们要深入学习贯彻习近平总书记“七一”重要讲话和对广东系列重要讲话重要指示批示精神，胸怀“两个大局”、心系“国之大者”，接好蕉岭发展的接力棒，以新担当新作为努力在更高起点上实现更高质量发展。

今后五年，机遇与挑战并存，但机遇大于挑战。欠发达仍是蕉岭的最大县情，面对兄弟县（市、区）百舸争流、千帆竞发的竞争态势，省际边界邻县日益提速、高歌猛进的发展势头，我们面临“不进则退，慢进亦退”的严峻形势。站在承上启下、迈向新征程新的历史起点上，我们无须妄自菲薄，更应信心满满。蕉岭加快高质量发展具有三大优势：

一是顺天时，三区叠加提速发展。蕉岭作为老区苏区，政策扶持发展提速。党中央、国务院启动实施《关于新时代支持革命老区振兴发展的意见》，为我县完善基础设施、筑牢产业根基、推动城乡融合、补齐民生短板带来重大机遇。蕉岭作为生态发展区，生态经济发展提速。省委、省政府高质量加快构建“一核一带一区”区域发展格局，市委、市政府全力“打造生态经济发展新标杆、争当生态发展区建设先行示范市”，为我县加快产业转型升级、加速新旧动能转换带来重大机遇。蕉岭作为省际边界地区，区域合作发展提速。省委、省政府将针对省际边界地区制定实施精准支持政策，促进“核”“带”“区”各展所长、赛龙夺锦；市委、市政府全力推动省际边界地区高质量发展，规划建设省际边界合作区经济开发重点片区，为我县提升区域竞争力、更好融入国内大循环、参与构建新发展格局带来重大机遇。

二是占地利，特色优势更加凸显。一方面，蕉岭区位从“边缘”变“前沿”。省市推动省际边界地区发展的决策部署，让三省通衢的蕉岭从相对边缘的位置一跃成为我省拓展经济腹地、融入国内大循环的前沿，让蕉岭具备了成为区域综合交通枢纽、粤港澳大湾区连通闽西南协同发展区“桥头堡”“前哨站”的条件。另一方面，生态资源从“优势”变“财富”。蕉岭是世界长寿乡，绿水青山、富硒水土、富氧环境生态优势明显，大健康产业链初见雏形，富硒米等农产品走俏国内，绿茶、蜂蜜、冬笋、淮山等国家地理标志产品逐年增加，农旅、文旅、康旅等三产业态迅速兴起，在国家建立健全生态产品价值实现机制的政策加持下，蕉岭得天独厚的生态资源优势正加快转变为生态财富，粤港澳大湾区“最美后花园”“最佳康养地”“最优体验场”“最好大农场”的美好愿景必将逐步成为现实。

三是拥人和，人心思干人心思进。过去五年的发展成就，坚定了全县党员干部群众加快改革发展、追求美好生活的信心决心；丘成桐院士、吴清平院士等杰出乡贤全力支持家乡建设，亲自带领科研团队推动项目落地；各级领导高度关心关注支持蕉岭发展。当前，全县上下思想行动空前统一、干事创业热情空前高涨。

发展时不我待，机遇稍纵即逝。我们必须始终增强紧迫感、责任感和使命感，砥砺奋进向前行，凝心聚力促发展，切实履行好党和人民赋予我们的职责使命。

今后五年，全县经济社会发展的指导思想是：高举中国特色社会主义伟大旗帜，坚持以习近平新时代中国特色社会主义思想为指导，全面贯彻党的十九大和十九届二中、三中、四中、五中全会精神，深入贯彻习近平总书记“七一”重要讲话和对广东系列重要讲话重要指示批示精神，围绕总书记赋予广东在全面建设社会主义现代化国家新征程中走在全国前列、创造新的辉煌的使命任务，认真落实省委“1+1+9”工作部署和市委“六争六补”“123456”思路举措，立足新发展阶段，贯彻新发展理念，构建新发展格局，坚持系统观念，统筹发展和安全，积极融入“双区”“双城”“两个合作区”建设，创新实施“三三三五”发展战略，抢抓新机遇、实现新跨越，奋力打造老区苏区振兴高质量发展广东新样本，全力建设“世界寿乡·富美蕉岭”。

今后五年的总体思路是：实施“三三三五”发展战略。第一个“三”即争创老区苏区振兴高质量发展示范县、城乡融合发展示范县、粤闽赣省际边界区域发展示范县“三个示范县”。第二个“三”即培育绿色建材、大健康、高端数智“三大产业集群”。第三个“三”即打造粤闽赣（蕉岭）省际边界合作区、“卡拉比—丘”数学小镇、现代农业产业园“三大发展平台”。“五”即建设宜居、宜业、宜游、宜养、宜学“五宜城乡”。打造老区苏区振兴高质量发展广东新样本，“三个示范县”是主攻方向，“三大产业集群”是经济支撑，“三大发展平台”是实现路径，“五宜城乡”是目标追求。

今后五年的具体奋斗目标是：

——经济发展高质量。深入贯彻新发展理念，经济结构持续优化，发展后劲充足有力，经济增速保持在全市“第一方阵”，力争到 2025 年全县 GDP 达到 150 亿元，经济总量和人均水平在全市实现提档进位。

——改革开放高水平。产权制度改革和要素市场化配置改革取得重大进展，营商环境显著改善，“三农”改革实践走在全国前列。区域产业协作和协同创新体系初步形成，成为粤港澳大湾区与闽西南协同发展区连接的“桥头堡”。

——绿色生态高颜值。生产生活方式绿色转型成效显著，能源资源配置更加合理、利用效率大幅提高，环境质量主要指标优于全市平均水平，耕地保有量保持稳定，森林覆盖率、蓄积量保持在全省前列，城乡人居环境好中更优。

——人民生活高品质。城乡融合发展体制机制基本建立，公共服务体系和社会保障体系更加完善，现代化教育体系、医疗卫生服务体系和公共文化服务体系更加健全，如期创建全国县级文明城市，乡村振兴走在全省前列。

——社会治理高效能。党的领导和党的建设全面加强，法治建设取得明显成效，治理能力现代化水平显著提高，数字乡村治理新体系进一步完善，防范化解重大风险体制机制不断健全，发展安全保障更加有力，群众安全感和满意度有效提升。

蓝图催人奋进，实干铸就未来。我们要奋力打造老区苏区振兴高质量发展广东新样本，必须把握主要任务，抓住关键重点，做到精准施策，尽锐出战、打好硬仗，努力开创各项事业新局面。具体要坚持“六大升级”、构筑“六新高地”：

（一）坚持产业转型升级，构筑实体经济新高地

坚持把经济发展的着力点放在实体经济上，着力提升产业能级，优化产业结构，高质量强链延链补链，不断提高经济质量效益和核心竞争力。

建设粤闽赣（蕉岭）省际边界合作区。解放思想、转变观念，开拓进取、敢于探索，按照“一区多园”的发展思路，在合作区内建设绿色建材循环经济产业园、广东梅州大

健康高科技产业园。绿色建材循环经济产业园以蕉岭产业集聚地广福园区为依托，以塔牌等企业为核心，深度对接大型央企、省属国企推进战略合作，按照布局优化、企业集群、产业成链、物质循环、集约发展的原则，大力发展装配式建筑、建筑构件、新型墙体、纤维增强水泥板、精细化工等水泥上下游产业配套及储能项目，探索建设砂石骨料集散及结算中心，推动绿色建材全产业链向循环经济转型，实现企业、产业间的循环链接，形成产业紧紧相连、环环相扣的循环经济供应链，着力打造低碳运行的环保园区、科技创新的动力园区、互补互融的开放园区、循环发展的示范园区。广东梅州大健康高科技产业园以省级平台蕉华工业园区为依托，擦亮世界寿乡金字招牌，充分发挥吴清平院士等广东梅州大健康高科技产业园发展委员会顾问的作用，大力发展先进制造业、大健康、特色现代农业等产业，对接整合粤港澳大湾区、福建、江西等周边地区资源，探索共建大旅游圈、大康养圈、大现代农业圈，实现多地联动、三产融合，努力把广东梅州大健康高科技产业园打造成城乡融合的标杆、产业培育的平台、改革探索的摇篮。

建设“卡拉比—丘”数学小镇。发挥好丘成桐院士影响力，用好清华大学、粤港澳国家应用数学中心、广东省数学会等权威机构资源，以才引才、以智引智，依托石窟河畔的秀美山水和长潭自然生态旅游景区，充分挖掘数学资源，以丘成桐国际会议中心、“卡拉比—丘”实景天象馆等平台和卡拉比—丘数学大会等活动为牵引，高标准规划建设集“数学中心、数学与天文、数学与人文、数学产业延伸”为一体的“卡拉比—丘”数学小镇，着力构建特色鲜明的“数学+研发”“数学+应用”“数学+研学”等高端数智产业体系，形成新经济增长点，全力打造广大师生追求数学梦想的地方、亚洲数理学术研究的圣地、全球数学家思想交流的平台、高端数智产业集聚的基地，努力建设数学界的“达沃斯”。

（二）坚持改革创新升级，构筑创新驱动新高地

始终把改革创新作为发展的动力之基、活力之源，突出重点领域、关键环节，突出资源集聚、空间拓展，为经济社会发展提供强劲动力。

加强科技创新。增强自主创新能力，积极参与我市国家科技创新成果转移转化示范区建设，培育具有自主知识产权和核心技术的高成长性科技型企业。增强借智借力实效，推动科研院所与企业合作，促进产学研深度融合，建设完善功能微生物与大健康（蕉岭）研究院、广东省科学院富硒生物科技创新中心、广微测食品药品检测实验室（梅州）等创新平台。增强政策扶持力度，完善科技创新投入激励机制，打造一批重点实验室和工程实验室，建设一批“5G+工业互联网”融合应用项目，探索实施在高校院所设立引才工作站“飞地”揽才，加快培养领军型企业家和技能型人才队伍。

创新要素供给。突出规划引领，高质量编制省际边界合作区经济开发重点片区规划，加快完成蕉华园区控制性详细规划编制，对广福园区的控规进行调整修编。突出用地保障，城镇开发边界重点保障蕉华园区及广福园区的产业用地规模；整合土地资源，新建新铺油坑—蕉华园区工业长廊，搭建省际边界发展新平台。突出资金统筹，推进县属国有企业的改革整合，壮大国企资本，稳步推进企业债发行工作，探索设立产业基金、产业担保扶持基金，实现资金良性滚动发展。

推进集成改革。深化营商环境综合改革、“放管服”改革、镇街综合行政执法改革，建设数字政府，提高行政效能，发展普惠金融，以便利化、市场化、法治化、数字化“四化”

融合推动蕉岭营商环境出新出彩。深化预算管理制度改革，提升财政绩效管理水平，把财政资金用在刀刃上。深化“三农”领域改革，重点推进全域土地综合整治国家试点，保障乡村产业发展、乡村建设用地，打造客家地区全域土地综合整治“试验田”；推进全国乡村治理体系建设试点，推动人、财、地等要素在乡村汇聚，加快村集体经济发展；推进乡镇财政体制改革，强化基层财政在推进乡村振兴中的激励和保障作用。深化县区融合发展，围绕“放权、扩园、赋能”三大要素，巩固拓展蕉华园区管理体制机制改革成果，拓展产业发展空间，全力争创省级高新区。

（三）坚持开放联动升级，构筑区域联通新高地

紧紧围绕国家区域发展战略，主动对接、主动服务、主动融入新发展格局，加强基础设施“硬联通”、体制机制“软联通”，促进区域空间、资源、产业互联互通，增强发展后劲。

打造交通强县。贯彻落实交通强省战略部署，围绕打造粤港澳大湾区与闽西南协同发展区连接的“桥头堡”系统谋划推进，加快交通运输方式结构调整，构建四通八达的对外综合运输大通道，支撑实现更大空间、更高质量、更多层次的互联互通。重点推进“两铁两高两道”工程。“两铁”即扎实推进“双龙”高铁梅州至福建武平段建设，畅通粤港澳大湾区与闽西南协同发展区的经济通道；扎实推进蕉岭县货运铁路专用线立项动工，谋划将货运铁路二期延伸通达武平县，加强优质生态产品外运能力。“两高”即扎实跟进推动平远、蕉岭至大埔的平蕉大高速公路建设，进一步提升县域联通效率；扎实推进长深高速公路蕉岭文福段塔牌互通立交工程建设，进一步完善高速公路路网衔接条件，缓解205国道穿城段交通压力。“两道”即谋划实施205国道蕉岭粤闽交界至天汕高速文福出口段升级改造、蕉岭樟坑至新铺油坑段东移改线工程，提高省际边界区客货运输服务水平；加快跨省连接的省道干线和农村公路的等级提升，重点推进省道S334、S332、S223线改建改造工程，打通边界镇村美丽“致富路”，争创全国“四好农村路”示范县。加快融区步伐。主动对接“双区”“双城”“两个合作区”，深化发展跨区域合作模式，推进广东梅州大健康高科技产业园等省级产业发展载体建设，优化提升承接合作区科技成果落地和产业梯度转移的集聚平台。主动对接高层次乡贤人才和省科学院、省微生物研究所、广东省数学会等权威科研院所，着力引进一批高质量、带项目的科研团队和急需紧缺人才。主动对接广东自贸区梅州联动发展区，积极探索与大湾区建立生态产品交易市场，推进林业碳汇交易，完善生态产品投融资机制。主动对接广州南沙，探索建立更紧密、更有效的对口帮扶工作机制，发展“飞地经济”、园区共建，力争把南沙自贸区政策延伸到蕉岭，推动产业共建项目向蕉岭集中。

深化边界合作。加强与福建武平、上杭的交流合作，积极探索建立区域战略联盟、缔结“友好县”等合作机制，交通上主动疏通堵点，推动连接道路同等级，建立运力保障充分、运行衔接顺畅、服务优质高效的综合运输体系；产业上主动补链接链，对接其产业分工体系，实施点到点、链对链精准招商，实现产业功能整合、互补错位发展；政策制度上主动破除障碍，着力在思想观念、规划政策、创业创新、公共服务、发展环境、干部能力等方面全面与周边先进地区等高衔接对齐；生态上联防联治，探索推动三地碧水蓝天净土联合保卫行动，建立边界畜禽养殖污染联合整治长效机制，深入开展跨界流域治理，共同打造绿色经济。

（四）坚持深度融合升级，构筑富美城乡新高地

以列入全省城乡融合发展试点为契机，扎实推进乡村全面振兴，促进城乡融合发展，优化城乡生产、生活、生态布局，打造“五宜城乡”，全力建设富美蕉岭。

品质化打造精美县城。以“精致、绿色、和谐”为城市主基调，推进城市更新，以石窟河为绿轴，延续性提升“一河两岸”城市空间，稳步推进县城南合蕉华、西融长潭，推动桂岭新区、长潭片区、长寿片区开发建设“再下三城”，实现蕉岭县城和蕉华新城“比翼双飞”，绘就山水人城和谐相融美丽画卷。重点做好三个融合文章：景城融合。立足自然生态禀赋，将县城周边群山与穿城而过的石窟河、溪峰河、长潭东干圳衔接搭配，突出青山的保护、水系的改造，秀“山”活“水”，展现青山环城、绿水绕城的城市底色。文城融合。以全国县级文明城市创建为主抓手，充分挖掘城市文化底蕴，新区开发注重山水景观入城，旧城改造注重活化东街、西街等城市文化遗产和历史文化街区，完善教育、医疗、文化、体育等公共服务设施，推动5G、光纤等惠民信息化基础设施城乡全覆盖，逐步推进智慧化城市建设，确保2023年成功创建全国县级文明城市。产城融合。坚持以产兴城、以城促产、产城联动、融合发展，加快推进数学小镇起步，有序推进县城工业园区转变二产、发展三产，推动产业高端化集聚、城市品质化提升，打造创新驱动、开放引领的产城融合发展标杆。

项目化推进乡村振兴。深入实施驻镇帮镇扶村和“万企兴万村”行动，巩固拓展脱贫攻坚成果同乡村振兴有效衔接，推进乡村建设，实现镇村同建同治同美。打造一条省际廊道示范带。推进205国道沿线行政村农房管控和风貌提升，拆除乱搭乱建、整顿道路秩序、控制道路扬尘、治理粉尘污染、整治沿线企业，着力构建民居风貌协调、田园气息浓郁、客家文化厚重的岭南特色乡村风貌示范带。打造两个美丽环境。以美丽圩镇建设为抓手，通过修编一个能落地的规划、储备一批建设用地、完善一批公共服务设施、建设一个农贸市场等举措，全面提升圩镇人居环境；以美丽乡村建设为抓手，全域推进农房管控和乡村风貌提升，着力打造35个特色精品村、62个美丽宜居村，全面提升农村人居环境。打造三大精品游线。紧扣“山水经”“长寿牌”“人文情”，用足用活用好“微改造”理念，匠心打造以石窟河“秀水”为轴，“水墨长潭”、蕉城三圳“寿乡画廊”、新铺田园串珠成链的“水韵蕉岭精品游线”；以东北部“青山”为脉，蓝坊南礤“长寿乡中乡”全线开花的“寿韵蕉岭精品游线”；以客家“人文”为魂，广福九栋广育名村、文福逢甲成桐名居、新铺三圳红色名片美美与共的“文韵蕉岭精品游线”。打造四个产业链条。大力发展林下产业，重点培育毛竹产业、蜂蜜产业，连线成片打造产业精深加工示范区。大力发展光伏产业，有序实施塔牌光伏发电储能一体化等项目，有序推动农村扩大光伏建设面积，建设整县屋顶分布式光伏开发示范县。大力发展南药产业，整合闲置土地资源，推动白芨、葛根、金线莲等南药种植，依托中成药龙头企业带动产业发展。大力发展农旅产业，丰富乡村游、生态游、红色游、民宿游等业态，打造一批农旅融合示范点。打造五个现代农业产业园。扎实推进丝苗米省级现代农业产业园、蕉岭（南沙）粤港澳大湾区现代农业示范园、食用菌产业园、毛竹产业园、蜂蜜农业科技园“五园”建设，推动“五子登科”特色现代农业向精深加工、高附加值方向发展，促进省级电子商务进农村综合示范县建设，畅通农产品进城和工业品下乡双向渠道，让“美丽资源”转化成“美丽经济”。

特色化推动镇域发展。依托八个镇各自资源禀赋和发展的新特点新变化，以发展壮大镇域经济为根本目的，八仙过海、各展所长、各施其策，全面加快镇域高质量发展。蕉城镇围绕“精”，着力打造五宜城乡首善之地；新铺镇围绕“古”，着力打造客乡文旅标杆之地；长潭镇围绕“数”，着力打造数理梦想启航之地；三圳镇围绕“融”，着力打造融合发展出彩之地；文福镇围绕“文”，着力打造诗画人文有福之地；广福镇围绕“园”，着力打造边界发展先行之地；蓝坊镇围绕“寿”，着力打造绿色生态氧你之地；南磜镇围绕“林”，着力打造林下经济创富之地。

（五）坚持绿色低碳升级，构筑生态文明新高地

牢固树立“绿水青山就是金山银山”的理念，坚持生态优先、绿色发展，努力实现蕉岭大地天更蓝、山更绿、水更清、景更美。

促进绿色转型。促进生产绿色化，把碳达峰、碳中和纳入经济社会发展和生态文明建设整体布局，做好能耗双控，完成主要污染物减排目标，严格控制“两高”项目盲目发展；创新“生态+”发展模式，壮大节能环保、清洁生产和清洁能源产业，着力打造县域绿色产业示范基地、生态工业园区和循环经济园区。促进生态绿色化，重点推进土地、石灰石等自然资源节约集约高效利用，实施矿山生态治理修复工程，探索推动矿山复绿返绿机制。促进生活绿色化，推进县级国家森林城市和万里碧道建设，开展绿色建筑、节约型机关、绿色学校、绿色医院、绿色出行创建行动，鼓励智能光伏与绿色建筑融合创新发展，建立城乡生活垃圾分类收运系统，抓好工业固废、建筑垃圾治理，建设“无废城市”。

健全保护体系。执行最严格的保护制度，建立健全生态保护补偿和环保准入机制，完善排污许可制和环境影响评价标准，推行损害环境终身责任追究制和损害赔偿制度；严格落实生态保护红线、环境质量底线、资源利用上线和生态环境准入清单“三线一单”，加强饮用水水源地、森林公园、自然保护区等生态系统高敏感性区域的保护力度；完善环保信用评价体系，倒逼企业提高环保水平。执行最系统的保护措施，全面落实河长制、林长制，加快推进生态修复治理工程项目建设，全域高质高效统筹推进山水林田湖草沙综合治理、系统治理、源头治理，全力保护好蕉岭的秀美山水。

巩固防治成果。持续守好“碧水”，深入开展江河湖库“清水治污”行动，完善城乡污水处理网络，推进主城区、圩镇、乡村三级污水处理和污水管网建设，确保国考断面水质稳定达标。持续守好“蓝天”，加强大气环境质量监测分析，统筹推进工业废气、汽车尾气、餐饮油烟、稻草焚烧和建筑扬尘治理，推行清洁生产。持续守好“净土”，强化土壤污染防治基础能力建设，加强农业面源污染治理，推进耕地分类管理、修复利用和种植结构调整，着力建设农业绿色发展先行区。

（六）坚持民生品质升级，构筑公平普惠新高地

践行以人民为中心的发展思想，用心用情用力解决好人民群众“急难愁盼”问题，努力让蕉岭的发展更有“温度”，让群众的幸福更有“质感”。

增强社会保障能力。提升创业就业质量，强化基本公共就业服务，聚焦重点群体实施特色多元帮扶，引进培育急需紧缺技工人才，做特做优“粤菜师傅”“广东技工”“南粤家政”三项工程，打响蕉岭“三及第”品牌。提升兜底保障质量，进一步扩大社会保险覆盖面，提高城乡低保人员、特困人员、孤儿、残疾人等保障水平，健全未成年人保护工作机制及农村留守儿童、妇女、老人长效关爱机制。提升养老服务质量，推进县镇村三级

居家养老服务中心（站）建设，构建更加完善的基本养老服务体系。

办好人民满意教育。优化学校布局，在旧城改造、新区开发、产业园区、住宅小区建设过程中，注重同步规划建设标准化的配套学校，有序有效推进城乡义务教育扩容提质，确保县城与乡村、新区与旧城教育资源有效供给。强化基础教育，加快普惠性学前教育发展，改善幼儿园办园条件；推进义务教育“双减”工作和全国乡村“复兴少年宫”建设试点工作，完善中小学校及特殊学校基础设施；推动职业教育“填空白”“上档次”；实施高中教育质量提升行动，一校一策、特色发展，构建德智体美劳全面发展培养体系。深化城乡一体，探索集团化办学模式，促进城乡教育资源共享、优质均衡发展，不断提升教育信息化、现代化水平。

推进健康蕉岭建设。坚守底线，慎终如始做好常态化新冠肺炎疫情防控，加强公共卫生服务体系和疾病预防控制体系建设。坚持改革，推进新型医共体建设和家庭医生签约服务提质，落实分级诊疗制度，合理配置医疗资源，完善社区卫生服务体系，推动镇卫生院和社区卫生服务中心普遍达到国家基本标准要求。坚定提质，持续优化县人民医院、县中医医院、县妇女儿童医院医疗卫生设施，不断加强医疗卫生人才引进培养，推动中医药传承创新发展、医疗康养融合发展，切实提高医疗卫生服务能力。

强化公共文化服务。推进文化惠民，增强文化服务供给，提升县图书馆、档案馆、博物馆档次，构建媒体“大数据”平台，新建一批乡村公共文化服务设施和体育设施。推进传承创新，大力挖掘、活化本土历史文化资源，加强文物保护利用和非物质文化遗产传承发展，扶持培育文化名人名家。推进品牌建设，加快文化旅游产业提档升级，推动三圳镇红色东岭旅游区、丘成桐祖居文化旅游区、“卡拉比—丘”数学世界创建国家AAAA级旅游景区，助力梅州创建“东亚文化之都”。

建设平安法治蕉岭。加强社会治理，以创建市域社会治理现代化试点为抓手，推进城市管理网、社会服务管理网、社会治安网“三网”融合；坚持和发展新时代“枫桥经验”，完善矛盾纠纷多元化解工作机制。加强法治保障，建设法治政府，深化司法体制改革，全面落实司法责任制，不断提升执法司法质量、效率和公信力。加强平安建设，推动扫黑除恶常态化制度化，深入开展电信网络诈骗等突出问题攻坚整治；严格落实安全生产责任制，健全完善应急管理体系，加快推进安全生产治理体系和治理能力现代化，争创国家安全发展示范城市；强化食品药品安全监管，争创广东省食品安全示范县，全力把蕉岭建设成为全省最安全稳定、最公平公正、法治环境最好的地区之一。

三、赓续建党精神，从严管党治党，为蕉岭苏区振兴高质量发展提供坚强政治保证

实现未来五年发展蓝图，关键在党，关键在坚持和加强党的全面领导，坚持党要管党、全面从严治党。全县各级党组织要全面贯彻新时代党的建设总要求和新时代党的组织路线，弘扬伟大建党精神，全面落实管党治党政治责任，打造过硬的党组织和党员干部队伍，保障蕉岭发展行稳致远。

（一）旗帜鲜明讲政治守规矩。增强“四个意识”、坚定“四个自信”、做到“两个维护”，不断提高政治判断力、政治领悟力、政治执行力。把学习贯彻习近平新时代中国特色社会主义思想作为头等大事和首要政治任务，深入开展“大学习、深调研、真落实”工作。深入开展党史学习教育，做到学史明理、学史增信、学史崇德、学史力行，实现学党史、悟思想、办实事、开新局。严明党的政治纪律和政治规矩，深化落实“两个维护”制度机制，严守“五个必须”，杜绝“七个有之”，巩固深化坚决全面彻底肃清李嘉、万庆良恶劣影响成果，坚决做到“三个决不允许”，不断涵养风清气正的良好政治生态。严格落实意识形态工作责任制，不断增强主导权和话语权。

（二）坚定不移抓基层打基础。全面实施省新一轮加强党的基层组织建设三年行动计划，结合农村基层党建“整镇推进、整县提升”示范县镇创建行动和“一支部一品牌”活动，有针对性打造一批农村、县直单位、“两新”党建示范点，建强基层“红色阵地”。加快构建党组织领导的乡村治理体系，建立村级各类组织职责清单，将党的领导措施化、指标化。建好基层党建课堂，选好精品党课讲师和优秀党史宣讲员，引领党员干部学党史、悟思想。建立村级志愿服务队，提升党群合力服务水平。加强党建引领乡村振兴，充分发挥驻镇帮镇扶村工作队在资金、人才、资源、技术等方面的优势，建好一批振兴发展项目，全面促进村集体经济发展和农民增收创收。

（三）从严从高强队伍引人才。坚持新时代好干部标准，健全完善干部素质培养、知事识人、选拔任用、从严管理和正向激励体系，打造忠诚干净担当的苏区干部队伍。严格落实“三个区分开来”，旗帜鲜明地保护担当者、支持干事者、宽容失误者，激励广大干部心无旁骛干事业。加强干部教育培养，新建一批多层次、多形式、全覆盖开展党员干部教育培训的“党建+”培训基地及革命遗址、“红色村”示范点现场教学点，不断增强党员干部的“八项本领”、提高“七种能力”。坚持党对人才工作的全面领导，建设乡村振兴人才驿站，大力引进博士人才，致力培育一批卫生、教育、产业等方面的学科带头人和领军人物。

（四）持之以恒扬正气树清风。长期坚持严的主基调，深入推进党风廉政建设和反腐败斗争，严查重点领域关键环节腐败问题，一体推进不敢腐不能腐不想腐。严格落实中央八项规定及其实施细则精神，毫不松懈纠治“四风”，力戒形式主义、官僚主义。坚持工作重心下移、力量下沉，着力解决群众身边的不正之风和腐败问题。精准落实政治巡视要求，加强巡视巡察上下联动，健全完善监督体系，盯紧重大工程、重点领域、关键岗位，强化对“一把手”和领导班子监督，推动纪律监督、监察监督、派驻监督、巡察监督统筹衔接、贯通协同，推动权力集中重点领域监督机制改革和制度建设。构建亲清政商关系，教育引导党员干部涵养良好家风，扎紧“不能腐”的笼子。

（五）凝聚人心促民主汇合力。支持和保证人大及其常委会依法行使职权，扩大人民有序政治参与。坚持和完善中国共产党领导的多党合作和政治协商制度，提高政治协商、民主监督、参政议政水平，更好凝聚共识。完善大统战工作格局，做好民族和宗教工作，充分发挥民主党派、工商联和无党派人士、新的社会阶层人士作用，广泛团结凝聚港澳台同胞和海外侨胞力量，巩固和发展最广泛的爱国统一战线。发挥工会、共青团、妇联等人民团体作用，把各自联系的群众紧紧凝聚在党的周围。坚持党管武装，加强国防动员和后备力量建设，完善退役军人服务保障体系，力争省双拥模范县创建“两连冠”。

各位代表、同志们，百年征程风正劲，重任千钧再出发。迈上新征程，让我们更加紧密地团结在以习近平同志为核心的党中央周围，高举中国特色社会主义伟大旗帜，不忘初心、牢记使命、接续奋斗，以一往无前的奋斗姿态、风雨无阻的精神状态，团结带领全县人民风雨同舟、同甘共苦，为打造老区苏区振兴高质量发展广东新样本而不懈奋斗，为梅州苏区振兴发展步步高、广东“走在全国前列、创造新的辉煌”贡献蕉岭智慧、蕉岭力量！

政府工作报告

——2021年11月16日在蕉岭县第十六届人民代表大会第一次会议上

蕉岭县人民政府代县长 刘裕君

一、过去五年工作回顾

过去五年，县政府始终坚持以习近平新时代中国特色社会主义思想为指导，在县委的坚强领导下，在县人大及其常委会、县政协的监督和支持下，全县广大干部群众团结一致，用心谋发展，用力促振兴，用情惠民生，用智战疫情，“十三五”规划圆满收官，为开启老区苏区振兴高质量发展新征程、实现新跨越奠定了坚实基础。

五年来，经济综合实力迈上新台阶。2020年，全县GDP实现100.13亿元，是2016年的1.4倍；人均GDP5.4万元，是2016年的1.5倍；规上工业实现增加值26.75亿元，是2016年的2.4倍；城乡居民人均可支配收入2.45万元，是2016年的1.4倍。产业发展基础不断夯实。塔牌集团600万吨水泥项目、龙腾公司130万吨水泥粉磨生产线等重大项目建成投产，新型建材产业实现工业产值74亿元，加速迈向百亿产值。园区经济提质增效，新增入园企业54家，年均完成固定资产投资17亿元。现代农业蓬勃发展，培育市级富硒土壤种植示范基地37个、农业龙头企业40家、农民专业合作社474家、家庭农场328家，7个村入选首批省级“一村一品、一镇一业”专业村。建成丝苗米省级现代农业产业园、蕉岭（南沙）粤港澳大湾区现代农业示范基地，蕉岭绿茶、桂岭蜂蜜、蕉岭冬笋、三圳淮山获评“国家地理标志保护产品”，客家良稻、野桂花蜜、桂岭人红糖等6个特产获评省名牌产品，蕉岭大米获评全国名特优新农产品。

五年来，城乡面貌绽放新容颜。县城更美。桂岭新区、长潭片区、长寿新城扩容提质，城镇化率达55.2%。蕉岭县城与蕉华园区实现融合发展，为县域经济发展注入新的活力。丘成桐国际会议中心、石窟河万里碧道、龙安滨水公园、水利文化公园等一批休闲观光设施建成使用，成为“网红”新地标。先后获评“全国百佳深呼吸小城”“全国森林康养基地试点建设县”“2020中国最美乡村百佳县市”，被确定为全国县级文明城市提名城市。乡村更靓。以“三清三拆三整治”“厕所革命”、生活垃圾处理等为重点的农村人居环境综合整治成效明显，率先在全市实现农村无害化户厕普及率100%，农村生活垃圾有效处理率达100%。积极创建国家森林城市，完成碳汇林改造3.9万亩，建设生态景观林带53公里，全县森林覆盖率达79.02%，居全省前列。成功创建中国传统村落4个，省宜居示范城镇2个、示范村庄2个，广东名村3个，建成东岭省级“红色村”、九岭“广东十大美丽乡村”，以及石窟河“寿乡画廊”“长寿乡中乡”两条“广东美丽乡村精品线路”，“卡拉比—丘”数学世界旅游区成功创建国家AAA级景区，“寿乡画廊、人间天堂”的品牌进一步打响。污染防治攻坚战成效明显，全面消除城市黑臭水体，城区空气质量优良率居全市前列；累计治理中小河流172公里，全面完成“十三五”规划的治理任务；建成生活污水处理设施镇级7座、村级

239套，新增镇村污水管网220公里，日污水处理能力提高至镇级3900吨、村级7000吨。饮用水源水质达标率和国考、省考断面水质优良率均达100%。设施更优。累计投入16亿元，新增公路通车里程300公里，新改建国省道99公里、县道40公里、农村公路573公里，完成生命安全防护工程435公里，新建和维修桥梁22座。205国道蕉岭段、西堤公路、西线公路等全面完成升级改造，在全市率先实现通行政村5米以上路面、城乡公交一体化，成功创建省级“四好农村路”示范县。累计投入2.9亿元建成农村供水工程，行政村通自来水覆盖率、自然村集中供水覆盖率均达100%，农村自来水普及率提高至90%，受益总人口达18.2万人。累计投入3.3亿元完成配电网建设，全县供电保障能力明显提升。统筹城乡新基建，实现县城社区5G信号全覆盖。

五年来，群众幸福指数实现新提升。民生投入更加充足。始终坚持以人民为中心，每年办好十件民生实事。五年累计投入民生资金115亿元，占一般公共预算支出的82.6%。民生保障更加有力。脱贫攻坚目标全面实现，建档立卡贫困户和19个省定贫困村全部达到脱贫标准。社会保障水平持续提升，基本养老保险和基本医疗保险参保率分别达99%和100%，城乡低保等6项底线民生保障水平逐年提高。建成341套保障性住房，率先在全市实施农村唯一住房长期居住户C、D级危房改造。设立两家民办职业培训学校，建成“粤菜师傅”工程展示体验培训馆、“南粤家政”工程综合培训基地，城镇登记失业率持续低于控制数。公共服务更加均衡。坚决打赢新冠肺炎疫情防控总体战、阻击战，全县实现无死亡、无医院感染、无社区传播“三无”目标。县人民医院、县中医医院和县妇女儿童医院等三家公立医院建成使用，镇卫生院中医馆实现全覆盖，镇卫生院、村卫生站全面完成规范化建设，成功创建“广东省健康促进示范县”。教育教学质量位居全市前列，成功创建“广东省推进教育现代化先进县”，桂岭学校、特殊教育学校、镇平小学建成使用，普惠性幼儿园覆盖率达82%。公共文体服务均等化发展水平不断提高。全国县级文明城市创建工作深入推进，获评全国文明镇1个、全国文明村2个、省文明村3个，全县文明村镇覆盖率达96%。

五年来，改革发展迸发新活力。机制更活。圆满完成蕉华管理区改革任务，顺利完成新一轮县机构改革和镇体制改革，全国农村综合改革示范试点、乡村治理体系建设试点、全域土地综合整治试点，以及全省城乡融合发展试点、农村供水智慧化管理试点等国家级、省级农村改革示范试点顺利推进，荣获全国农村承包地确权登记颁证工作典型地区、全国集体林权制度改革先进集体称号。“放管服”“数字政府”、医药改革、普惠金融等改革扎实推进。秩序更好。平安蕉岭建设持续深化，扫黑除恶专项斗争、政法队伍教育整顿成效明显。刑事“零警情”天数创新高，安全生产、食品药品安全形势总体平稳，获评全国信访工作“三无”县，群众安全感提升率居全市第一。县镇村三级一体应急指挥体系基本建成，率先在全省实现村村通应急卫星电话，率先在全市建成应急指挥综合平台，打通防汛救灾“最后一公里”。“七五”普法工作圆满完成。国防动员、兵役征集、国防教育等工作有效落实，获“广东省双拥模范县”称号。效能更强。民主法治建设深入推进，自觉接受县人大及其常委会的监督和县政协的民主监督，五年共办理县人大代表建议130件、县政协委员提案169件，建议及提案办结率、满意率均达100%。“粤省事”“粤政易”“粤商通”等应用落地，便民惠企服务效能不断提高。成功举办—“卡拉比—丘理论发展四十年”国际会议、世界长寿乡生物与大健康高峰论坛、卡拉比—丘数学大会等活动，“世界寿乡·富美蕉岭”的开放度、影响力不断提升。发展改革、自然资源、审计、粮食、融媒体、妇女儿童、气象、档案等事业不断发展。

各位代表，看似寻常最奇崛，成如容易却艰辛。这些成绩的取得，是习近平新时代中国特色社会主义思想科学指引的结果，是市委、市政府和县委坚强领导的结果，是县人大、县政协监督支持的结果，是全县人民团结奋斗、并肩战斗的结果，是社会各界鼎力支持的结果。同时，也离不开广州市南沙区的大力帮扶。在此，我谨代表县人民政府，向全县人民，向人大代表、政协委员，向省市驻蕉单位、驻蕉部队，向港澳台同胞、海外侨胞和社会各界朋友，以及帮扶蕉岭发展的南沙区，表示衷心的感谢和崇高的敬意！

各位代表，五年的历程不同寻常，经验弥足珍贵。我们深切体会到，做好政府工作：任何时候都必须旗帜鲜明讲政治。始终以习近平新时代中国特色社会主义思想为指引，增强“四个意识”、坚定“四个自信”、做到“两个维护”，不折不扣推动上级决策部署在蕉岭落地生根、开花结果。任何时候都必须凝心聚力抓发展。坚持用发展的办法解决前进中的困难，立足新发展阶段，贯彻新发展理念，最大限度发挥优势、补齐短板，打基础、利长远，推动经济社会高质量发展。任何时候都必须真抓实干强担当。以踏石留印、抓铁有痕的作风和钉钉子的精神，一张蓝图干到底，一以贯之抓落实，推动各项工作干在实处、走在前列。任何时候都必须人民至上守初心。坚持以人民为中心的发展思想，把增进民生福祉作为一切工作的出发点和落脚点，以干部的辛苦指数换取群众的幸福指数，以看得见的变化回应群众的期盼。

各位代表，前进路上无坦途。我们也清醒看到存在的困难和问题：振兴发展任务艰巨。经济总量仍然偏小，产业结构过于单一，财政实力非常薄弱。特别是新冠肺炎疫情影响和碳达峰、碳中和目标要求，我县经济发展和产业转型升级任重道远。民生领域短板较多。公共服务历史欠账较多，优质教育资源不够均衡，底线民生保障能力不够强大。营商环境差距不小。一些部门和干部创造性开展工作的能力不强，形式主义、官僚主义和不担当、不作为等问题不同程度存在。对此，我们将坚持问题导向，明知山有虎，偏向虎山行，以更大决心、更实举措，认真解决发展中存在的困难和问题。

二、今后五年工作任务

县第十四次党代会的胜利召开，吹响了蕉岭加快发展的新号角。站在新的起点，新的蓝图鼓舞人心，新的形势催人奋进，新的机遇千载难逢。首先，特殊的区位，带来特别的机遇。当前，国家正大力推进粤港澳大湾区建设，省委、省政府全力推动省际边界合作区的发展，蕉岭区位独特，加快发展的条件具备，必将成为闽西南协同发展区对接粤港澳大湾区的“桥头堡”，我省拓展内陆省份经济腹地、融入国内大循环的“前哨站”，发展机遇前所未有。其次，特定的政策，带来特别的红利。蕉岭，作为同时拥有老区苏区、生态发展区、省际边界合作区的县，全省为数不多，“三区”叠加的政策，将给蕉岭在产业发展、要素保障等方面，带来巨大的政策红利。再次，特别的资源，带来特色的发展。蕉岭，资源禀赋突出，产业特色鲜明，既有建材新型工业，又有特色现代农业，还有方兴未艾的大健康产业，更有丘成桐、吴清平两位院士的特别影响力，这给蕉岭不走寻常路奠定了坚实基础。特别是县第十四次党代会确定了今后五年的奋斗目标和主要任务，发展思路更加清晰、举措更加务实、蓝图更加美好，全县上下干事创业的内生动力更加强大。我们必须抢抓发展机遇，发挥优势，转化劣势，走出一条质量更高、效益更好、竞争力更强的发展新路，努力开创老区苏区振兴高质量发展新局面。

根据县第十四次党代会精神，全县经济社会发展的指导思想是：高举中国特色社会主义伟大旗帜，坚持以习近平新时代中国特色社会主义思想为指导，全面贯彻党的十九大和十九届二中、三中、四中、五中、六中全会精神，深入贯彻习近平总书记“七一”重要讲话和对广东系列重要讲话重要指示批示精神，围绕总书记赋予广东在全面建设社会主义现代化国家新征程中走在全国前列、创造新的辉煌的使命任务，认真落实省委“1+1+9”工作部署和市委“六争六补”“123456”思路举措，立足新发展阶段，贯彻新发展理念，构建新发展格局，坚持系统观念，统筹发展和安全，积极融入“双区”“双城”“两个合作区”建设，创新实施“三三三五”发展战略，抢抓新机遇、实现新跨越，奋力打造老区苏区振兴高质量发展广东新样本，全力建设“世界寿乡·富美蕉岭”。

今后五年政府工作的奋斗目标是：

（一）探索建设老区苏区振兴高质量发展示范县。保持经济中高速增长，经济发展速度高于全市平均水平。人均主要经济指标与全国、全省平均水平的差距明显缩小，保持在全市前列。实现经济持续健康发展，到2025年，全县地区生产总值达到150亿元左右，年均增长7.5%；社会消费品零售总额年均增长10%，综合实力实现新飞跃。

（二）探索建设城乡融合发展示范县。“两山”理念实践成为典范，“生态产业化、产业生态化”成效明显。环境质量主要指标优于全市平均水平。森林覆盖率保持在全省前列，建成国家森林城市。生产生活方式绿色转型成效显著。城乡居民收入大幅提升，到2025年，城镇居民人均可支配收入达3.8万元以上，农村居民人均可支配收入达2.6万元以上。全面实现基本公共服务均等化，群众享有更优质的教育、更充分的就业、更满意的收入、更可靠的社会保障、更高水平的医疗、更舒适的居住条件、更优美的生态环境、更有品质的文化服务。基层民主健全，社会秩序良好，人民安居乐业。

（三）探索建设粤闽赣省际边界区域发展示范县。园区发展跃上新水平，绿色建材循环经济产业园、广东梅州大健康高科技产业园实现提档升级，成为推动省际边界区发展的重要支撑。多元化、结构优、实力强的现代产业体系基本形成，新型建材和长寿健康两大产业产值突破百亿，高端数智、光伏发电、超声仪器等新兴产业形成规模，整县建成农业现代化示范区，成功创建国家级全域旅游示范县。

围绕上述总体要求和奋斗目标，着重抓好以下工作：

（一）聚焦产业发展，坚定不移发展实体经济。

坚持把做大做强实体经济放在首位，围绕税收和就业，加大扶持企业发展的力度，巩固提升传统产业，培育发展新兴产业，积极构建绿色化、集群化、高端化的现代产业体系，为县域经济发展注入强大动力。

培育高质量发展新引擎。全力建设粤闽赣（蕉岭）省际边界合作区。坚持规划引领，科学编制省际边界合作区建设规划，有效衔接国土空间规划；坚持基础先行，推进园区“七通一平”标准化建设，推动用地、用工、用能等资源要素向园区集聚。以蕉岭产业集聚地广福园区为依托，深度对接大型央企国企推进战略合作，按照布局优化、企业集群、产业成链、物质循环、集约发展的原则，规划建设绿色建材循环经济产业园，大力发展装配式建筑、建筑构件、新型墙体、纤维增强水泥板、精细化工、商品混凝土等建材上下游产业，推动新型建材全产业链向循环经济转型，促进园区绿色低碳循环发展，打造成为连接粤港澳大湾区与闽西南协同发展区的重要生态经济功能区、粤闽赣边界合作发展的先行区。以省级平台蕉华工业园区为依托，擦亮世界长寿乡金字招牌，充分发挥吴清平院士等重大作用，规划建设广东梅州大健康高科技产业园，大力发展与大健康相关联的产业，建设覆盖一、二、三产业融合发展的大健康产业体系，努力把广东梅州大健康高科技产业园打造成城乡融合的标杆、产业培育的平台、改革探索的摇篮。借智借力建设“卡拉比—丘”数学小镇。充分发挥丘成桐院士的影响力，用好清华大学、广东数学会等权威资源，加快推进“卡拉比—丘”数学小镇建设，全力打造广大师生追求数学梦想的地方、全球数学家思想交流的平台、高端数智产业聚集的基地。重点以丘成桐国际会议中心、“卡拉比—丘”实景天象馆为平台，以“卡拉比—丘”数学大会等活动为牵引，发展研学、会务、培训经济；积极创造条件，鼓励发展数学众创空间，规划建设数学酒店、数学主题乐园、数学博物馆、数学休闲康养基地等项目，培育发展数学产业。

增强高质量发展新动能。推动建材产业强链延链。坚持走资源、能源节约型道路，着力发展绿色水泥和装配式建筑，重点抓好塔牌集团固废替代原（燃）料、皇马产能置换及余热发电、宏基装配式集成墙等一批项目建设，支持水泥企业通过兼并重组做大做强，促进水泥建材工业绿色低碳发展，打造百亿新型建材产业。推动新兴产业深度发展。加快发展超声仪器、光伏发电、毛竹精深加工等新兴产业，重点抓好固特超声产业园、健态竹制品精深加工产业园建设；整县推进分布式光伏开发，重点抓好塔牌光伏发电储能一体化、广东能源集团光伏发电等项目建设，着力构建产业多元发展的新格局。推动健康产业突围突破。积极对接省科学院、省微生物研究所等科研机构，加快促成珍稀食用药用菌栽培及精深加工项目落户，加快推进寿乡天然矿泉水项目建设，努力引进一批技术含量高、市场前景广、产品附加值大的健康食品制造业，实现百亿大健康产业目标。推动现代农业提质增效。全力推进丝苗米省级现代农业产业园、蕉岭（南沙）粤港澳大湾区现代农业示范园、毛竹现代农业产业园、蜂蜜农业科技园、食用菌产业园、冷链物流产业园建设，加速推进一、二、三产业融合发展。推动旅游产业蓬勃发展。全力创建国家全域旅游示范县，以“水”为脉，打造“水墨长潭—寿乡画廊—新铺田园”串珠成链的“水韵蕉岭精品游线”；以“山”为脉，打造蓝坊南礤“长寿乡中乡”各美其美的“寿韵蕉岭精品游线”；以“人文”为脉，打造广福九栋广育名村—文福逢甲成桐名居—三圳东岭红色村—新铺晋元故居美美与共的“文韵蕉岭精品游线”。重点推动万里碧道、百里田园、十里竹海、名人故居等项目建设，串珠成链、点线结合，建设独具寿乡魅力的旅游观光带。巩固提升长潭国家AAAA级景区，推动红色东岭旅游区、丘成桐祖居文化旅游区、“卡拉比—丘”数学世界创建国家AAAA级旅游景区。加强旅游宣传推介，通过唱响一首歌、延伸一条链，进一步放大蕉岭的山水人文魅力，吸引更多的游客前来品味蕉岭，带动旅游消费和产业发展。

提升高质量发展新活力。紧紧围绕国家发展战略、省市发展策略，主动融入粤港澳大湾区、深圳中国特色社会主义先行示范区“双区”建设，深化区域合作交流，打造“双区”休闲康养“后花园”、绿色食品“大农场”、产业转移“集聚地”。主动对接广州南沙对口帮扶、乡村振兴驻镇帮镇扶村省市企业单位，借势借智借力，引进一批工业企业品牌，打造一批乡村振兴亮点，建立一批产品销售渠道。主动联动福建武平、上杭省际交界区，积极探索建立区域战略联盟、缔结“友好县”等合作机制，全方位拓宽合作领域，优势互补，错位发展，实现合作共赢。主动用好国务院、省委省政府支持革命老区和原中央苏区振兴发展，以及省支持北部生态发展区、省际交界地区的系列重大政策，解放思想、开拓创新，大胆谋划一批产业发展、基础设施、重点民生等大项目好项目，积极申报地方政府专项债券，助推我县高质量发展。

构建高质量发展新支撑。认真实施“两铁两高两优两创”交通设施建设工程，着力打造立体、便捷、顺畅的交通设施网络，加速融入梅州市“半小时经济圈”、粤港澳大湾区“两小时经济圈”。“两铁”：全力推进“双龙”铁路蕉岭至武平段、蕉岭县货运铁路专用线项目建设，力争“双龙”铁路蕉岭至武平段早日动工建设。“两高”：扎实推动平（远）蕉（岭）大（埔）高速公路、长深高速公路蕉岭文福段塔牌互通立交工程规划建设。“两优”：实施205国道蕉岭段优化提升工程，推进205国道蕉岭粤闽交界至天汕高速文福出口段升级改造、樟坑至油坑段东移改线。实施跨省连接道路优化提升工程，重点推进S334、S332、S223线改建改造。“两创”：加快国省县乡公路升级改造和园区公路建设，优化农村公路网络，争创全国“四好农村路”示范县、全国城乡交通运输一体化示范县。与此同时，规划实施农村供水巩固提升、供水管网供水智慧化提升、城乡生活污水处理设施提升、输变电提升、天然气“县县通”、5G网络、公共充电桩等一批水利、电力、燃气、通信项目建设，为产业发展提供有力支撑。

（二）聚焦绿水青山，建设美丽宜居家园。

建设美丽家园，蕉岭得天独厚。坚持用绣花的功夫建设管理城市，推进城市文明。坚持以乡村振兴促农村升级，保留田园风光，让城镇更像城镇，农村更像农村。

建设“五宜”美丽县城。围绕创建全国县级文明城市目标，精准化规划县城、精品化建设县城、精细化管理县城，打造宜居宜业宜游宜养宜学“五宜”城市典范。坚持精准规划。按照多规融合要求，科学编制县镇两级国土空间规划，统筹划定“三区三线”，编制控制性详细规划和各专项规划，加强城市风貌设计和管控，加强城市“天际线”和沿河沿线规划管控，确保城市建设不变形不走样。坚持精品建设。按照“秀山活水、文城融合”的要求，推进县城“西进南扩东优”，西面重点抓好桂岭新区、长潭片区建设，南面重点抓好长寿新城、蕉华新城建设，东面重点抓好老城区优化提升改造，扩展“一河两岸”城市发展空间。坚持以小切口撬动大变化，重点实施一批城市综合体、“三旧”改造及东街西街等历史文化街区改造项目，规划一批老旧小区、农贸市场、城市管网、智慧停车场、休闲公园建设改造，优化改造城区路灯照明、道路绿化、园林等市政工程，提升县城品位。坚持精细管理。深化城市综合执法改革，建立依法、规范、精准、有效的城市管理长效机制；制定出台城市精细化管理新机制新规则，规范地下管线和建筑工地施工管理，以及门店经营、地摊经济、自产自销、街头营销等城市经营管理；推广应用智慧城市管理技术，让城市管理更现代、更智慧、更有温度。

建设富美乡村升级版。发挥好“驻镇帮镇扶村”和“万企兴万村”工作机制，集中力量打造一批美丽乡村示范样板，争创省级美丽乡村示范县。提升环境美。建设好农村，开展“美丽庭院”创建活动，因地制宜建设小菜园、小果园、小花园、小公园“四小园”；以新铺全域土地综合整治国家级试点为契机，整体实施石窟河一河两岸农村生态保护修复，规范农村宅基地管理，统筹推进乡村风貌提升；深入推进以“三清三拆三整治”、生活污水治理等为重点的人居环境综合治理，重点抓好205国道沿线行政村风貌提升、道路秩序整顿、环境综合治理，建设省际廊道美丽乡村示范带，串点连线成片，着力打造35个特色精品村、62个美丽宜居村，让蕉岭的农村更有颜值更有品位。守护好青山，全面推行“林长制”，抓好国家储备林、生态景观林、碳汇林、山水林田湖草沙一体化保护和修复工程项目建设，推动纯松林林分改造，提升森林质量，努力创建国家森林城市，让蕉岭的青山永远青翠欲滴。守护好蓝天，以环保能耗“双控”为抓手，严格控制高能耗项目，推动传统产业转型升级；精细化管控工业废气、汽车尾气、餐饮油烟、稻草焚烧、建筑扬尘等污染，推行清洁生产，让蕉岭的空气永远清新迷人。守护好碧水，严格执行生态保护红线、环境质量底线、资源利用上线、生态环境准入清单“三线一单”管控要求，加强水源地、森林公园、自然保护区的保护力度，推进县镇村污水处理和污水管网建设，加强畜禽养殖污染治理，让石窟河一江清水向东流。守护好净土，抓好工业固废、建筑垃圾治理，创建“无废城市”；加强农业面源污染治理，推进耕地修复利用；实行最严格的耕地保护制度，坚决遏制耕地“非农化”、防止“非粮化”；抓好水田垦造、拆旧复垦和高标准农田建设，让蕉岭的土地永远美丽富饶。突出产业美。乡村振兴的关键是产业振兴，推进巩固拓展脱贫攻坚成果同乡村振兴有效衔接，新建一批大湾区“菜篮子”“果盘子”“米袋子”，加快构建“多村一品、数镇一业”的现代农业产业体系，拓宽农民增收渠道。重点以寿乡富硒为品牌，发展壮大丝苗米、毛竹、蜂蜜、茶叶、南药、食用菌等优势产业；以林权制改革为契机，大力发展灵芝、金线莲、石斛、红菇、竹荪等林下经济；以创建省级电子商务示范县为抓手，扶持发展精深加工农业龙头企业，提升“寿乡富硒号”农业品牌和附加值，构建“山上绿色银行、山下现代厂房、山外流通市场”的发展格局。注重生活美。推动公共资源向农村医疗教育、基础设施、社会服务等领域倾斜，实现城乡基本公共服务均等化。实施农村供水一体化工程建设，深入推进农村“厕所革命”，完善乡村物流、农村电子商务，实现农村生活品质提档升级。深入开展移风易俗活动，培育文明乡风、良好家风、淳朴民风，提高乡村社会文明程度。

建设繁荣美丽圩镇。落实好美丽圩镇建设“六个一”要求，坚持镇村统筹、城乡融合、产业带动、彰显特色，推动镇村同建同治同美，建设具有“乡村风貌、城市品质”的美丽圩镇。突出圩镇规划引领。坚持“一镇一特色”理念，完善圩镇空间布局，编制镇区控制性详细规划和美丽圩镇建设专项规划。突出圩镇综合治理。按照统筹规划、逐年实施原则，实施绿色宜居小区、特色商业街建设，逐步补齐圩镇道路交通、污水治理、亮化美化、市政设施、农贸市场、安全饮水、教育医疗、文化体育、便民服务等短板，推进圩镇环境综合整治、外立面改造提升，增强圩镇综合功能。突出镇域经济发展。小河有水大河满，大河有水小河涨。镇域经济是美丽圩镇建设的“动力源”、县域经济发展的“加速器”。必须把发展壮大镇域经济作为乡村振兴的重中之重，制订出台科学有效的镇域经济发展考核办法，激励各镇积极抓好镇域内招商引资、工业企业、现代农业、乡村旅游、圩镇商贸、重点项目等经济发展，提升圩镇聚集力，壮大县域经济。

（三）聚焦民生福祉，创造高品质幸福生活。

围绕解决群众的烦心事、操心事、揪心事，拓岗位、添学位、增床位、强保“卫”，努力保障和改善民生。

筑牢兜底保障网。持续增加民生投入。坚持公共财政重点向民生倾斜，每年规划实施十件民生实事，切实解决好人民群众最关心、最直接、最现实的利益问题。持续提升保障水平。稳步提高养老、医疗、生育、失业和工伤等各项社会保险水平，以及低保、特困、孤儿、残疾人等特殊群体基本生活保障水平。健全农村留守儿童、妇女、老人群体关爱服务体系，推进县镇村居家养老服务中心（站）、妇女儿童之家建设；统筹整合医养服务资源，推进医养项目建设，至2025年新增养老服务床位500张，弥补“医养结合”短板，进一步织密织牢民生保障网。完善扶贫助学机制，逐步提高学生资助覆盖面和资助标准，努力解决困难家庭子女入学难问题。全面完成“房地一体”农村不动产登记发证工作，持续扩大保障性租赁住房受益覆盖面，进一步解决重点群体住房困难问题，努力提升人民群众“住有所居、住有宜居”的幸福感。持续实施就业优先战略。纵深推进“粤菜师傅”“广东技工”“南粤家政”三项工程，大力打造“蕉岭三及第”等地方特色品牌。做好高校毕业生、下岗失业人员、退役军人等重点群体的就业创业服务，争创全国示范型退役军人服务中心（站），实现更加充分和更高质量的就业创业。

筑优公共服务网。打造更优质量的现代教育。稳定教育投入，坚持每年从土地出让收入中安排4%用于教育事业，确保财政一般公共预算教育支出逐年增加。优化教育布局，到2025年，新建中小学各1所，新增初中学位1500个、小学学位1620个。城区新建公办幼儿园4所，新增幼儿园学位1800个，整体提升教育服务供给能力。严格落实义务教育“双减”政策，深入开展德育体育美育教育，构建良好教育生态，促进学生健康成长。建设更高水平的健康蕉岭。深化医药卫生体制改革，建立完善分级诊疗、药品集中采购、三医联动、人事酬薪、现代医院管理制度，构建优质高效的医疗卫生服务体系。加强医疗服务能力建设，完善医疗卫生设施，强化医疗卫生人才培养，深化省市县紧密型医共体建设，切实提升县域医疗服务水平。完善公共卫生服务体系，慎终如始抓好常态化疫情防控工作，加强传染病联防联控，提高妇幼健康服务水平，加强慢性疾病预防控制，保障公众健康。发展更加繁荣的公共文化。坚持以社会主义核心价值观为引领，大力实施“三好一正”、全域文明创建工程，全力创建全国县级文明城市。创新实施文化体育惠民工程，传承利用好优秀客家传统文化和历史文化遗产，修缮保护好红色革命旧址、历史文化街区、古村落，规划建设好健身步道、社区球场、体育公园、文化公园、森林公园等公共文化体育设施，让公共文化服务“处处可去、人人可及”。与此同时，加强国防动员和民兵预备役建设，力争省双拥模范县创建“两连冠”。做好人防、发展改革、统计、民族宗教、外事侨务、台港澳、气象、方志、档案、残联等工作，促进社会事业全面发展。

筑好社会安全网。坚守国家安全底线。坚持总体国家安全观，始终把维护政治安全放在首位，持续开展舆情管控、网络安全监测，一以贯之维护政治和意识形态安全。坚守社会稳定底线。加强和改进信访工作，积极探索多元化解决基层矛盾纠纷的新模式，健全规范群众诉求表达、利益协调、权益保障机制，妥善解决群众合法合理诉求，正确处理好新形势下人民内部矛盾。加强社会治安综合治理，推动扫黑除恶常态化制度化，持续开展暴力犯罪、毒品犯罪、电信网络诈骗、邪教组织等专项打击整治行动，深入推进“雪亮工程”“智慧警务”等立体化、智能化社会治理防控体系建设，建设更高水平的平安蕉岭。坚守安全生产底线。严格实行安全生产“党政同责、一岗双责、齐抓共管、失职追责”，坚持“管行业必须管安全、管业务必须管安全、管生产经营必须管安全”，铁腕整治安全生产隐患，坚决遏制较大以上安全事故发生，确保安全生产形势稳定。坚守食品安全底线。健全农产品追溯体系，严把从田间到餐桌的每一道防线，确保“舌尖上的安全”。加强食品药品安全监管，落实最严谨的标准、最严格的监管、最严厉的处罚、最严肃的问责，防控食品药品安全风险。加强地质灾害防治和气象灾害防御，落实群策群防措施，提高防灾减灾抗灾救灾能力。完善公共安全应急防控体系，增强应对处置突发事件能力。

（四）聚焦改革创新，构筑营商环境高地。

坚持问题导向，增强发展活力，持续深化政府职能转变，努力打造为民、务实、高效、清廉的服务型政府。

打造公平公正的法治环境。加强法治政府建设，善于运用法治思维和法治方式解决发展面临的深层次问题。坚持依法行政，规范行政决策程序，严格公正文明执法。自觉接受人大监督、民主监督、监察监督、社会监督。严格执行人大决议决定，认真做好人大代表建议和政协委员提案办理工作。畅通参与政策制定的渠道，广泛听取各方面意见建议，提高决策的科学化、民主化、法治化水平。坚持政务公开，完善政府权责清单制度，加强诚信政府建设，做到承诺有度、承诺有信。

打造高效便捷的营商环境。深入推进新铺全域土地综合整治国家级试点、全国乡村治理体系建设试点、城乡融合发展省级试点、镇级财政管理体制、普惠金融等改革工作，激活农村发展活力。巩固提升蕉华园区管理体制改革成果，努力申报省级高新区。全面推行“不见面”办事，深化“放管服”、审批制度改革，加快“数字政府”建设，推动网上办事大厅延伸到镇村，实现群众办事“一窗通办”、行政许可审批“零超时”、工程建设“一网通办”、项目建设“拿地即开工”，切实降低企业和群众办事成本。深化机关效能建设，大力开展“庸懒散”专项治理，着力解决不作为、乱作为、慢作为问题；强化效率意识、服务意识、创新意识，弘扬“马上就办、立即就干”的服务精神，让企业和群众的事好办、快办、办成。

打造风清气正的政务环境。强化政治意识，巩固深化“不忘初心、牢记使命”主题教育成果，增强“四个意识”、坚定“四个自信”、做到“两个维护”，不断提高政治判断力、政治领悟力、政治执行力，不折不扣贯彻落实中央决策部署和省委省政府、市委市政府、县委的工作要求。强化宗旨意识，扎实开展党史学习教育，深入推进“我为群众办实事”活动，大兴调查研究之风，经常深入基层，了解群众疾苦，回应群众关切，做到守土有责、守土尽责。强化廉政意识，落实全面从严治党主体责任，认真抓好政府系统党风廉政建设，强化审计监督结果运用，加大对国有资产、行政审批、工程建设等监管力度。锲而不舍落实中央八项规定精神，驰而不息纠治形式主义、官僚主义。带头厉行节约、反对浪费，把财政资金更多用于为发展增添后劲、为民生雪中送炭，以政府的“紧日子”换得群众的“好日子”。

各位代表！行者方致远，奋斗路正长。让我们更加紧密地团结在以习近平同志为核心的党中央周围，在县委的坚强领导下，凝心聚力、开拓创新，激发继续前进的磅礴力量，为推动老区苏区振兴高质量发展，书写蕉岭发展新篇章而努力奋斗！

政府工作报告

——2022年1月20日在蕉岭县第十六届人民代表大会第二次会议上

蕉岭县人民政府县长 刘裕君

一、2021年工作回顾

2021年，县政府在县委的坚强领导下，坚持以习近平新时代中国特色社会主义思想为指导，深入学习贯彻习近平总书记对广东系列重要讲话和重要指示批示精神，认真落实中央、省委省政府和市委市政府决策部署，科学统筹疫情防控和经济社会发展，实现“十四五”规划良好开局。

（一）经济发展稳中有进。预计全县生产总值实现106.4亿元，同比增长5%；一般公共预算收入实现7亿元，同比增长9.1%；社会消费品零售总额完成38.76亿元，同比增长2%；城乡居民人均可支配收入实现28353元，同比增长8%。聚焦“十四五”发展布局，大力实施“三三三五”发展战略，产业发展思路目标更加清晰。抢抓省规划建设粤闽赣苏区改革试验区的发展机遇，大力推进试验区（蕉岭片区）的规划选址、目标定位、产业布局等前期工作。项目建设持续发力，东方雨虹、富路达沥青等项目建成投产，塔牌光伏发电、塔牌固废替代原料、皇马新型熟料及余热发电、龙腾旋窑节能减排、健态竹制品精深加工、供销天业冷链物流等项目建设扎实推进。新增高新技术企业5家、规上工业企业7家。大力创建国家全域旅游示范县，“卡拉比—丘”实景天象馆建成试运行，“卡拉比—丘”数学世界成功创建国家AAA级旅游景区，新增国家三星级旅游饭店1家、市四星级民宿3家，醉美书院入选首批广东省乡村民宿示范点，实现旅游收入24亿元。

（二）城乡发展更加协调。坚持以“两山”理念引领城乡发展。县城新区扩容步伐加快，老区提质力度加大，碧桂园滨江壹号、汇珑湾等5个城市新区项目建设顺利推进，新东市场、府前路、环城路、溪峰东路提升改造顺利完成，桂岭新区医院生命通道、县城供排水管网改造、石窟河碧道建设进展顺利。城乡基础设施持续优化，新改建城乡公路36.8公里，改造危桥8座，获评“四好农村路”全国示范县；新建33个智能配电网；农村供水巩固提升、污水设施建设工程扎实推进，城乡集中供水、农村污水治理，以及县城城区5G信号、城乡公共充电桩、镇村电商服务站点、行政村物流快递实现全覆盖。以产业发展为核心的乡村振兴持续发力，成功申报毛竹省级现代农业产业园，获得5000万元省级补助资金；蕉岭大米入选第二批全国名特优新农产品名录，创建全国“一村一品”示范镇村2个、广东“一村一品、一镇一业”专业镇村9个，获批全国农民合作社质量提升整县推进试点县、全国农业社会化服务创新试点县、省级电子商务进农村综合示范县。

（三）民生保障更加有力。全县民生支出21亿元，占一般公共预算支出的85%，十件民生实事基本完成。毫不放松抓好疫情防控，全年未发生外来输入和本地病例。县人民医院、县中医医院、县妇女儿童医院建成使用，成功创建“广东省健康促进示范县”。社会保障有效落实，困难群众救助标准稳步提升，城乡居民基本医疗保险参保率达100%，建成保障性住房428套，实现城镇新增就业1452人。深入优化校园设施，认真落实“双减”政策，新增公办幼儿园学位360个，高考成绩再创新高，获评全国规范化家长学校实践活动实验区。全国县级文明城市深入创建，县文化馆升级为国家一级馆，被确定为全国乡村“复兴少年宫”建设试点县，获评梅州市“十佳乡风文明镇”1个、“百佳乡风文明村”5个。全县社会和谐稳定，信访总量持续下降，未发生较大以上安全生产事故，“一核三线三方”基层治理模式入选全省治理现代化优秀案例，完成村（社区）示范型退役军人服务站创建。

*（四）政府建设更加严实。*坚持和加强党的全面领导，深入贯彻落实习近平新时代中国特色社会主义思想，党史学习教育扎实开展，“我为群众办实事”活动成效明显。坚持向县委、县人大及其常委会报告工作，向县政协通报情况，积极办理人大代表建议和政协委员提案。扎实推进全国乡村治理体系建设试点、全域土地综合整治国家级试点、城乡融合发展省级试点工作，“六事”乡村治理方式入选全国典型案例。持续深化“放管服”改革，推动工程建设“一网通办”，“证照分离”、“数字政府”、镇级综合行政执法改革成效明显，新增“省级民主法治示范村”2个、公共法律服务工作室111个。与此同时，国防动员、兵役征集、国防教育、双拥、青年发展、妇女儿童、民族宗教、外事侨务等工作有新进展，发改、人防、统计、供销、气象、档案、方志、残联等工作取得新成绩。

各位代表，这些成绩的取得，是市委、市政府和县委坚强领导的结果，是县人大、县政协监督支持的结果，是全县人民团结奋斗的结果，是社会各界鼎力支持的结果。在此，我谨代表县人民政府，向全县人民，向人大代表、政协委员，向省市驻蕉单位、驻蕉部队，向港澳台同胞、海外侨胞和社会各界朋友，表示衷心的感谢和崇高的敬意！

我们也清醒认识到，我县振兴发展仍存在不少困难和问题：一是经济发展不确定因素增多，经济实现持续增长压力较大。二是资源环境压力大，推动产业转型升级、绿色低碳发展任务艰巨。三是财政收支矛盾突出，教育、医疗、基础设施建设等公共服务水平提升的压力越来越重。四是用地、用林、用工等要素资源紧缺，严重制约了项目建设。五是一些部门和部分干部创新意识、担当意识、服务意识还存在差距，崇商重企氛围还要进一步提升。对此，我们一定会高度重视，切实采取有效措施加以解决。

二、2022年工作安排

2022年是党的二十大召开之年，是新一届政府的开局之年。党中央、国务院和省委、省政府高度重视革命老区发展，出台了一系列支持老区苏区振兴发展的扶持政策，我县的区位条件、产业基础、资源禀赋等比较优势突出，边沿变前沿、交界变交汇的条件具备，全县上下人心思进、人心思干、人心思发展的意愿强烈，为富美蕉岭的加快建设带来了强劲的动力。我们必须牢牢抓住千载难逢的发展机遇，充分释放政策红利，不管东西南北风，咬定发展不放松，大力发展实体经济，奋力推动乡村振兴，努力开创蕉岭苏区振兴高质量发展新局面。

今年政府工作的总体要求是：以习近平新时代中国特色社会主义思想为指导，全面贯彻落实党的十九大和十九届历次全会及中央经济工作会议精神，深入贯彻习近平总书记对广东系列重要讲话和重要指示批示精神，按照习近平总书记赋予广东的使命任务要求，弘扬伟大建党精神，加强党的全面领导和党的建设，坚持稳中求进工作总基调，完整、准确、全面贯彻新发展理念，统筹疫情防控和经济社会发展，统筹发展和安全，认真落实省委、市委部署要求，狠抓发展第一要务，全面激发内生动力，大力实施“三三三五”发展战略，坚定不移发展实体经济，大力推进工业强县、产业兴县，扎实抓好“六稳”“六保”工作，持续改善民生，保持经济运行在合理区间，保持社会大局稳定，以优异成绩迎接党的二十大胜利召开。

今年的主要预期目标是：全县地区生产总值增长7%左右；固定资产投资增长10%左右；一般公共预算收入增长6.3%以上；居民人均可支配收入增速高于经济增速；社会消费品零售总额增长8%；稳控节能减排降碳约束性指标。重点抓好六方面工作：

（一）全力建设产业平台。高标准规划建设粤闽赣苏区改革试验区（蕉岭片区），努力打造大湾区辐射赣闽桥头堡、粤闽现代产业合作区、绿色低碳循环产业园。扎实抓好13平方公里的粤闽赣苏区改革试验区（蕉岭片区）广福核心区建设，有效衔接新一轮国土空间规划和“三线一单”环境管控编制，高水平完成广福核心区总体规划编制。加快实施广福核心区道路、供水、供电、污水处理等基础设施建设，拉开园区的发展架构。积极主动争取改革试验区建设的优惠政策，力争把试验区打造成为蕉岭产业集聚的主战场、经济发展的增长极。扎实抓好15平方公里的蕉华园区规划建设，完成10万平方米的通用标准厂房二期、2万平方米的公共服务配套设施建设，实施14公里园区道路、园区供水扩容工程、污水处理厂、地下综合管线等基础设施建设，加强园区土地清理收储，切实提高土地的投资强度和产出率。积极创建省级高新区。扎实抓好“卡拉比—丘”数学小镇建设，发挥丘成桐院士的影响力，提升丘成桐国际会议中心研学水平。完成“卡拉比—丘”实景天象馆建设，推进数学酒店、数学主题乐园、数学博物馆、数学休闲康养基地等项目规划建设，高标准举办好“卡拉比—丘”数学大会。扎实抓好招商引资工作，围绕新能源、新材料、电子信息、装配式建筑、大健康等战略性新兴产业，采取产业招商、平台聚商、以商引商等方式，积极对接央企国企、上市公司、龙头企业，引进一批税收大、就业多、成长性好的企业落户园区。与此同时，突出抓好重点项目的要素保障，坚持要素跟着项目走，统筹用地、用林、用能等指标，全力服务重点项目建设。认真落实自然资源支持实体经济发展的政策措施，确保不低于50%的县级新增建设用地指标用于产业项目，推行“带项目”供应。畅通“绿色通道”，实行重点项目用地审批材料“容缺”机制，加快用地报批、土地供应、登记发证、规划报建等审批速度。深化政银企合作，大力推广普惠金融产品，创新信贷产品，加大信贷投放力度，发挥中小微企业信贷风险补偿基金作用，解决中小微企业融资难等问题。积极争取中央预算内投资、政府债券、政策性银行贷款等资金支持，着力破解项目要素保障瓶颈。

（二）全力发展实体经济。牢固树立大抓工业发展、抓大工业发展的理念，实施主导产业培育提升和产值倍增计划，力促绿色建材产业强链补链延链，推进产业集群聚集，发展装配式建筑、精细化工、光伏设备制造等产业。积极扶持现有企业增资扩产、升级改造，全力抓好皇马新型熟料、塔牌固废替代、龙腾节能减排等技改项目建设；全力加快新兴工业发展，重点抓好固特压电陶瓷、供销天业冷链物流、粤鑫包装材料、宏基全屋整装、佰越商品砂浆、国健智联电子、塔牌光伏发电等工业项目建设。大力实施强企工程，推动联兴环保、逾世纪等8家企业上规，力争金鹏、金发等一批企业年税收实现大突破。做强国有资本和国有企业，支持县国有企业依法参与资源资产价值化、实体经济、城乡建设、公共服务等领域项目建设，实现资产增值、企业增效。加强招商引资项目的对接，努力促成广东能源集团风电、蜂仙子生物等一批意向项目落地。牢固树立农业工业化理念，以工业化举措推动农业产业化，突出抓好健态竹制品精深加工、建丰粮业丝苗米精深加工、寿乡矿泉水等在建农业企业项目建设，着力扶持昱竹竹木精深加工、桂岭蜂蜜精深加工、逾世纪生物科技、裕兴食品等现有农业企业发展壮大，努力促成真庄盐焗食品、珍稀食用菌精深加工等农业企业意向项目尽快落地，切实提高农业产业化水平。牢固树立生态产业化理念，启动国家全域旅游示范县创建工作。推进“水韵、寿韵、文韵”三大特色精品游线建设，实施新铺古街三期、三圳红色研学、文福名人故居、南礤竹林康旅等项目建设，红色东岭旅游区、丘成桐祖居文化旅游区创建国家AAA级旅游景区，打造一批广东美丽乡村旅游精品线路。承办好航海模型锦标赛、无线电测向冠军赛、蕉岭手信大赛，举办好赴圩节、美食节、采摘节，推介好“唱响蕉岭一首歌”“宣传蕉岭一篇文”，让蕉岭月月有活动、年年有精彩。

（三）全力提升基础设施。扎实推进45项年度投资35亿元的基础设施重点项目建设，为高质量发展提供有力支撑。狠抓年度投资18亿元的交通项目建设，力争“双龙”高铁梅州经蕉岭至武平段上半年启动可研鉴修评审等立项前置工作，长深高速公路蕉岭文福段塔牌互通立交年内动工建设；认真做好蕉岭至丙村铁路、平（远）蕉（岭）大（埔）高速公路、205国道樟坑至梅县交界段东移改线前期论证工作；动工建设S334线步上至蕉城段、S222线蓝坊至石子排段、S332线新铺墟至十二排段，完成乌土至富足、叟乐公学至X043线等公路改造提升，以及新铺大桥、逢甲大桥、长潭大桥等8座桥梁加固提升工程；优化改造95公里“四好农村路”。狠抓年度投资4亿元的水利项目建设，完成农村供水巩固提升、供水管网建设、供水智慧化改造、石窟河碧道、中小河流治理等项目建设，动工建设徐溪河乌土河生态清洁小流域综合治理、城镇生活污水处理设施提质增效，以及6宗小型水库除险加固工程。狠抓年度投资13亿元的城市项目建设，加快推进汇珑湾、滨江壹号等新区城市体项目建设，完成桂岭新区医院生命通道建设。深入推进老城区微改造，整体谋划、分步实施、分期推进，重点实施北街、镇山路、恒塔大道等路段路灯改造，宝利园周边人行道优化提升，锡林公园等改造提升，东湖路等老街道品质提升，畅通金河街等市政道路，完成6个智慧停车场建设，提升“五宜”城市水平。

（四）全力推动乡村振兴。聚焦产业发展促进乡村振兴，深入推进农村一、二、三产业融合，丰富乡村经济业态。做大做强蕉岭竹特色农业，高质量抓好毛竹省级现代农业产业园建设，扎实推进毛竹示范基地、竹制品精深加工、农产品电商中心、林下经济发展基地等项目建设，力争今年产业园产值达5亿元以上。巩固提升丝苗米省级现代农业产业园，扩大种植面积、建立物流仓储、发展精深加工、实施品牌战略，力争今年产业园产值达13亿元以上。积极对接省微生物研究所，规划建设并积极申报珍稀食用药用菌省级现代农业产业园。依托中蜂（华南中蜂）国家保护区，申报创建蜂产品省级现代农业产业园，发展助农增收致富的“甜蜜产业”。积极创建国家电子商务进农村综合示范县、省级家庭农场示范县，带动柚果、茶叶、蜂蜜、南药、油茶、食用菌等特色农业，以及生态休闲、特色民宿等乡村旅游产业发展壮大，真正形成“一镇一业、多村一品”的发展格局。聚焦补齐短板促进乡村振兴，结合驻镇帮镇扶村，深入推动“九大攻坚行动”，持续抓好“三清三拆三整治”、全域农房管控、乡村风貌提升、垃圾分类处理、污水处理设施建设，动工建设新铺全域土地综合整治、省际廊道美丽乡村示范带、石窟河一河两岸生态保护修复、山水林田湖草沙一体化保护和修复等一批农村环境治理项目，建成 20 个以上特色精品村、1 个绿美古树乡村、1 个绿美红色乡村等一批美丽乡村示范样板，争创省级美丽乡村示范县。完成造林与生态修复 5 万亩，积极申报国家储备林项目，切实做好国家重点生态功能区考核工作，努力争创国家森林城市。聚焦圩镇建设促进乡村振兴，以广福、三圳、新铺、南礤为重点，加快推动美丽圩镇建设。按照“一镇一特色”理念，完成美丽圩镇建设规划编制；按照统筹规划、逐年实施原则，规划实施 1 个以上绿色宜居小区、特色商业街、农贸市场改造建设，以及圩镇道路、污水治理、亮化美化、外立面改造等圩镇环境综合整治项目；按照产业引领要求，广福重点抓好粤闽赣苏区改革试验区（蕉岭片区）广福核心区规划建设，蕉城、三圳、长潭重点抓好现代农业、乡村旅游、商贸经济等产业融合发展，新铺、文福重点抓好新型建材、装配式建筑、光伏等产业发展，南礤、蓝坊重点抓好毛竹产业和林下经济发展，不断壮大镇域经济。聚焦改革创新促进乡村振兴，深入推进城乡融合发展省级试点改革、镇级财政管理体制改革，激活农村发展活力；深化农村承包地“三权分置”“三变”、农村集体产权制度改革，探索建立农村集体经营性建设用地入市制度体系，推动农村土地有序规范流转，加快垦造水田、高标准农田建设，落实耕地保护责任，扎实推进拆旧复垦，释放农村土地潜力，盘活农村集体资源资产，壮大村集体经济，增加农民收入；加强和改进乡村治理，打造一批乡风文明、家风良好、民风淳朴的和谐示范村。聚焦留住乡愁推动乡村振兴，在乡村建设中，敬畏历史、敬畏文化、敬畏生态，不破坏地形地貌、不拆传统民居、不砍老树、不盖高楼，让群众看得见山、望得见水、记得住乡愁。

（五）全力提升民生福祉。坚持以人民为中心，把更多的财力用于保障和改善民生，以“小切口大变化”，让人民群众的获得感、幸福感、安全感更有保障。持续提升基本民生保障水平，继续提高低保、特困人员、孤儿和残疾人等困难群众救助标准，规划建设县镇村居家养老服务中心（站），逐步提高困难家庭学生资助覆盖面和资助标准；深入推进“粤菜师傅”“广东技工”“南粤家政”三项工程，实现城镇新增就业 1400 人以上、完成职业技能培训 500 人次以上，城镇登记失业率控制在 3.5%以下。持续提升人民对教育的满意度，加大教育投入力度，完成新铺镇中心小学、广福学校、长潭镇中心幼儿园改扩建工程，规划建设桂岭中学，新增 500 个普惠性幼儿园学位、3000 个中小学优质学位；继续实施“名师工程”，引进和培养一批名教师；深入落实“双减”政策，规范校外培训市场秩序；发展好社区教育、老年教育；完善农村中小学教育配套设施，加快创建全国义务教育优质均衡县。持续提升医疗服务水平，常态化抓好疫情防控工作，科学精准实施疫情防控措施，加快推进疫苗接种，确保全县疫情防控总体安全；完成县人民医院烈性传染病区建设，规划建设县疾控中心；继续深化医药卫生体制改革、推进省市县紧密型医共体建设、加强医疗卫生人才培养，努力创建公立医院质量提升样板示范县。持续提升文化惠民效能，加快推进县文化馆、图书馆、博物馆提档升级，优化县镇村三级公共文化网络；扎实推进丘逢甲故居、谢晋元故居、省保郭氏宗祠、县保仓海学校保护利用等项目建设，积极申报全国、省级、市级文保单位；做好文化遗产传承利用，创造一批文艺精品；实施全民健身计划，打造一批社区体育公园，全力创建全国县级文明城市。持续提升社会安全指数，落实总体国家安全观，抓好意识形态和网络安全；完善金融监管体系和金融风险处置机制，防范和处置非法集资；深入开展扫黑除恶常态化，严厉打击电信网络诈骗等违法犯罪行为；加大知识产权保护力度，持续推进质量强县建设；加强社会治安综合治理，健全社会矛盾纠纷排查化解机制；深化应急管理系统建设，常态化开展安全生产、城镇燃气、道路交通、建筑施工、食品药品等专项整治行动，建设更高水平的“平安蕉岭”。持续提升十件民生实事办理质量，在确保全面完成省、市十件民生实事的同时，我们结合实际，拟订了提高困难群众救助补助标准等11个民生实事候选项目，今年继续实行人大代表票决制，请大家审议。与此同时，加强国防动员和民兵预备役建设，做好人防、发展改革、妇女儿童、统计、民族宗教、外事侨务、台港澳、气象、方志、档案、残联等工作，促进社会事业全面发展。

（六）全力加强自身建设。始终坚持把政治建设摆在首位，巩固提升党史学习教育成果转化，传承“听党话、跟党走”红色基因，进一步增强“四个意识”、坚定“四个自信”、做到“两个维护”，确保把党的领导贯彻到政府履行职责全过程。严守党的政治纪律和政治规矩，持续巩固坚决全面彻底肃清李嘉、万庆良恶劣影响成果，进一步营造良好的政治生态。始终坚持向改革要动力，持续深化“放管服”改革，继续推广“粤系列”移动终端应用，加快“数字政府”建设，不断优化营商环境。坚持设“路标”不设“路障”，进一步简化办事流程，缩短办事时限，实现行政审批事项100%网上受理、100%网上办结。落实减税降费、助企纾困等政策。“母亲式”服务企业，深入开展领导干部挂钩联系企业、一企一策等专项行动，为企业健康发展厚植肥沃土壤，形成全县崇商重企良好氛围。弘扬敢为人先的改革精神，创造更多可复制、可推广的新时代“蕉岭经验”“蕉岭首创”。始终坚持依法行政，深入学习贯彻习近平法治思想，善于运用法治思维和法治方式解决发展面临的问题。坚持重大事项向县委县人大报告、县政协通报，高质量办好人大代表建议和政协委员提案，主动接受社会和民主监督。全面推行行政执法“三项制度”，推进“八五”普法，发挥审计监督、统计监督职能作用，坚持政务公开，完善政府权责清单制度，建设法治政府。始终坚持深化廉政和作风建设，坚决贯彻落实中央八项规定及其实施细则精神，持之以恒纠“四风”。严格预算编制、预算绩效评价，严控“三公”经费和一般性支出，坚持节约裕民。强化重点领域、重大工程、行政审批和关键岗位监督问效，坚决摒弃“躺平式”干部作风，坚持少说不行、多说怎么样才行，以解决问题干成事体现“两个维护”和政治忠诚，让群众办成事、让企业办成事。

各位代表，实现目标，赢得未来，需要我们坚定前行。让我们更加紧密地团结在以习近平同志为核心的党中央周围，在省委省政府、市委市政府以及县委的坚强领导下，振奋精神勇进取，真抓实干创新业，为加快蕉岭苏区振兴高质量发展，以优异的成绩迎接党的二十大胜利召开而努力奋斗！

大事记

1月

1日　蕉岭县第十五届人大常委会举行第四十三次会议。会议补选刘鸿涛为梅州市七届人大代表。

4日　省统计局党组书记、局长杨新洪一行到蕉岭慰问百岁老人。市委常委、常务副市长吴晓晖，市统计局局长凌松宏，县委副书记、县长刘鸿涛，副县长徐永岭参加慰问活动。

6日　“福星长寿新城杯”2020年蕉岭县“美丽梅州·美好家园”摄影大赛颁奖仪式在蕉城镇骏业广场举行，最终评选出一等奖1名、二等奖2名、三等奖3名、优秀奖30名，共计36张获奖作品。

同日　省政协副主席马光瑜率省政协调研组到蕉岭，围绕“强师工程和乡村振兴”开展专题调研。市政协副主席曾祥海，县委书记、蕉华工业园区党委书记陈伟明陪同。

7日　县委书记、蕉华工业园区党委书记陈伟明，县委副书记、县长刘鸿涛率学习考察团赴梅县区、梅江区学习考察乡村振兴和文旅产业发展等方面的先进经验和成功做法。副市长、梅县区委书记吴泽桐，梅县区区长温助民；梅江区委书记朱国城，梅江区区长钟秀堂等陪同。

同日　2020年蕉岭县“县长杯”篮球、足球赛顺利落下帷幕。县委副书记、县长刘鸿涛，县委常委、县委办主任丘文慈参加闭幕式，并为获奖代表队颁奖。县委常委、宣传部部长刘素芬主持闭幕式。

8日　蕉岭县2020年戏剧进农村文化志愿者下乡巡回演出最后一场在蕉城镇福星长寿广场举行。此次巡演走进全县八个乡镇。

11日　广东省工商业联合会发布2020年广东省工商联系统“四好”商会名单。蕉岭县新铺商会获评广东省“四好”商会。

12日　大埔县委副书记、县长熊锋松率考察团到蕉岭参观考察乡村振兴工作。县委副书记、县长刘鸿涛陪同。

同日　省水利厅党组书记、厅长王立新率队到蕉岭调研水利工程、万里碧道建设等工作。县委书记、蕉华工业园区党委书记陈伟明，县委副书记、县长刘鸿涛等陪同。

18 日 梅州市人民政府公布梅州市第九批市级非物质文化遗产名录，决定将“蕉岭金狮舞”列入梅州市第九批市级非物质文化遗产名录。

23 日 中国共产党蕉岭县第十三次代表大会第六次会议召开。县委书记、蕉华工业园区党委书记陈伟明代表县委常委会作工作报告。

25 日 省林业局一级调研员魏冰率队到蕉岭检查森林防火灭火工作。县委常委、常务副县长林文建陪同。

26 日 广东医科大学党委书记、校长卢景辉率队到蕉岭调研，共谋蕉岭卫生健康事业高质量发展。县委书记、蕉华工业园区党委书记陈伟明，县委副书记、县长刘鸿涛陪同。

27 日 中央文明办发布通报，确定蕉岭为2021—2023年创建周期全国县级文明城市提名城市。

同日 中山大学博物馆（校史馆）馆长徐俊忠率队到蕉岭文福镇考察中山大学法学院旧址，了解抗战时期中山大学在蕉岭地区的办学历史、办学情况。县委常委、副县长余翔陪同。

2 月

1 日 小康杂志社联合多个国家权威部门和专业机构，面向中国县域基层行政单位，开创“百县榜单工程”，推出“2020 中国最美乡村百佳县市”榜单，蕉岭县位列榜单前二十。

3 日 县政协十一届六次会议在丘成桐国际会议中心开幕。县委书记、蕉华工业园区党委书记陈伟明，县委副书记、县长刘鸿涛等应邀出席大会。

4 日 蕉岭县第十五届人民代表大会第七次会议在丘成桐国际会议中心开幕。大会由县委书记、蕉华工业园区党委书记陈伟明主持。县长刘鸿涛向大会作政府工作报告。

8 日 市安全生产责任制及消防工作第五考核组到蕉岭考核安全生产责任制和消防工作。县委常委、常务副县长林文建陪同。

同日 市督查组到蕉岭督导检查冬春季疫情防控重点措施落实情况。县委常委、副县长余翔，副县长饶森健陪同。

10 日 市委常委、副市长孙春明率队到蕉岭检查文旅行业节前疫情防控和安全生产工作。县委副书记、县长刘鸿涛陪同。

同日 市侨联主席汤志平到蕉岭慰问困难归侨、侨眷。县委常委、统战部部长曾光华陪同。

17 日 广东省文化和旅游厅公布了全省乡镇（街道）综合文化站评估定级结果，蕉岭县蕉城镇综合文化站被评为省特级站，其他 7 个乡镇文化站被评为省一级站，是全市唯一全部达到省一级站以上标准的县。

22 日 市春运督导组到蕉岭督导春运安全暨疫情防控工作落实情况。副县长县公安局局长吴东海陪同。

3 月

1 日 广东省爱卫会公布 2020 年度广东省卫生城市、广东省卫生镇名单。其中，蕉岭县新铺镇、广福镇、三圳镇、蓝坊镇 4 个镇被授予“广东省卫生镇”荣誉称号。

3 日　太平洋建设十二集团董事局主席薛梅率队到蕉岭参观考察。县委副书记、县长刘鸿涛陪同。

同日　省教育厅公布 2020 年广东省“绿色学校”拟认定名单，蕉岭县蕉岭中学、实验中学、镇平中学、桂岭学校、实验小学等 5 所学校名列其中。

同日　2020 年度全省“两新”组织党建工作示范点名单发布，塔牌集团党委榜上有名。

4 日　省扶贫基金会副理事长翁永卫一行到蕉岭调研乡村振兴、大健康产业发展等工作。县委书记、蕉华工业园区党委书记陈伟明陪同。

5 日　蕉岭县党史学习教育动员大会召开，县委书记、蕉华工业园区党委书记陈伟明主持大会并讲话。县委副书记、县长刘鸿涛传达学习相关文件和会议精神。

同日　2020 年度梅州市“我心中的三八红旗手（集体）”和“我心中的巾帼文明岗”名单揭晓。其中，蕉岭县杨凯佳、陈惠、汤苏婷 3 人获评“我心中的三八红旗手”，蕉岭县人民检察院未成年人检察工作办公室获评“我心中的三八红旗手（集体）”；蕉岭县图书馆获评“我心中的巾帼文明岗”。

10 日　卡拉比—丘（梅州蕉岭）数学大会总结会暨“卡拉比—丘”数学小镇建设动员会召开。县委书记、蕉华工业园区党委书记陈伟明出席会议并讲话。县委副书记、县长刘鸿涛主持会议。

12 日　市政协主席戚优华率队到蕉岭调研经济社会发展和政协工作情况。县委书记、蕉华工业园区党委书记陈伟明，县政协主席钟梅芬等陪同。

13 日　广东省数学会第九届会员代表大会暨 2021 年学术年会在丘成桐国际会议中心召开。大会由广东省数学会主办，丘成桐国际会议中心承办，嘉应学院、粤港澳国家应用数学中心协办。广东省数学会原理事长、中山大学数学与计算科学学院院长朱熹平到会指导，副市长张晨，县委书记、蕉华工业园区党委书记陈伟明、县委副书记、县长刘鸿涛等出席会议。

同日　广东省数学会第九届会员代表大会暨 2021 年学术年会举行多场学术报告会。来自华南师范大学的丁维维、广州大学的李海洋等 9 位数学专家学者分别作学术报告。

15 日　蕉岭县打击制售假冒伪劣商品办公室、县农业农村局、县公安局等职能部门执法人员对查获的一批假冒伪劣商品进行集中销毁。

17 日　省农业农村厅总经济师黄孟欣率调研组到蕉岭调研农村综合改革工作。县委副书记陈德志陪同。

19 日　省农科院农业经济与信息研究所主任、研究员苏柱华率队到蕉岭开展梅州创建广东省乡村振兴综合试验区课题调研。县委常委、副县长林伟胜陪同。

22 日　三圳镇被中国人民银行广州分行、广东地方金融监督管理局授予“广东省移动支付示范镇”荣誉称号。

23 日　蕉岭县职业技能综合培训基地正式揭牌。副县长吴丽丽为基地揭牌。

24 日　全国工商联执委张卫国率调研组一行到蕉岭调研工商联工作。县委常委、统战部部长曾光华陪同。

同日　省自然资源厅党组成员、副厅长屈家树率调研组到蕉岭调研全域土地综合整治国家试点等相关工作。县委副书记、县长刘鸿涛，副县长徐永岭陪同。

同日　省交通运输厅副厅长杨旭率队到蕉岭调研车辆超限超载治理工作情况。县委副书记、县长刘鸿涛，县委常委、副县长余翔陪同。

29日 省市场监管局二级巡视员陶军德率队到蕉岭调研乡村振兴工作。县委副书记、县长刘鸿涛，县委副书记陈德志等陪同。

同日 由东北师范大学中国农村教育发展研究院主办，北京立德未来助学公益基金会承办的“中国农村教育改革与学校发展”乡村校长论坛在蕉岭举办。东北师范大学农村教育发展研究院副院长李伯玲，广东省青少年发展基金会秘书长、广东省希望工程服务中心主任吴阳平，副县长吴丽丽以及来自美丽中国支教项目广东和福建地区11个县级项目地的70多位乡村学校校长参加论坛。论坛由美丽中国粤闽地区执行总监徐保栓主持。

同日 梅州市人民医院组织40多名专家到蕉岭广福镇中心卫生院开展以“关注基层健康水平，宣传疾病保健知识”为主题的下乡义诊活动。

30日 市农林科学院党组书记、院长卓国宁率队到蕉岭考察调研农业发展情况。县委书记、蕉华工业园区党委书记陈伟明，县委副书记、蕉华工业园区管委会主任张伟杰等参加相关活动。

31日 四川嘉祥教育集团名师到蕉岭县蕉岭中学与高三级师生就高考备考进行交流。副县长吴丽丽陪同。

同日 县中医医院新院区全面开诊，即日起，位于南门路的旧院区全面停诊。

4月

2日 市委副书记、市长张爱军到蕉岭就加快推进工业实体经济高质量发展、抓好森林防灭火和春耕等工作进行调研。市领导黄文沐、温向芳参加调研。县委书记、蕉华工业园区党委书记陈伟明，县委副书记、县长刘鸿涛陪同。

同日 省社会体育中心主任黄贤林率队到蕉岭围绕举办省青少年航空、航海模型比赛等工作进行调研。县委副书记陈德志，县委常委、副县长余翔陪同。

7日 《我的几何人生：丘成桐自传》中文版在北京首发。该书是当代最具影响力的数学家之一、梅州蕉岭杰出乡贤丘成桐院士的自传。

8日 蕉岭县委理论学习中心组暨全县科级领导干部党史学习教育专题研讨班在丘成桐国际会议中心开班。县委书记、蕉华工业园区党委书记陈伟明作动员讲话暨主题报告。县委副书记、县长刘鸿涛主持开班式。

同日 共青团蕉岭县第十二届委员会第二次全体（扩大）会议暨党史学习教育动员会召开。县委常委、组织部部长胡班参加会议。

12日 梅州市组织省轻舟机动五大队骨干队员在长潭水库开展封闭式强化集训，来自市分队及各县（市、区）分队、市消防救援队的100多名队员参训。县委常委、常务副县长林文建在县应急局指挥中心通过视频观摩训练成果汇报演练。

16日 蕉岭县新铺镇获批全域土地综合整治国家级试点，这是广东20个试点之一。

同日 广州南沙区督导组到蕉岭督导检查对口帮扶项目。县委常委、副县长林伟胜陪同。

18日 心里程控股集团董事、总裁，深圳市教育装备行业协会会长彭锦环率考察团到蕉岭考察投资环境。县委书记、蕉华工业园区党委书记陈伟明，县委副书记、县长刘鸿涛陪同。

19日 省老区建设促进会会长陈开枝率调研

组到蕉岭调研老区苏区建设。县委副书记、县长刘鸿涛等陪同。

同日　市医疗保障局党组书记、局长蔡雪嫦率队到蕉岭调研医疗保障工作。

同日　广东省工商联（总商会）十二届五次执委会议召开，会议期间公布 2020 年广东省工商联系统“四好”商会名单。其中，蕉岭县新铺商会上榜。

21 日　省检察院检察长林贻影一行到蕉岭县检察院开展联系基层检察院工作，并对梅州市检察机关党史学习教育、政法队伍教育整顿工作进行督导调研。市检察院检察长吴少荣，县委书记、蕉华工业园区党委书记陈伟明陪同。

22 日　江门市政府调研组到蕉岭调研经济社会发展工作。县委常委、副县长余翔陪同。

23 日　广东省侨心慈善基金会、南沙开发建设集团党委属下产业建管公司党支部、中铁九局大岗项目党支部到蕉岭开展共建活动，为南礤学校和北礤学校捐赠图书和教学设备，并设立“侨心图书室”。县委常委、副县长林伟胜参加活动。

24 日　海峡两岸关系协会副会长孙亚夫率队到蕉岭，调研党史学习教育开展情况和乡村振兴等工作。县委副书记、县长刘鸿涛陪同。

25 日　大埔县委书记朱汉东、县长熊锋松率党政考察团到蕉岭考察交流。县委书记、蕉华工业园区党委书记陈伟明陪同。

26 日　美团集团到蕉岭考察美丽乡村精品线路游。县委副书记、县长刘鸿涛陪同。

29 日　蕉岭县举行党史学习教育市委宣讲团专题宣讲报告会，邀请市委宣讲团成员、嘉应学院党委副书记罗任权教授作专题报告。

同日　广东省庆祝“五一”国际劳动节暨劳模表彰大会在广州举行。广东塔牌集团股份有限公司蕉岭分公司、广东粤电长潭发电有限责任公司水工水务班荣获广东省五一劳动奖状；蕉岭县融媒体中心采访部主任、助理工程师吴丹玲，广东电网有限责任公司梅州蕉岭供电局配网综合班班长、工程师谢文敏获广东省五一劳动奖章。

5 月

9 日　县委副书记、县长刘鸿涛率队到平远、丰顺考察学习。县委副书记、蕉华工业园区管委会主任张伟杰，县委常委、常务副县长林文建等参加考察。

10 日　广东省市场监督管理局发布《关于核准 51 家企业使用地理标志专用标志的公告》，梅州市均保实业有限公司生产的蕉岭绿茶可使用地理标志专用标志，获得地理标志产品保护。

13 日　嘉应学院政法学院与蕉岭县委党史研究室、蕉岭县人民政府地方志办公室开展实践基地的签约和挂牌活动。

17 日　省委政法队伍教育整顿省驻梅州指导组组长、省公安厅一级巡视员李华振率队到蕉岭调研政法队伍教育整顿查纠整改工作。县委书记、蕉华工业园区党委书记陈伟明，县委副书记、县长刘鸿涛陪同。

同日　深圳市妇幼保健院党委书记林烽昊率队到蕉岭调研，商谈对口帮扶工作相关事宜。副县长吴丽丽陪同。

20 日　广州南沙区政府副区长惠立新一行到蕉岭调研脱贫攻坚驻村收尾工作。县委副书记、县长刘鸿涛陪同。

同日　潮州市湘桥区副区长陈鑫生一行到蕉岭考察乡村振兴。县委常委、县委统战部部长曾光华陪同。

同日　蕉岭县召开新冠肺炎疫情防控和新冠病毒疫苗接种工作会议。县委常委、常务副县长林文建主持会议。

同日　梅州市生态环境局蕉岭分局联合县文明办、县林业局、县科协、团县委在锡林公园举办以“呵护自然、人人有责”为主题的“国际生物多样性日”宣传活动。县委常委、常务副县长林文建参加活动。

24日　蕉岭县教育局联合县文化广电旅游体育局等单位共同举办蕉岭县第九届中小学生艺术花会书画作品展。副县长吴丽丽、县政协副主席古芹花参加活动。

26日　省市场监管局实施乡村振兴战略领导小组副组长兼领导小组办公室主任、省个体私营企业党委专职副书记李培忠率队到蕉岭调研乡村振兴工作。县委常委、常务副县长林文建陪同。

27日　省交通运输厅二级巡视员蒋炽军率队到蕉岭核查验收“四好农村路”和调研疫情防控工作。县委副书记、县长刘鸿涛陪同。

同日　市政协副主席李忠良、刘耿灵率调研组到蕉岭，围绕“发挥界别优势，助推经济发展”课题开展调研。县委书记、蕉华工业园区党委书记陈伟明，县政协主席钟梅芬陪同。

28日　省自然资源厅二级巡视员李永洁率队到蕉岭调研国土空间生态修复规划工作。县委副书记、县长刘鸿涛陪同。

31日　省文旅厅调研组到蕉岭调研客家文化生态保护区建设工作。县委常委、副县长余翔陪同。

同日　市核查组到蕉岭核查2020年度保障农民工工资支付工作。副县长吴丽丽陪同。

6月

3日　蕉岭县乡村振兴局挂牌成立。县委书记、蕉华工业园区党委书记陈伟明，县委副书记、县长刘鸿涛出席挂牌仪式。

9日　省委政法队伍教育整顿省驻梅州指导组组长、省公安厅一级巡视员李华振率队到蕉岭开展主题党日活动和指导政法队伍教育整顿工作。县委书记、蕉华工业园区党委书记陈伟明，县委副书记、县长刘鸿涛陪同。

同日　副市长、市公安局党委书记、局长、市新冠肺炎防控领导小组副组长宁惠军到蕉岭督导检查省际联合检疫检查站工作。县委副书记、县长刘鸿涛，副县长、县公安局局长吴东海陪同。

10日　客家文化（梅州）生态保护实验区管委会到蕉岭调研客家文化（梅州）生态保护实验区验收宣传工作开展情况。县委常委、副县长余翔陪同。

11日　中国农工民主党蕉岭县第十次党员大会召开，审议通过农工党蕉岭县第九届委员会所作的工作报告。选举产生第十届委员会和新的领导班子，汤超宏任农工党蕉岭县第十届委员会主委。

20日　蕉岭县人民医院新院区全面开诊。即日起，位于蕉城镇环东路1号的蕉岭县人民医院老院区全面停诊。

21日　市总工会到蕉岭开展“我为群众办实事战疫有你 关爱有我”抗疫一线工作者慰问关爱活动。市人大常委会副主任、市总工会主席蓝伟东带队，副县长、县公安局局长吴东海陪同。

同日　省文明办、省教育厅、团省委、省妇联、省关工委联合公布2021年度广东“新时代好少年”名单，蕉岭县逢甲中学学生邓文丽榜上有名。

23 日　蕉岭县召开 2020 年“文明家庭”表彰暨 2021 年文明家庭创建启动工作会议，表彰 2020 年蕉岭县“文明家庭”和蕉岭县“读党史·颂党恩·跟党走”庆祝中国共产党成立 100 周年诵读比赛获奖代表。

24 日　副市长曾尚忠率市第八督导检查组到蕉岭开展安全生产督导检查。县委书记、蕉华工业园区党委书记陈伟明，县委副书记、蕉华工业园区管委会主任张伟杰等陪同。

28 日　市委常委、市政府党组副书记黄文沐，率调研组到蕉岭调研装配式建筑及绿色建材产业发展等工作。县委书记、蕉华工业园区党委书记陈伟明，县委副书记、县长刘鸿涛陪同。

同日　市检察院党组书记、检察长吴少荣率队到蕉岭三圳镇九岭村，参加挂点联系的蕉岭县检察院第一党支部党史学习教育主题党日活动。县检察院党组书记、检察长周铁军参加活动。

29 日　蕉岭县召开政法队伍教育整顿总结提升环节工作推进会。县委常委、政法委书记丘德俊，副县长、县公安局局长吴东海参加会议。

30日　市委党史学习教育第五巡回指导组组长张创超、副组长陈友权到蕉岭督导调研党史学习教育开展情况。县委常委、宣传部部长刘素芬陪同。

7 月

1 日　庆祝中国共产党成立 100 周年大会在北京天安门广场隆重举行。中共中央总书记、国家主席、中央军委主席习近平发表重要讲话。全县广大党员干部群众以各种形式组织收听收看大会直播盛况。

6 日　省市场监督管理局实施乡村振兴战略领导小组常务副组长、一级巡视员丘瑞清，星海音乐学院党委副书记、纪委书记李振连率队到蕉岭长潭镇开展乡村振兴驻镇帮镇扶村工作队进驻工作。县委副书记、县长刘鸿涛陪同。

同日　省地方志办党组成员、副主任丘洪松率队到蕉岭调研年编纂、乡村振兴等工作。副县长江运洪陪同。

7 日　县检察院举行公益诉讼办案中心揭牌仪式。市检察院党组书记、检察长吴少荣，县委书记、蕉华工业园区党委书记陈伟明共同为公益诉讼办案中心揭牌。

8 日　“红色印记·光辉历程”庆祝中国共产党成立 100 周年——蕉岭书画摄影大展开展仪式在丘成桐国际会议中心举行。县委常委、组织部部长胡班，县人大常委会副主任钟豪才为获得美术作品优秀奖、书法作品优秀奖获得者及摄影作品入选作者颁发荣誉证书。

9 日　蕉岭县召开创建全国县级文明城市指挥部工作会议暨开展城区环境百日整治提升行动动员大会。县委书记、蕉华工业园区党委书记陈伟明主持会议。

同日　市龙发生态旅游度假村有限公司、美团集团考察团到蕉岭考察旅游市场。县委常委、副县长余翔陪同。

12 日　广州市·蕉岭县广福镇乡村振兴驻镇帮镇扶村工作对接会召开，由广州地铁集团、广州市科技局、广州市科协和广州大学组成的乡村振兴驻镇帮镇扶村工作队到广福镇，助力乡村振兴提质增效。县委副书记、县政法委书记陈德志参加会议。

13 日　中国少年先锋队蕉岭县第二次代表大会在丘成桐国际会议中心召开。会议选举产生中国少年先锋队蕉岭县第二届工作委员会。县委书记、蕉华工业园区党委书记陈伟明，县委副书记、县长刘鸿涛等出席开幕式。团市委副书记解广夫，县委常委、组织部部长胡班分别向大会致辞。

同日 市人大常委会组织市人大社会建设专业小组代表到蕉岭调研城乡社区养老情况。县委副书记、县长刘鸿涛陪同。

14 日 蕉岭县在南礤镇红四军入粤首胜纪念公园举行第二批市级党员教育基地揭牌仪式。县委常委、组织部部长胡班出席仪式并揭牌。

同日 蕉岭县选举委员会第一次会议召开，研究县镇两级人大代表大会换届选举工作，县人大常委会副主任温裕良主持会议。

21 日 省财政厅党组成员、副厅长陈国煌率队到蕉岭调研南礤镇松源河流域水环境综合整治工程。县委副书记、县长刘鸿涛陪同。

同日 政法队伍教育整顿“回头看”省指导组组长吴启忠率队到蕉岭督导检查政法队伍教育整顿“回头看”工作。县委副书记、县长刘鸿涛出席汇报会。

23 日 蕉岭县人民检察院蕉华园区法律服务工作站揭牌成立。县委副书记、蕉华工业园区管委会主任张伟杰，县人民检察院党组书记、检察长周铁军共同为县人民检察院蕉华园区法律服务站揭牌。

同日 广东省卫生健康委办公室公布 2020 年度省级健康促进县（市、区）技术评估通过名单，蕉岭县达到省级健康促进县建设标准，被评为“广东省健康促进县（市、区）”。

26 日 省政协常委、台盟省委会专职副主委郑广台率调研组到蕉岭调研乡村振兴工作。

27 日 市政协副主席曾祥海到蕉岭督查调研挂钩联系的重点项目工作目标推进情况。县政协主席钟梅芬陪同。

28 日 原广东省卫生厅厅长、省妇幼保健协会创会会长黄庆道一行到蕉岭调研卫生工作。县委副书记、县长刘鸿涛、副县长吴丽丽陪同。

30 日 广州地铁集团党委副书记、董事莫东成率队到蕉岭调研乡村振兴工作。县政协副主席汤超宏陪同。

同日 蕉岭县非物质文化遗产保护工作联席会议评定，确定将“张氏正骨”“广福豆干制作技艺”“高思米酒酿造技艺”“猪兜窝茶制作技艺”“桂岭蜂蜜酿造技艺”“蕉岭根雕”“蕉岭玉雕”7 个项目列入蕉岭县第八批县级非物质文化遗产名录。

8 月

1 日 蕉岭县委、县政府组织慰问团到梅州军分区开展“八一“慰问活动。慰问座谈会上，司令员段见云等部队官兵与县委书记、蕉华工业园区党委书记陈伟明，县委副书记、县长刘鸿涛一行亲切交谈。

2 日 市社科联主办、市红色文化研究会承办、各县（市、区）社科联协办的“梅州红色文化名片巡回展览”活动在蕉岭县少年宫举行。

3 日 广州发展新能源股份有限公司党总支书记、董事长冯康华带队到蕉岭考察，就开展乡村振兴驻镇帮镇扶村工作和新能源开发等相关事宜进行交流。县委副书记、县长刘鸿涛陪同。

同日 省委政策研究室副主任周俊波率调研组到蕉岭调研老区苏区振兴发展，市委副秘书长、政策研究室主任张达宏陪同调研。县委常委、县委办主任丘文慈陪同。

同日　国家林草局广州专员办专员关进敏一行到蕉岭督导检查林长制等工作。县委书记、蕉华工业园区党委书记陈伟明陪同。

5日　蕉岭县生态环境保护委员会第一次会议召开。县委副书记、县长刘鸿涛出席会议。

6日　经县区申报、地市审核、专家评审、网上公示等程序，广东省农业农村厅发布广东省特色农产品优势区名单，蕉岭大米入选名单。

8日　广州大学党委常委、副校长孙延明率队到蕉岭调研乡村振兴驻镇帮镇扶村工作。县委副书记、县长刘鸿涛陪同。

9日　市委副书记、代市长马正勇到蕉岭，就加快构建现代产业体系、抓好农业现代化发展和乡村振兴等工作进行调研。县委书记、蕉华工业园区党委书记陈伟明，县委副书记、县长刘鸿涛等陪同。

10日　省市场监督管理局党组成员、副局长王少华率队到蕉岭调研乡村振兴驻镇帮镇扶村工作。县委书记陈伟明，县委副书记、县长刘鸿涛陪同。

12日　武平县县委常委、龙龙铁路（武平段）常务副总指挥长王秀金率队到蕉岭考察龙龙铁路武平至梅州段项目前期工作。县委常委、副县长余翔陪同。

13日　蕉岭县第12届香港“摘星计划”励志助学新生座谈会召开，5名考上大学的蕉岭籍困难家庭学子圆梦大学。

18日　省统计局党组书记、局长杨新洪率队到蕉岭调研基层统计工作。市委常委、副市长陈金銮，县委书记、蕉华工业园区党委书记陈伟明，县委副书记、县长刘鸿涛陪同。

19日　省农业农村厅农村社会事业促进处处长陈荣率队到蕉岭调研乡村治理工作。县委常委、常务副县长林文建陪同。

同日　乡村“复兴少年宫”挂牌启动仪式在县新时代文明实践中心举行。市委副秘书长邓冠明，县委常委、宣传部部长刘素芬共同为蕉岭县乡村“复兴少年宫”揭牌。蕉岭县为全国50个率先开展乡村“复兴少年宫”建设试点县（市、区）之一。

22日　省农业农村厅发展规划处三级调研员郑亚玲率队到蕉岭核查毛竹省级现代农业产业园申报工作。县委常委、常务副县长林文建陪同。

23日　广州发展集团股份有限公司党委副书记、董事李光率队到蕉岭调研乡村振兴驻镇帮镇扶村工作。县委副书记、县长刘鸿涛陪同。

同日　团县委和县科工商务局联合举办“我为青年做件事”——2021年蕉岭县“领头雁”青年创业培训暨省级农村电商培训活动。

同日　广州市供销合作总社党组书记、理事会主任吴尚伟率队到蕉岭调研乡村振兴驻镇帮镇扶村工作。县委副书记、县长刘鸿涛陪同。

25日　客家文化（梅州）生态保护实验区管委会副主任谢小康率队到蕉岭调研实验区建设与宣传工作。县委常委、副县长余翔陪同。

26日　省市场监管局实施乡村振兴战略领导小组常务副组长、一级巡视员丘瑞清率队到蕉岭调研乡村振兴驻镇帮镇扶村工作。县委常委、宣传部部长刘素芬，副县长饶森健陪同。

27日　广州市科学技术局党组书记弓鸿午率队到蕉岭调研乡村振兴驻镇帮镇扶村工作。县委常委、副县长林伟胜陪同。

30日　县工商业联合会（总商会）召开第十

二次会员代表大会。县委常委、统战部部长曾光华到会祝贺。

9月

3日　县委书记、县长刘鸿涛率领县党政代表团到福建省龙岩市上杭县、武平县学习考察。县人大常委会卢尧生、县政协主席钟梅芬，县委常委、县委办主任丘文慈等参加学习考察。

8日　县第十五届人大常委会举行第五十次会议。县委书记、蕉华工业园区党委书记刘鸿涛参加会议，县人大常委会主任卢尧生主持会议。会议决定任命刘裕君为副县长，并决定刘裕君代理县长职务。

10日　客家文化（梅州）生态保护实验区验收明察暗访工作组到蕉岭检查创建客家文化生态保护区工作情况。副县长谢彦博陪同。

13日　QHYCCD天文相机创始人、博士邱虹云带队到蕉岭参观考察，就“卡拉比—丘”实景天象馆建设有关情况进行探讨交流。县委常委、县委办主任丘文慈，县委常委、副县长余翔陪同。

同日　广东省林业局公布2021年广东省自然教育基地名单，蕉岭长潭省级自然保护区榜上有名，系梅州唯一入选的自然保护区。

16日　宣布蕉岭县人武部党委第一书记任职大会在丘成桐国际会议中心召开。市委常委、梅州军分区大校、政委陈煜昌宣读梅州军分区党委关于刘鸿涛担任蕉岭县人武部党委第一书记的任职决定，并向刘鸿涛颁发任职证书。

同日　市政协副主席李利平率部分市政协委员到蕉岭开展“振兴乡村文化，助力梅州苏区发展”专题调研活动。县委书记、蕉华工业园区党委书记刘鸿涛参加座谈会，县委副书记、代县长，蕉华工业园区管委会主任刘裕君陪同。

同日　省政协委员、社会和法制委员会专职副主任贺恒芳率调研组到蕉岭开展“助力推动粤北地区绿色产业发展”专题调研。县委常委、副县长徐永岭，县政协副主席黄伟宁陪同。

22日　省政府办公厅督查专员、一级调研员吴玉明率调研组到蕉岭调研产业发展工作。县委副书记、代县长，蕉华工业园区管委会主任刘裕君陪同。

同日　蕉岭县委审计委员会第三次全体会议召开。县委书记、蕉华工业园区党委书记刘鸿涛主持会议并讲话。

24日　经农业农村部农产品质量安全中心组织相关专家进行技术评审确认，2021年第二批全国名特优新农产品名录公布，广东省52个产品符合全国名特优新农产品名录收集登录要求，蕉岭大米入选全国名特优。

28日　广东省中小学教师校本研修示范学校——田家炳中学举行揭牌仪式。县政府党组成员、副县长李杜强参加揭牌仪式并为区域教研联盟成员的六所学校进行授牌。

29日　省市场监管局党组成员、副局长汤武率省市场监管局第五指导组到蕉岭开展中秋国庆双节期间疫情防控和市场安全监管工作督导并到长潭镇调研乡村振兴工作。县委副书记、代县长、蕉华工业园区管委会主任刘裕君陪同。

10月

8日　蕉岭县在蕉城镇龙安村丝苗米省级现

代产业园核心区举办2021年蕉岭县庆祝“中国农民丰收节”系列活动。县委副书记、政法委书记林文建在活动中致辞。

同日　省市场监督管理局实施乡村振兴战略领导小组常务副组长、一级巡视员丘瑞清率队到蕉岭调研驻镇帮镇扶村工作。副市长温向芳参加相关活动，县委副书记、代县长，蕉华工业园区管委会主任刘裕君陪同。

15日　台盟中央两岸融合发展交流营广东乡村振兴主题分营活动在蕉岭举行开营仪式。省政协副主席、台盟省委会主委张嘉极，台盟中央联络部副部长张骏，省政协常委、台盟省委会专职副主委郑广台，台盟广州市委会主委、广州市台联会长叶耀华，24名在粤台商；市政协党组书记、主席戚优华，市委常委、统战部部长，市政协党组副书记余其豹；县委书记、蕉华工业园区党委书记刘鸿涛，县委副书记、代县长，蕉华工业园区管委会主任刘裕君等陪同。

21日　省审计厅党组成员、副厅长黄建勋、刘柱棠率队到蕉岭考察调研审计工作。县委副书记、代县长，蕉华工业园区管委会主任刘裕君陪同。

27日　中国共产党蕉岭县第十四次代表大会在丘成桐国际会议中心隆重开幕。县委书记、蕉华工业园区党委书记刘鸿涛代表十三届县委向大会作工作报告。县委副书记、代县长，蕉华工业园区管委会主任刘裕君主持会议。

28日　中国共产党蕉岭县第十四届委员会第一次全体会议召开，选举产生新一届县委常委、县委书记、副书记。刘鸿涛当选中共蕉岭县委书记；刘裕君、林文建当选县委副书记；曾光华、胡班、曾文渊、杨红军、丘文慈、陈丽、徐永岭、谢伟传当选县委常委。

同日　中国共产党蕉岭县第十四届纪律检查委员会第一次全体会议召开，选举产生新一届纪律检查委员会常委、书记、副书记。曾文渊当选纪委书记。

30日　星海音乐学院民族声乐系一行到蕉岭采风并举行蕉岭长潭山歌研究基地揭牌仪式。县委副书记、政法委书记林文建，县委常委、副县长余翔陪同。

11月

1日　省工业和信息化厅一级巡视员何荣率队到蕉岭开展工业经济运行情况调研。县人大常委会副主任张慧陪同。

2日　第八届台湾青年岭南行活动之“客家文化体验之旅”到蕉岭，来自广东省内的港澳台籍和大陆青年约60人先后参观丘成桐国际会议中心以及海峡两岸交流基地示范点谢晋元故居等。

4日　省委统战部副部长、一级巡视员李阳春率队到蕉岭调研统战工作。市委统战部常务副部长丘晓红，市委统战部副部长、市工商联党组书记罗桂芳，县委常委、统战部部长曾光华，县委常委、县委办主任丘文慈陪同。

9日　市文联组织艺术家们到蕉岭县消防救援大队，开展纪念习近平总书记授旗训词三周年暨梅州市文联红色文艺轻骑兵走进蕉岭消防慰问演出活动。

11日　蕉岭县人民政府与广东省能源集团有限公司水电分公司签订《光伏发电项目投资框架协议》。县委副书记、代县长蕉华工业园区管委会主任刘裕君主持签约仪式，广东省能源集团有限公司水电分公司党委书记陈绍群、总经理周喜安等出席签约仪式。县委常委、副县长徐永岭代表蕉岭县人民政府，与广东省能源集团有限公司水电分公司签订协议。

同日 市文化广电旅游局发布通知，蕉岭县“卡拉比—丘”数学世界旅游区达到国家AAA级旅游景区质量等级标准要求，正式批准为国家AAA级旅游景区。

15日 政协第十二届蕉岭县委员会第一次会议在丘成桐国际会议中心开幕。县委书记、蕉华工业园区党委书记刘鸿涛，县人大常委会党组书记张伟杰、县人大常委会主任卢尧生，县委副书记、政法委书记林文建等应邀出席大会。

同日 农业农村部办公厅、国家乡村振兴局综合司公布第三批全国乡村治理典型案例名单，蕉岭县的《创新“六事”治理方式·提升乡村善治效能》案例入选。

18日 蕉岭县十六届人大一次会议在丘成桐国际会议中心胜利闭幕。县委书记、蕉华工业园区党委书记刘鸿涛为新当选的县人民政府县长刘裕君，县人大常委会主任张伟杰，县监察委员会主任曾文渊颁发当选证书。

19日 交通运输部发布《关于2021年“四好农村路”全国示范创建结果的公示》，蕉岭县被评为“四好农村路”全国示范县。

同日 心里程控股集团董事长彭国远率队到蕉岭参观考察，与蕉岭签订合作协议。县委书记、蕉华工业园区党委书记刘鸿涛，县委副书记、县长，蕉华工业园区管委会主任刘裕君陪同。

21日 暨南大学港澳台侨学生到蕉岭开展“中国文化之岭南国情教育——苏区精神研习营”活动。副县长张慧参加活动。

同日 广州地铁集团党委副书记莫东成，广州市科协党组成员、副主席张勇率队到蕉岭调研乡村振兴工作。县委副书记、政法委书记林文建陪同。

23日 新铺镇“光伏小镇”示范项目战略合作协议签约仪式在丘成桐国际会议中心举行。新铺镇人民政府与广州发展新能源股份有限公司签订《新铺镇“光伏小镇”示范项目战略合作协议》。市委常委、副市长，广东梅州高新技术产业园党工委书记，广州对口帮扶梅州指挥部总指挥刘晋生，广州市协作办公室党组成员、副主任陈震，广州发展集团股份有限公司党委书记、董事长蔡瑞雄，党委副书记李光，副总经理王铁军，县委书记、蕉华工业园区党委书记刘鸿涛参加签约仪式。县委副书记、县长，蕉华工业园区管委会主任刘裕君主持仪式。

24日 广州市政府副秘书长、市工业和信息化局党组书记、一级巡视员高裕跃率调研组到蕉岭调研乡村振兴驻镇帮镇扶村工作。县委副书记、政法委书记林文建陪同。

同日 市督导组到蕉岭开展“美丽梅州·美好家园”三年行动2021年第三季度督导工作。县委常委、副县长徐永岭陪同。

25日 2021年梅州市妇幼健康医联体工作会议在蕉岭县妇幼保健计划生育服务中心召开。县政协副主席朱发庆出席会议。

26日 省工商联党组成员、专职副主席冯日光率队到蕉岭考察调研工商联工作。县委副书记、县长，蕉华工业园区管委会主任刘裕君，县委常委、统战部部长曾光华、县政协副主席肖培彬陪同。

29日 2021年第二批省级产业现代农业产业园推荐名单确定，其中，蕉岭县毛竹产业园入选特色产业园推荐名单。

同日 蕉岭首家“微税厅”在三圳镇政务服

务办事大厅举行揭牌仪式，并投入使用。县委常委、副县长胡班为“微税厅”揭牌。县政府党组成员、蕉华工业园区管委会副主任、三圳镇党委书记张艳辉参加揭牌仪式。

30 日　国家中医药管理局评审专家组一行到蕉岭开展“全国基层中医药工作先进单位”评审工作。县政府副县长陈春妮、县政协副主席朱发庆陪同。

12 月

1 日　农业农村部办公厅发布《关于全国农业社会化服务创新试点单位的批复》，蕉岭县确定为全国农业社会化服务创新试点县。

5 日　蕉岭县举办学习贯彻中共十九届六中全会精神市委宣讲团报告会暨蕉岭县科级领导干部学习贯彻中共十九届六中全会精神专题研讨班。县委书记、蕉华工业园区党委书记刘鸿涛作开班动员并主持宣讲报告会。市委宣传部讲师团团长廖坚作宣讲主题报告。

同日　入选的梅州市南方长寿生物科技有限公司在公司基地举行粤港澳大湾区“菜篮子”生产基地（第九批）揭牌仪式。暨南大学侨乡治理与乡村振兴研究院院长刘义强，山西大学乡村振兴研究院执行院长马华，副县长李杜强，县政协副主席汤超宏等领导出席仪式并揭牌。

6 日　县人民医院联合蕉岭籍医学专家共同举办“情系家乡，冬日送暖阳”义诊咨询活动。

7 日　省委办公厅档案发展和管理处二级调研员李彩香率队到蕉岭调研档案工作。县委常委、县委办主任丘文慈陪同。

同日　广州大学党委副书记聂贵新率队到蕉岭调研乡村振兴驻镇帮镇扶村工作。副县长李杜强陪同。

同日　市文明委授予塔牌集团属下二级企业梅州金塔水泥有限公司的党员职工张栋梅州市道德模范“助人为乐”模范称号。

10 日　市委副书记、市长王晖到蕉岭调研产业发展、企业生产经营、园区建设和乡村振兴工作等情况。县委副书记、县长、蕉华工业园区管委会主任刘裕君陪同。

13 日　省发改委副主任、省大湾区办常务副主任朱伟率调研组到蕉岭调研老区苏区和省际边界地区建设情况。县委书记、蕉华工业园区党委书记刘鸿涛，县委副书记、县长，蕉华工业园区管委会主任刘裕君，县委常委、常务副县长胡班等陪同。

同日　2021 年第三批全国名特优新农产品名录公示，其中，蕉岭绿茶进入公示名单。

17 日　蕉岭县举行粤闽赣（蕉岭）苏区省界工业产业发展研讨会。市委常委、副市长，广东梅州高新技术产业园区党工委书记，广州对口帮扶梅州指挥部总指挥刘晋生，县委书记、蕉华工业园区党委书记刘鸿涛，市发改局局长吴特宏以及省发改、省工信、科技部门相关处室负责人，市工信、科技部门分管领导，省际边界相邻县(上杭、武平）政府相关县领导及相关部门负责人，华南理工大学梅州技术研究院代表，广东嘉城建设集团有限公司代表等参加会议。县委副书记、县长，蕉华工业园区管委会主任刘裕君主持会议。

同日　粤闽赣（蕉岭）苏区省界工业产业发展研讨会举行签约仪式，蕉岭县分别与上杭县、武平县签订“友好县”协议。

同日　粤闽赣（蕉岭）苏区省界工业产业发展研讨会举行签约仪式，蕉岭县与广东嘉城建设集团有限公司签订战略合作框架协议。

同日　粤闽赣（蕉岭）苏区省界工业产业发展研讨会举行签约仪式，蕉岭县与华南理工大学梅州技术研究院签订战略合作框架协议。

20日　市督导组到蕉岭开展根治欠薪冬季攻坚专项行动。副县长陈春妮陪同。

同日　省市场监督管理局一级巡视员、省市场监督管理局实施乡村振兴战略领导小组常务副组长丘瑞清率调研组到蕉岭调研乡村振兴工作。

同日　“全国规范化家长学校实践活动实验区”名单公布，蕉岭县名列其中。

21日　广州市科学技术协会党组书记、副主席徐柳率队到蕉岭调研乡村振兴驻镇帮镇扶村工作，市政府副秘书长罗树荣，县委副书记、政法委书记林文建陪同。

23日　蕉岭县志愿者联合会第二届第一次会员大会在丘成桐国际会议中心召开。县委常委、宣传部部长陈丽出席会议。

同日　广东省总工会副主席杜玲、谢炳生率队到蕉岭调研工会工作。梅州市人大常委会副主任、市总工会主席蓝伟东，县委常委、副县长徐永岭陪同。

25日　2021年广东（梅州蕉岭）第六届星空大会开幕式在丘成桐国际会议中心举行。县委常委、副县长余翔到会并致辞。

27日　由南方报业传媒集团主办，南方舆情数据研究院、南方党建智库承办的第八届“粤治—治理现代化”优秀案例推介结果正式揭晓。蕉岭县委政法委主创的案例《“一核三线三方”打通基层治理“最后一公里”》获“政府治理创新”类奖项。

28日　广东省农业农村厅公布2021年省级现代农业产业园建设名单，蕉岭县毛竹现代农业产业园入选。

同日　副市长、市公安局党委书记、局长詹星到蕉岭调研公安工作。县委副书记、政法委书记林文建，副县长、县公安局局长吴东海陪同。

29日　省消委会率队到蕉岭开展以“助力乡村振兴 推动农村消费升级”为主题的消费教育活动。

30日　广东省文化和旅游厅网站第八批省级非物质文化遗产代表性项目名录推荐项目名单，蕉岭县的船灯（广福船灯）入选传统舞蹈项目。

蕉岭概况

基本概况

【建置沿革】 明崇祯六年（1633），设置镇平县。同年八月在怀仁里（原平远县属地，今蕉城）建县城。明崇祯七年（1634），接管平远划割的石窟第一图、石窟第二图和程乡（今梅县）划割的龟浆第二图、松源第二图共四图完成镇平县建制，隶属潮州府。民国3年（1914），因河南省已先有镇平县而改称蕉岭县。中华人民共和国成立后，1952年8月，蕉岭与平远合县，称蕉平县。1954年3月，蕉平分县，恢复蕉岭县建置。1958年12月，蕉岭县与梅县合并，称梅县。1961年3月，蕉梅分县，恢复蕉岭县建置。

【位置面积】 蕉岭县位于广东省东北部，韩江上游，地跨北纬24°25′—24°53′、东经116°01′—116°22′之间。西界平远县，东南与梅县接壤，北与福建省武平县、上杭县相连。205国道、国家高速公路网络主干线天汕高速公路南北贯穿，全县总面积960平方公里，其中山地7.47万公顷，耕地0.58万公顷。

【地质地貌】 蕉岭县地质构造比较复杂，岩石类主要有砂页岩、侵入岩、石灰岩、变质岩等。这些岩类构成山地、丘陵、盆地等地貌。县境四面环山，地势由北向南倾斜。山地、丘陵、盆地的比例为6:3:1。

境内山系排列有序，山脉走向有东—西走向和东北—西南走向两类。共有五列山脉，这些山脉是本县众多溪河的分水岭，河谷低地也大致分布在这些山脉中间。海拔千米以上的山峰有金山笔（1170米）、铁山嶂（1164米）、皇佑笔（1150米）、大峰嶂（1092米）、小峰笔（1057米）、樟坑岽（1020米）等6座。

境内河流属韩江水系，主要河流韩江二级支流石窟河在县境内长61.4公里，集水面积728.2平方公里，石窟河流域（含其支流高陂河、柚树河、石扇河、广福河、溪峰河）是蕉岭县较大的盆地和主要耕作区，耕地约10万亩，居住人口18万余人。其他河流还有高思河、南礤河、北礤河亦分别冲积成山间小盆谷。

【气候特征】 县境属亚热带地区海洋性季风气候，夏长冬短，光照充足，雨季长，雨量充沛，由于南岭山脉的屏障作用，使冷空气影响减弱，所以冬季并不十分寒冷。历史最高年降雨量2488.6毫米，出现在1983年，最低年降雨量1063.9毫米出现在1991年；历史年平均气温最高22.1℃，出现在1998年，最低20.4℃分别出现在1976年和1984年；历史年平均最大风速24.0米/秒，出现在1953年10月8日。

【自然资源】 矿产资源主要有锰、铁、铝、钨、铜、铅、锌、锡、煤、石灰石、大理石、花岗岩、石英砂、稀土等。尤以石灰石居多，资源储量约23亿吨，煤储量约450万吨，锰储量约240万吨，花岗岩储量约2700万吨。水力资源10万千瓦以上。野生动植物资源丰富，药用植物有288种，分隶95科。

【旅游资源】 蕉岭县旅游资源丰富，主要有国家AAAA级旅游景区长潭旅游风景区、全国重点文物保护单位丘逢甲故居、镇山国家森林公园、省文物保护单位石磜土楼、省红色经典旅游开发项目谢晋元故居、“广东省十大美丽乡村”——三圳镇九岭村，石窟河“寿乡画廊”“蕉岭寿乡探秘”“长寿乡中乡美丽乡村”获评广东美丽乡村精品线路，丘成桐祖居被列入广东省文化和旅游厅首批乡村精品游山水名人之旅线路。

经济社会发展概况

【发展概况】 2021年，蕉岭县坚持以习近平新时代中国特色社会主义思想为指导，全面贯彻习近平总书记对广东重要讲话重要指示批示精神，认真贯彻落实中央、省、市各项决策部署，持续巩固拓展疫情防控和经济社会发展成果，扎实做好“六稳”工作，全面落实“六保”任务，践行新发展理念，围绕构建“5311”绿色产业体系和县委“三三三五”发展战略，集中精力抓招商、抓园区、抓项目，做大做强实体经济，全县经济持续平稳发展，民生保障有力有效，奋力打造老区苏区高质量发展广东新样本迈出新步伐，实现“十四五”规划良好开局。

全县地区生产总值为106.40亿元，比上年增长5.0%。其中，第一产业增加值为17.84亿元，比上年增长8.4%，对地区生产总值增长的贡献率28.6%；第二产业增加值为47.42亿元，比上年增长0.5%，对地区生产总值增长的贡献率5.0%；第三产业增加值为41.14亿元，比上年增长9.0%，对地区生产总值增长的贡献率66.4%。人均地区生产总值57890元，比上年增长5.8%。一、二、三产业结构为16.8:44.5:38.7。完成一般公共预算收入7.02亿元，比上年增长9.1%，其中，本级税收收入完成4.52亿元，比上年增长9.9%，比重占一般公共预算收入的64.39%。全年一般公共预算支出24.62亿元，比上年下降22.6%。其中，教育支出5.34亿元，比上年增长4.8%；卫生健康支出2.93亿元，比上年下降31.9%。全县民生支出20.94亿元，比上年下降22.5%，民生类支出占一般公共预算支出的85.05%。

年末，全县常住人口18.37万人，比上年末减少0.03万人，其中城镇常住人口10.30万人，占常住人口比重（常住人口城镇化率）56.07%，比上年末提高0.87个百分点。全年出生人口1843人，出生率7.57‰；死亡人口1687人，死亡率6.93‰；自然增长人口156人，自然增长率0.64‰。全县户籍人口23.02万人，比上年减少1042人，下降0.5%。

【农业】 全年粮食作物播种面积157790亩，比上年增长0.4%；甘蔗种植面积3350亩，比上年增长5.4%；油料种植面积29418亩，比上年增长8.4%；蔬菜种植面积85570亩，比上年增长3.6%；园林水果种植面积46012亩，比上年增长4.9%；茶叶种植面积12957亩，比上年增长1.5%；中草药种植面积10287亩，比上年增长15.5%。全年粮食产量66032.1吨，比上年增长6.6%；糖蔗产量5472吨，增长3.8%；油料产量4815吨，比上年增长16.9%；蔬菜产量129990吨，比上年增长6.4%；园林水果产量58149吨，比上年增长12.6%；茶叶产量2934吨，比上年增长6.0%。

全年猪牛羊禽肉产量19114吨，比上年增长3.0%。其中，猪肉产量12466吨，比上年增长9.0%；禽肉产量5063吨，比上年下降10.7%。年末生猪存栏76870头，比上年下降3.2%；生猪出栏150933头，比上年增长4.2%。

全年水产品产量6346吨，比上年增长2.1%。其中，淡水产品6346吨，比上年增长2.1%。

【工业和建筑业】 全年全县工业增加值比上年增长8.2%。规模以上工业增加值比上年增长7.8%，其中，股份制企业增长7.6%、外商及港澳台商投资企业增长11.4%；从轻重工业看，轻工业增长23.5%、重工业增长7.2%；从企业规模看，大中型工业企业增长7.6%。

从工业效益看，全年全县规模以上工业企业实现营业收入90.9亿元，比上年增长12.2%；实现利润12.5亿元。从支柱产业看，新型建材产业作用愈加明显。全年全县规模以上工业新型建材产业实现工业产值86.22亿元，比上年增长13.5%，新型建材产业产值占全县规模以上工业总产值90.4%。

全年全社会建筑业增加值13.0亿元，比上年下降17.4%。总承包和专业承包完成建筑业总产值41.4亿元，比上年下降25.6%；实现利润总额5964万元，比上年下降62.5%；利税总额14401万元，比上年下降47.47%。建筑施工企业房屋建筑施工面积92.33万平方米，比上年下降30.2%，房屋竣工面积39.08万平方米，比上年下降41.5%。

【固定资产投资】 全年全县固定资产投资额比上年下降2.5%。从产业上看，第一产业完成投资额比上年下降77.3%；第二产业完成投资额比上年下降20.8%；第三产业完成投资额比上年增长16.0%。从投资主体看，国有经济投资比上年下降24.35%，民间投资比上年增长11.6%。民间投资占全县固定资产投资的比重为69.68%。

【服务业】 全年全县实现服务业增加值41.14亿元，比上年增长9.0%，其中，批发和零售业增加值4.55亿元，比上年增长18.4%；住宿和餐饮业增加值1.04亿元，比上年增长17.6%；金融业增加值5.27亿元，比上年增长6.3%；房地产业增加值4.97亿元，比上年下降4.1%；交通运输、仓储和邮政业增加值2.08亿元，比上年增长39.7%；其他服务业增加值23.03亿元，比上年增长8.6%。全年规模以上服务业企业实现营业收入22821万元，比上年增长28.6%；利润总额737.9万元，比上年增长5.0%。

全县已投入50辆新能源公交车；开通24条城乡公交线路，实现8个镇全覆盖，全县97个行政村中均已开通公交线路，覆盖率达100%。

全年货物运输总量 2329 万吨，比上年增长 60.0%。货物运输周转量 13.09 亿吨公里，比上年增长 60.7%，其中公路货物周转量 13.09 亿吨公里，比上年增长 60.7%。

全年旅客运输总量 72 万人，比上年下降 70.0%。旅客运输周转量 1782 万人公里，比上年下降 70.4%，其中，公路旅客周转量 1782 万人公里，比上年下降 70.4%。

年末公路通车里程 1544.88 公里，比上年增长 3.7%，其中，高速公路里程 40.46 公里；“四好公路 ”1504.42 公里，比上年增长 3.8%。年末全县民用汽车拥有量达到 3.3 万辆，比上年下降 2.6%，其中，私人汽车 2.95 万辆，比上年下降 0.3%。民用轿车保有量 1.52 万辆，下降 11.7%，其中私人轿车 1.52 万辆，比上年下降 10.5%。

全年完成邮电通信主营业务收入 16773 万元，比上年增长 3.9%。其中，移动增长 0.8%，电信增长 3.2%，联通增长 25.6%。年末固定电话用户 26554 户，比上年增长 2.1%；移动电话用户 216805 户，比上年增长 14.2%，其中 4G 用户 156478 户，比上年下降 6.6%，占移动电话用户比重达 72.2%；5G 用户 72531 户。当年新增移动电话用户 24047 户。年末互联网宽带接入用户 135576 户，其中宽带（固定）38271 户，移动宽带 97305 户。

全县接待旅游 291.19 万人次，比上年增长 12.0%。其中:接待过夜旅游 88.50 万人次，增长 21.8%。国内外旅游总收入 23.87 亿元，比上年增长 9.8%，其中国内旅游收入 23.86 亿元，增长 10.0%。

【国内贸易和对外经济】 全县实现社会消费品零售总额 39.37 亿元，比上年增长 3.6%。从消费形态看：商品零售额 35.33 亿元，比上年增长 3.6%，餐饮收入 4.04 亿元，比上年增长 3.9%，按经营地统计：城镇消费品零售额 29.86 亿元，比上年增长 3.8%，乡村消费品零售额 9.51 亿元，比上年增长 3.0%。

全年全县进出口贸易企业的进出口总额 2218.6 万美元，比上年增长 11.3%。贸易出口总额 2194.3 万美元，比上年增长 11.2%，其中，“三资”企业出口 71.67 万美元，比上年增长 21.1%，私营企业出口 2122.6 万美元，比上年增长 10.8%。实际利用外商直接投资 7.7 万美元（按商务部确认口径），比上年下降 86.0%。

【金融和保险业】 年末，金融机构本外币存款余额 122.24 亿元，比上年增长 7.0%，其中，居民（住户）储蓄存款余额 93.73 亿元，比上年增长 10.1%。金融机构本外币贷款余额 64.52 亿元，比上年增长 21.9%，其中，住户贷款 44.44 亿元，增长 11.9%。年末全县农村合作机构本外币存款余额 36.89 亿元，增长 10.2%。银行业金融机构本年利润（税后）1.79 亿元，比上年增长 9.2%。年末银行业金融机构不良贷款率为 0.79 %，比上年回落 0.12 个百分点。

人寿保险费收入 10155 万元，比上年下降 5.9%。财产和人寿已决赔款 7066 万元，比上年增长 18.2%，其中财产保险已决赔款 4002 万元，比上年增长 40.0%，人寿保险已决赔款 3064 万元，比上年下降 1.8%。

【科技、教育、文化、卫生和体育】 全年全县专利申请量 332 件，比上年下降 12.4%，其中发明 60 件、实用新型 268 件、外观设计 4 件。年末有效发明专利 60 件。全年专利授权量 330 件，其中发明 6 件、实用新型 311 件、外观设计 13 件。全年共有 24 家企业获得专利授权 330 件。

全县有普通高中 2 所，在校学生 3490 人，初级中学 13 所，在校学生 6463 人，小学 20 所，在校学生人数 14940 人，幼儿园 55 所，在园幼儿数 7351 人。适龄儿童入学率 100%，小学生升学率 100%，初中学生升学率 100%，高中学生升学率 100%，九年义务教育巩固率 98.1%，高中阶段教育毛入学率 98.7%。考上大专以上的人数 1060 人，其中本科 607 人。

年末，县图书馆有藏书 35.24 万册，比上年增长 7.3%。博物馆馆藏物品 8691 件。

组织文化“三下乡”活动，全年共组织送戏下乡 24 场，送电影下乡 1164 场，送书下乡 8100 册，受教育 17.54 万人次，全县有剧场、影剧院 2 家。广播电视业不断发展。全县有 300 瓦立体声调频广播电台 1 座，有线电视在用用户 1.86 万户，比上年下降 4.1%，城乡入户率 94.38%，电视覆盖率 94.67%。

年末，全县共有各种卫生机构 157 个。其中，医院 4 个，社区卫生服务中心（站）1 个，疾病预防控制中心（防疫站）1 个，卫生监督所（中心）1 个。全县拥有病床床位 1072 张，其中，县人民医院 380 张、中医院 165 张、妇幼保健院 60 张，平均每万人拥有病床 58 张。卫生专业技术人员有 1276 人，其中执业医师 341 人、助理执业医师 132 人、注册护士 513 人。平均每万人拥有医生数 25.76 人。

全县共有各类体育场、馆 1113 个，其中标准运动场 9 个，共召开大中型运动会各 1 场，参赛人数 836 人。参加市以上运动会获得金牌 28 块。

【环境和人民生活】 全年全县水资源总量约 56375 万立方米，比上年下降 25%，年末全县大型水库蓄水总量 95019 万立方米，比上年下降 0.75%。全县城乡共建成生活污水处理厂 8 座，城市污水处理能力达到 2 万吨/日，城市生活污水集中处理率达到 98.82%，城市生活垃圾无害化处理率达到 100%。

全年平均降水量 1138.5 毫米，比上年下降 13.7%；全年平均气温 22.6°C；全年平均湿度 71.0%；全年日照时间 2143.3 小时。

全县共有环境监测站 1 个。全县环境质量保持稳定良好，蕉岭城区空气质量综合指数为 2.54，优良率 99.4%；主要江河水质达到功能区水质要求，主要饮用水源水质达标率为 100%；区域噪声、道路交通噪声保持稳定，城市声环境质量较好，各功能区噪声达标率为 100%。

年末活力木蓄积量 673.22 万立方米，森林覆盖率 79.03%。全县设立县级以上自然保护区 2 个，自然保护区面积 13296.96 公顷。全年森林抚育面积 2523 公顷，年末已建成生态公益林 3.74 万公顷，林木采伐量 2.75 万立方米。

全年规模以上工业综合能源消费量 154.05 万吨标准煤，比上年下降 8.3%；单位 GDP 能耗比上年下降 7.8%；规模以上工业单位增加值能耗比上年下降 14.4%；单位 GDP 电耗比上年下降 5.5%。全社会用电量 15.51 亿千瓦时，比上年下降 0.9%，其中工业用电量 12.67 亿千瓦时，下降 3.5%。

全年全县常住全体居民人均可支配收入为 26995 元，比上年增长 10.3%。按常住地分，全县城镇居民人均可支配收入为 31847 元，比上年增长 10.0%；全县农村居民人均可支配收入为 21017 元，比上年增长 11.2%。全年全市居民消费价格总指数 100.1，上升了 0.1 个百分点。

全年城镇新增就业人数 1452 人，就业困难人员实现再就业 382 人，失业人员实现再就业 1103 人，年末城镇登记人口失业人员 990 人，登记失业率 2.2%。

全县城镇职工养老保险参保人数（含企业离退休人员）有 5.19 万人，比上年末增长 5.7%；参加工伤保险的有 2.9 万人，比上年末增长 7.7%；参加职工基本医疗保险的有 2.95 万人，比上年末下降 1.3%；参加职工失业保险的有 2.12 万人，比上年增长 4.8%；参加生育保险的有 2.25 万人，比上年增长 6.6%。参加城乡居民养老保险的有 6.13 万人，比上年下降 1.3%；参加城乡居民医疗保险的有 17.95 万人，比上年下降 0.5%；城乡居民医疗保险覆盖率100%。全县五大险种社会保险费收入64301万元，比上年减收703万元。

全县提供住宿的民政服务机构10家，其中敬老院6家；床位326张，收养人数134人。全年城乡各种社会救济对象得到各级政府救济5938人次，共发放救济金额2935万元。全县享受低保救济的困难群众3944人，其中城镇242人、农村3702人；共发放低保救济金额1536万元。城乡社区服务机构和设施438个，其中综合性社区服务中心107个。年末拥有社会组织数量为269个，全县注册志愿者人数达16802人，注册志愿者人均参与志愿服务时数累计达42.8小时。

政　治

县领导机关

中共蕉岭县委员会

【中国共产党蕉岭县第十三届委员会第十一次全体会议】　2021年1月22日上午，中国共产党蕉岭县第十三届委员会第十一次全体会议召开。会议以习近平新时代中国特色社会主义思想为指导，深入贯彻落实习近平总书记重要讲话、重要指示精神，深入学习贯彻中共十九届五中全会、中央经济工作会议精神，认真落实省委十二届十一次、十二次、十三次全会和市委七届十次全会部署，努力把省委、市委的要求转化为蕉岭改革发展的具体举措和深入实践，推动蕉岭苏区振兴发展步步高，全力为梅州打造“绿水青山就是金山银山”的广东样本，为广东在全面建设社会主义现代化国家新征程中走在全国前列、创造新的辉煌做出应有贡献。

县委常委会主持会议。会议书面传达中央经济工作会议，省委十二届十一次、十二次、十三次全会和市委七届十次全会精神；研究中国共产党蕉岭县第十三次代表大会第六次会议的召开时间和会议议程，决定中国共产党蕉岭县第十三次代表大会第六次会议于2021年1月23日在蕉城召开。

会议审议并通过中共蕉岭县委关于制定国民经济和社会发展第十四个五年规划和二〇三五年远景目标的建议（稿）、县委工作报告（草案）、县纪委工作报告（草案）、2020年抓党建工作情况报告、中国共产党蕉岭县第十三次代表大会第六次会议提案处理意见（草案）等；表决通过递补县委委员、全会《决议》。

会议指出，2021年是“十四五”规划的开局之年，也是中国共产党成立100周年，做好2021年的各项工作意义重大。要坚持以习近平新时代中国特色社会主义思想为指导，围绕省委、市委全会部署要求，认真落实省委“1+1+9”工作部署和市委“六争六补”“123456”思路举措，坚持稳中求进工作总基调，统筹推进疫情防控和经济社会发展，统筹发展和安全，坚定实施“1161”工作思路，奋力推动蕉岭苏区振兴发展步步高，全力为梅州打造“绿水青山就是金山银山”的广东样本，为广东在全面建设社会主义现代化国家新征程中走在全国前列、创造新的辉煌贡献蕉岭智慧、蕉岭力量，以优异成绩庆祝中国共产党成立100周年。

会议强调，要把做到“两个维护”、党的全面领导、勇于担当作为、落细落小落实贯穿各项工作全过程，立足新发展阶段、贯彻新发展理念、融入新发展格局，在生态发展区这条赛道上赛龙夺锦，把各项改革试点任务抓严抓实抓出亮点，加快推进重点项目建设，统筹推进“六稳”“六保”工作，切实把省委、市委的要求转化为蕉岭改革发展的具体举措和深入实践，推动蕉岭苏区高质量发展行稳致远。

【中国共产党蕉岭县第十三次代表大会第六次会议】 1月23日上午，中国共产党蕉岭县第十三次代表大会第六次会议召开。会议的主要任务是深入贯彻落实习近平总书记重要讲话、重要指示精神，深入学习贯彻中共十九届五中全会、中央经济工作会议精神，认真落实省委十二届十一次、十二次、十三次全会和市委七届十次全会部署，总结蕉岭县2020年工作，谋划“十四五”时期蕉岭县经济社会发展，部署2021年工作，努力为梅州高质量发展，为广东在全面建设社会主义现代化国家新征程中走在全国前列、创造新的辉煌作出应有贡献。

县委常委会主持会议。会议书面传达中央经济工作会议，省委十二届十一次、十二次、十三次全会和市委七届十次全会精神。县委书记、蕉华工业园区党委书记陈伟明代表县委作工作报告。

会议指出，过去一年，县委坚持以习近平新时代中国特色社会主义思想为指导，按照省委、市委的部署要求，科学统筹疫情防控和经济社会发展，扎实做好“六稳”工作、全面落实“六保”任务，在抗疫斗争、经济增长、产业发展、基础支撑、城乡融合、深化改革、民生改善、党的建设方面取得了显著成效，为决胜全面小康、打造生态经济发展新标杆打下了坚实基础。

会议指出，“十三五”时期，县委认真落实党中央决策部署和省委“1+1+9”工作部署、市委“六争六补”“123456”思路举措，创新实施“1161”工作思路，全力建设“世界寿乡·富美蕉岭”、打造梅州寿乡品牌之星，实现了综合实力新突破、绿色产业新发展、城乡面貌新改善、民生福祉新跃升和党的建设新成效，为“十四五”规划开好局、起好步奠定了坚实基础。

会议强调，要把握好推动生态发展区建设、服务战略支点打造、融入“双区”“双城”建设、加快苏区振兴发展、全面增进民生福祉等“十四五”发展的重点任务，聚力打造生态经济发展新标杆。

会议强调，2021年工作要坚持稳中求进总基调，统筹推进疫情防控和经济社会发展，统筹发展和安全，扎实做好“六稳”工作、全面落实“六保”任务，坚定实施“1161”工作思路，扎实推动蕉岭苏区高质量发展，奋力谱写“绿水青山就是金山银山”广东样本的蕉岭壮丽篇章，确保“十四五”规划开好局、起好步，以优异成绩庆祝中国共产党成立100周年。重点做好八项工作：一是守底线，推进疫情防控，从严织牢织密防控网；二是强动力，推进创新驱动，增创新优势推动高质量发展；三是稳支点，推进产业升级，以产业项目为支点撬动实体经济大发展；四是增实效，推进改革开放；五是提质量，推进城乡融合；六是亮底色，推进生态文明；七是夯基础，推进新型基础设施建设；八是补短板，推进民生改善。

会议强调，要加强党的全面领导和党的建设，坚持把党的政治建设摆在首位，在加强党的基层组织建设上做实功求实效，打造政治过硬、具备领导现代化建设能力的干部队伍，持之以恒正风肃纪反腐，为蕉岭奋进新征程提供坚强政治保证。

会议书面报告县委2020年抓党建工作情况、全县经济社会工作情况，审查县纪委工作报告等。

【蕉岭县精神文明建设表彰大会暨创建全国县级文明城市工作动员大会】 1月27日，蕉岭县精神文明建设表彰大会暨创建全国县级文明城市工作动员大会召开，深入学习贯彻习近平总书记关于精神文明建设的重要论述，传达全国、全省精神文明建设表彰大会精神和梅州市精神文明建设表彰大会暨全国文明城市创建、国家卫生城市复审动员大会主要精神，总结经验、表彰先进，谋划部署蕉岭新一轮创建周期任务目标，为梅州纵深推进新一轮创建全国文明城市工作、全面迎接国家卫生城市复审工作贡献蕉岭智慧、蕉岭力量。梅州市委副书记王庆利，蕉岭县委书记、蕉华工业园区党委书记陈伟明出席会议并讲话，蕉岭县县长刘鸿涛主持会议并宣读表彰决定。

王庆利充分肯定蕉岭县委、县政府对精神文明建设和创建全国文明城市工作的高度重视，代表市委、市政府向蕉岭县取得2021—2023年创建周期全国县级文明城市提名城市资格表示热烈祝贺，向为创建全国县级文明城市工作辛勤付出的广大干部群众表示诚挚慰问。他强调，要深化认识，以胸怀全局的高度，把握文明城市创建的重要意义，坚持以习近平新时代中国特色社会主义思想为指导，充分认识做好新形势下创建工作的重要意义，切实增强创建工作的责任感和使命感。要加强重点突破，在基础设施建设、市民文明素质、未成年人思想道德建设、自身品牌塑造等方面下功夫，努力做到攻强项、补弱项、扬优势、创特色，推出一批“人无我有、人有我精”的创建活动，形成一批有影响、有亮点的创建品牌。要压实责任，以抓铁有痕的劲头确保文明创建工作落到实处，紧紧围绕创建全国县级文明城市的目标，强化组织领导、广泛引导群众、严格督查问效，最大限度地把党政机关、社会各界、党员群众的热情干劲调动起来，凝聚形成推进创建工作的强大合力，谱写新时代精神文明建设新篇章。

陈伟明强调，全县上下要以抓落实的实际行动和实际成效奋力推动创建全国县级文明城市工作取得新突破、实现步步高。一要提高站位抓落实。坚决贯彻落实市委、市政府的决策部署，认真按照全市创建全国文明城市的工作安排和要求，坚持以干事创业的正气、迎难而上的勇气、攻城拔寨的锐气，奋力争创全国县级文明城市。二要依靠群众抓落实，坚持让群众唱主角、坚持让群众得实惠、坚持做群众贴心人，畅通群众需求收集和意见反馈渠道，营造全民共建的良好氛围。三要把握重点抓落实，重点解决好合力不够、保障不够、氛围不够、管理不够、问责不够等问题，严格落实领导责任、牵头责任、属地责任、主管责任和挂点责任。四要注重实效抓落实，强化资金保障，切实把资金用在创文工作的刀刃上，确保使用规范和成效。

蕉岭县委常委、宣传部部长刘素芬总结部署创建全国县级文明城市工作。会议表彰蕉岭县文明单位代表、蕉岭县精神文明建设先进工作者代表、蕉岭县创建全国县级文明城市工作先进单位代表和先进个人代表；签订《创建全国县级文明城市指挥部工作部责任书》；蕉城镇、县教育局、县城市管理和综合执法局、县市场监督管理局在会上作交流发言。

【蕉岭县党史学习教育动员大会】 3月5日，蕉岭县党史学习教育动员大会召开，深入学习贯彻习近平新时代中国特色社会主义思想，认真贯彻落实中央和全省、全市党史学习教育动员大会精神，对全县开展党史学习教育进行动员部署。

县委书记、蕉华工业园区党委书记陈伟明主持大会并讲话。县委副书记、县长刘鸿涛传达学习相关文件和会议精神。

陈伟明强调，要提高政治站位，充分认识开展党史学习教育的重大意义。要增强政治意识，提高政治判断力、领悟力和执行力，真正做到学党史、悟思想、办实事、开新局。要突出学习重点，科学谋划一体推进，通过编印一本学习资料、创作一批文艺作品、用好一方红色资源、开展一系列实践活动等，把学习教育活动与贯彻落实《关于新时代支持革命老区振兴发展的意见》紧密结合起来，积极开展“学党史、开新局”三大行动，全力建设广东（梅州）大健康高科技产业园，加快推动特色产业发展、乡村治理改革和城乡融合发展，加快推动新时代蕉岭苏区振兴发展。

陈伟明强调，要强化政治担当，紧扣目标任务，高质量高标准开展党史学习，坚持学史明理、学史增信、学史崇德、学史力行，全力确保党史学习教育取得扎实成效。一要强化组织领导。各级党组织要承担好学习教育的主体责任，迅速成立机构，制定实施方案，以上率下尽快开展工作。二要强化政治引领。牢固树立正确的党史观，按照中央部署和省委要求认真组织召开研讨会、座谈会，在全社会广泛开展以党史为重点的“四史”宣传教育。三要强化为民实效。主动深入开展“我为群众办实事”实践活动，解决群众所急所盼。四要强化分类指导。开展特色鲜明形式多样的学习教育，做好规定动作，做精自选动作，切实增强学习教育的针对性实效性。五要强化宣传引导。准确把握好时、度、效，不断创新形式内容，推动学习教育深入群众、深入基层、深入人心。六要强化统筹兼顾。坚持把党史学习教育同学习贯彻总书记对广东的重要讲话、重要指示批示精神结合起来，同统筹推进疫情防控和经济社会发展紧密结合起来，同落实省委“1+1+9”工作部署、市委“123456”思路举措和县委“1161”工作思路等结合起来，同动员人民群众创造美好生活紧密结合起来，使学习教育每项措施都紧贴中心、服务大局，更好地凝聚强大合力推动蕉岭苏区振兴高质量发展，为广东在全面建设社会主义现代化国家新征程中走在全国前列、创造新的辉煌贡献蕉岭智慧、蕉岭力量，以优异成绩庆祝中国共产党成立100周年。

县委、县人大、县政府、县政协全体领导，县人武部部长，县法院院长、县检察院检察长、县纪委监委副书记（副主任）等在主会场参加会议。会议以视联网平台直播形式开至各镇分会场。

【卡拉比—丘（梅州蕉岭）数学大会总结会暨“卡拉比—丘”数学小镇建设动员会】 3月10日，卡拉比—丘（梅州蕉岭）数学大会总结会暨“卡拉比—丘”数学小镇建设动员会召开。会议认真总结举办卡拉比—丘（梅州蕉岭）数学大会的成功经验，发出高质量建设“卡拉比—丘”数学小镇的动员令、吹响进军号，奋力开创新时代蕉岭苏区振兴发展新局面。

县委书记、蕉华工业园区党委书记陈伟明出席会议并讲话。县委副书记、县长刘鸿涛主持会议。会议对在筹办工作中作出积极贡献的单位和个人进行表彰。

陈伟明指出，卡拉比—丘（梅州蕉岭）数学大会在蕉岭县成功举办，为全县上下抓好抗疫“大考”，推进“双统筹”、实现“双胜利”注入了强劲动力。要珍惜成绩、珍惜机遇，把办会成果转化为发展信心和决心，建好数学小镇，做好文旅和数理文章，推动蕉岭实现大发展、大跨越。

陈伟明强调，要突出重点、突出特色，把数学小镇建成蕉岭高质量发展的主要载体，打造成文旅小镇、教育小镇、宜居宜业宜游三宜小镇，打造成独具魅力、充满活力、具有核心竞争力的数学梦开始的地方。一是突出三个明确。要明确目标、定位、思路，围绕“一核两轴四区”总体思路，对接融入粤港澳大湾区国际科技创新中心建设，高质量建设数学小镇。二是突出三生融合。要以数学产业、大健康产业为核心产业，加强引进和培育引领性强、成长性高的大项目，推动“生产”要素集约高效；要注入数学、客家和长寿文化特质，规划建设高品质社区、酒店、人才驿站、康养基地等生活配套设施，推动“生活”宜居宜业；要打造山水相依、自然相存、和谐相生的美丽宜居环境，推动“生态”山清水秀。三是突出三产联动。要抓特色，促进数学与农业、医疗、康养等产业深度融合，构建大健康产业与数学小镇融合发展的格局；要抓增量，按照远近结合原则，有序推进项目建设；抓延伸，定期举办“一高四大”活动，发展研学、游览、度假等产业，发展数学经济。四是突出三项机制，创新管理运作机制、投融资机制、人才引用机制，全力以赴建设“卡拉比—丘”数学小镇，在数学基础教育发展领域走出一条新路、开创一个新局面，推动蕉岭苏区高质量发展步步高。

刘鸿涛要求，要统一思想，顺势而为，切实增强建设数学小镇的责任感和紧迫感，以更大的决心、更务实的举措，高质量打造数学界的达沃斯。要立足大格局，坚持高起点规划，营造便捷高效的政务环境、更具活力的创新创业环境、高效的投融资环境，以小杠杆撬动大产业、小平台带动大招商。要明确目标，细化措施，压实责任，勠力同心，以钉钉子精神推进数学小镇建设。

会议组织观看卡拉比—丘（梅州蕉岭）数学大会纪实片和“卡拉比—丘”数学小镇初步规划方案视频。

【广东省数学会第九届会员代表大会暨2021年学术年会】　3月13日，广东省数学会第九届会员代表大会暨2021年学术年会在丘成桐国际会议中心召开。众多数学界的教授、专家、学者齐聚一堂，共同探讨研究数学相关方向的前沿问题和科普工作。

大会由广东省数学会主办，丘成桐国际会议中心承办，嘉应学院、粤港澳国家应用数学中心协办。广东省数学会原理事长、中山大学数学与计算科学学院院长朱熹平到会指导，副市长张晨，县委书记、蕉华工业园区党委书记陈伟明，县长刘鸿涛等出席会议。

会上，姚正安当选为广东省数学会第九届理事会理事长。会议期间举行多场学术报告会，多位一流数学家作数学研究成果分享。

张晨表示，大会选择在梅州蕉岭召开，更加坚定了我们高水平打造“卡拉比—丘”数学小镇的信心和决心；希望今后与广东省数学会进一步加强交流合作，依托数学小镇承办国际国内数学会议形成地域性会议品牌，让梅州蕉岭成为世界各地一流学者聚智交流的重要平台。

陈伟明表示，蕉岭是一个做学问的好地方，数学是蕉岭扬名并更美的新动力，数学小镇是蕉岭高质量发展的新希望。期待大家为蕉岭县引进、挖掘和培育更多高端数学人才，推动更多科学领域盛事在蕉岭举办，把更多优质教育资源和先进教育理念引入蕉岭，助力打造数学小镇。

据了解，广东省数学会的前身是成立于1947年2月16日的“南中国数学会”，主要任务是在广东省组织学术交流活动，开展数学知识普及与培训。

【蕉岭县委理论学习中心组暨全县科级领导干部党史学习教育专题研讨班】　4月8日，蕉岭县委理论学习中心组暨全县科级领导干部党史学习教育专题研讨班在丘成桐国际会议中心开班。县委书记、蕉华工业园区党委书记陈伟明作动员讲话暨主题报告，强调要深入开展党史学习教育，铭记蕉岭苏区的光辉历程，大力弘扬蕉岭苏区精神，把党史学习教育的成效转化为推动蕉岭苏区振兴发展的强大动力。县委副书记、县长刘鸿涛主持开班式。

陈伟明强调，要以习近平新时代中国特色社会主义思想为指导，进一步统一思想、提高认识，从党的百年伟大奋斗历程中汲取继续前进的智慧和力量，更好把握“新发展阶段、新发展理念、新发展格局”要求，坚定不移走高质量发展之路，不断提高政治判断力、政治领悟力、政治执行力，全力推动蕉岭苏区振兴发展，奋力打造“绿水青山就是金山银山”广东样本的蕉岭篇章，以优异成绩迎接中国共产党成立100周年。

陈伟明强调，要在学习党史中切实提高做到“两个维护”的行动自觉。任何时候任何情况下都必须保持高度的思想自觉、政治自觉、行动自觉，坚决维护习近平总书记党中央的核心、全党的核心地位，坚决维护党中央权威和集中统一领导。要在学习党史中持续增强走好新时代长征路的信心和决心。坚持学党史、悟思想，从党的百年伟大奋斗历程中，进一步领悟习近平新时代中国特色社会主义思想真理力量和实践伟力，坚持不懈用以武装头脑、指导实践、推动工作，走好新时代长征路。要在学习党史中不断赓续共产党人的精神血脉。从党的百年奋斗历程中汲取力量，不断筑牢政治品格、坚定初心使命、激发斗争精神、激励干事创业。要在学习党史中全力推动蕉岭苏区更好地走向未来。着力推动党的建设全面加强，扎实实施新一轮党的基层组织建设三年行动计划，促进行政村集体经济持续健康发展；着力推动实体经济发展壮大，围绕构建“5311”绿色产业体系，加快大健康产业和新型建材产业发展；着力推动城乡融合不断发展，紧抓广东省城乡融合发展省级试点的机遇，积极探索山区城乡融合发展特色路径；着力推动改革创新出新出彩，不断深化农村综合改革，加快“卡拉比—丘”数学小镇规划建设；着力推动民生改善提质上档，积极推进全国县级文明城市、国家卫生县城、省级森林城市等的创建工作，不断提升教育、医疗、社保、平安等优质服务供给能力。

本次研讨班为期2天，参加研讨的学员围绕总书记重要讲话精神，通过分组研讨和自学等形式深入开展党史学习教育。

开班式以视联网平台直播形式开至各镇分会场，县领导张伟杰、卢尧生、钟梅芬、陈德志、丘德俊、胡班、曾文渊、杨红军、刘素芬、林伟胜、丘文慈、余翔等在主会场参加开班式。

【2021年梅州市农村工作会议暨实施乡村振兴战略现场推进会】 5月8日下午，2021年梅州市农村工作会议暨实施乡村振兴战略现场推进会在蕉岭县召开。会议深入学习贯彻习近平总书记关于“三农”工作的重要论述精神，全面落实中央一号文件以及中央农村工作会议、全国脱贫攻坚总结表彰大会和省委农村工作会议暨全省实施乡村振兴战略工作推进会精神，对全市“三农”工作和乡村振兴工作进行再推动再落实。市委书记陈敏出席会议并讲话，市长张爱军主持会议，市政协主席戚优华出席会议，市委副书记王庆利对全市实施乡村振兴战略工作进行总结和部署。

7日至8日，市领导、市直有关单位和各县（市、区）党政主要负责人、各镇（街道、场）党委主要负责人等分成3组，分别深入梅州市8个县（市、区）现场考察，相互交流和学习各地推进乡村振兴工作的好经验好做法。

陈敏指出，中共十九大以来，梅州市坚决贯彻落实习近平总书记、党中央决策部署，按照“1+1+9”工作部署，深入实施乡村振兴战略，抓好组织落实，投身火热实践，市县联动、赛龙夺锦，做出了一批新亮点、创造了一批新经验。通过现场考察可以看到，各县（市、区）乡村振兴工作取得突出成效，值得充分肯定，也再次证明梅州的美丽乡村是创新的沃土，是大众创业、万众创新的广阔天地。

陈敏表示，百尺竿头须更进一步，在肯定成绩的同时，也要清醒看到，梅州市乡村振兴工作仍存在公共服务设施不足、集体经济发展不快、主导产业实力不强、地区之间发展不平衡不充分、部分干部抓乡村振兴工作能力水平不高等短板弱项，需要认真加以解决。全市上下要深入学习贯彻习近平总书记重要讲话精神，坚持“三农”重中之重战略思想不动摇，坚持农业现代化和农村现代化一体设计、一并推进，以“两个维护”的政治高度，推进乡村全面振兴走在全省前列。陈敏强调，要咬定青山永不能放松，乘势而上、尽锐出战，在“3年取得重大进展”的基础上，围绕“5年见到显著成效”目标，全力建设“三宜城市”，落实“六争六补”措施，打造“绿水青山就是金山银山”的广东样本，再创“东学梅州”辉煌。一要注重巩固与衔接相结合。健全防止返贫监测帮扶机制，持续跟踪“两不愁三保障”情况，兜住农村低收入群体生活底线，扎实做好巩固拓展脱贫攻坚成果同乡村振兴有效衔接。二要注重产业与品牌相结合。做稳第一产业、深化“接二连三”，延伸产业链条，大力推进集群发展、品牌经营、数字转型、科技兴农等工作，推动传统农业“活起来”、现代农业“火起来”。要稳定粮食，落实最严格的耕地保护制度，严格土地用途管制，坚决遏制耕地“非农化”。三要注重文化与旅游相结合。把文化保护利用与创建全域旅游示范市结合起来，集中讲好红色故事，保护活化红色文化旧址，焕发红色文化时代价值；全域整合梅州古八景、红八景、新八景，塑造“遇见梅州·遇见美好”旅游品牌，打造精品旅游线路，建设具有现代旅游品质的精品民宿，提升客家文化传统魅力；加大宣传营销推广力度，持续办好各类活动，以活动推动城乡环境升级，促进文化经济融合，刷新文旅文创网红热度。四要注重生态与乡建相结合。正确处理保护与建设的关系，持续抓好“厕所革命”“垃圾革命”“污水革命”“自来水革命”“农贸市场革命”“互联网革命”等专项行动，因地制宜建设“四小园”，扎实推进“百村示范、千村整治”，做到共建共治共美。各县（市、区）要把提升中心镇、建制镇、特色小城镇纳入乡村振兴具体规划，着力打造上接县城、下联乡村的区域节点。五要注重组织与治理相结合。围绕基层治理创新，强堡垒、严村治、引人才，着力构建在党组织领导下的乡村治理新模式、新体系。六要注重创新与要素相结合。优化要素流，做强资金流，顺畅资产流，激发乡村振兴各种要素的有效流动和有机聚合。

陈敏强调，千斤担子靠万人共挑，要进一步提高新时代党全面领导农村工作的能力和水平，形成“四级书记”共抓振兴的大局大势，推动各项工作落地落实。一要强化领导、压实责任。建立健全党委全面统一领导、政府负责、党委农村工作部门统筹协调的农村工作领导体制，市县镇村四级书记承担主要责任，严格落实专项小组、工作专班责任。二要建强组织、配强班子。“三农”工作部门要在党史学习教育中，扎实开展“我为群众办实事”实践活动，为乡村振兴“加把劲”。坚持在乡村振兴一线锻炼和检验干部，努力培养造就一支懂农业、爱农村、爱农民的“三农”工作干部队伍。三要搞好统筹、分类指导。站在全市“一盘棋”的高度搞好规划设计，不断发现总结推广好的经验模式，创造乡村振兴梅州范例。定期组织开展审计监督，持续整治形式主义、官僚主义，确保各项政策措施见底见效。

张爱军强调，各级各部门要切实把思想和行动统一到习近平总书记、党中央和省委的决策部署上来，按照此次会议的部署要求，增强做好新时代“三农”工作的政治自觉，突出巩固拓展脱贫攻坚成果同乡村振兴有效衔接，坚决守住“真脱贫”的底线，围绕产业和项目建设实施乡村建设行动，高质量建好用好省级现代农业产业园，多元化开拓乡村产业振兴的新增长点，注重镇级改造提升，推进农村人居环境整治、集中供水工程，加强农房风貌管控提升，以改革的精神全面推进乡村振兴，促进农业高质高效、乡村宜居宜业、农民富裕富足。

会上播放全市乡村振兴专题片。副市长温向芳传达有关文件精神，蕉岭县、梅江区、梅县区、大埔县作大会发言。市委、市人大常委会、市政府、市政协领导，市委实施乡村振兴战略领导小组成员单位主要负责人，各县（市、区）党政主要负责人和分管领导，各镇（街道、场）党委主要负责人等参加会议或现场考察。

【蕉岭县开展深入学习习近平总书记关于革命传统的重要论述现场学习活动】 6月30日，蕉岭县委理论学习中心组到镇山公园和蕉岭县（东岭）革命历史纪念馆开展革命传统教育。其间，蕉岭县委理论学习中心组召开专题学习会，深入学习习近平总书记关于革命传统的重要论述。梅州市委党史学习教育第五巡回指导组组长张创超、副组长陈友权出席指导。县委书记、蕉华工业园区党委书记陈伟明主持学习会。县领导张伟杰、卢尧生、钟梅芬、陈德志等出席活动。

在镇山公园，县委理论学习中心组成员瞻仰了革命烈士纪念碑，向纪念碑敬献花篮。陈伟明上前整理花篮缎带，与大家一起行鞠躬礼，深切缅怀革命先烈。随后，全体成员来到蕉岭县（东岭）革命历史纪念馆参观学习，共同聆听中共蕉岭县第一个党支部成立到蕉岭解放波澜壮阔的革命历史，一起接受党的革命传统教育。同时，大家以重温入党誓词的形式，表达对党的绝对忠诚和为共产主义奋斗终身的坚定信念。

参观学习后，陈伟明主持召开专题学习会。卢尧生、钟梅芬、胡班等县领导围绕学习主题，结合工作实际和个人学习体会作发言。

陈伟明强调，要从百年党史中汲取前进的智慧和力量，在弘扬革命传统中砥砺初心、赓续精神、担当使命，把党的光荣革命传统转化为推动蕉岭苏区振兴高质量发展的强大动力。一要铭记党的奋斗历史，更加自觉做到“两个维护”。坚定理想信念，筑牢思想根基，坚持知行合一，切实把学习教育成效转化为干事创业的强大动力。二要传承党的斗争精神，更加自觉练就过硬本领。持续推进“大学习、深调研、真落实”工作，立足本职岗位，增强斗争意识，发扬斗争精神，提高斗争本领，以咬定青山不放松的韧劲，全力以赴推动蕉岭苏区振兴发展。三要践行党的初心使命，更加自觉推动改革发展。精准策划实施一批产业提质增效、推动乡村振兴、加快城乡融合发展等方面的大项目好项目，深入开展“我为群众办实事”实践活动，全力办好2021年“十件民生实事”，用心用情用功把苏区振兴答卷写得更精彩，以优异成绩庆祝建党100周年。

【蕉岭县学习贯彻习近平总书记在庆祝中国共产党成立100周年大会上重要讲话精神干部动员大会】 7月9日，蕉岭县学习贯彻习近平总书记在庆祝中国共产党成立100周年大会上重要讲话精神干部动员大会召开，深入学习贯彻习近平总书记重要讲话精神，全面落实全省、全市动员大会精神，动员全县上下把思想和行动统一到习近平总书记重要讲话精神上来，统一到省委、市委部署要求上来，迅速掀起蕉岭县学习宣传贯彻热潮，确保习近平总书记“七一”重要讲话精神在蕉岭落地生根、结出丰硕成果。县委书记、蕉华工业园区党委书记陈伟明出席会议并讲话。

会议指出，要始终坚持学深悟透，深刻领会习近平总书记“七一”重要讲话精神实质。各级党组织和广大党员干部要学深悟透精神实质，系统掌握核心要义，切实把习近平总书记的重要讲话精神转化为推动蕉岭苏区振兴发展的具体行动。

会议强调，要矢志践行初心使命，切实把习近平总书记“七一”重要讲话精神转化为推动苏区振兴发展的强大动力。一要带着感恩回报总书记的关怀厚爱。以感恩奋进之心、知恩图报之志、真抓实干之风，努力把蕉岭苏区建设得更好、发展得更快。二要带着责任推动苏区高质量发展。通过狠抓实体经济、基础设施、乡村振兴、科技创新、文明创建等工作，推动蕉岭苏区高质量发展。三要带着感情为群众办实事办好事，让人民群众获得感多一点、幸福感多一点、安全感多一点。

会议强调，要勇于推进自我革命，以全面从严治党新成效推动习近平总书记“七一”重要讲话精神落实落地。一要不折不扣加强政治建设，筑牢政治忠诚之魂。二要有力有效提升基层组织力，巩固党的执政之本。三要善作善成建强干部队伍，激发创业动力之源。四要从严从紧正风肃纪反腐，保持政治生态之清。

会议强调，学习好、宣传好、贯彻好习近平总书记“七一”重要讲话精神，是当前和今后一个时期全县的重大政治任务。全县各级党组织和广大党员干部要切实加强组织领导、学习培训、宣传宣讲，迅速兴起学习宣传贯彻热潮，推动习近平总书记重要讲话精神家喻户晓、深入人心。

县领导张伟杰、卢尧生、钟梅芬、陈德志等参加会议。

【中国共产党蕉岭县第十三届委员会第十四次全体会议】 9月15日上午，中国共产党蕉岭县第十三届委员会第十四次全体会议召开。全会坚持以习近平新时代中国特色社会主义思想为指导，深入学习贯彻习近平总书记“七一”重要讲话和对广东系列重要讲话、重要指示批示精神，贯彻落实省委十二届十四次全会和市委七届十一次全会精神，牢牢把握横琴、前海开发开放的重大机遇，深化落实《国务院关于新时代支持革命老区振兴发展的意见》，奋力在新征程上推动蕉岭苏区振兴高质量发展。

县委常委会主持会议。县委书记、蕉华工业园区党委书记刘鸿涛代表县委常委会作报告。县委副书记、代县长，蕉华工业园区管委会主任刘裕君就经济工作作具体部署。

全会认为，习近平总书记“七一”重要讲话，回望党的百年光辉历程，展望未来光明前景。习近平总书记深远的战略思维、强烈的历史担当、真挚的为民情怀，让全体党员、全国人民对中华民族伟大复兴迸发出坚定的信心、强烈的愿望和磅礴的力量。

全会强调，要立足“两个大局”，胸怀“国之大者”，把学习贯彻习近平总书记关于横琴、前海开发开放的重要论述精神作为重大政治任务，深化“大学习、深调研、真落实”工作，抢抓“两个合作区”建设的溢出效应和辐射带动机遇，对标对表党中央要求、合作区所需，立足生态发展区，尽蕉岭所能，发挥生态、人文、长寿特色资源优势，主动对接、主动服务、主动融入，突出抓好发展平台、产业发展、人才项目、营商环境、民生资源的对接共建，在“两个合作区”建设中体现蕉岭担当、实现蕉岭作为、作出蕉岭贡献。

全会指出，2021年以来，县委坚持以习近平新时代中国特色社会主义思想为指导，立足新发展阶段，贯彻新发展理念，参与打造新发展格局战略支点，认真落实“1+1+9”

工作部署和市委“六争六补”“123456”思路举措，统筹推进疫情防控和经济社会发展，统筹发展和安全，多项经济指标增速居全市前列，基层党建引领力、党史学习教育感召力、绿色产业支撑力、乡村振兴实践力、改革创新驱动力、城乡环境承载力和重点民生保障力持续增强。

全会强调，要进一步认清形势，聚焦完成好全年目标任务，统筹抓好疫情防控、安全生产、经济社会发展等各项工作，奋力开创蕉岭苏区振兴高质量发展新局面。一要坚持项目为王全力推动经济稳中向好，狠抓有效投资和项目推进，为实体经济发展注入新动能。二要坚持产业协同谋划发展交界经济，抢抓机遇先行谋划推进省际交界产业协作共赢，借力推动数学小镇横纵拓展，奋力推动大健康产业互补相融，全力推动新型建材产业强链延链，努力实现共建、共享、共赢。三要坚持创新驱动塑造发展新优势，扶强骨干企业，建设创新科研平台，全面提升科技创新和产业创新策源力。四要坚持城乡融合促进乡村全面振兴，扎实推进城乡“十个一体化”，推动乡村建设，建设美丽圩镇，构建省际廊道美丽乡村示范带，深入实施“万企兴万村”行动和驻镇帮镇扶村工作，努力在全省农业农村现代化新征程中走在前列。五要坚持统筹城市更新和生态建设打牢发展基础，强化交通运输供给，优化城市功能，厚植生态优势。六要坚持深化改革不断增强发展动能，抓好示范试点工作，持续优化营商环境，深化体制机制改革。七要坚持以人民为中心持续保障和改善民生，促进就业创业，提升教育质量，建设健康蕉岭，兜住民生底线，以创建全国文明城市为总抓手，加强精神文明建设。八要坚持落细落实常态化疫情防控措施，压紧压实“四方责任”，加强重点场所、重点人员、医疗机构防控，积极推进疫苗接种。九要坚持统筹发展和安全建设更高水平的平安蕉岭，坚决维护国家政治安全，防范化解经济社会领域风险，抓好安全生产工作，切实加强基层治理。

全会强调，要进一步增强全面从严治党的政治自觉，深入贯彻新时代党的建设总要求和新时代党的组织路线，扎实推进党史学习教育，坚持把党的政治建设摆在首位，切实加强基层党组织建设，打造过硬干部队伍，持之以恒正风肃纪反腐，为加快蕉岭苏区振兴发展提供坚强政治保证。

就如何做好下半年经济工作，全会强调，要攻坚克难、全力冲刺，实现经济发展“满堂彩”。要大抓产业、抓大产业，全力引进一批延链、补链、强链项目；要大抓项目、抓大项目，大胆谋划一批产业发展、基础设施、重点民生等大项目、好项目；要大抓融合、抓大融合，加快推进省级城乡融合发展试点，高标准推进“卡拉比—丘”数学小镇建设，因地制宜建设美丽圩镇，积极谋划特色产业、基础设施等项目，努力打造省际交界地区发展示范区；要大抓安全、抓大安全，纵深推进安全生产专项整治三年行动，防范和化解好经济领域风险，大力推进社会治理现代化。要继续抓好十件民生实事，补齐社会发展短板；深化“放管服”改革，全面推进“数字政府”建设，进一步提高行政效能；深化审批制度改革，优化项目审批流程，缩短办理时限，不断优化营商环境。

会议设主会场和分会场，并以视联网平台直播形式同步传输至各镇分会场。县委委员出席会议。不是县委委员的县人大常委会、县政府、县政协领导，县法院院长、县检察院检察长、县纪委监委副书记（副主任），蕉华园区其他党委委员，各镇党政主要负责人等列席会议。

【中国共产党蕉岭县第十三届委员会第十五次全体会议】 10月13日，中国共产党蕉岭县第十三届委员会第十五次全体会议召开。全会坚持以习近平新时代中国特色社会主义思想为指导，深入贯彻落实习近平总书记“七一”重要讲话和对广东系列重要讲话重要指示批示精神，认真落实党中央决策部署和省委、市委工作要求，研究召开中国共产党蕉岭县第十四次代表大会有关事宜，动员全县上下以坚强的党性、严明的纪律、昂扬的精神、过硬的作风，高标准高质量做好各项工作，迎接县第十四次党代会胜利召开。

全会指出，中国共产党蕉岭县第十四次代表大会是在“两个大局”交织、“两个一百年”交汇、“两个五年规划”交接的历史节点召开的重要会议，是全县人民政治生活中的头等大事。全县上下要切实提高政治站位，充分认识做好县党代会各项工作的重大意义，增强“四个意识”、坚定“四个自信”、做到“两个维护”，自觉把思想和行动统一到县委的安排部署上来，确保党代会开成民主团结、求真务实、凝聚力量、催人奋进的大会。

全会指出，“十四五”时期是推动蕉岭苏区振兴发展的关键时期。站在新的历史起点上，县第十四次党代会将全面总结县第十三次党代会以来经济社会发展取得的喜人成绩，描绘未来五年高质量发展新蓝图，选举新一届县委领导班子，汇聚起承前启后、继往开来，接续奋斗、砥砺前行的磅礴力量，推动实现蕉岭苏区振兴发展行稳致远。

全会强调，要以更高的政治站位、更强的使命担当、更实的行动举措精益求精做好党代会各项工作。要旗帜鲜明讲政治，把坚持和加强党的领导放在首位，贯穿换届选举全过程，严守党的政治纪律和政治规矩，纵深推进全面从严治党，严格落实“十严禁”换届纪律要求，为党代会胜利召开和换届选举圆满完成提供最坚实的保障。要持之以恒做好党代会各项筹备工作，严格落实疫情防控和安全保障措施，确保党代会圆满成功。要全方位开展宣传报道，树立起全社会凝心聚力促发展的信心和决心。

全会强调，要坚持将做好换届选举工作和经济发展、疫情防控、干部队伍建设“一起抓、共促进”，做到思想不松、人心不散、秩序不乱、工作不断。要扎实推进党史学习教育，深入开展“我为群众办实事”实践活动，推动党史学习教育走深走实。要持之以恒加强党的建设，全面落实新一轮加强基层党组织建设三年行动计划，扎实推进抓党建促乡村振兴和驻镇帮镇扶村工作，全力推动村集体经济发展。要持续推动实体经济高质量发展，认真谋划省际边界经济发展，狠抓绿色建材循环经济产业园、广东（梅州）大健康高科技产业园、“卡拉比—丘”数学小镇等重大发展平台建设，推动产业发展层级、能级再上新台阶。要持续巩固拓展脱贫攻坚成果同乡村振兴有效衔接，加快推进城乡融合发展。要织密织牢民生服务保障网络，确保民生项目保质保量按时完成、惠及群众。

全会表决通过《中国共产党蕉岭县第十三届委员会第十五次全体会议决议》。全会决定，中国共产党蕉岭县第十四次代表大会于2021年10月26日至28日在蕉城召开。

【台盟中央两岸融合发展交流营广东乡村振兴主题分营活动】　10月15日下午，台盟中央两岸融合发展交流营广东乡村振兴主题分营活动在梅州市蕉岭县举行开营仪式。省政协副主席、台盟省委会主委张嘉极，台盟中央联络部副部长张骏，省政协常委、台盟省委会专职副主委郑广台，台盟广州市委会主委、广州市台联会长叶耀华，24名在粤台商；市政协党组书记、主席戚优华，市委常委、统战部部长，市政协党组副书记余其豹参加开营仪式。

张嘉极在开营仪式上表示，2021年是中国共产党成立100周年，活动邀请在粤台商到全国重点台乡、世界长寿之乡、客家文化之乡蕉岭县，开启寻根问祖之旅、原乡文化之旅、同心共建之旅，希望大家能够把真实的广东乡村、人民生活、区域发展景象传导给更多台湾民众，促进两岸人民相知相融，创造和实现两岸人民携手未来的共同愿景。台盟省委会将继续认真贯彻“两岸一家亲，共圆中国梦”重要理念，将鼓励台湾同胞参与祖国建设有机地融入社会服务工作之中，积极引介台资企业参与投资考察和公益事业，充分发挥桥梁纽带作用，凝聚两岸同胞力量，共同书写中国梦。

余其豹对各位领导嘉宾的到来表示热烈欢迎，向社会各界人士一直以来对梅州苏区振兴发展的鼎力支持表示衷心感谢。他说，台盟中央举办、台盟省委会承办此次交流营活动，充分体现了台盟各级组织增强“四个意识”、坚定“四个自信”、做到“两个维护”的政治自觉，充分体现了台盟中央、台盟省委会以新时代奋斗精神推动实施乡村振兴发展战略的责任担当。将此次交流营活动选择在梅州举行，更是充分体现了台盟各级组织与梅州“一家人”“一家亲”的深情厚谊。近年来，台盟中央的关心厚爱、台盟省委会的对口帮扶，让梅州老区旧貌换“新颜”，苏区人民看在眼里、记在心里。余其豹推介了梅州的秀美山水、深厚人文、苏区历史，诚挚邀请大家带着团队、家人、朋友来梅旅游观光、考察调研、投资兴业，成为共同发展的“老朋友”“好朋友”。他希望领导嘉宾一如既往地关心和支持梅州苏区发展，在乡村振兴、产业项目、教育医疗、生态环境等方面给予更多支持和帮助，共同谱写乡村振兴发展新篇章。

仪式上，台盟省委会、台盟广州市委会向三圳镇乡村振兴项目、文化教育项目捐赠共计35万元。三圳镇向捐赠方回赠锦旗，感谢他们在对口帮扶方面所作的贡献。

14日至16日，台盟中央、台盟省委会、台盟广州市委会、广州市台联、在粤台商一行前往叶剑英纪念园、客都人家、谢晋元故居、蕉岭县三圳镇、丘逢甲故居等地参观，到丘成桐国际会议中心聆听蕉岭县乡村振兴主题报告会，一览客都山水田园乡村，感受乡村振兴取得的新进展、新成果。

【中国共产党蕉岭县第十四次代表大会】 10月27日上午，中国共产党蕉岭县第十四次代表大会在丘成桐国际会议中心隆重开幕。大会坚持以习近平新时代中国特色社会主义思想为指导，深入贯彻落实习近平总书记“七一”重要讲话和对广东系列重要讲话重要指示批示精神，动员全县上下抢抓新机遇、实现新跨越，奋力打造老区苏区振兴高质量发展广东新样本。

大会应到会代表268人，实到会261人，符合规定人数。上午9时，大会在雄壮的国歌声中开幕。市换届选举指导组、市换届风气督导组到会指导。县委书记、蕉华工业园区党委书记刘鸿涛代表十三届县委向大会作工作报告。县委副书记、代县长，蕉华工业园区管委会主任刘裕君主持会议。

大会指出，县十三次党代会以来，十三届县委坚定沿着习近平总书记指引的方向奋勇前进，认真贯彻落实党中央决策部署和省委、市委工作部署，奋发作为、攻坚克难，圆满完成“十三五”规划目标任务，打赢脱贫攻坚战，夺取疫情防控和经济社会发展“双胜利”，综合实力更上层楼、产业发展更有成色、乡村风貌更具颜值、基础设施更趋完善、改革创新更显活力、民生事业更重实效、民主法治更深推进、党的建设更加坚强，经济社会发展取得重大历史性成就。

大会指出，今后五年，要深入学习贯彻习近平总书记“七一”重要讲话和对广东系列重要讲话重要指示批示精神，抢抓老区苏区、生态发展区、省际边界地区“三区”叠加提速发展的“天时”机遇，发挥“地利”优势，放大“人和”效应，接好蕉岭发展的接力棒，解放思想、转变观念，开拓进取、敢于探索，以新担当新作为努力在更高起点上实现更高质量发展。

大会强调，今后五年全县工作的指导思想是：高举中国特色社会主义伟大旗帜，坚持以习近平新时代中国特色社会主义思想为指导，全面贯彻中共十九大和十九届二中、三中、四中、五中全会精神，深入贯彻习近平总书记“七一”重要讲话和对广东系列重要讲话重要指示批示精神，围绕总书记赋予广东在全面建设社会主义现代化国家新征程中走在全国前列、创造新的辉煌的使命任务，认真落实省委“1+1+9”工作部署和市委“六争六补”“123456”思路举措，立足新发展阶段，贯彻新发展理念，构建新发展格局，坚持系统观念，统筹发展和安全，积极融入“双区”“双城”“两个合作区”建设，创新实施“三三三五”发展战略，抢抓新机遇、实现新跨越，奋力打造老区苏区振兴高质量发展广东新样本，全力建设“世界寿乡·富美蕉岭”。

今后五年的总体思路和奋斗目标是：实施争创老区苏区振兴高质量发展示范县、城乡融合发展示范县、粤闽赣省际边界区域发展示范县“三个示范县”，培育绿色建材、大健康、高端数智“三大产业集群”，打造粤闽赣（蕉岭）省际边界合作区、“卡拉比—丘”数学小镇、现代农业产业园“三大发展平台”，建设宜居、宜业、宜游、宜养、宜学“五宜城乡”的“三三三五”发展战略，努力实现经济发展高质量、改革开放高水平、绿色生态高颜值、人民生活高品质、社会治理高效能。

大会强调，要坚持产业转型升级，高质量建设粤闽赣（蕉岭）省际边界合作区和“卡拉比—丘”数学小镇，构筑实体经济新高地。

按照“一区多园”的发展思路，在合作区内建设绿色建材循环经济产业园、广东梅州大健康高科技产业园。绿色建材循环经济产业园以蕉岭产业集聚地广福园区为依托，以塔牌等企业为核心，着力打造低碳运行的环保园区、科技创新的动力园区、互补互融的开放园区、循环发展的示范园区。广东梅州大健康高科技产业园以省级平台蕉华工业园区为依托，擦亮世界寿乡金字招牌，努力把广东梅州大健康高科技产业园打造成城乡融合的标杆、产业培育的平台、改革探索的摇篮。

要坚持改革创新升级，加强科技创新，创新要素供给，推进集成改革，构筑创新驱动新高地；要坚持开放联动升级，打造交通强县，加快融区步伐，深化边界合作，构筑区域联通新高地；要坚持深度融合升级，品质化打造精美县城，项目化推进乡村振兴，特色化推动镇域发展，构筑富美城乡新高地；要坚持绿色低碳升级，促进绿色转型，健全保护体系，巩固防治成果，构筑生态文明新高地；要坚持民生品质升级，增强社会保障能力，办好人民满意教育，推进健康蕉岭建设，强化公共文化服务，建设平安法治蕉岭，构筑公平普惠新高地。

大会强调，实现未来五年发展蓝图，关键在党。要旗帜鲜明讲政治守规矩，增强“四个意识”、坚定“四个自信”、做到“两个维护”。要坚定不移抓基层打基础，全面贯彻新时代党的建设总要求和新时代党的组织路线。要从严从高强队伍引人才，打造忠诚干净担当的苏区干部队伍。要持之以恒扬正气树清风，一体推进不敢腐不能腐不想腐。要凝聚人心促民主汇合力，集聚起推动高质量发展的强大合力。

大会号召：百年征程风正劲，重任千钧再出发。迈上新征程，让我们更加紧密地团结在以习近平同志为核心的党中央周围，高举中国特色社会主义伟大旗帜，不忘初心、牢记使命、接续奋斗，以一往无前的奋斗姿态、风雨无阻的精神状态，团结带领全县人民风雨同舟、同甘共苦，为打造老区苏区振兴高质量发展广东新样本而不懈奋斗，为梅州苏区振兴发展步步高、广东“走在全国前列、创造新的辉煌”贡献蕉岭智慧、蕉岭力量。

大会还以书面形式报告了县纪委工作报告以及全县党费收缴、使用和管理情况。

【学习贯彻中共十九届六中全会精神市委宣讲团报告会暨蕉岭县科级领导干部学习贯彻中共十九届六中全会精神专题研讨班】 12月5日，蕉岭县举办学习贯彻中共十九届六中全会精神市委宣讲团报告会暨蕉岭县科级领导干部学习贯彻中共十九届六中全会精神专题研讨班。县委书记、蕉华工业园区党委书记刘鸿涛作开班动员并主持宣讲报告会。市委宣传部讲师团团长廖坚作主题报告。

刘鸿涛强调，要按照党中央决策部署和省委、市委部署要求，深刻领会、准确把握中共十九届六中全会的丰富内涵、精神实质，进一步统一思想、凝心聚力，以全会精神为指引，狠抓发展第一要务，全面激发内生动力，奋力推动蕉岭苏区振兴高质量发展。一要切实学出对党忠诚的政治品格。要把研读习近平总书记在中共十九届六中全会上的重要讲话、全会通过的《决议》作为集中研讨的重点，把“两个确立”转化为做到“两个维护”的思想自觉、政治自觉和行动自觉，不折不扣推动全会精神在蕉岭落到实处、取得实效。二要切实学出创新开放的思维理念。要强化促改革、谋创新的思想自觉和行动自觉，切实把创新开放贯穿于经济社会发展各领域各环节，勇于打破陈旧的思维定式，大胆突破条条框框的束缚，用新思路、新举措推动营商环境、公共服务、要素配置不断优化，以创新开放促高质量发展、促民生改善、促社会和谐。三要切实学出奋发有为的发展担当。要以全会精神为指引，用好国家“特殊类型地区”政策，扎实推动“三三三五”发展战略落地落实，积极探索粤闽赣省际边界苏区振兴试验区，着力打造特色优势产业集群；要以改革的精神、优质的公共服务，全力推动以绿色建材为主的实体经济转型升级，扎实推进主导产业强链延链补链，不断做大做强实体经济；要以生态文明的理念，努力创建“抓党建促乡村振兴示范县”，奋力推动蕉岭乡村振兴工作走在全省前列。四要切实学出人民至上的为民情怀。要时刻牢记初心使命，自觉践行以人民为中心的发展思想，深入开展“我为群众办实事”实践活动，解决好教育、医疗、就业等群众急难愁盼问题，多干雪中送炭的事，不断增强人民群众的获得感、幸福感、安全感。五要切实学出真抓实干的工作作风。领导干部要坚持“领”字当头、“干”字当头，多接“地气”，走出“舒适圈”，主动到基层一线，解决实际问题，全身心做好各项工作，推动蕉岭各项事业不断出新出彩。

刘鸿涛强调，要集中精力和时间，高质量开好专题研讨，把学习贯彻中共十九届六中全会精神，与学习贯彻习近平总书记“七一”重要讲话精神和对广东系列重要讲话重要指示批示精神结合起来，与开展党史学习教育结合起来，与贯彻落实省委工作部署和市第八次党代会精神以及县第十四次党代会精神结合起来，坚持真学实做，确保学习贯彻取得扎实成效。

开班式上，廖坚从“深刻认识总结党的百年奋斗重大成就和历史经验”“从党的百年奋斗历程中感悟思想伟力，汲取精神力量”等方面，对中共十九届六中全会精神进行了深入阐述和详细解读，对全县科级领导干部全面准确把握、更好学习领会中共十九届六中全会精神起到重要的指导和促进作用。

本次研讨班为期两天，以集中学习、自学和分组研讨等形式进行。以视频形式开至县、镇各分会场。县委、县人大、县政府、县政协领导；县法院院长、县检察院检察长；市管四级调研员以上干部，处级以上老干部；县纪委监委副书记（副主任），各镇党政主要负责人，县人大、政协各专（工）委正、副主任，县直局单位正、副职，县直副局单位主要负责人，省、市属驻蕉岭有关单位副科职以上领导干部；蕉华园区各部室、园区综合服务中心主要负责人，县管四级主任科员以上干部；县委党校教师、县社科理论界专家代表等参加会议。

【2021年广东（梅州蕉岭）第六届星空大会】

12月25日，2021年广东（梅州蕉岭）第六届星空大会开幕式在丘成桐国际会议中心举行。众多重量级嘉宾大咖以及各界专家学者和天文爱好者齐聚寿乡，共探浩瀚天空，共赏星辰魅力。

活动现场对星空大会进行介绍，回顾历届星空大会精彩瞬间，举行广州市天文爱好者协会顾问授牌仪式。

县委常委、副县长余翔在会上致辞，并介绍蕉岭县经济社会发展情况。希望与会嘉宾关注蕉岭、了解蕉岭、走进蕉岭、品味蕉岭，为蕉岭接下来如何做好“数学与天文”文章多提宝贵意见，助力蕉岭老区苏区振兴高质量发展。

开幕式后还举行了天文摄影和天文观测科普讲座。与会人员聚焦于“星辰大海”，展开思想碰撞和智慧交锋，全面深入地探讨相关主题研究硕果及前沿进展。据悉，公益性质的广东省星空大会是一年一度天文与星空爱好者相聚的盛会，旨在科普天文知识，促进天文科学发展。

副县长、县文化广电旅游体育局局长陈春妮出席活动。

活动期间，与会人员前往卡拉比—丘实景天象馆现场参观及开展户外天文活动，前往丘成桐国际会议中心、丘成桐祖居等地参观，感受蕉岭依托石窟河秀美山水和长潭自然生态旅游景区，按照“一核两轴四区”的建设思路，全力规划建设好“卡拉比—丘”数学小镇的相关成果。近年来，蕉岭立足生态资源优势和丰富人文底蕴，高标准建设集“数学中心、数学与天文、数学与人文、数学产业延伸”为一体的“卡拉比—丘”数学小镇，最大限度地综合开发利用和共享资源，努力构建“全域旅游一盘棋”的格局。

（古玮婕）

2021年中共蕉岭县委领导名录

常务委员会委员：陈伟明（任至8月）
刘鸿涛
刘裕君（9月任职）
张伟杰（任至9月）
陈德志（任至9月）
曾光华
丘德俊（任至9月）
林文建　胡　班　曾文渊
杨红军
刘素芬（任至9月）
林伟胜　丘文慈　余　翔
陈　丽（9月任职）
徐永岭（9月任职）
谢伟传（9月任职）

书　记：陈伟明（任至8月）
刘鸿涛（8月任职）

副书记：刘鸿涛（任至8月）
刘裕君（9月任职）
张伟杰（任至9月）
陈德志（任至9月）
林文建（9月任职）

2021年中共蕉岭县委办公室负责人名录

主　任：丘文慈

常务副主任：王　标

副主任：钟云霞　黄集运

2021年中共蕉岭县党群系统党委负责人名录

书　记：丘文慈

副书记：涂建强

2021年中共蕉岭县委政策研究室负责人名录

主　任：王　标

蕉岭县人民代表大会

【概况】 2021年，蕉岭县人民代表大会坚持以习近平新时代中国特色社会主义思想为指导，在县委的坚强领导下，坚持“党的领导、人民当家作主、依法治国”有机统一，围绕全县改革发展稳定大局，依法履行职权，扎实推进人大自身建设，圆满完成既定的目标任务，为打造老区苏区振兴高质量发展广东新样本作出应有贡献。

【党的领导】

加强党的领导 2021年，蕉岭县人民代表大会坚持党的领导这个重大政治原则，在县委领导下，发挥蕉岭县人民代表大会党组核心作用，统筹安排和有序推进监督、重大事项决定、人事任免、代表履职和自身建设等各项工作，确保工作重点和举措与全县大局同向同步。严守党的政治纪律和政治规矩，坚持和完善请示报告制度，全年就召开县级人民代表大会、制订监督工作计划、开展代表主题活动、开展县镇人大换届选举等重大履职活动向县委作专题请示和报告，把党的领导贯穿于人大工作全过程各方面。

加强政治建设 2021年，蕉岭县人民代表大会坚持把学习贯彻习近平新时代中国特色社会主义思想作为首要政治任务，全面落实习近平总书记关于人大工作的重要论述以及中央、省委人大工作会议精神，深入开展党史学习教育，跟进学习习近平总书记“七一”重要讲话精神、中共十九届六中全会精神，建立健全党组全面及时系统学、人大代表聚焦履职学、机关干部融入日常学的制度机制，推动学习走深走实走心。

【依法监督】 经济运行监督 2021年，蕉岭县人民代表大会听取审议县政府国民经济和社会发展计划执行、预算执行、财政决算情况报告，围绕落实主要经济指标、重点任务和提高资金使用绩效等提出意见建议。审查批准2021年新增债券、再融资债券使用分配方案，督促县政府用好政府债券资金，为蕉岭县人民医院、中医医院迁建工程，国道205线蕉岭县闽粤交界至天汕高速文福出口段路面改造工程，供水管网提升工程，梅州蕉华产业转移工业园基础设施及厂房建设等重大项目的顺利实施提供资金保障。听取审议县政府2020年县级预算执行和其他财政收支的审计工作报告、2019年度审计查出突出问题整改情况报告、国有资产管理情况综合报告、自然资源资产管理情况专项报告。

民生领域监督 2021年，蕉岭县人民代表大会首次实施民生实事项目代表票决制，票决出民生实事项目10件，通过视察调研、审议监督等方式推动民生问题得到有效解决。首次听取审议县监察委员会关于开展扶贫领域腐败和作风问题专项治理工作情况报告，督促其深化拓展专项治理成果，持续整治群众身边腐败和不正之风。听取审议县政府环境状况和环境保护目标完成情况报告，督促其持续加大污染防治工作力度，巩固提升环境治理成效。听取审议蕉岭县幼儿园建设情况报告，督促其继续增加学前教育公办学位资源，提高学前教育质量。对蕉岭县落实省政府关于稳定提高粮食生产能力情况开展视察调研，督促其扎实开展撂荒地复耕复种，多措并举调动农民种粮积极性。对蕉岭县落实退役军人有关政策情况开展视察调研，督促其全力抓好《中华人民共和国退役军人保障法》等政策法规的落实，不断提升退役军人事务领域治理能力和水平。

法律法规监督 2021年，蕉岭县人民代表大会围绕“12·4”国家宪法日，开展宣传和贯彻实施宪法座谈会，大力弘扬宪法精神。完善执法检查工作机制，探索建立事先开展法律和专业知识培训制度，逐条对照法律规定进行检查，提高执法检查工作实效。开展《中华人民共和国社区矫正法》执法检查，推动有关单位严格按照法定标准、法定程序开展社区矫正工作。听取审议县政府贯彻实施《广东省信访条例》情况报告，助推建立健全信访工作长效机制。听取审议县法院贯彻实施《中华人民共和国民法典》加强民事审判工作情况报告，助推《中华人民共和国民法典》贯彻实施，确保新旧法律有效衔接。听取审议县检察院开展未成年人检察工作情况报告，助力维护未成年人合法权益。作出关于开展蕉岭县第八个五年法治宣传教育的决议，要求相关职能部门加大全民普法力度，不断提升法治蕉岭建设成效。认真开展规范性文件备案审查，对县政府报送的《蕉岭县促进先进制造业招商引资工作实施办法》等4个规范性文件进行了审查，切实维护法制统一。

【选举任免】

如期换届选举 2021年9月23日，蕉岭县依法选举出新一届县人大代表182名、镇人大代表511名，县、镇两级人大代表的知识、文化、年龄结构更加合理。9月28日、29日全县8个镇召开新一届人大一次会议，选举产生新一届镇人大、镇政府领导班子。11月15日至11月18日举行县第十六届人大一次会议，选举产生新一届蕉岭县人民代表大会领导班子、县政府领导班子、县监察委员会主任、县法院院长、县检察院检察长。

依法人事任免 2021年，蕉岭县人民代表大会对人事任免事项进行认真审议，严格把关，慎重表决，共任免“一府一委两院”和人大工作机构工作人员18人（次），切实履行人事任免权，确保县委意图的实现。

【代表工作】

坚持代表进站 2021年，蕉岭县人民代表大会坚持代表每月进联络站接待活动，定期召开研判会议，实现活动制度化、常态化。2021年，全县117个代表联络站共组织代表5516人次开展进站活动，接待选民群众3671人次，收集意见建议565件。

办好主题活动 2021年，蕉岭县人民代表大会把“学习党史知使命，为民履职办实事”作为重要内容，开展“我为民、我履职、我行动”主题活动，组织各级人大代表视察蕉岭县推进公立医院高质量发展和县域医共体建设工作情况、调研乡村振兴工作情况、进代表联络站接待选民等活动，全县共597名人大代表参加活动，占代表人数的90%。

及时办理建议 2021年，蕉岭县人民代表大会共交办县人大代表建议26件，代表满意率达100%。交通建设、城乡环境治理、农田水利、医疗卫生教育等一批群众关心关注的突出问题得到有效解决。

【自身建设】

提高履职能力 2021年，蕉岭县人民代表大会结合实际探索改进人大会议各环节工作，综合运用印发会议预通知、提前提供会议材料、会前围绕议题进行调研、适当增加会议时间、会议初审、组成人员逐人发言、列席人员重点发言等措施，增强会议审议的针对性和实效性。开展“大学习、深调研、真落实”活动，形成《夯实工作基础 提升履职能力 开创县镇人大工作崭新局面》等调研报告3篇。

形成工作合力 2021年，蕉岭县人民代表大会注重加强与省、市人大汇报沟通，自觉接受法律监督和业务指导，配合开展各类调研、视察、执法检查活动，共完成联合调研、委托调研5项。加强对乡镇人大的联系指导，蕉岭县人民代表大会常务委员会负责人分片深入各镇村指导开展工作，推动基层人大规范化建设。举办县镇人大干部履职能力提升培训班，对县镇人大干部进行集中培训，优化工作理念，提升履职能力。县镇人大联合对健康蕉岭、乡村振兴开展视察调研，

强化上下联动、合力监督，推动相关工作落地落实。

强化舆论宣传　2021 年，蕉岭县人民代表大会持续加强人大宣传工作，不断创新人大新闻舆论宣传方式，在中国蕉岭网、人大网站、微信公众平台等媒体推送工作动态 50 余条，向省、市各级各类媒体投稿 30 余篇，市级以上刊物刊登稿件 12 篇，其中《百姓点菜 代表票决 政府买单》在梅州日报头版刊登。

（王　梅）

2021 年蕉岭县人大常委会主任、副主任、委员名录

第十五届蕉岭县人大常委会（任期至 11 月）：

主　任：卢尧生

副主任：张利民　温裕良　钟豪才　郭伟标
　　陈苑娜（女）　张　慧（女）

委　员：（以姓名笔画为序）：
　　叶国荣　丘佐平　刘雪玲（女）
　　汤自优　宋觉川　张　利（女）
　　张晋悦　林国良　罗国雄
　　罗晓霞（女）　钟振涛　徐　艾
　　徐晓楠（女）　涂永平
　　傅学秀（女）　赖玉梅（女）

第十六届蕉岭县人大常委会（11 月任职）：

主　任：张伟杰

副主任：饶森健　江运洪　陈苑娜（女）
　　古育辉　张　卫　丘志铭

委　员：（以姓名笔画为序）：
　　王　标　邓小强　丘佐平　阮东凤
　　何伟东　宋觉川　张　利（女）
　　张晋悦　林国良　罗晓霞（女）
　　夏新明　徐　艾　徐晓楠（女）
　　涂永平　傅学秀（女）
　　温淑芬（女）　游志富
　　赖玉梅（女）

2021 年中共蕉岭县人大常委会党组领导班子名录

党组书记：卢尧生（任至 9 月）
　　张伟杰（9 月任职）

党组副书记：张利民（任至 11 月）
　　江运洪（11 月任职）

党组成员：温裕良（任至 11 月）
　　钟豪才（任至 11 月）
　　陈苑娜（女）
　　郭伟标（任至 11 月）
　　古育辉（9 月任职）
　　张　卫（11 月任职）
　　丘志铭（11 月任职）
　　宋觉川（任至 12 月）

2021 年蕉岭县人大常委会办公室负责人名录

主　任：宋觉川（任至 12 月）

副主任：叶国荣　张伟淞

蕉岭县人民政府

【政府工作报告】　2021 年 11 月 16 日，县长刘裕君向县十六届人大一次会议作《政府工作报告》（以下简称《报告》）。《报告》分为两个部分，第一部分是过去五年工作回顾；第二部分是今后五年工作任务。《报告》提出根据县第十四次党代会精神，全县经济社会发展的指导思想是：高举中国特色社会主义伟大旗帜，坚持以习近平新时代中国特色社会主义思想为指导，全面贯彻中共十九大和十九届二中、三中、四中、五中、六中全会精神，深入贯彻习近平总书记“七一”重要讲话和对广东系列重要讲话重要指示批示精神，围绕总书记赋予广东在全面建设社会主义现代化国家新征程中走在全国前列、创造新的辉煌的使命任务，认真落实省委“1+1+9”工作部署和市委“六争六补”“123456”思路举措，立足新发

展阶段，贯彻新发展理念，构建新发展格局，坚持系统观念，统筹发展和安全，积极融入“双区”“双城”“两个合作区”建设，创新实施“三三三五”发展战略，抢抓新机遇、实现新跨越，奋力打造老区苏区振兴高质量发展广东新样本，全力建设“世界寿乡·富美蕉岭”。

2022年1月20日，县长刘裕君向县十六届人大二次会议作《政府工作报告》（以下简称《报告》）。《报告》分为两个部分，第一部分是2021年工作回顾；第二部分是2022年工作安排。《报告》提出2022年政府工作的总体要求是：以习近平新时代中国特色社会主义思想为指导，全面贯彻落实中共十九大和十九届历次全会及中央经济工作会议精神，深入贯彻习近平总书记对广东系列重要讲话和重要指示批示精神，按照习近平总书记赋予广东的使命任务要求，弘扬伟大建党精神，加强党的全面领导和党的建设，坚持稳中求进工作总基调，完整、准确、全面贯彻新发展理念，统筹疫情防控和经济社会发展，统筹发展和安全，认真落实省委、市委部署要求，狠抓发展第一要务，全面激发内生动力，大力实施“三三三五”发展战略，坚定不移发展实体经济，大力推进工业强县、产业兴县，扎实抓好“六稳”“六保”工作，持续改善民生，保持经济运行在合理区间，保持社会大局稳定，以优异成绩迎接中共二十大胜利召开。

【政府常务会议和县长办公会议】 2021年，县政府共召开常务会议13次、县长办公会议10次。主要讨论研究经济工作、安全生产、乡村振兴、脱贫攻坚、依法行政、生态环境保护、本级财政预算方案、2021年十大民生实事，研究审议《梅州市蕉岭县国民经济和社会发展第十四个五年规划纲要》《蕉岭县正常离任村干部生活补助提标发放管理办法》《蕉岭县国有企业改革工作方案》《蕉岭县2021年涉农资金统筹整合实施项目》《蕉岭县加快引进博士人才五项措施（试行）》《广东梅州蕉华工业园标准化厂房管理办法》《蕉岭县2021年第三期国有建设用地使用权出让方案》《蕉岭县发展壮大村级集体经济三年行动方案》《蕉岭县工业产业发展规划（2021—2025年）》《蕉岭县促进先进制造业招商引资工作实施办法（修订版）》《蕉岭县关于实现巩固拓展脱贫攻坚成果同乡村振兴有效衔接的实施方案》《蕉岭县蕉城镇金星村吉元片“三旧”改造项目供地方案》《蕉岭县2021年第二批国有建设用地使用权划拨方案》《蕉岭县2021年第四期国有建设用地使用权出让方案》《2021年县级财政预算调整方案的报告》《2021年梅州市乡村振兴试点项目—蕉岭县2019年度梅州市推进乡村振兴战略实绩考核奖补资金使用实施方案》《关于调整蕉岭县人民政府2021年度重大行政决策事项目录的通知》，研究第三批县级下放（委托）实施政务服务事项事宜等。

【重点项目建设】 2021年，蕉岭县2021年省市重点建设项目21宗，全年完成投资20.62亿元，蕉岭县健态实业竹制品深加工综合产业化园区和年产2万吨高档生活用纸加工项目、梅州市宏基新材科技装配式集成墙板（生态纳米全屋整装）项目、蕉岭县桂岭新区扩容提质工程、蕉岭县富路达沥青制品基地沥青混凝土工程、蕉岭县纸业有限责任公司年产10万吨涂布白板纸生产线升级改造项目、蕉岭县龙腾旋窑水泥有限公司2#4500吨/日水泥生产线节能减排技术改造项目、蕉岭县农房管控和乡村风貌提升工程进展顺利。

【主要民生实事】 2021年，蕉岭县努力办好十件民生实事，主要是：

促进普惠性学前教育扩学位提质量，新增510个普惠性幼儿园学位，幼儿园生均经费最低标准由每生每年400元提高至500元。

实施“粤菜师傅”工程，培训“粤菜师傅”135名，带动就业创业302人次；实施“广东技工”工程，推行技工终身职业技能培训，开展各类职业技能提升培训1241人次；推动“南粤家政”工程高质量发展，开展家政服务类培训522人次，促进705人次稳定和新增就业创业。

免费实施出生缺陷筛查，免费为孕妇实施地中海贫血筛查1528例，产前地贫初筛（血常规）率95%，唐氏综合征筛查1063例，严重致死致残结构畸形筛查1117例，胎儿染色体异常筛查率和结构畸形筛查率80%；免费为新生儿遗传代谢性疾病筛查1404例，筛查率达到98%；听力筛查1404例，筛查率达到90%。

提高低保、特困人员、孤儿基本生活补贴和残疾人两项补贴保障水平，其中城乡低保对象最低生活保障人均补差水平分别从609元、290元提高到631元、302元，为2317户3941人发放最低生活保障资金1409万元；为937特困人员发放基本生活资金913.4万元；集中供养孤儿从每人每月1820元提高到1883元，分散供养孤儿、事实无人抚养儿童从每人每月1110元提高到1227元，累计为12名孤儿发放基本生活保障金约19.9万元，发放事实无人抚养儿童基本生活保障金114.6万元；困难残疾人生活补贴、重度残疾人护理补贴标准由每人每月175元、235元提高到181元、243元，累计支出残疾人两项补贴资金1137.6万元。

推进城镇老旧小区改造，开工改造4个小区，惠及733户居民，完成本年度任务。

完善农村集中供水和生活污水处理设施，完成全域自然村集中供水任务，新增保障农村集中供水10万人，7个行政村范围内完成7个村级污水处理设施。

推进农村公路桥梁安全改造，实施76个安全设施建设项目，完成径村至小坑美丽公路示范路建设，完成畲里至坑尾等105.7公里的安防工程。对四处公路桥梁进行处治，处治率100%。

加强食品药品安全监督检测能力建设，对食品抽检847批次，其中不合格33批次，不合格食品处置率100%；对乳制品抽检17批次，不合格零批次；对食用农产品快检11209批次，处理不合格产品170.3公斤，实现食品药品安全监督检测全覆盖。

实施公共文化惠民工程，开展2场电影海报展和“客都文化公益讲堂”讲座，举办4场非物质文化遗产宣传展示活动，完成10场惠民展演，选送一批音乐作品、舞蹈作品、戏剧曲艺作品到市参赛参展，组织举办庆祝中国共产党成立100周年蕉岭书画摄影大展，完成丘逢甲故居陈列布展工程。

大力推动农业保险扩面、增品、提标，实现农业保险100%全覆盖并提高保险保额标准，生态林投保率达100%。

【出台的主要文件】 2021年，县政府出台的主要文件有《蕉岭县人民政府关于印发蕉岭县财政资金审批管理办法的通知》《关于印发蕉岭县促进先进制造业招商引资工作实施办法的通知》《关于印发蕉岭县国民经济和社会发展第十四个五年规划和二〇三五年远景目标纲要的通知》《关于印发广东梅州蕉华工业园区标准化厂房管理办法的通知》《蕉岭县人民政府关于印发蕉岭县全民健身实施计划（2021—2025年）的通知》等。

（黄　锋）

2021年蕉岭县人民政府负责人名录

县　长：刘鸿涛（任至9月）
　　　　刘裕君（9月任县委副书记、代理县长；11月任县委副书记、县长）
副县长：林文建（任至9月）
　　　　胡　班（11月任职）
　　　　林伟胜　余　翔
　　　　饶森健（任至11月）

江运洪（任至 11 月）
徐永岭　吴东海
张　慧（11 月任职）
谢彦博（9 月任职）
李杜强（9 月任职）
陈春妮（11 月任职）
党组书记：刘鸿涛（任至 9 月）
刘裕君（9 月任职）
党组副书记：林文建（任至 9 月）
胡　班（9 月任职）
党组成员：刘鸿涛（任至 9 月）
刘裕君（9 月任职）
林文建（任至 9 月）
胡　班（9 月任职）
林伟胜　余翔
江运洪（任至 11 月）
徐永岭　吴东海
谢彦博（9 月任职）
李杜强（9 月任职）
陈春妮（11 月任职）
丘建安　张艳辉（11 月任职）
肖培彬（任至 11 月）
古育辉（任至 9 月）
吴丽丽（任至 9 月）

2021 年蕉岭县政府办公室负责人名录

主　任：肖培彬
副主任：曾祥志　阮东凤　王城庆
林剑锋　谢海婴
党组书记：肖培彬
党组成员：曾祥志　阮东凤　王城庆
林剑锋　谢海婴　江萍英

2021 年蕉岭县人民政府系统党委负责人名录

书　记：肖培彬
副书记：谢永忠

政协蕉岭县委员会

【概况】　2021 年，中国人民政治协商会议蕉岭县委员会坚持以习近平新时代中国特色社会主义思想为指导，深入学习贯彻中共十九大和十九届历次全会精神，坚决贯彻落实上级政协工作会议有关部署和要求，在中共蕉岭县委的正确领导下、在县人民政府的大力支持下，坚持团结和民主两大主题，坚持围绕中心、服务大局，充分发挥专门协商机构作用，认真履行政治协商、民主监督、参政议政职能，在建言资政和凝聚共识上双向发力，为推动蕉岭苏区振兴高质量发展作出政协贡献。

【十一届六次会议】　政协第十一届蕉岭县委员会第六次会议于 2021 年 2 月 3 日至 4 日在蕉城召开，大会听取和审议钟梅芬主席代表政协第十一届蕉岭县委员会常务委员会所作的工作报告；听取和审议罗威华副主席代表政协第十一届蕉岭县委员会常务委员会所作的十一届五次会议以来的提案工作情况报告；听取和讨论县长刘鸿涛所作的《政府工作报告》及其他报告；审议通过政协第十一届蕉岭县委员会第六次会议决议。

【十二届一次会议】　政协第十二届蕉岭县委员会第一次会议于 2021 年 11 月 14 日至 17 日在蕉城召开，大会听取和审议钟梅芬主席所作的政协第十一届蕉岭县委员会常务委员会工作报告；听取和审议汤超宏副主席所作的政协第十一届一次会议以来提案工作情况报告；听取和讨论代县长刘裕君所作的《政府工作报告》及其他报告；选举产生政协十二届蕉岭县委员会主席、副主席、秘书长和常务委员，钟梅芬当选为主席，彭刚、古芹花 、张永超、汤超宏、肖培彬、朱发庆当选为副主席，黄玲当选为秘书长；审议通过政协第十二届蕉岭县委员会第一次会议决议。

【民主监督】 2021年，中国人民政治协商会议蕉岭县委员会加强与党派团体的合作，邀请民主党派、工商联、无党派人士、人民团体参加政协的调研、座谈、视察、协商、民主监督等活动，县各党派团体共提交各类发言材料、意见建议31条，集体提案5件，发挥政协平台履职尽责主力军作用。

【提案工作】 中国人民政治协商会议蕉岭县委员会十一届六次、十二届一次会议以来，共收到提案38件，其中涉及市政交通方面21件、科教文卫体方面6件、农业农村方面2件、经济旅游环境保护方面5件、综合类4件。提案办复率和委员满意率均达100%。政协提案为服务决策、推动工作发挥重要作用。

【助力民生改善】 2021年，中国人民政治协商会议蕉岭县委员会关注经济发展和乡村振兴，开展蕉岭县中小微企业现状及其发展、蕉岭县文化社团组织现状、205国道穿城段涉校交通安全、拆旧复垦助推蕉岭乡村振兴等专题调研视察活动。安排县政协领导挂钩联系委员企业，了解企业生产经营状况，协助解决企业发展过程遇到的困难和问题，鼓励委员企业积极参与“万企兴万村”行动，进一步巩固拓展脱贫攻坚成果同乡村振兴有效衔接。

【文史工作】 2021年，中国人民政治协商会议蕉岭县委员会发挥政协文史“存史、资政、团结、育人”作用，开展文艺社团组织现状专题调研，撰写《关于我县文艺社团组织发展现状的调研报告》，从七个方面对加强蕉岭县文艺社团组织建设提出意见建议。做好地方史料收集整理工作，加强与闽粤赣边三省十县（区）政协及有关单位文史资料的交流与合作，不断提升蕉岭县文史资料工作的影响力。 （李　芳）

2021年县政协领导班子、秘书长及常务委员、办公室正副主任名录

第十一届政协蕉岭县委员会（任期至11月）

政协主席：钟梅芬（女）
副主席：彭　刚　黄伟宁　古芹花（女）
　　　　罗威华　张永超　汤超宏
秘书长：黄　玲（女）
常务委员（按姓氏笔画为序）：
马修勇　王永华　王锦华　江庆昌　巫祝友
汤　凯　汤志雄　刘　华　刘应华　杨海军
李　斌　吴绍锋　邹　志　陈　辉　张荣收
林伟烈　钟铎民　钟礼海　徐志锋　徐国平
徐　鹏　夏新明　曾志强　傅传琦

第十二届政协蕉岭县委员会（11月任职）

主　席：钟梅芬（女）
副主席：彭　刚　古芹花（女）　张永超
　　　　汤超宏　肖培彬　朱发庆
秘书长：黄　玲（女）
常务委员（按姓氏笔画为序）
马修勇　刘冬梅（女）　刘应华　江县良
汤　凯　汤维彬　巫志勇　李　斌
杨燕春（女）　吴绍锋　邹　志　张荣收
陈　辉　陈　锋　陈伟雄　钟铎民　徐　鹏
徐如初　徐志锋　徐国平　黄近芳（女）
黄茂龙　黄苑琼（女）　傅凌华　曾志强
温崇文
办公室主任：黄　玲（女）
副主任：陈建新　刘建军

2021年中共政协蕉岭县委员会党组领导班子名录

党组书记：钟梅芬（女）
党组副书记（兼县委统战部部长）：曾光华
党组成员：黄伟宁（任至11月）
　　　　　罗威华（任至11月）

张永超　徐　文
黄　玲（女）
肖培彬（11 月任职）
朱发庆（11 月任职）

中共蕉岭县纪律检查委员会 蕉岭县监察委员会

【概况】　2021 年，中共蕉岭县纪律检查委员会、蕉岭县监察委员会以习近平新时代中国特色社会主义思想为指导，全面贯彻落实中共十九大和十九届历次全会精神，深入学习贯彻习近平总书记系列重要讲话和重要指示批示精神，忠诚履职尽责，勇于担当作为，县纪委监委机关党支部荣获蕉岭县先进基层党组织称号，县纪委监委机关获评 2020 年蕉岭县创建全国县级文明城市工作先进单位和梅州市扫黑除恶专项斗争（2018—2020 年）先进集体。

【主要会议召开情况】

1. 2021 年 1 月 23 日，中国共产党蕉岭县第十三次代表大会第六次会议在蕉城召开。会议审查、批准中共蕉岭县纪律检查委员会向大会书面提交的工作报告。

2. 2021 年 10 月 27 日，中国共产党蕉岭县第十四次代表大会在蕉城召开。大会审查、批准十三届蕉岭县纪律检查委员会工作报告。

3. 2021 年 10 月 28 日，中国共产党蕉岭县第十四届纪律检查委员会第一次全体会议在蕉城召开，曾文渊主持会议。县纪委委员应到 21 人，实到 21 人。全会选举产生中共蕉岭县纪律检查委员会书记、副书记和常务委员会委员，报中共蕉岭县委员会批准。会议表决通过《中国共产党蕉岭县第十四届纪律检查委员会第一次全体会议决议》。

【工作任务落实情况】　2021 年，中共蕉岭县纪律检查委员会、蕉岭县监察委员会把学习贯彻习近平新时代中国特色社会主义思想作为首要政治任务，深学细悟习近平总书记的重要讲话重要指示批示精神，深入学习中共十九届历次全会精神。结合国家安全日、“五四”青年节等节点，开展保密安全教育，举行“学党史主题演讲比赛”，开展“我为群众办实事”实践活动，聚焦贯彻新发展理念，推进乡村振兴战略等党中央重大决策部署以及防汛救灾、疫情防控等重大任务安排跟进监督，开展对违建别墅、乱占耕地建房等问题专项清查整治，配合做好中央环保督察问责追责工作，确保党中央政令畅通、令行禁止。

【做实做细监督首责】　2021 年，中共蕉岭县纪律检查委员会、蕉岭县监察委员会快查快结换届信访举报 19 件。协助县委严把选人用人关，回复涉及县镇村换届的党风廉政意见 1381 人次，提出“暂缓使用”9 人次、“不宜使用”10 人次。建立督导检查工作机制，开展“下沉式”督查 8 次，与县委组织部联合开展督导 32 次，督促整改问题 24 个。压实主体责任，督促各党委和蕉华园区综合部对 636 名“两代表一委员”开展任前谈话。推动落实“两个责任”，县委书记、县纪委书记“一对一”专题约谈下级“一把手”35 人次，委托党委（党组）“一把手”开展谈话函询 8 人次，实现对全县 107 个村居班子廉政谈话全覆盖。开展党风廉政建设情况督查，督促指导 6 位落实主体责任不到位的党委（党组）主要负责人履职尽责。加强政治生态分析研判，严肃党内政治生活，以巡察工作聚焦党内政治生活、强化督查民主生活会等方式，涵养良好政治生态的土壤。

【持之以恒正风肃纪】　2021 年，中共蕉岭县纪律检查委员会、蕉岭县监察委员会落实中央八项规定及其实施细则精神，重点检查

“吃公函”、违规发放津补贴和收送礼品礼金等问题，对顶风违纪问题严查严处，防止反弹回潮。全县共查处享乐主义、奢靡之风问题18起，给予党纪政务处分16人。全县共查处形式主义、官僚主义问题69起，给予党纪政务处分49人。巩固拓展作风纠治长效机制，力促有关部门制定完善公车使用、津补贴管理等制度。推动通报曝光制度化、常态化，公开通报曝光本级典型问题4起，督促党员干部深入学习、汲取教训，做到令行禁止。

【坚守为民执纪执法】 2021年，中共蕉岭县纪律检查委员会、蕉岭县监察委员会坚持用好用实惠民信息平台，通过平台可疑数据筛查，立案13人，追缴违规资金21.28万元。做实做细信访初始研判，查处村工作人员挪用农村医保缴费的行为，帮助73名群众补缴农村医保。拓展延伸基层监督触角，聘请38名乡村振兴义务廉政监督员。开展“整治群众身边腐败和不正之风”专题调研，推动“双减”政策贯彻落实，督促教育系统整治校外培训乱象，关停学科类违规培训机构3家；结合督办县人民医院、妇女儿童医院、中医院整体搬迁，推动完善就医体验、紧盯医疗采购过程，医院廉政建设成效逐渐彰显。推动农村饮水安全问题跟踪监督，帮助1000多户群众用上干净水。护航乡村振兴，开展过渡期专项监督。分层分类精准监督健全防止返贫动态监测帮扶机制、巩固“两不愁三保障”成果等工作，常态化惩治涉黑涉恶腐败和“保护伞”问题；查处惠民惠农领域失职问题，处分8人，挽回经济损失27.6万元。

【一体推进“三不”建设】 2021年，中共蕉岭县纪律检查委员会、蕉岭县监察委员会共受理群众信访举报128件，同比下降45.3%；立案98件，同比下降3%，其中乡科级立案20人，占立案数的20.4%，为同期历史新高；采取留置措施3人（含指定管辖2人），移送司法机关2人；通过办案挽回经济损失1580.33万元。联合公安机关惩治严振干虚假诉讼问题，严肃查处房管局原局长黄跃生受贿的犯罪行为。坚持严管厚爱，精准把握“四种形态”处理党员干部289人次。其中，第一至第四种形态分别占比65.1%、29.7%、4.5%、0.7%。做到纪法情理贯通融合，回访教育43名受处分党员干部。落实“三个区分开来”原则，为72名党员干部澄清正名。坚持标本兼治，加强党纪国法阐释和宣传解读，发放警示教育读本和张贴“客家谚语”宣传海报1万多份。深化以案促改工作，制发纪检监察建议书24份，督促有关单位堵塞漏洞。用好党章党规党纪培训班平台，组织副科职以上干部接受警示教育500多人次。

【落实巡察上下联动】 2021年，中共蕉岭县纪律检查委员会、蕉岭县监察委员会完成常规巡察和对村巡察全覆盖，启动对10个县直单位和2个镇（延伸4个村）的巡察“回头看”，开展粮食购销领域专项巡察。落实巡察工作责任，召开6次巡察工作领导小组会议审议研究重要事项。落实“双反馈三通报”制度，分管的县党政领导约谈被巡察单位“一把手”19人次。抓好对村巡察整改督查，共抽查8个镇16个村级党组织，督促相关单位开展专项整治17项，收缴或退回违规发放资金452万元。开展巡视巡察整改督导，督导巡视巡察反馈问题1254个，收缴或退回违规发放资金260多万元。健全上下联动工作机制，及时印发《关于贯彻落实全省巡视指导督导专题培训会精神进一步规范县委巡察工作的通知》；加强巡察监督与其他监督贯通融合，制定《关于建立巡视巡察前情况通报工作机制的意见》；做好巡察档案整理，对十三届县委巡察的业务档案规范建档立卷797卷，为巡察数据统计分析提供资料，为后续工作提供参考依据。

【纪检监察队伍建设】　2021年，中共蕉岭县纪律检查委员会、蕉岭县监察委员会巩固深化“不忘初心、牢记使命”主题教育成果，开展党史学习教育、廉政机关建设、模范机关创建活动。举办庆祝建中国共产党成立100周年活动，继续开展全员培训，对纪检监察业务、工作方法和经验进行讲解学习；采用以老带新的模式，安排10名新任纪检监察干部在实战中掌握审查程序、审查技巧等业务知识。严格队伍管理监督，开展全县纪检监察系统“警示教育月”活动，健全干部日常监督管理长效机制，全面核查个人有关事项报告情况。自觉接受人大、党内、社会、群众等各方面监督，县监委首次向县人大常委会报告专项工作，发挥特约监察员作用，防止执纪违纪、执法违法行为发生。（廖伟煌）

2021年中共蕉岭县纪律检查委员会正、副书记，常委、办公室主任名录

书　记：曾文渊

副书记：陈运华　汤维彬

常　委：曾文渊　陈运华　汤维彬
徐凌球（任至10月）　丘应奋
陈广文　卢　汕
汤霖攀（10月任职）

办公室主任：卢　汕

2021年蕉岭县监察委员会正、副主任，委员、办公室主任名录

主　任：曾文渊

副主任：陈运华　汤维彬

委　员：曾文渊　陈运华　汤维彬
丘应奋　陈广文　杨　文
徐如初（任至8月）

办公室主任：卢　汕

2021年7月15日，全县巡视巡察整改工作推进会召开（汪敬森　摄）

民主党派·群众团体

中国农工民主党广东省蕉岭县委员会

【概况】　中国农工民主党广东省蕉岭县委员会下设机关、教育一、教育二、人民医院、卫生、退休6个支部。至2021年年底，共有农工党员73人，其中在职党员44人，退休党员29人。党员中有县政协副主席1人、县人大常委1人、县政协常委2人，县政协委员13人。

【深化思想引领，把牢政治方向】　2021年，中国农工民主党广东省蕉岭县委员会通过召开专题学习会、座谈会等方式组织党员学习习近平总书记最新系列重要讲话精神，传达学习省、市、县重要会议精神和文件精神。组织党员到潮州市、丰顺县、东岭村开展中共党史学习教育活动，到梅县区丘哲故居和翔仪堂开展纪念中国农工民主党成立91周年主题教育活动。组织党员参加农工党梅州市委会组织开展的中共党史学习教育活动和农工党中央举办的线上培训课程，党员通过“学习强国”App、广东省干部培训网络学院等平台开展自学。

【推进自身建设，夯实履职基础】　2021年，中国农工民主党广东省蕉岭县委员会在丘成桐国际会议中心召开第十次党员大会，选举产生以汤超宏为主委的第十届委员会委员，完成换届工作。13名党员当选十二届县政协委员，其中汤超宏当选县政协副主席，黄近芳、温崇文当选县政协常务委员，游志富当选十六届县人大常委会委员。全年发展两名新党员，其中1人为研究生学历，1人为环境工程专业的工程师，全县农工党员人数达到73人，中、高级职称占比77%。编印《蕉岭农工》书籍，撰写四篇稿件在农工党广东省委会网站刊登发表。

【围绕中心大局，积极建言献策】　2021年，中国农工民主党广东省蕉岭县委员会以参政议政为第一要务，开展“大学习、深调研、真落实”活动，组织农工党员深入丘成桐祖居、仓海诗廊、丘逢甲故居和“卡拉比—丘”数学世界旅游区，开展蕉岭县全域旅游专题调研；深入梅州华普医院调研考察中医药预防保健体系和医养结合社区服务建设情况。在县政协十一届六次会议和十二届一次会议期间，提交《关于加快推进全国森林康养基地试点建设，打造我县旅游新引擎的建议》1件集体提案和《关于加快现代农业产业建设助推蕉岭长寿大健康产业发展的提案》《做好巩固拓展脱贫攻坚成果与乡村振兴有效衔接　推进蕉岭高质量发展》等7件个人提案。集体提案《关于加大对野生动物及其制品交易行为打击力度的提案》和党员温崇文个人提案《关于以“一粒米”为载体，打造蕉岭县长寿大健康产业品牌建设的提案》被评为2020年优秀提案。

【弘扬爱岗敬业，创新社会服务】　2021年，中国农工民主党广东省蕉岭县委员会到蓝坊镇走访慰问8户脱贫不稳定户和边缘易致贫户，组织干部职工开展文明交通志愿服务活动和扶贫济困捐款，党员涂伟英组织其企业梅州华普医院职工走进乡镇开展义诊送健康活动，党员赖家禄坚持到平远送法下乡。党员刘慧清撰写的《酒类工业发酵自动控制工艺优化措施》在《中国食品工业》（国家级）刊登发表，撰写的《HS-SPME-GC-MS法分析英红九号与山苏共发酵茶的香气成分》在《食品安全导刊》（国家级）刊登发表，撰写的《无线冷链电子标签与水产品物联网管理系统应用推广》项目获得2021年度中国物流与采购联合会科技进步奖二等奖（国家级）；党员徐玮珍被评为全市基层法院调研工作先进个人和蕉岭县新闻工作者协会优秀会员，撰写的《广东蕉岭打造山区农村执行新模式》被《人民法院报》（中央级）采用，撰写的《蕉岭法院关于人民陪审员工作情况的调研》获得全市法院调研三等奖；党员温崇文被评为广东省农村乡土专家、广东省农业科学院院地合作科技先锋和梅州市人才驿站专家库乡土专家，创办的梅州市建丰粮业发展有限公司被评为广东省扶贫农业龙头企业；党员赖家禄律师受聘为梅州市法律援助案件质量评估专家和梅州市知识产权法律实务专家；党员黄丹霞被评为梅州市最美环保志愿者，撰写的《农村河流综合治理分析》在《资源节约与环保》（省级）刊登发表，撰写的《蕉岭县入河排污口排查情况分析与整治管理工作建议》在《清洗世界》（国家级）刊登发表；党员刘华南撰写的《基于精准脱贫战略的扶贫开发工作路径初探——以广东省梅州市蕉岭县为例》在《农村经济与科技》（省级）刊登发表，撰写的《微生物发酵白酒糟饲料及其在猪生产上的应用研究进展》在《湖南饲料》（省级）刊登发表。　（丘淑娜）

2021年中国农工民主党广东省蕉岭县委员会负责人名录

主　委：汤超宏（6月兼任农工党梅州市委会副主委）
专职副主委：游志富（6月任职）
副　主　委：黄近芳（女）
委　　　员：陈移山（任至6月）
钟森炎　余新跃
刘慧清（女，6月任职）
黄穗明（6月任职）

蕉岭县总工会

【概况】　2021年，蕉岭县总工会深入学习中共百年历史，中共十九届五中、六中全会精神和习近平总书记系列重要讲话精神，建立健全工会制度体系，坚持稳中求进工作总基调，进一步激发职工劳动热情和创造活力，围绕推动高质量发展、保障和改善民生、疫情防控常态化开展工作。

【创新活动】　2021年，蕉岭县总工会落实牵头职责，深化试点工作，以点带面，促进产业工人队伍建设改革工作。实施职工素质建设工程五年规划，推进农民工“求学圆梦行动”，举办职工职业技能培训、比赛，加强产业工人学习社区等网络学习平台建设。

2021年，蕉岭县总工会开展以“建功‘十四五’、奋进新征程”为主题的劳动和技能竞赛，持续开展“当好主人翁、建功新时代”主题劳动和技能竞赛。拓展“小发明、小创造、小革新、小设计、小建议”“五小”活动内涵，完善“工人先锋号”创建评选机制。经自下而上民主推荐，蕉岭县融媒体中心采访部主任吴丹玲、蕉岭供电局网配综合班班长谢文敏荣获2021年广东省五一劳动奖章，粤电长潭发电公司水工水务班荣获2021

年广东省五一劳动奖状。开展以劳动创造幸福为主题的宣传教育，加强新时代劳动观念教育。春节期间，为全县市级以上劳模发放春节慰问金共计4.94万元。

【维护职工合法权益】 2021年，蕉岭县总工会做好下岗职工、农民工、城市困难职工家庭高校毕业生等重点群体就业工作，推进粤工惠App就业服务网上平台建设，开展“全国工会就业创业服务月活动”“阳光就业暖心行动”。配合县人社局做好根治拖欠农民工工资工作，协助4名外省来蕉务工人员追讨工资，为6家企业及2个工业园区聘请法律顾问。深化“安康杯”竞赛等群众性安全生产和职业病防治工作。建立一家职工户外休息驿站。

2021年，蕉岭县总工会推进劳动关系“和谐同行”能力提升三年行动计划、集体协商“稳就业促发展构和谐”行动，深化“法院+工会”劳动争议多元化解工作。健全以职工代表大会为基本形式的企事业单位民主管理制度，全县累计签订工资集体协议48份，涵盖企业200多家、职工人数8854人。召开维护劳动领域政治安全专题会议，探索建立矛盾纠纷排查化解工作机制。配合县有关部门开展2021年安全生产月活动，加强企业安全生产及职工劳动保护工作。

【我为群众办实事】 2021年，蕉岭县总工会联合蕉岭县博艺汉剧协会开展“中国梦·劳动美”文艺进企业活动，举办职工会员太极拳培训两期、柔力球培训班一期，共计培训130人次；联合蕉岭县公安局、蕉岭县邮政分公司开展“安全培训进快递、交通文明我践行”交通安全培训活动，邮政、百世快递、韵达等快递公司工50多名快递从业者参加培训；拨款4万元在蕉岭县建设银行蕉岭中华大道支行工会成立爱心驿站；针对利华德服装有限公司基层工会因公司困难，员工生活难以保障，拨出2万元用于解决员工困难。

【服务职工工作】 2021年，蕉岭县总工会推进职工生活质量提升行动，完善县职工服务中心综合服务职能和社会化枢纽平台功能。加强职工普惠性服务制度、职工困难常态帮扶制度，推动建立预防相对困难职工家庭返贫返困的长效机制。元旦春节发放送温暖资金71.03万元，慰问补助困难职工415人；实施职工重（大）病医疗救助及生活困难帮扶24人发放救助款11.4万元；“三八”国际妇女节慰问单亲、困难女职工57人发放慰问金2.85万元；“六一”儿童节慰问困难职工子女、留守学生93人，发放慰问金、学习用品3.72万元；组织慰问抗疫一线医务人员388人，发放慰问金、慰问品10.02万元；开展“夏送清凉”活动，为环卫工人、快递员、建筑工人等生产一线职工、户外劳动者发放3780箱凉茶；开展金秋助学活动，为80名就读大中专院校的困难职工子女发放助学金40万元。全县有190多家基层工会参加职工互助保障计划，参保职工14231人，参保人数比2020年底增长16.5%。

【工会自身建设】 2021年，蕉岭县总工会加强工业园区工会联合会建设，坚持党建带工建，以非公有制经济组织、社会组织、新产业新业态为重点领域，加大工会组建和会员发展工作力度。联合开展“组织和关爱”货车司机行动，推进以“八大群体”为代表的新就业形态群体入会工作，新建工会11家，发展会员1182人，基层工会数量比2020年增长4.9%，工会会员人数比2020年增长6.2%。健全会员评家机制，提升职工之家建设水平。加快工会应用整合和数据共享，逐步形成线上线下有机结合的工会网上工作体系，县总工会运用“粤工惠”平台向职工发放269张电影票、送体检名额100个。

（何　锐）

2021 年度蕉岭县总工会负责人名录

县人大常委会副主任（任至 11 月）、县总工会党组书记、主席：钟豪才

县二级调研员（11 月任职）、县总工会党组书记、主席：钟豪才

县总工会党组副书记、常务副主席：林敦权

县总工会党组成员、副主席：黄君玲

县总工会党组成员、二级主任科员：刘　智

陈　拥

县总工会二级主任科员：徐　鹏

中国共产主义青年团蕉岭县委员会

【概况】　2021 年，中国共产主义青年团蕉岭县委员会以习近平新时代中国特色社会主义思想为指导，全面贯彻中共十九大和十九届历次全会精神，深入贯彻习近平总书记“七一”重要讲话精神，以“凝聚青年、服务大局、当好桥梁、从严治团”为工作主线，着力提升团的组织力、引领力、服务力，提升对全县发展大局的贡献度，为建设“世界寿乡·富美蕉岭”贡献蕉岭青年智慧和力量。

【政治引领】　2021 年 4 月 8 日，召开共青团蕉岭县第十二届委员会第二次全体（扩大）会议暨蕉岭共青团党史学习教育动员会。组建以先进优秀青少年代表为主的“蕉岭县青少年讲师团”，全年深入蕉岭红色革命点开展蕉岭县青少年传承红色基因志愿宣讲活动。通过“线下观看+网络直播”形式举办“青春向党·奋斗强国”蕉岭县 2021 年“五四”青年节文艺会演暨党史学习教育实践活动，表彰 2021 年蕉岭县“新时代好青年”、蕉岭县优秀团组织和个人，线上播放量达 4 万人次。召开学习贯彻习近平总书记“七一”重要讲话精神动员大会，举办蕉岭县团干部学习贯彻习近平总书记“七一”重要讲话精神专题读书班暨常委会（扩大）会议。

蕉岭县举行 2021 年“青春向党·奋斗强国”“五四”青年节文艺会演　（丘林强　摄）

【疫情防控】　2021 年，中国共产主义青年团蕉岭县委员会蕉岭县各公益组织，组织社会志愿者开展持续 9 个月的新冠肺炎疫苗接种志愿服务活动，助力蕉岭县疫情常态化防控工作。成立大规模核酸检测志愿者 100 人队伍，联合开展蕉岭县大规模核酸检测培训会议，提升新冠肺炎疫情应急处置能力。

【乡村振兴】　2021 年，中国共产主义青年团蕉岭县委员会举办多期蕉岭县“领头雁”青年创业培训暨省级农村电商培训活动，提升蕉岭青年就业创业技能。实施大学生志愿服务山区计划，从高校毕业生中选派 9 名志愿者加入蕉岭县驻镇帮镇扶村工作队，以青春之力助推乡村振兴工作。依托少年宫等青少年课外活动阵地，开展蕉岭县 2021 年暑期社会实践活动暨防溺水安全教育实践活动、暑期研学夏令营等，打造青少年暑期特色活动品牌。

【志愿服务】　2021 年，蕉岭县少年宫由教育局管理调整为共青团蕉岭县委员会所属公益一类事业单位，加挂蕉岭县志愿者行动服务中心牌子。召开蕉岭县志愿者联合会第二届

第一次会员大会，发布蕉岭志愿者吉祥物“吉弟”，公布蕉岭县志愿服务爱心商家名单，表彰一批先进典型。

【创文工作】 2021年，中国共产主义青年团蕉岭县委员会高质量完成60项创文工作任务，为蕉岭县创文贡献力量。开展“青春情暖慰问行动”“‘3·5‘学雷锋’志愿服务主题月暨‘我为群众办实事’主题实践活动”“文明交通指引志愿服务活动”“‘植树造林志愿行·播洒青春正能量’义务植树活动”“为高考‘降噪’”“爱心车队全力护考”等志愿服务活动。

【服务青年】 2021年，中国共产主义青年团蕉岭县委员会召开蕉岭县中长期青年发展规划实施工作联席会议第一次全体会议，审议通过《蕉岭县中长期青年发展规划实施工作联席会议成员单位职责任务分工》。开展“缘起富美寿乡”之汉服主题青年联谊交友活动、“宝爸宝妈训练营”等活动，加强适龄青年婚恋观、家庭观教育。联合开展公考公益活动，服务蕉岭广大备考青年，鼓励更多有志青年服务家乡。开展“展翅计划”行动，组织15个机关单位提供201个实习岗位，帮助大学生提升就业创业能力。

【从严治团】 2021年，全县8个镇、107个村（社区）的团组织完成换届选举，为蕉岭共青团接续发展打下坚实基础。召开中国少年先锋队蕉岭县第二次代表大会。严把团员入口关，推进“两新”团建、青年之家建设等工作，推进基层团务工作建设。 （吴琪琪）

2021年共青团蕉岭县委员会负责人名录

书　记：何伟东
副书记：陈俊亮
　　　　黄小倩（女，任至7月）
　　　　马　跃（兼职）
　　　　张志生（兼职，任至8月）
　　　　杨　扬（兼职，12月任职）

蕉岭县妇女联合会

【概况】 2021年，蕉岭县妇女联合会以习近平新时代中国特色社会主义思想为指导，全面贯彻中共十九大和十九届历次全会精神，学习贯彻习近平总书记系列重要讲话和重要指示批示精神，主动作为，积极履职，获广东省三八红旗集体、梅州市文明单位、蕉岭县文明单位、蕉岭县创建全国县级文明城市工作先进单位、蕉岭县平安建设工作先进单位等荣誉称号。

【党史学习教育】 2021年，蕉岭县妇女联合会开展党史学习教育，依托基层妇联、城乡“妇女之家”等阵地线上线下开展宣传教育活动约200场次。组织参观叶剑英纪念园、蕉岭党史党建主题展览，开展革命传统教育。邀请县人民政府方志办主任张福为各界妇女代表100余人上党史课；举办“读党史·颂党恩·跟党走”庆祝中国共产党成立100周年诵读比赛活动，收到作品45篇，评选出一等奖1名、二等奖2名、三等奖3名、优秀奖4名；开展“感党恩颂党情 传家风促新风”等家风家教主题宣讲活动近50场次，3000余人次参与。开展“我为妇女群众办实事”活动，走访慰问获得“光荣在党50年”的退休老党员、与党同龄的百岁女党员、挂钩高场村80岁以上的老党员共12人；开展“童心向党”主题实践活动5场次；开展“巾帼送暖”“把爱带回家”等巾帼志愿关爱服务活动，走访慰问困境妇女、留守儿童、单亲特困母亲、困难老妇干、困难退役军人等450余人次，送上慰问金和慰问品近30万元；利用重要时间节点，开展法治宣传进校园、进社区等维权志愿服务，依法依规维护妇女儿童合法权益。

【党建带妇建】　2021年，蕉岭县妇女联合会推动村（社区）妇联换届与村“两委”换届同步进行，选举产生新一届村（社区）妇联主席107名，其中由村（社区）党组织委员担任的有82名，专兼职副主席215名、执委1177名，其中由村（社区）党组织委员担任的分别有39名、17名、454名，进一步强化党对妇联工作的领导作用；深化妇联组织建设改革“破难行动”，推动在符合条件的机关事业单位建立妇委会，共成立52个县直单位妇委会、4个县直单位妇女小组，覆盖率达78.87%，形成机关党组织领导下的妇女工作机制。

【家庭文明建设】　2021年，蕉岭县妇女联合会以社会主义核心价值观为引领，推进家庭文明建设，创评广东百户“最美家庭”1户以及梅州市“十大最美家庭”1户、“十大优秀书香家庭”1户，建设梅州市家风家教实践基地1个、梅州市村（社区）示范性家长学校1个；开展社会主义核心价值观教育活动3场次120余人次，使广大妇女和家庭成为社会主义核心价值观的践行者和传播者；开展“好家规好家训”征集活动，面向全县广大家庭征集家规家训13条；依托村（社区）家长学校、中小学、幼儿园等阵地，开展“颂党恩传家风”家风家教主题宣讲活动15场次；挖掘选树“孝老敬亲好媳妇”“自强不息好少年”等先进典型3名。

【助力乡村振兴】　2021年，蕉岭县妇女联合会创建市重点培育提升创业创新巾帼企业1个，带动贫困妇女、留守妇女脱贫致富；建设“美丽家园”，获评市级“美丽家园”示范村1个、示范户4户。

【岗位建功行动】　2021年，蕉岭县妇女联合会创新做实巾帼建功行动，各行业领域涌现岗位建功先进典型，获评广东省三八红旗集体1个、梅州市我心中的三八红旗手2个，创建省、市巾帼文明岗各1个，发扬“四自”精神，积极参与社会共建共治共享；开展寻找“最美妇联执委”活动，全县共有6名镇、村妇联执委获评梅州市“最美妇联执委”。

【参与疫情防控】　2021年，蕉岭县妇女联合会好疫情防控常态化工作，开展“迎新春送温暖稳岗留工”活动，对因疫情影响留在蕉岭就地过年的外来女工开展关爱慰问；到村（社区）发放儿童口罩，发动各级妇女组织和广大“妇联人”、巾帼志愿者、妇女群众主动参与疫苗接种宣传，齐心抗疫。

2021年3月8日，“巾帼心向党　奋斗新征程”文艺会演

（丘林强　摄）

【参与创文行动】 2021年，蕉岭县妇女联合会落实创文任务和网格化管理责任，规范家长学校建设，举办“家庭教育大讲堂”“好家庭好家教好家风巡讲”“关爱留守儿童座谈会”等各类教育讲座；发挥巾帼志愿者服务效应，进村进社区进学校开展维权宣传、环境整治、网络公益等活动，参与蕉岭县创建全国县级文明城市。

【加强阵地建设】 2021年，蕉岭县妇女联合会以省级“妇女之家”“儿童之家”示范点项目实施为抓手，完善各级妇女儿童之家建设，形成“妇女+社工+专家志愿者”服务联动模式。举办素质提升、亲子教育、家庭调解、培训讲座、关爱帮扶等群众性公益活动60余场，联系服务妇女群众2000余人次。

【实施妇儿规划】 2021年，蕉岭县妇女儿童“两个规划”终期监测评估顺利实施，党建引领下妇女参与决策和管理水平不断提高，新一届村（社区）“两委”干部女性245名，占比达44.14%，村委会主任中女性有18人，占比达18.6%，居全市前列。

【维护妇儿权益】 2021年，蕉岭县妇女联合会建立健全家庭暴力预防与处置工作机制，开展《中华人民共和国民法典》及反家暴、禁毒等普法宣传19场次近3000人次；做好来信来访接待工作，接待来信来电来访妇女维权案件37宗，调处率100%；完善婚姻家庭纠纷多元化解工作机制，依托“12338”妇女热线、97个妇女维权站、县镇村三级婚调委，做好婚姻家庭辅导服务、妇女权益保障、法治宣传等工作；吸纳妇女工作者、驻村律师、社工、志愿者等群体，在各镇成立一批家事调查员队伍，为有需要的家庭提供情感沟通、心理疏导、纠纷调解等服务。

【开展关爱慰问】 2021年，蕉岭县妇女联合会关注弱势妇女儿童群体，特别是单亲特困母亲家庭、贫困妇女、留守儿童、重症妇儿等群体的民生需求，开展“巾帼送暖”“把爱带回家”等关爱慰问活动100余场，扶助困境妇女儿童近400人次16万元；联合卫健等部门举办妇女健康知识科普讲座2场次，开展农村适龄妇女“两癌”免费检查1702人次，为符合条件的1000名贫困妇女购买“两癌”健康保险1万元；争取广东省扶贫基金会项目“农村母亲关爱工程”4.3万元救助贫困母亲5名，让广大妇女得实惠、普受惠、长受惠。 （张玉莲）

2021年蕉岭县妇女联合会负责人名录

党组书记、主　席：赖玉梅（女）
党组成员、副主席：杨淑云（女）
　　　　　　　　　徐华丽（女）

蕉岭县科学技术协会

【概况】 2021年，蕉岭县科学技术协会坚持以习近平新时代中国特色社会主义思想为指导，扎实开展党史学习教育，紧扣上级科协新时期的职责定位和目标任务，突出“扎根基层”这一主题，做实“增强凝聚力聚人气、激发新动力接地气、提升影响力有底气”三篇文章，为建设“世界寿乡·富美蕉岭”提供科技和人才支撑。

【思想政治建设】 2021年，蕉岭县科学技术协会坚持“第一议题”学习制度，组织全县科协系统230多人收听收看广东省传达学习贯彻习近平总书记在中国科协第十次全国代表大会重要精神，科协党员干部撰写学习心得体会18篇，开展理论辅导和研讨交流48人次。以开展党史学习教育“我为群众办实事”为契机，依托文化科技卫生“三下乡”

活动，开展主题党日活动12场，为农民群众和青少年群体送理论、送文明、送服务、送科技。组织开展养蜂、金橘种植等实用技术培训3场次，促进农民增收致富。

【汇聚“三长”力量】　2021年，蕉岭县科学技术协会被广东省科协评为2021年度基层科协组织建设及提升基层科协组织力“3+1”工作先进单位。县科协兼职副主席、常委领衔的3家县级公立医院组织“学党史·走基层·送健康”义诊活动27场次，邀请上级医院专家对口帮扶16场次，组织专技人员到上级医院、兄弟医院学习交流、业务培训300多人次，开展健康急救知识讲堂进镇村、机关、校园、社区活动53场次。与县教育局联合开展青少年科技创新作品征集工作，评选出20多件优秀科技创新作品参加市第37届青少年科技创新大赛；在全市率先举办全县创客创作现场竞赛，激发青少年探索科学的“好奇心”，挑选26名优秀选手参加市第7届创客创作大赛。兼职副主席或者常委任校长的县直6所龙头学校，积极组织教学展示、送教下乡、专题讲座等共50多场次。县农科所及各镇科协积极开展研讨交流并组织科技下乡，先后举办蕉岭大米（丝苗米）种植、林下香菇灵芝种植、蔬菜新品种种植等技术推广培训会68场次，受益群众5300多人次。蕉岭县农作物病虫测报站、蕉岭县农业农村服务中心的《广东特优丝苗米品种“象牙香占”的绿色有机高效栽培技术研究》荣获叶剑英基金科学技术进步奖二等奖及广东省农业技术推广奖三等奖。

【履行服务职能】　2021年，蕉岭县科学技术协会成立蕉岭县科学普及志愿服务队，有300多人注册“科学普及”i志愿服务队员。开展青少年科技创新、创客创作、未成年人思想道德建设教育活动等活动50多场次，参与人数1万余人次。与“三下乡”各参与单位联动组织开展活动26场次，参与群众、学生达1万多人次，推动形成部门大联合、大协作的全民科学素质工作格局。广东固特有限公司被评为“广东省科技专家工作站”，实现专家与企业技术研发团队的结合。申报蕉岭县国家气象观测站为市级科普教育基地，补齐科普教育基地短板。围绕创文测评体系5项任务和未成年人思想道德建设2项任务落实落细落具体，完成创文年度工作任务。

（刘春玲）

2021年蕉岭县科学技术协会负责人名录

主　　　席：江　斌

专职副主席：徐洪杰

兼职副主席：郭峰松　郭秋源　刘国英

蕉岭县归国华侨联合会

【概况】　2021年，蕉岭县归国华侨联合会在县委、县政府的重视领导下，在市侨联的指导帮助下，坚持“以人为本、为侨服务”的宗旨，聚焦保持和增强政治性、先进性、群众性，着力加强思想政治引领，着力加强海外联谊，着力服务大局、服务侨胞，着力加强自身建设，全力组织实施好“侨胞之家”建设、侨界维权、扶贫解困、联情联谊等四大项目，为建设“世界寿乡·富美蕉岭”起到积极作用。

【“侨胞之家”暖侨心】　2021年，蕉岭县归国华侨联合会把“侨胞之家”建设作为主要项目抓紧抓好，在巩固新铺福岭、三圳芳心“侨胞之家”建设成果基础上，蓝坊高南“侨胞之家”正式挂牌成立。“侨胞之家”的建成，为当地及周边归侨侨眷在服务、管理、维权、助困等方面发挥重要作用。

【法律服务维权益】 2021年，蕉岭县归国华侨联合会开展侨界维权活动，提高侨界群众知法守法和维权意识。在新铺、华侨场开展两场大型法律法规宣传活动，通过现场解答、发放资料、观看展演等形式，重点宣传《中华人民共和国归侨侨眷权益保护法》《中华人民共和国归侨侨眷权益实施办法》《广东省华侨权益保护条例》，为300多位归侨侨眷提供了法律服务。做好侨界群众来信来访工作，接待10多位归侨侨眷，帮助他们维护权益。

【扶贫助学纾侨困】 2021年，蕉岭县归国华侨联合会筹措资金，举行困难归侨侨眷走访慰问、困难侨界党员慰问活动及特殊困难侨界群体帮助活动、王俊宏奖学金发放活动、广东省贫困归侨扶贫救助补助资金发放工作，共发放慰问、救助补助资金80多万元，纾缓部分归侨侨眷的困难。

【侨界活动联侨谊】 2021年，蕉岭县归国华侨联合会开展一系列有意义有温度界活动的侨界活动，包括组织举行了“侨界颂党恩”群众文艺汇演；“品侨味，感党恩”文化美食活动；唱红歌“快闪”活动；参观革命历史纪念馆、三河坝战役纪念馆、瞻仰革命遗址革命传统教育活动。 （潘俊林）

2021年蕉岭县归国华侨联合会负责人名录

主　席：林晓红（女）

副主席：陈巧芳（女）　徐　瑜

蕉岭县工商联（总商会）

【概况】 2021年，蕉岭县工商业联合会（蕉岭县总商会）设有蕉城、新铺、广福、长潭4个乡镇基层商会以及日什百货行业、水电行业2个行业商会和福建商会1个异地商会，会员649人（其中担任县人大代表、政协委员的有34人），被全国工商联确认为2020—2021年度全国“五好”县级工商联。

【党史学习教育】 2021年，蕉岭县工商业联合会（蕉岭县总商会）抓好非公有经济人士党史学习教育，开展走访基层商会和执委以上企业活动。在机关党员干部和执委以上企业家中开展学习贯彻习近平总书记在庆祝中国共产党成立100周年大会上的重要讲话精神专题宣讲会。组织机关党员干部和企业家代表到丰顺马图、大埔三河坝战役纪念馆开展“学党史、强信念、跟党走”理想信念教育活动。建立“我为群众办实事”任务计划表，筹措资金支持挂钩村抗旱、森林防灭火和道路硬底化建设。会同县税务局开展2021年助力小微企业发展“春雨润苗”专项行动。会同县教育局共同承办广东省“同心助学”公益活动暨“学党史·办实事”捐赠活动，争取相关公益基金管委会向蕉岭县捐赠一批价值50万元的教育信息化设备和物资。

【蕉岭县工商业联合会（蕉岭县总商会）第十二次会员代表大会】 2021年，蕉岭县工商业联合会（蕉岭县总商会）第十二次会员代表大会于8月30日在丘成桐国际会议中心召开。县委常委、统战部部长曾光华，市工商联党组成员、专职副主席杨祥锐出席大会开幕式并作讲话，大会选举产生十二届执行委员63人，广东塔牌集团股份有限公司董事、总经理何坤皇当选为十二届工商联（总商会）主席（会长）。

【履职服务】 2021年，蕉岭县工商业联合会（蕉岭县总商会）深入企业，宣传党和政府发展非公经济方面的政策措施，听取企业意见建议，协调解决企业在税费、社保、融资等方面的问题。组织外地商会人大代表、政协委员和规模以上企业代表举行招商推介会，宣传推介蕉岭县招商环境和政策。开展《中华人民共和国民法典》宣讲“和谐同行进万企”法律宣传月暨构建和谐劳动关系宣传月活动、战疫说法——法律问题解答等活动。在县“两会”中，有34位会员担任县人大代表和县政协委员参政议政。

【非公有制经济组织党的建设】 2021年，蕉岭县工商业联合会（蕉岭县总商会）指导非公企业党支部开展党史学习教育，推进非公企业党支部规范化建设，全年发展党员10人。

【乡村振兴】 2021年，蕉岭县工商业联合会（蕉岭县总商会）组织会员企业和企业家扶贫济困日捐款3000万元，其中塔牌集团股份有限公司捐款2000万元。塔牌集团荣获2020年度广东扶贫济困红棉杯金杯、2020年度梅州扶贫济困金奖，龙腾旋窑水泥有限公司荣获2020年度梅州扶贫济困奖铜奖。在梅州市2021年广东扶贫济困日活动暨“千企帮千镇、万企兴万村”启动仪式上，塔牌集团董事、总经理何坤皇代表企业与蕉岭县新铺镇签约，主席企业塔牌集团，副主席企业蕉岭县油坑企业集团、蕉岭冠力线艺有限公司、广东固特超声股份有限公司、广福建材精化有限公司、蕉岭县骏龙建材有限公司等实施用工扶贫政策，为当地困难家庭提供工作岗位，从“输血式”扶贫转向“造血式”扶贫。会员企业梅州市建丰粮业有限公司结对帮扶新泉村、浒竹村、白马村、龙安村等，建立合作惠民关系，定向收购优质大米。梅州市建丰粮业有限公司和蕉岭县长寿南北寨农业发展有限公司在龙安村建立丝苗米基地，采用“公司+基地+农户”的方式，租用当地农户土地进行整合，不断壮大村集体经济，解决村里剩余劳动力。

【抗击疫情】 2021年，蕉岭县工商业联合会（蕉岭县总商会）印发支援广州同心抗疫的倡议书，发动企业捐款捐物，共有50家企业和个人捐款约40万元，彰显民营企业的社会责任。

【对外联络】 2021年，蕉岭县工商业联合会（蕉岭县总商会）利用传统节日和召开“两会”时机，加强与北京梅州商会、广东省蕉岭商会、深圳市蕉岭商会、梅州蕉岭商会、东莞市梅州商会等商会和外出乡贤的沟通联络，召开座谈会叙乡情、联感情，促发展。

（钟满兰）

2021年蕉岭县工商业联合会（蕉岭县总商会）负责人名录

主　席：何坤皇

党组书记、常务副主席：付华艺（任至7月）
　　徐如初（8月任职）

党组成员、专职副主席（副会长）：
　　古利红（女）

副主席：傅传琦（任至8月）
　　刘钦均（任至8月）
　　江富友（任至8月）
　　郭裕丰（任至8月）
　　徐新昌（任至8月）
　　刘雪玲（女，任至8月）
　　巫祝友（任至8月）　徐国平
　　古德明（任至8月）　钟庆明
　　徐永信　郭月亮　林文贵　李　斌
　　陈永坚　吴鑫隆　廖志强
　　温淑芬（女，8月任职）
　　刘浩渊（8月任职）
　　杨荣辉（8月任职）
　　汤志勇（8月任职）

副会长：郭月亮（8月任职）
　　涂　永（女，8月任职）
　　江富友（8月任职）
　　古德明（8月任职）
　　黄茂龙（8月任职）
　　陈广雄（8月任职）
　　徐裕新（8月任职）

李宇东（8月任职）
刘丽美（女，8月任职）

蕉岭县文学艺术界联合会

【概况】 蕉岭县文学艺术界联合会是中共蕉岭县委领导下的群众团体，是蕉岭县委、县政府联系广大文艺工作者的桥梁和纽带。2021年，联合各单位开展8个主题的新时代文明实践活动，组织5个主题的文艺活动。

【党史学习教育】 2021年，蕉岭县文学艺术界联合会始终把党史学习教育当成政治第一要务，结合文联工作实际，把文艺志愿服务进基层作为“我为群众办实事”的具体举措，开展系列文艺志愿活动、文艺惠民活动等，推动党史学习教育。

【宣传思想工作】 2021年，蕉岭县文学艺术界联合会发挥各文艺家协会的作用，学习贯彻习近平总书记在中国文联十一大、中国作协十大开幕式上的重要讲话精神，开展蕉岭县文艺界公众人物规范守则教育实践活动。

【深化改革】 2021年，蕉岭县文学艺术界联合会加强对全县文艺活动、文艺阵地的管理，加强协会规范化建设，推进文联组织转型发展，推动文联深化改革。

【新时代文明实践活动】 2021年，蕉岭县文学艺术界联合会联合蕉岭县心连心义工协会深入贫困学生家庭开展“2021年我们的节日·春节——蕉岭县文联红色文艺轻骑兵送春联慰问活动”，深入长潭幸福家园开展“戏曲进乡村文艺演出”活动，联合蕉岭县教育局分别到县实验小学、友邦小学举行书法公益培训活动和戏曲进校园系列活动，联合蕉岭县总工会深入固特公司、油坑集团、皇马水泥厂、蕉华工业园和广福镇开展以“中国梦，劳动美——永远跟党走·奋斗新时代”为主题的文艺演出活动，联合蕉岭县书法家协会到蕉城镇湖谷村新时代文明实践站开展两期面向小学生和儿童的书法公益培训活动，联合蕉岭县汉乐协会到蕉城镇黄田村、东山村开展戏曲进农村活动。

【开展庆祝中国共产党建党百年文艺创作和文艺作品展示】 2021年，蕉岭县文学艺术界联合会联合县委组织部、县委宣传部、县总工会、县文体旅游局开展面向全县文艺工作者的“建党百年”书法、美术、摄影作品征集活动，在丘成桐国际会议中心举办“‘红色印记·光辉历程’庆祝中国共产党成立100周年——蕉岭书画摄影大展”。

【文艺活动】 2021年，蕉岭县文学艺术界联合会组织蕉岭县美术家协会举办“寿乡风采”女子美术作品邀请展，联合蕉岭县作家协会举办“2021年我们的节日·清明节——慎终追远·缅怀先烈诗会活动”，在丘成桐国际会议中心举行“‘世界寿乡·富美蕉岭’——乡村振兴迈向新征程暨书法名家、将军挥毫送福惠民活动”，联合蕉岭县作家协会开展“我们的节日·国庆节——爱我祖国·爱我家乡”征文比赛活动，通过蕉岭县文联微信公众号推介征文活动优秀作品，联合蕉岭县作家协会开展“2021年我们的节日·七夕节——忠贞爱情·家庭和睦”线上朗诵诗会活动。（薛生凤）

2021年蕉岭县文学艺术界联合会负责人名录

主　席：刘红斌（任至3月）
　　　　赖勇波（3月任职）
副主席：黄小文

蕉岭县残疾人联合会

【概况】　2021年，蕉岭县残疾人联合会在县委、县政府的正确领导下，在上级残联的精心指导下，以十九届六中全会精神为指引，围绕年初制订的工作计划和上级下达的各项工作任务，着力抓好落实，各项工作卓有成效。

【新冠疫情防控】　2021年，蕉岭县残疾人联合会完善制订疫情防控工作方案，组织干部职工和民康医院医务人员和患者家属接种疫苗，做好机关和县民康医院、各镇残疾人康园中心等残疾人服务机构的防疫工作。

【康复服务】　2021年，蕉岭县残疾人联合会完成县康复医院升级改造，并更名为蕉岭县民康医院，病床增至299张。全年办理残疾人证364本，免费发放轮椅、拐杖、座便椅、护理床、盲人电饭煲等辅助器具195件，假肢装配1人、配助听器2人。

【民生实事】　2021年，蕉岭县残疾人联合会开展“巩固残疾人脱贫成果，提高残疾人生活质量”为主题的助残日系列活动，协调省、市辅助器具中心技术人员向我县符合条件的39名低视力残疾人免费发放语音电饭煲、语音电水壶、盲人专用电话、收音机等83件实用辅助器具。在党史学习“为民办实事”活动中，为残疾人评残开绿色通道，组织评残医生巡回到各镇各村为行动不便的重度残疾人现场评定残疾等级230多人。为40户符合条件的重度残疾人家庭进行无障碍改造，改善其生活条件。

【培训就业】　2021年，蕉岭县残疾人联合会帮扶残疾人创业、就业，聘请市广进职业学校为100名残疾人传授“木耳栽培与管理”技术，提高残疾人就业能力，并发放食用菌种每人20包。为发展种养的38户残疾人和36户个体工商残疾人分别发放1000—1500元的扶持生产资金。

【文体事业】　2021年，蕉岭县残疾人联合会组织蕉岭代表团参加梅州市第八届残疾人运动会，14名残疾人运动员参加田径、乒乓球、羽毛球等比赛项目，最终取得8金、12银、5铜，团体总分在全市第四的优异成绩。

（陈国东）

2021年度蕉岭县残疾人联合会负责人名录

党组书记、理事长：陈汉铭

党组成员、副理事长：钟利美（女，任至3月）

曾海明（3月任职）

陈先源（任至7月）

刘森辉（7月任职）

军　事

人民武装

【概况】　2021年，蕉岭县人民武装部（以下简称县人武部）坚持以习近平新时代中国特色社会主义思想和习近平强军思想为指导，坚决贯彻落实上级党委决策部署，在军分区党委和县委县政府坚强领导下，维护核心抓首位，紧盯改革抓转型，聚焦主业抓备战，推动融合抓发展，守住底线抓安全，推动各项工作任务落实落地。

【思想政治建设】　2021年，县人民武部坚持把党的创新理论武装作为党委“第一议题”和“政治要件”落实，结合推进“传承红色基因、担当强军重任”与“不忘初心、牢记使命”两项主题教育，注重采取领导领学、典型引学、参观见学、辨析助学“四学”措施，重点开展“10+N”学习教育活动。通过组织专题党课辅导、每周观看中共党史专题讲座和党史微课、学习新时代卫国戍边英雄群体和“七一勋章”获得者先进事迹、利用营区展板及宣传栏展陈党史文化知识、协助市电视台拍摄“改革时刻”专栏《国防法》节目等方式，营造党史学习氛围。

【战备训练】　2021年，县人武部先后完成作战值班室战备值班指挥信息系统改造、训练靶场改造和国防教育训练基地综合楼配套建设，补充购置民兵应急应战装备器材，落实军民通用装备器材预征预储，完善国防动员组织领导、议事协调机构，军地合力落实重点指标，圆满完成应急、专业、特殊3支队伍组建任务。民兵整组工作迎接各级检查综合排名全市第二，被广东省军区评为练兵备战先进单位。

【党管武装】　2021年，县人武部常态化落实党委第一书记、乡镇武装部教导员任职述职、县委常委专题议军会、国动委例会等制度，组织专武干部任职资质考评、集训考核，促进队伍整体素质提升。

【国防教育】　2021年，县人武部督导落实《贯彻落实〈广东省国防教育条例〉措施办法》，把国防教育纳入地方党委中心组学习和党校培训必修课。协调县委宣传部和教育局下发中小学生国防教育调查问卷并梳理国防教育调研报告。出动教练员120人次为蕉岭中学、华侨中学、梅州农业学校、梅州市技师师范学院5所学校共4400多名学生进行军事训练，结合学生军训开设“国防讲堂”和“强我国防、人人有责”全民国防教育日主题活动。制作“学党史 忆英模 做新时代好少年”国防教育思政课动画片，在全县26所小学播放，推动普及国防教育。结合年度征兵宣传时机，制作征兵政策宣传PPT，在镇、村两级及高中学校宣传国防建设和兵役知识，营造国防教育氛围。

【征兵工作】　2021年，县人武部着眼为部队输送优质兵员，统筹疫情防控，抓好动员部署、合署办公、业务培训、宣传发动、体检政考、役前教育训练和审批定兵等重点工作。通过电视媒体、手机短信、广播等手段宣传发动，利用村“两委”班子成员换届和春节、“五一”等节假日期间大学生返乡时机，采取登门入户、逐人打电话等方式“一对一”做工作，宣传大学生应征入伍的福利政策，开展点对点、面对面的宣传；严把兵员质量，严格体检政审，狠抓廉洁征兵，广泛谈心谈话，深入排查病史，签订服役保证书，完成兵员征集任务，大学生占比 77.3%，大学毕业生占比 16.7%，实现“零退兵”目标，被梅州市评为征兵工作先进单位。

【正规化建设】 2021 年，县人武部强化“四个秩序”管理，充实软件资料、配齐硬件设施，加强人员、车辆管理，规范请示报告、一日生活等管理制度，完成基层武装部和部分民兵连规范化建设。坚持“四抓四防”为重点，强化安全管理。狠抓“三个经常性”工作落实，开展微信泄密专项整顿行动及“百日安全”“条令月活动”等活动。落实常态化疫情防控制度，深化军地疫情信息通报机制，突出会议、集训、征兵体检等重点环节，“一事一地一案”制定落实防控措施，把住入营检测关，落实疫情防控要求。

【双拥工作】 2021 年，县人武部开展扶贫帮困“我为群众办实事”活动，坚持与贫困家庭子女结对助学，帮助解决学习生活困难。春节、“七一”、“八一”前夕，共出资 2.4 万元慰问困难群众、困难党员、贫困学生等。出资 1.5 万元用于救济困难现役军人、退伍军人各 1 人。出动 130 人次、出资 3 万元支持象岭村、尖坑村开展疫情防控及森林防火工作。倡议驻蕉岭官兵参与广东扶贫济困日捐款活动，共捐款 0.24 万元。支持蕉岭创文活动，全年共出动 138 人次参与网格巡查、清洁家园及交通指挥志愿活动。完成抢险救灾各项工作，出动官兵 20 人支援文福镇坑头村扑救山火 720 亩；出动兵力 7 人、1 艘橡皮艇搜救落水群众 1 人，受到地方政府和人民群众充分肯定。

（李琅娜）

退役军人事务管理

【概况】 2021 年，蕉岭县退役军人事务局（以下简称县退役军人事务局）坚持以习近平新时代中国特色社会主义思想为指导，深入贯彻中共十九大和十九届六中全会精神，认真落实上级工作部署，各项工作取得新进展、新突破，全县退役军人工作实现“十四五”规划良好开局。

【双拥工作】 2021 年春节、“八一”期间，蕉岭县由县委、县政府主要领导和分管领导带队慰问驻地部队，召开军地座谈会 12 场，送上慰问物品。实施县人武部裙楼改造和樟坑民兵训练靶场设施改造等项目。在春节、“八一”等主要节日，全县组织走访慰问现役官兵家属、困难退役军人和其他优抚对象，召开座谈会 220 次，送上慰问物品。慰问荣获三等功现役军人家庭 5 户。在中国共产党成立 100 周年之际，走访烈士遗属，发放慰问金。

【服务保障体系建设】 2021 年，蕉岭县通过国家示范型和省星级示范退役军人服务中心（站）复查复核工作和 300 人以上国家示范型村（社区）退役军人服务站创建工作。县退役军人事务局开展“我为群众办实事”专题“大走访”活动与退役军人党员结对帮扶活动，成立蕉岭县退役军人红梅志愿者协会，开展各项志愿服务活动。

【优抚安置】 2021 年，县退役军人事务局为各类优抚对象发放优抚金；做好重点优抚对象医疗补助工作，“一站式”结算支出医疗补助费用；对给予医疗补助后仍存在经济困难的退役军人，再给予临时医疗救助。落实退役军人应急救助政策，向市、省申报应急救助29宗，获批下拨应急救助款，走在全市前列。接收符合安置政策的退役士兵；发放自主择业军转干部住房维修与物业补贴，发放2020年度自主就业退役士兵一次性经济补助资金；征军队退休干部生活待遇，落实发放退（离）休干部遗属生活、医疗补助费和住房物业服务补贴；落实在册困难企业军转干部政策性待遇。落实部分退役士兵社会保险接续政策，核查受理录入社保接续人员，完成个人缴费，缴费率位于全市前列。

【就业创业】 2021年，县退役军人事务局动员符合条件的退役士兵报名参加中职培训；在蕉岭县明帆职业培训学校举办2021年自主就业退役军人短期就业创业技能培训班（首期）。为符合条件的创业军转干部、退役军人发放一次性创业资助，发放创业租金补贴、创业担保贷款。联合相关单位举办“春暖梅州”·广东（梅州）大健康高科技产业园现场招聘会及退役军人就业创业政策宣传咨询暨现场招聘会，联合县人社局、县总工会等县直单位，在县人力资源市场网站举办“职”在民企·“就”有未来2021年全国民营企业招聘月活动；通过退役军人联络群，向广大退役军人发布转发招聘（招考）信息，拓宽退役军人就业之路。从全县退役军人创业群体中遴选推荐退役军人刘威创办的蕉岭县太乙崇光农业科技有限公司，作为梅州市唯一的退役军人创办企业参加“建行杯”广东省首届农村创业创新大赛（初创组），成功进入到省半决赛。

【烈士纪念设施修缮】 2021年，蕉岭县革命烈士纪念碑被梅州市人民政府批准为第一批设区的市级烈士纪念设施。县退役军人事务局投入130万元开展蕉岭县烈士纪念设施修缮一期工程，对蕉岭县革命烈士纪念碑、蓝坊肚战斗烈士纪念碑、蕉华管理区莲塘烈士纪念碑、中华人民共和国革命烈士纪念亭、新铺镇乌泥坪革命烈士纪念碑进行修缮。

（曾　婷）

2021年蕉岭县退役军人事务局负责人名录

党组书记、局　长：谢志鸿

党组成员、副局长：陈卫东　陈森荣

组织·人事

中共蕉岭县委组织部

【概况】 2021年，中共蕉岭县委组织部以习近平新时代中国特色社会主义思想为指导，深入贯彻全国、全省、全市组织部长会议精神，坚持抓基层打基础，坚持稳中求进、创新创优，坚持担当履责、真抓实干，推动基层组织建设工作不断取得扎实成效。

【党史学习教育】 2021年，中共蕉岭县委组织部组织党员干部学习贯彻习近平总书记在党史学习教育动员大会、庆祝中国共产党成立100周年大会、十九届六中全会上的重要讲话精神，坚定党员理想信念。扎实推动“我为群众办实事”实践活动，以“问需领办”行动和村级干部办实事解难题活动推进办实事项目1500多项。

【庆祝中国共产党成立100周年系列活动】

2021年，中共蕉岭县委组织部统筹组织“七一”党内表彰、主题演讲、文稿征集、“光荣在党50年”纪念章颁发、走访慰问等活动，精心举办“百年历程·光辉丰碑”蕉岭党史党建主题巡回展览。开展“红色蕉岭行”宣传报道活动，以一期一镇一红色故事，展示城乡发展变化，鼓舞党员砥砺前行。

2021年6月29日，蕉岭县开展“百年历程·光辉丰碑”蕉岭党史党建主题展览活动

（汪敬森　摄）

【思想理论武装】　2021年，中共蕉岭县委组织部严抓第一议题制度落实，举办党史学习教育、中共十九届六中全会精神等专题培训班8期，培训干部2000多人次。执行“两个维护”十项制度机制，推动习近平总书记和党中央各项决策部署在蕉岭落实落地，持续坚决全面彻底肃清李嘉、万庆良恶劣影响。推进党员教育培训“1235”工程，打造红四军入粤首胜纪念公园为市级党员教育基地。结合“党课开讲啦”活动，培育一批村党组织书记讲师和镇村党史宣讲员。念好“引、育、用”师资发展“三字经”，外引内招储备党员培训师资库，遴选20名讲师组建县级党员志愿者讲师队伍。

【干部队伍建设】　2021年，中共蕉岭县委组织部坚持把做好换届选举作为重要政治任务抓紧抓好，将严把人选关和纪律关贯穿换届选举全过程。完成8个乡镇换届选举，产生新一届乡镇领导班子成员115名，其中党委委员72名（含交叉任职）、正副镇长43名（含交叉任职）、人大正副主席16名。乡镇党政班子成员全日制大学以上学历57人，同比增长42.5个百分点；平均年龄38.8岁，比换届前降低2.3岁；30岁以下干部13人，人数是换届前的2.2倍，整体结构更加优化。完成县级换届工作任务，选举产生新一届县领导班子成员和出席市党代会、市人代会的代表，组织意图人选全部全票或高票当选。

2021年，中共蕉岭县委组织部严把政治标准，重点在推进省际边界高质量发展、乡村振兴等第一线锻炼、识别、使用干部。2021年调整干部249人，其中提拔（重用）任用45人，职级晋升131人。

2021年，中共蕉岭县委组织部推进公务员法及其配套政策法规学习宣传和贯彻落实，抓好《广东省建设高素质专业化公务员队伍若干措施》落地落实，开展公务员转（调）任、录用、抽（借）调工作。完善交流机制，配合省、市做好“四级联考”“选调优秀大学生”工作。加强公务员管理信息化建设，抓好公务员信息更新采集和统计分析。全面推进机关、参照管理机关（事业）公务员平时考核，完成公务员年度考核，提升公务员管理质量。

【组织体系建设】　2021年，中共蕉岭县委组织部完成村（社区）“两委”换届工作，100%实现村党组织书记“三个一肩挑”，新一届班子中女性245名，占44.14%，女书记25名，占23.36%；大专及以上学历236名，占42.52%，比上届提高了20%；平均年龄44岁，比上届降低10岁，35岁及以下的有108名。组织举办全县村（社区）党组织书记培训班、村（社区）“两委”班子成员任职暨乡村振兴专题培训班，村（社区）党组织书记、驻村第一书记和选调生乡村振兴培训班等，提升政治能力、职业素养，强化头雁作用。推动基层党组织落实组织设置、组织生活、组织管理、按期换届等组织制度，排查整顿软弱涣散村党组织4个，完善上下贯通、执行有力的组织体系。

2021年，中共蕉岭县委组织部100%完成年度发展党员指标计划。持续投入县级财政资金升级改造村党群服务中心，开展农村党员“三个一”活动、县直机关党员干部“联乡兴村”行动、“双报到、双服务”活动等，建设标准化规范化基层党组织。建立由社区党委牵头，居委会、业委会、物业公司参与的社区治理“四方”联席会议制度，将党组织延伸到居民小组、小区，推动改造4个老旧小区，试点推进小区生活垃圾分类，夯实常态化疫情防控基础。

2021年，中共蕉岭县委组织部实施驻镇帮镇扶村工作，加强对8个驻镇帮镇扶村工作队的指导和管理，与各镇共谋项目174项。以“党支部+五社”（党支部+股份合作经济联合社、土地合作社、资金合作社、劳务合作社、产业合作社）为组织载体，推动发展“一镇一业、一村一品”，全面消除年收入5万元以下村集体经济薄弱村，80%以上的村集体经济年收入达10万元以上。

2021年，中共蕉岭县委组织部深化落实村级重大事项决策“四议两公开”制度，明确村党组织书记主持各类会议、村党组织审议重要事项、村党组织银行账户统管村级资金制度，提升村党组织落实惠民政策、决策发展项目、统筹资金使用能力。开展乡村建设行动，全县所有行政村达到干净整洁村以上标准，建成39个美丽宜居村和10个特色精品村。

2021年，中共蕉岭县委组织部深化模范机关创建行动，开展两新组织“双同步”工作，新成立两新组织党组织4个，打造3个市级两新党建工作示范点，将党的领导写入公立医院章程，学校党组织班子与行政班子交叉任职，实现党建引领业务工作。

【人才队伍建设】 2021年，中共蕉岭县委组织部制定《蕉岭县加快引进博士人才五项措施（试行）》，对新引进博士人才在享受市博士人才待遇基础上，给予最高50万元经济补贴等五个方面保障。2021年引进博士1名，与嘉应学院联合引进博士1名，签订就业意向在读博士1名。

2021年，中共蕉岭县委组织部推进县镇人才驿站建设，做好人才引进服务工作。抓好岗位聘用和岗位设置工作，开展乡村工匠专业人才职称评审工作，调动高层次人才积极性，共引进5名全日制硕士学历急需紧缺人才，13人获得乡村工匠专业人才职称。

2021年，中共蕉岭县委组织部创新实施“卡拉比—丘”数学小镇人才项目，规划“卡拉比—丘”数学小镇产业人才创业创新孵化基地，以数学人才为支点，加强与成桐院士团队紧密对接，增强高端人才挖掘力度，聚集数学类高端人才，促进研学、游览、度假、培训等“数学经济”发展。

【事业单位人事管理工作】 2021年，中共蕉岭县委组织部抓好事业单位人事管理工作，按人岗相适、人事相宜原则，做好事业单位人员公开招聘工作，严把“进人关”，共招聘173个岗位235人。常态化推进岗位聘任和岗位设置工作，全年共受理聘任人员1345人，其中管理岗164人，专技岗1181人（含高级职称273人，中级职称634人，初级职称274人）。推进事业单位绩效考核，全面铺开事业单位专业技术人员岗位等级晋升，共有867人实现岗位等级晋升。提前谋划事业单位管理岗位职员等级晋升工作，对蕉岭县现有的岗位职员情况进行摸排，制订事业单位管理岗位职员等级晋升工作实施方案。

【老干部队伍建设】 2021年，中共蕉岭县委组织部做好老干部工作，持续健全老干部思想、政治、党组织“三个建设”落地见效长效机制，定期为老同志征订党报党刊，引导老同志常学常新、常悟常进。加强老干部服务管理，坚持和完善离休干部离休费、医疗费保障机制和财政支持“三个机制”，制定提高离退休干部遗属补助政策。投入40多万元改造老干部活动中心。落实政治、生活“两个待遇”，结合经常性走访、重大节日慰问、生日慰问等听取意见，了解情况，精准服务老干部。组织引导各涉老组织发挥自身优势和作用，在推进党史学习教育、庆祝中国共产党成立100周年、关心关爱留守儿童等方面发挥余热。（吴家熠）

2021年中共蕉岭县委组织部负责人名录

县委常委、县委组织部部长、县委党校校长、县直属机关工委书记（8月起兼任）：

胡班（任至9月）　谢伟传（9月任职）

常务副部长、县公务员局局长：涂永平

副部长、县“两新”组织党工委书记：黄苑琼

副部长、县老干局局长：黄远志

副部长、县委编办主任：刘　华

副部长、县直属机关工作委员会书记(任至9月)：范政宜

机构编制工作

【概况】　2021年，中共蕉岭县委机构编制委员会办公室深入学习贯彻习近平新时代中国特色社会主义思想和中共十九大、十九届历次全会精神和习近平总书记“七一”重要讲话精神，按照省委、市委、县委关于机构改革和机构编制管理的工作部署，结合全面深入开展党史学习教育，围绕蕉岭振兴发展战略，加强机构编制改革和管理，顺利完成各项工作任务，为全县改革、创新、稳定、发展提供有效的机构编制保障。

【乡镇体制改革工作】　2021年，中共蕉岭县委机构编制委员会办公室从放权“松绑”入手，乡镇机关统一设置9个党政机构和6个事业单位，将131项政务服务事项分三批委托下放乡镇就近办理，分两批共组织14场合计136人次参加审批服务工作培训，实现“一枚印章管审批（服务）”。全县519项综合行政执法事项全面下放到乡镇，全县累计组织执法培训5次，覆盖乡镇干部524人次，176名乡镇干部领取广东省行政执法证。

2021年，中共蕉岭县委机构编制委员会办公室印发《加强乡镇执法能力建设的实施意见》，加强执法队伍建设，规范执法队内部设置，蕉城镇综合行政执法办公室（综合行政执法队）下设3个中队（其中一中队加挂市场监督管理所牌子）和法制审查室；其余7个乡镇综合行政执法办公室（综合行政执法队）下设2个中队（其中一中队加挂市场监督管理所牌子）和法制审查室。法制审查室设主任1名，各中队设1名中队长。

2021年，中共蕉岭县委机构编制委员会办公室核增2名行政执法专项编制，配优配强蕉岭县依法治县办工作力量，建立综合行政执法监管协同配合机制。各镇建立五大工作平台，统筹负责辖区内综合治理、公共服务、综合行政执法、应急管理、规划建设重大事项。理顺五大工作平台工作细则，结合“三定”规定细化，明确机构工作职责和岗位设置，研究制定岗位职责说明书，推动岗位标准化建设。完善保障体系，新增各镇行政编制20名，行政执法专项编制77名。各乡镇在职人员工资、公用经费、村（社区）基层保障经费等项目，由县级财政足额保障。强化数字政府技术支撑，全县有约13万个“粤省事”实名制注册用户，粤政易开通8000多个。

【县级机构改革工作】　2021年，中共蕉岭县委机构编制委员会办公室推进县直事业单位改革，规范事业单位名称、撤销整合事业单位建

制，清理规范承担行政职能事业单位，承担的行政职能回归机关的事业单位继续进行撤销、更名、优化、调整。推进文联、科协、侨联等群团组织改革工作，适当增加群团组织人员编制，完成团委、文联、科协、侨联、残联五个群团机构的“三定”方案。

【机构编制监督管理】 2021年，中共蕉岭县委机构编制委员会办公室推进机构编制监督管理，建立机构编制报告制度，要求各单位结合实际，每年定期报告，真实反映各单位上一年度机构编制管理、“三定”规定执行等情况。开展第二次机构编制核查工作，结合实名制数据库录入信息系统，组织全县348个单位完成机构编制核查自查工作。联合县纪委监委、县委组织部、县财政局、县人社局、县审计局组成核查领导工作小组，按照“不低于本级核查单位总数的30%”的要求，对各镇、教育、卫健、交通、住建等县直有关部门及下属事业单位共147个核查单位（约占42%）进行集中对账和实地核实，向核查单位反馈存在问题，对易整改的问题要求立行立改，不能立行立改的问题限时整改。督促完成县住房和城乡建设局、县公路运输管理总站超职数配备副职领导和中小学校领导聘任期满未续聘等问题整改；通过调整编制、自然减员、转岗消化等方式统筹整改政策性超编问题5条。严把议事协调机构设置工作，加强县级各类领导小组、联席会议、工作专班等议事协调机构和临时机构的管理，开展县级议事协调机构和临时机构摸底调研，摸排出议事协调机构或临时机构176个，建立全面清理规范县级议事协调机构目录清单，为逐步实现县级议事协调机构规范管理打好基础。

【事业单位登记管理工作】 2021年，中共蕉岭县委机构编制委员会办公室抓好事业单位日常登记管理和年度报告工作，全年共办理变更登记219件，设立登记3件，注销登记13件，发布遗失声明4件，发布拟注销公告3件。全县128个事业法人单位的2020年度报告按要求全部报送并公示，审查率、报送率、公示率均达100%。加强政务和公益专用中文域名注册、更名、续费工作管理，全县政务和公益专用政务和公益专用中文域名管理系统共有307个域名，其中新注册域名72个，更名70个，删除56个。 （曾令雪）

2021年中共蕉岭县委机构编制委员会办公室负责人名录

主　任：刘　华

副主任：钟利美　丘标元　徐达云

党　校

【概况】 2021年，中共蕉岭县委党校坚持以习近平新时代中国特色社会主义思想为指导，全面深入学习贯彻中共十九大和十九届历次全会精神，坚决贯彻落实省、市、县委决策部署，在县委的坚强领导下，在上级党校的关心指导下，切实发挥教育培训基层党员干部主渠道、主阵地作用，为推动蕉岭老区苏区振兴高质量发展贡献力量。

【主体班培训工作】 2021年，中共蕉岭县委党校按照县委部署，先后举办村（社区）党组织书记、公务员初任暨选调生、事业单位公开招聘新入职人员、村（社区）党组织书记暨选调生乡村振兴专题、全县发展对象专题、村（社区）“两委”换届任职暨乡村振兴等11期培训班，共1200多人次。

【外培班工作】　2021年，中共蕉岭县委党校在原有教学基地的基础上，打造红四军入粤首胜纪念园、卡拉比—丘数学小镇等新的教学基地，讲好蕉岭故事、传播蕉岭声音，更好地宣传和推介蕉岭。全年接待市委党校、外市县各级干部培训班5批次，共培训外地学员350多人次。

【外宣工作】　2021年，中共蕉岭县委党校成立“党史学习教育义务宣讲团”，深入部分镇及挂钩村，开展党史学习教育宣讲活动，为基层群众办实事，全年到各单位参与宣讲55场，听众达5000人。

【队伍建设】　2021年，中共蕉岭县委党校3人参加中央党校网上党校学习，5人到省委党校（行政学院）和市委党校（行政学院）学习，提升教师素质。

【科研工作】　2021年，中共蕉岭县委党校鼓励全校教师投身咨询决策和科研课题研究，其中《关于传承蕉岭红色基因领航干部培训的思考》《从光辉党史中汲取智慧和力量、奋力推动蕉岭、蕉华高质量融合发展》2篇调研论文入选梅州市“铭记光辉历史传承红色基因”调研成果交流会。两位教师参与的《打造宜居宜业宜游“世界客都长寿梅州”研究—基于对蕉岭做法的考察和提升》课题，获评市级良好课题。　（林洁文）

2021年度中共蕉岭县委党校负责人名单

校　长：胡　班（兼，任至9月）
　　　　谢伟传（兼，9月任职）
常务副校长：王洪星
副校长：陈文峰（任至8月）　杨文敏
专职校委：王卫东　赖丽群（女）

宣传工作

中共蕉岭县委宣传部

【概况】　2021年，中共蕉岭县委宣传部坚持以习近平新时代中国特色社会主义思想为指导，自觉承担“举旗帜、聚民心、育新人、兴文化、展形象”的使命任务，结合党史学习教育，扎实有效推进各项工作，为加快蕉岭苏区振兴发展提供坚强的思想保证和舆论支持。

【理论武装】　2021年，中共蕉岭县委宣传部认真制定全县党委（党组）理论学习中心组学习计划暨学习型党组织建设工作计划，部署年度理论学习重点14项，着力提高理论学习教育的针对性和实效性。严格落实意识形态工作责任制、督查工作机制，加强阵地管理。开展党史学习教育、理论宣讲进基层“百千万工程”和理论惠民“一二三六”大宣讲活动，深入学习贯彻习近平总书记“七一”重要讲话精神、中共十九届六中全会精神，打通理论宣传的“最后一公里”，累计开展各类宣讲活动300多场次。

【党史学习教育】　2021年，蕉岭县成立由县委书记担任组长的党史学习教育领导小组，中共蕉岭县委宣传部牵头制订实施方案。通过领导干部带头学、编印口袋书随时学、设立主题馆强化学、参观红色教育基地现场学等形式，推动党史学习教育深入人心。全县共召开专题组织生活会404场，查摆问题近1914个，完成整改1698个。紧扣“我为群众办实事”实践活动要求，通过加快推进乡村治理体系建设改革试点任务、加强城乡供水一体化管理、深化政务服务“一网通办”等措施，努力为人民群众办实事、解难事。充分整合线上线下资源，通过设置专题专栏、公益广告牌、编印简报、开展文体活动等方式广泛宣传党的光辉历程、建设成就，设置广告牌60多处，编印简报72期，有近20篇次被省市采用。从各单位抽调精干力量，组建8个督导组深入各镇各单位开展督查指导，全面推进党史学习教育走深走实，累计发现问题176个，全部完成整改。

【文明创建】 2021年，蕉岭县召开全县精神文明建设表彰大会暨创建全国县级文明城市工作动员大会，中共蕉岭县委宣传部统筹推进文明城市、文明镇村、文明单位、文明校园和文明家庭创建活动。推进蕉城镇、新铺镇2个省级新时代文明实践示范所和16个示范站建设，开展各类文明实践志愿服务活动。按照“1+8+16+8”思路，探索推进全国乡村“复兴少年宫”建设试点工作。编发《蕉岭县创建全国县级文明城市周讯》48期。县人民小学获评广东省文明校园先进学校。三圳镇获评梅州市“十佳乡风文明镇”，广福镇等5个村获评梅州市“百佳乡风文明村”。获评“广东好人”1人，广东省“新时代好少年”1人，第十届梅州市道德模范（含提名奖）2人，“梅州好人”2人，梅州市文明家庭3户，梅州市“新时代好少年”5人。

2021年5月31日，蕉岭县在实验小学开展关心关爱留守困境儿童志愿服务活动

（县教育局供图）

【舆论宣传】 2021年，中共蕉岭县委宣传部围绕庆祝中国共产党成立100周年、党史学习教育、疫情防控、国防教育、爱国主义教育、“十四五”规划、重大传统节日、县镇村换届和县重点项目建设等主题宣传，为全县经济社会发展提供思想舆论保证和精神文化力量。注重对外宣传工作，制作优秀专题片、公益广告和新闻，借助上级主流媒体的优势积极向外界宣传推介蕉岭，切实提升“世界寿乡·富美蕉岭”影响力。抓好网络生态治理，贯彻落实《网络信息内容生态治理规定》，深入推进“清朗”“剑网”“净网”“扫黄打非”等专项行动，压实网络信息内容服务平台主体责任。全年编印《蕉岭舆情信息简报》12期，转交49次网络舆情给相关部门处理，未发生次生舆情。

【文化建设】 2021年，中共蕉岭县委宣传部订购一批主旋律献礼影片，在全县各镇、村、部分社区和学校进行展播，宣传主旋律、弘扬正能量。挖掘蕉岭县红色文化资源，大力推进广东省红色革命遗址保护利用项目申报工作，共上报蕉岭县红四军宿营地旧址修缮及布展、三圳镇革命文化遗址保护利用、谢晋元故居陈列布展、抗日救亡团体东区服务队旧址及刘安故居保护利用、中共蕉岭县委成立及发展革命事迹遗址群保护利用5个项目，获批省财政专项资金2235万元。组织开展“扫黄打非”集中行动，加强网吧、KTV、电影院、书店、印刷厂、音像店等场所安全生产检查，收缴非法宗教出版物宣传资料、非法书籍、光碟等一批。 （徐倩倩）

2021年中共蕉岭县委宣传部负责人名录

县委常委、县委宣传部部长：刘素芬（任至9月）
陈　丽（9月任职）

常务副部长：曾向君

副部长、县网信办主任：李　最（任至3月）

副部长、县社科联主席：丘仕松（3月任职）

副部长、县新闻出版局（县版权局）局长：
罗伟钦

精神文明建设工作

【概况】 2021 年，全县精神文明建设工作紧紧围绕服务县委、县政府的工作大局，坚持以习近平新时代中国特色社会主义思想为指导，以培育和践行社会主义核心价值观为主题主线，全面铺开文明创建、文明实践、文明培育，以创建全国县级文明城市为龙头，统筹推进文明村镇、文明单位、文明家庭、文明校园创建，不断丰富群众性精神文明创建活动，提高市民文明素养和社会文明程度。2021 年 1 月，被中央文明办确定为 2021—2023 年创建周期全国县级文明城市提名城市；7 月被中央文明办确定为 50 个全国乡村“复兴少年宫”试点建设县之一。

【群众性精神文明创建活动】 2021 年，蕉岭县召开全县精神文明建设表彰大会暨创建全国县级文明城市工作动员大会、蕉岭县创建全国县级文明城市指挥部工作会议暨开展城区百日整治提升行动动员大会、蕉岭县创建全国县级文明城市工作推进大会，印发《蕉岭县精神文明创建三年行动实施方案（2021—2023 年）》《蕉岭县改进提升全国县级文明城市创建工作实施意见》等文件，推行“任务项目化、项目清单化”，推进全国县级文明城市创建工作。推进文明村镇、文明单位、文明家庭、文明校园、农村“五星级文明户”等各项创建活动，县人民小学获评 2021—2023 年创建广东省文明校园先进学校，南礤学校、北礤学校获评第五届梅州市“文明校园”，镇平小学获评蕉岭县“文明校园”；三圳镇获评梅州市“十佳乡风文明镇”，广育村等 5 个村获评梅州市“百佳乡风文明村”。统筹全县线上线下资源，共播发创文宣传信息 1000 多篇次，播放刊发公益广告 3000 多条次，编发《蕉岭县创建全国县级文明城市工作周讯》48 期，发动群众参与线上问卷调查 9849 人次。制作发放纸巾盒、文明餐桌台牌等创文宣传品 5 万盒（个），编印发放《2021 年蕉岭县市民文明手册》3 万多份，提高群众知晓度和参与率。

2021 年 8 月 19 日上午，梅州市蕉岭县乡村“复兴少年宫”在蕉岭县挂牌，系全国试点、梅州首家（丘林强 摄）

【公民道德建设工程】 2021 年，蕉岭县精神文明建设办公室推荐评选“蕉岭好人”20 人、蕉岭县道德模范（含提名奖）12 人、“蕉岭县文明家庭”10 户，推选发布蕉岭县“新时代好少年”30 人和蕉岭县学雷锋志愿服务先进典型一批。获评第十届梅州市道德模范（含提名）2 人、“梅州好人”2 人、“广东好人”1 人、广东省“新时代好少年”1 人、梅州市“新时代好少年”5 人；“梅州市文明家庭”3 户；梅州市“最佳志愿服务组织”1 个、“最佳志愿服务项目”1 个、“最美志愿服务社区”1 个。以深化文明校园创建为抓手，开展“扣好人生第一粒扣子”“社会主义核心价值观”“童心向党”等主题教育实践活动 208 场，累计参与 1.2 万人次；依托 12 个县级以上爱国主义教育基地，开展宣讲 30 余场、主题团队活动 41 场，覆盖青少年 5000 余人次。推进乡村“复兴少年宫”全国试点建设，共开展道德培育、文体娱乐、劳动实践类活动1285场，累计活动时长为1654小时，惠及2.7万名未成年人。

【推进新时代文明实践中心（所、站）建设】 2021年，蕉岭县精神文明建设办公室办推进蕉城、新铺2个省级新时代文明实践示范所和16个示范站建设，实现县、镇、村（社区）三级实践阵地全覆盖。组建11支新时代文明实践志愿服务专业队伍，成立213个志愿服务组织，吸纳党员、在职干部、道德模范、先进人物等人群加入文明实践志愿服务队伍，全县实名注册志愿者31957人，开展文明实践志愿服务活动。建立供需有效对接机制，实行“订单式”志愿服务模式，全年共发布政策宣讲、卫生环保、助学支教、科学普及、医疗健身以及金融、消防、文明交通等便民类等10项志愿服务项目，开展各类志愿服务活动4374场次，服务时长累计超过59万小时。 （汤茜颖）

2021年蕉岭县精神文明办公室负责人名录

专职副主任：林玉荣

统一战线

中共蕉岭县委统战部

【概况】 中共蕉岭县委统战部是县委主管统一战线工作的职能部门，加挂县委台港澳工作办公室（县台港澳事务局）牌子，对外加挂县民族宗教事务局、县侨务局牌子。2021年，蕉岭县委统战部坚持以习近平新时代中国特色社会主义思想为指导，认真贯彻落实中共十九大和十九届二中、三中、四中、五中、六中全会精神和习近平总书记关于加强和改进统一战线工作的重要思想，紧紧围绕县委“三三三五”发展战略，凝聚统战力量，助推蕉岭老区苏区振兴高质量发展。

【开展党史学习教育】 2021年，中共蕉岭县委统战部开展走访珠三角政协委员和商会活动；举办“建党百年·琴音向党”青少年钢琴大赛；编辑出版《凝聚新力量·筑梦新时代》画册；建立新阶层人士统战工作实践创新基地、蕉港澳台青少年交流基地、蕉港澳台青年创业交流基地等；建立“我为群众办实事”项目清单，重点支持龙潭寺筹资1.3亿元实施禅茶文化中心、光伏长廊、桥梁及附属设施等文旅融合项目，争取省慈善基金会支持在蕉岭县开展扶贫助学活动。

【学习贯彻统一战线条例】 2021年，中共蕉岭县委统战部把学习贯彻落实《中国共产党统一战线条例》（以下简称《条例》）作为重要政治任务，召开县统一战线工作领导小组成员会议进行专题学习，对全县学习宣传贯彻《条例》进行部署。制定并印发《贯彻〈条例〉重点工作责任清单》，确保《条例》落细落实。按照《条例》规定实施农工党蕉岭县委会、工商联、人大、政协换届，保障《条例》在蕉岭县的贯彻实施。

【落实政党协商制度】 2021年，中共蕉岭县委统战部指导农工党县委会、县工商联（总商会）完成换届工作。按照规模、比例、程序抓好县人大、政协换届党外人士的政治安排工作。引导党派团体利用“两会”等平台建言献策，提升政协提案、大会发言、会议协商等建言献策质量。

【民族宗教工作】 2021年，中共蕉岭县委统战部按照新冠肺炎疫情防控政策实施宗教场所“双暂停”和常态化管理，确保宗教场所安全。制订民族团结进步创建工作方案，印制宣传品，进社区、进学校等开展宣传教育，开展走访、慰问、座谈等活动，加强与少数民族的交流交往交融，帮助解决实际困难。引导宗教界人士将教义教规融入社会主义核心价值观，开展宗教场所“四进”活动。制订维护国家政治安全三年行动工作方案，依法取缔非法宗教组织和宗教活动场所，依法查处非法宗教活动。认真落实宗教工作县、镇、村“三级网络”和镇、村两级责任制，强化属地管理。压实宗教活动场所安全主体责任，将安全生产（消防安全）列入行政执法检查内容，建立安全监管执法典型案件季度报告制度。

【港澳台统战工作】 2021年，中共蕉岭县委统战部指导黄田村徐氏祖堂理事会举办“红色记忆：徐森源、徐新杰、徐亩元革命事迹展”。争取广东省慈善基金会支持，为南磜学校、北磜学校、蕉华田家炳中小学捐赠教学设备，在县丝苗米产业园建立蕉港澳台青少年交流基地，在蕉岭（新铺）乡村振兴第一站建立蕉港澳台青年创业交流基地和港澳台展览室。组织在蕉岭的香港同胞开展系列活动，编辑出版第30期《蕉岭乡音》。

【新阶层人士统战工作】 2021年，中共蕉岭县委统战部在县丝苗米产业园建立新基地，为新的社会阶层人士创新创业增添新平台。组织“建党百年·琴音向党”安迅杯青少年钢琴大赛，在青少年中普及红色文化。引导新阶联及其会员服务社会。自2020年8月成立以来，在教育、卫生、扶贫济困、乡村振兴等方面累计捐资34.8万元。结合县级换届，推荐会员担任县政协委员18名、县人大代表8名，市政协委员建议人选3名、市人大代表建议人选3名。做好《凝聚新力量·筑梦新时代》画册编辑出版工作。 （吴月环）

2021年中共蕉岭县委统战部负责人名录

县委常委、部长：曾光华
常务副部长：夏新明
副部长：邓汝芬（女）
杨燕春（女）
王均平
付华艺（任至7月）
徐如初（8月任职）

信访·接待·保密

信访工作

【概述】 2021年，蕉岭县信访总量453件次，同比下降19.5%。其中，群众来信134件，同比上年88件上升52.3%；群众走访80批184人次，同比上年50批162人次，批次人次分别上升60%和13.6%；群众网上信访135件，同比上年218件下降38.1%。

【健全信访制度】 2021年，蕉岭县信访局健全工作维稳制度。坚持和发展新时代“枫桥经验”，健全常态化矛盾纠纷排查化解机制，助推县域社会治理现代化。继续推动县镇党政领导干部开展接访下访，建立信访部门负责同志带案下访回访工作制度。完善联合接访机制，探索实现信访与政法单位之间的信息联通与共享。深入开展“春风送暖解民忧”和“暖心接访”活动，制定推行“最多访一次”实施细则。各镇均成立以镇党委书记为总召集人，分管信访工作的领导为召集人的联席会议制度，初步构建“上下联动、齐抓共管”的信访工作大格局。

【矛盾化解】 2021年，蕉岭县信访局加大矛盾化解工作力度。开展集中治理重复信访、化解信访积案专项工作，按照“三到位一处理”要求，落实“四个一”工作机制，按期高质量办结上级交办的第一批32宗重复信访事项，第二批11宗已全部交办完毕。落实信访局全员包案督办工作，努力践行“我为群众办实事”活动，全力提升初次信访事项办理效能，按期按质办结52宗包案督办信访事项。

【“信访超市”建设】 2021年，县级群众信访诉求综合服务中心（信访超市）标准化建设作为省政府重点工作任务，蕉岭县对原有信访接待中心进行升级改造，完成硬件设施建设并挂牌试运行。 （钟信龙）

2021年县信访局负责人名录

县府办副主任、县信访局局长：王城庆

县信访接待中心主任：利　玲（女）

县委县政府接待服务中心工作

【概况】 2021年，蕉岭县人民政府接待服务中心全年共承担公务接待任务300多批共9000多人次，完成对国家、省、市领导、重要客商、新闻媒体、专家学者等来宾的公务接待。

【当好“服务员”】 2021年，蕉岭县人民政府接待服务中心坚持把“规范接待不走样，简化接待不铺张，简约接待不懈怠”的工作原则贯穿于公务接待的每一个环节，突出人性化服务融情于接待工作当中，通过换位思考，充分考虑接待对象的民族、职业、文化背景和饮食习惯等特点，在餐饮住宿等方面做到兼顾大众与照顾个别、框架式服务与订单式服务相结合，用心用情用功为到蕉岭开展考察调研工作、举办大型会议及活动的各级领导、重要客商、专家学者等来宾提供优质的服务，圆满完成广东省数学大会、全市农村工作会议暨实施乡村振兴战略现场推进会、粤闽赣（蕉岭）苏区省界工业产业发展研讨会、2021年广东（梅州蕉岭）第六届星空大会等大型活动的公务接待任务。

【当好“宣传员”】 2021年，蕉岭县人民政府接待服务中心在接待过程中注意全方位、多角度向宾客宣传蕉岭，讲好蕉岭故事、传播蕉岭声音，全面展示蕉岭的魅力、活力、动力和创新力。一方面在传统蕉岭美食的基础上，不断推出绿色食品、长寿食品，积极推介蕉岭特色长寿食品，努力打响生态牌、擦亮长寿牌；另一方面积极向宾客介绍蕉岭优秀的人文历史和优良的生态环境，努力与八方来客建立深厚友谊，努力为该县打造

“世界寿乡·富美蕉岭”、实施“三三三五”发展战略赢得更多关心支持提供坚实保障。

【当好“安全员”】　2021年，蕉岭县人民政府接待服务中心在做好公务接待工作过程中，始终把各级领导、重要客商、专家学者等来宾的健康安全放在第一位，坚决贯彻落实中央、省委、市委和县委关于新冠肺炎疫情防控的决策部署，主动积极加强与县委办、县府办、公安局、市场监管局、卫健、消防、电力、电信等单位的沟通合作，扎实做好大型公务接待活动的疫情防控、驻地医疗、安保、食品安全、电力保障等重点工作，为来蕉各级领导和嘉宾的绝对安全、万无一失提供坚实保障。

【规范公务接待】　2021年，蕉岭县人民政府接待服务中心严格遵守中央八项规定精神，深入学习贯彻落实《党政机关国内公务接待管理规定》《广东省党政机关国内公务接待管理办法》《梅州市党政机关国内公务接待管理实施意见》等有关文件精神，进一步完善细化公务接待有关规定，明确公务接待范围、标准，规范工作程序，坚持“勤俭节约、优质服务、从严控制”的原则，对重大接待任务制订出切实可行的工作方案，严守公务接待用餐、住宿、用车标准，厉行节约、反对浪费，不断规范公务接待。　（傅伟良）

2021年中共蕉岭县人民政府接待服务中心负责人名录

科　长：何伟东（任至3月）
主　任：丘　虹（女，3月任职）
副科长：李　珏（女，任至3月）
副主任：王漳华（3月任职）

保密工作

【概况】　2021年，蕉岭县国家保密局强化保密宣传和加大保密监督检查力度，确保保密工作顺利完成，因成绩突出，荣获“广东省保密工作先进集体”称号。

【保密监督检查】　2021年，蕉岭县保密局严格监督管理，加大保密检查力度。严格计算机及涉密载体的监督管理，落实“涉密不上网，上网不涉密”等管理规定，加强涉密计算机、非涉密计算机的保密管理力度，按照《机关、单位保密自查自评工作办法》要求，督促各镇和县直单位对本单位内保密要害部门、部位进行自查工作，及时指出存在的各种风险和隐患。严把上网信息审查关，切实抓好上网备案制的落实，要求各单位对涉密文件要严格签收、登记、审核、拟办、承办、催办程序，遵守公文处理制度，进一步规范涉密文件、资料，涉密硬盘、U盘、光盘等的清退销毁工作，确保所有涉密文件、资料等得到安全处理。严格各类考试的监督管理，重视各类考试的保密工作，认真配合做好各个环节的保密监督、指导和服务工作，先后参与高考、中考、“双百工程”社工招聘、蕉岭县事业单位招聘人员等7场考试，确保所有考试试题万无一失，考试公平公正。开展保密风险隐患排查。

配合上级保密部门对县邮政系统、县自然资源局进行专项保密检查，及时发现薄弱环节，做好整改。建立健全保密技术监管体系。完善县委、县政府互联网监管平台建设，强化涉密网络运维服务和管理使用的动态监测能力，提升机关单位和涉密单位互联网接入口保密检测能力，充分发挥监管作用。平台自2021年6月底开始运行以来，共识别告警信息1280条，其中文件关键词640条，网络传输283条，电子邮件1条，其他356条，经判别均为非涉密信息。

【“4·15”全民国家安全教育日活动】 2021年，蕉岭县保密局联合县政法委、县普法办、县公安局在“4·15”全民国家安全教育日到蕉岭县镇平中学、华侨中学组织现场宣传活动，现场展出宣传展板50个，发放宣传资料、保密小册子3000余份；同时通过蕉岭发布App、长寿蕉岭微信公众号推动宣传视频和宣传图片，在蕉岭电视台播放宣传教育短片，线上线下全覆盖，提升宣传效果。

【保密宣传月活动】 2021年，蕉岭县保密局扎实开展保密宣传月活动。开展警示教育活动，通过集中组织和自行组织观看保密警示教育片，学习现代网络技术失泄密典型案例，让全县党员干部、群众对新形势下做好保密工作有清醒、深刻的认识；要求全县干部职工通过报纸、刊物、书籍、“学习强国”App、互联网等多种媒介自学，增强发现泄密隐患的能力，提高保密技术防范水平；在县普法考试中融入保密法内容，达到以考促学的目的，不断增强党员干部的保密意识。通过党校教育平台，在全县村党支部书记培训班、“村两委”干部培训班、中青班干部培训班、新进公务员培训班、新进事业单位人员培训班等开设保密知识课程，普及保密知识，开展保密教育培训。 （卢润斌）

2021年蕉岭县国家保密局负责人名录

县委保密委专职副主任、保密局局长：宋继平

副局长：陈　山

政策研究·综合政务服务管理·公积金管理

蕉岭县人民政府发展研究中心

【概况】 2021年，蕉岭县人民政府发展研究中心按照全县经济社会发展的总体思路，深入开展基层调研活动，协助上级部门进行课题调研，按要求提供各类课题调研中涉及蕉岭的情况材料；切实加强与上级部门和县委政研室、县政府调研室等相关单位的沟通联系，全力积极完成上级交办的工作任务。

【主题教育活动】 组织全体党员干部前往大埔县三河坝战役纪念园开展以“学党史 悟思想 办实事 开新局”为主题的革命传统教育活动。

【调查研究活动】 深入开展基层调研活动，协助市政府发展研究中心进行课题调研，提供《市政府发展研究中心关于梅州市撂荒耕地复耕复种情况的调研报告》《关于提供产业园数据的函》等情况材料。 （陈忠辉）

2021年蕉岭县人民政府发展研究中心负责人名录

主　任：张丽春（女）

副主任：陈忠辉　杨海容

政务服务数据管理工作

【概况】 2021年，蕉岭县政务服务数据管理局始终以“加快建设服务型政府，打造高效、便捷的政务服务环境”为目标，主动适应政

府管理和服务现代化发展需要，统筹做好疫情防控和经济社会发展工作，将重心放在服务群众、数据治理等方面，助力蕉岭县营商环境优化和政务服务质量提升。

【政务服务】 2021 年，蕉岭县政务服务数据管理局始终坚持惠民服务为本，优化提升服务效能。全年蕉岭县政务服务中心实体大厅进驻单位 24 个，全年办件量为 133649 件。全县有 40 个成员单位纳入梅州市“12345”政府服务热线平台。蕉岭县热线共转派工单 2135 件 (其中投诉 1823 件、求助 167 件、举报 105 件、建议 38 件、咨询 2 件)，按时办结率为 100%，群众对工单办理的满意率为 100%。做好政务服务事项下放（委托）工作。按照“实际需要、宜放则放、分批实施”的原则，结合蕉岭县的实际印发《县级调整实施的权责清单事项目录（第一批）》（46 项）和《县级调整实施的权责清单事项目录（第二批）》（85 项），将涉及自然资源、民政、市场监管、卫生健康等共 131 项事项委托乡镇实施就近办理，并印发《蕉岭县乡镇体制改革审批专用印章使用管理工作方案》。大力推进“跨省通办、省内通办”工作。根据《梅州市政务服务数据管理局关于做好政务服务“跨省通办、省内通办”工作的通知》，梳理出蕉岭县本级权限事项 300 项，其中，已实现省内通办 131 项，市内通办 6 项，县内通办 75 项。同时，在政务服务中心设立“跨省通办、省内通办”专窗，采取全程网办、代收代办等方式，打破业务受理的空间限制，切实解决群众、企业“多地跑”“往返跑”等问题。深化审批制度改革。在蕉岭县政务服务中心设工程建设项目申办专窗，于 9 月 1 日正式上线工程建设“一网通办”功能，逐步实现全流程不见面审批。2021 年，工建业务总录件量 442 件（转入申办平台受理量 406 件，未进行预审和预审未通过的退件量 36 件)，其中并联审批办件量为 107 件（合并为 50 单)。11 月，蕉岭县将水、电、气市政公用服务报装接入服务事项纳入工程建设项目审批流程，通过统一申办平台开通审批服务功能。

【数字政府建设】 2021 年，蕉岭县政务服务数据管理局不断夯实基础支撑能力，统筹数字政府建设。深化“粤系列”应用推广。截至 12 月底“粤省事”梅州专区可办 951 项民生服务事项，关联电子证照 68 个，蕉岭县“粤省事”实名注册用户数达 15.32 万人。完善“粤商通”梅州专区应用场景，拓展粤商码在政务服务中心的应用场景。截至 12 月底，蕉岭县实名注册市场主体数达 1.4 万户。推进“粤政易”在政务工作中的应用，截至 12 月底，用户涵盖乡镇和县直各单位共开通和激活人数为 8442 人，激活率 100%，日活跃率 80%。全面完成政务外网升级改造。在市政务服务数据管理局的统筹下全面启动政务外网升级改造，充分利用已建线路资源，对蕉岭县镇村电子政务外网进行完善扩容，实现千兆到县、百兆到镇、按需到村。此次政务外网改造涵盖县、镇、村三级，全面完成共计 195 个接入点、221 条接入线路的验收交付工作。组织开展数据资源普查。围绕政府治理和公共服务需求，进一步摸清政务信息系统和公共数据资源底数，出台《蕉岭县政务信息化能力和公共数据资源普查工作方案》（蕉府办函〔2021〕22 号），开展政务信息化能力和数据资源普查工作，至 8 月底，蕉岭县共普查梳理出 30 家单位，数据资源目录 468 条，数据资源挂接率 93.67%。

（谢娟娟）

2021 年蕉岭县政务服务数据管理局负责人名录

党组书记、局　长：谢广宁
党组成员、副局长：陈贵平
副局长：李　珏（女，4 月任职）

梅州市住房公积金管理中心蕉岭县经办业务分理处

【概况】 2021年，梅州市住房公积金管理中心蕉岭县经办业务分理处按照市、县党委政府工作要求和市住房公积金管理委员会、市公积金中心的工作部署，围绕平台标准化、行为规范化、运行网络化、服务效能化目标，以依规、严谨、高效、便民的工作理念，尽职尽责地做好全县住房公积金各项工作，全力支持缴存职工住房消费，实现用足用好住房公积金的工作目标。

【机构调整】 2021年，梅州市住房公积金管理中心蕉岭县经办业务分理处按照《中共梅州市委办公室梅州市人民政府办公室关于印发〈梅州市住房公积金管理机构调整工作方案〉的通知》（梅市明电〔2020〕147号）及《关于印发梅州市住房公积金管理中心机构编制方案的通知》（梅市机编〔2021〕58号）精神，2021年年底，全市住房公积金管理机构调整工作全面完成。梅州市住房公积金管理中心蕉岭县经办业务分理处调整为梅州市住房公积金管理中心的一个副科级分支机构，为梅州市住房公积金管理中心蕉岭管理部，核定事业编制总数5名，其中部长1名（副科级），副部长1名。主要负责辖区内住房公积金业务办理等工作。人员经费由市财政核拨。

【归集情况】 2021年，梅州市住房公积金管理中心蕉岭县经办业务分理处住房公积金归集单位272个，归集人数1.58万人，全县住房公积金归集总额2.63亿元；累计归集总额19.24亿元，同比增长15.17%；归集余额6.4亿元，同比增长11.24%；全县缴存覆盖率为95.46%。

【提取及贷款情况】 2021年，梅州市住房公积金管理中心蕉岭县经办业务分理处住房公积金提取2.53亿元，同比增长31.75%；全县发放个人住房抵押贷款0.64亿元，累计发放个人住房抵押贷款9.35亿元，个贷余额5.2亿元；全年新增贷款310户，累计发放贷款4842户。

【增值收益情况】 2021年，梅州市住房公积金管理中心蕉岭县经办业务分理处实现可分配增值收益916万元，同比增长9%，上缴建设城市廉租住房补充资金706万元，支持廉租住房建设的资金能力不断提高。

【“我为群众办实事”实践活动】 2021年6月10日，该分理处在市公积金中心的推动下，改造后的新版住房公积金业务系统正式上线运行，全市缴存单位和缴存职工可按照就近、便利的原则，自行选择在全市任一住房公积金业务办事网点办理住房公积金查询、缴存、提取、贷款等通办的业务，切实解决缴存单位和职工办理住房公积金业务受缴存地、开户网点等的制约无法实现“就近办”的瓶颈问题，实现公积金业务全市通办的新模式。持续深化“放管服”改革，深入推进审批服务便民化，推动减环节、减材料，实现贷款只跑一次，提取免收复印件等。进一步简化业务办理流程，切实解决群众反映强烈的问题，为办事群众提供优质高效的服务。

（戴永芬）

2021年梅州市住房公积金管理中心蕉岭县经办业务分理处负责人名录

主　任：刘均平

党史·地方志·档案

党史研究

【概况】　2021年，中共蕉岭县委党史研究室认真做好党史编纂、宣传和革命遗址的保护利用工作。

【党史编纂】　2021年，中共蕉岭县委党史室为庆祝中国共产党成立100周年，先后编纂、出版《广东中央苏区蕉岭革命简史》《红色蕉岭百年百事》《蕉岭县革命遗址通览》，翻印了《中国共产党蕉岭历史大事记》(1921.7—1949.10)。做好编纂《蕉岭县抗击新冠疫情大事记》的前期工作，协助市委党史研究室完成《梅州市申报“中央苏区县”工作大事记》的编纂工作。

【党史宣传】　2021年，中共蕉岭县委党史室做好党史宣传工作。协助市委组织部、市委党史研究室、市广播电视台开展“红色印记·光辉历程”系列专题片拍摄录制工作，录制了红四军宿营地旧址、中共蕉岭县委成立旧址、抗日东区服务队旧址——创兆学校、刘安故居、邓崇卯故居等一批革命遗址。为中共梅州市委党史研究室和《南方日报》梅州新闻部联合出版的“走进梅州百个红色革命遗址——红梅印记”，提供和审核蕉岭县7处革命遗址的史料。与县委组织部、县融媒体中心在丘成桐国际会议中心联合举办“百年历程·光辉丰碑”蕉岭党史党建主题展览活动，深入机关、乡镇、学校、企业、社区、公园等地巡展。与团县委、县教育局等单位联合开展蕉岭县青少年传承红色基因志愿宣讲活动，拍摄一批青少年宣讲红色革命故事视频。与县关工委联合开展“党史教育进校园，红色基因代代传”主题教育活动。扎实开展党史进农村、进社区、进机关、进校园、进军营、进公园等“六进”活动，发放党史学习书籍6255册，大力营造学习“四史”的良好氛围。协助各镇各单位开展党史宣传教育工作，提供和审核宣传史料100多篇。

【革命遗址保护利用】　2021年，中共蕉岭县委党史室积极配合各单位开展革命遗址保护利用工作。协助相关单位向中共广东省委宣传部申报2021年红色革命遗址保护利用项目专项资金2235万元。协助县退役军人事务局修建蕉岭县烈士英名墙，共审核蕉岭县146名革命烈士的事迹材料。协助县文化广电旅游体育局做好“梅州红十景”的申报工作。蕉岭赖氏宗祠——红四军宿营地旧址入选“梅州红十景”中“红四军三进梅州”之一。认真做好第二批梅州市中共党史教育基地的申报工作。蕉岭县蓝坊肚战斗纪念园［含蕉岭县（东岭）革命历史纪念馆］被评为第二批梅州市中共党史教育基地。向市委党史研究室报送入选三河坝干部学院现场教育点的蕉岭县（东岭）革命历史纪念馆、蓝坊肚战斗纪念园、三达学校——蕉岭县第一个中共支部（中共九岭支部）旧址的相关资料。

（江广梅）

2021年中共蕉岭县委党史研究室负责人名录

主　任：徐志良

副主任：朱翠英（女）

地方志工作

【概况】　2021年，蕉岭县人民政府地方志办公室贯彻落实《广东省地方志工作条例》和《关于进一步加强新时代地方志工作的通知》精神，紧扣修志、编鉴主业，推进依法治志；围绕县委、县政府各项中心工作，挖掘整理和开发利用地情资源、历史人文资源，服务经济社会的发展。

【《蕉岭年鉴（2021）》编辑出版工作】　2021年，蕉岭县人民政府地方志办公室按年鉴编辑出版方案中每年出版一部的要求，根据省、市年鉴审读评议会议精神，做好年鉴的编纂、出版、印刷，通过“一修、二改、三校”程序，层层落实责任，保证编纂质量。初稿形成后及时召开年鉴编辑交流会，取长补短，做好补充与核实工作。在内容方面，完善编纂委员会成员、编辑说明，丰富彩版内容并分设版块，对正文内容全面认真编纂；在设计方面，请专业设计公司对封面进行设计，突出庄重和地方文化特色；在装订方面，由单向改为双向线装，增加中缝间隙，方便阅读及复印；改用反光好、防虫蛀、耐保存的道林纸印刷，至12月底，完成出版印刷工作，实现“当年编撰、当年出版”的目标。在梅州市地方志办公室组织的2021年度全市各县、市区年鉴编纂质量综合评审中，《蕉岭年鉴（2021）》获参评以来最好的名次，获得市地方志办的肯定。

【《全粤村情·蕉岭卷》编纂出版工作】　2021年，《全粤村情·蕉岭卷》由广东旅游出版社负责编辑出版，蕉岭县人民政府地方志办公室根据出版要求，完善补充稿件相关数据资料，已完成稿件的出版社校对工作。

【地情资源开发利用工作】　2021年，蕉岭县人民政府地方志办公室结合蕉岭县实际，挖掘地情资源，充分开发利用。参与“仓海诗廊”建设文化策划，弘扬爱国志士、教育家、诗人丘逢甲的抗日保台、崇文重教的家国情怀。做好《广东乡村美食》《广东乡村地理标志产品》《广东乡村传统体育》《广东乡村特色技艺》的资料收集整理和供稿工作，共提供稿件13篇，图片22张；开展2021年“多彩乡村·学史奋进”主题教育实践活动，报送作品3个，获一等奖1个、三等奖1个、优秀奖1个。完成康熙、乾隆版《镇平县志》（点注本）的出版工作，推进蕉岭县旧志整理工作。指导支持南礤镇石寨村编纂出版全县第一本村志——《石寨村志》。

【嘉应学院校外实习基地建设】　2021年5月，蕉岭县人民政府地方志办公室与嘉应学院政法学院共同举行实践教学基地的签约与授牌活动。10月，组织嘉应学院师生参加2021年“多彩乡村·学史奋进”主题教育实践活动，撰写、报送调研报告1篇，获优秀奖。

【基础能力建设和信息化建设】　2021年，蕉岭县人民政府地方志办公室争取县委县政府领导的重视支持，拨出专款14万元建设完善县地方志办藏书查阅室，对库藏书籍分类整理，实施编码上架；完成2016年度以来的《蕉岭年鉴》《蕉岭县志》《石窟一征》等地情书籍的数据入库及上架工作，做好地方志信息化建设工作；参与广东省情网“产业·产品”栏目共建工作，提供资料4篇。

（古文粤）

2021 年蕉岭县人民政府地方志办公室负责人名录

主　任：张　福（任至 4 月）
　　　　李　最（4 月任职）
副主任：江萍英（女）　古文粤

档案工作

【概况】　2021 年，蕉岭县档案馆抓好档案馆大楼主体建设，做好档案利用和指导档案立卷归档工作，确保档案安全，实现馆藏档案全部扫描数字化。

【档案馆建设】　2021 年，蕉岭县档案馆为加快档案馆建设进度，确保完成省、市对该县档案馆建设提出的时间节点要求，全馆上下协调一致，全身心投入新馆建设项目中，至 2021 年年底，主体封项，转入室内装修阶段。

【档案利用】　2021 年，蕉岭县档案馆积极开发馆藏信息资源，为查阅利用者提供优质高效的服务，全年查阅档案计 1500 人次，为社会各界查阅文件、编史修志、个人履历档案、解决历史遗留问题等发挥重要的作用。

【档案安全】　2021 年，蕉岭县档案馆根据《国家档案局关于进一步筑牢安全防线确保档案安全的通知》精神，该馆深入开展档案安全风险排查，不断完善档案安全防护措施，建立健全档案安全长效机制。坚持“安全第一、预防为主”的档案安全工作方针，坚持问题导向，增强底线思维，认真梳理查找风险防患点，确保档案的安全。

【档案接收】　2021 年，蕉岭县档案馆协助县档案局指导各乡镇和机关事业单位进行档案立卷归档工作，强调档案的合格和规范进馆，进一步丰富馆藏资源，满足服务大局、服务民生的需求。经过努力，圆满完成了年度档案馆接收任务，全年共接收扶贫档案 1400 卷、照片档案 9020 张、移动光盘 28 个，撤并单位文书档案 75 卷。

【信息化建设】　2021 年，蕉岭县档案馆根据馆藏实际，不断加快推进档案数字化工作进程，为数字化档案馆建设打下坚实基础。在完成三年 300 万页的基础上，2021 年争取县财政资金 50 万元，实现馆藏档案全部扫描数字化。（江华丽）

2021 年蕉岭县档案馆负责人名录

馆　长：徐向星
副馆长：汤中辉　陈仕荣（任至 3 月）
　　　　赖会南（3 月任职）

法　治

社会治安综合治理

【概况】　2021 年，中共蕉岭县委政法委员会紧紧围绕中央、省委、市委关于政法工作的决策部署，全面推进政法队伍教育整顿和平安蕉岭建设，维护政治安全和社会稳定，加快推进市域社会治理现代化试点工作，继续保持扫黑除恶强大攻势，全力防范化解各类风险，各项工作取得显著成效，为进一步建设更高水平的平安蕉岭、法治蕉岭，助推建设“世界寿乡·富美蕉岭”，打造梅州寿乡品牌之星，全面建成小康社会提供有力保障。2021年，蕉岭县政法工作取得优异的成绩，全民反诈满意度得分全省排名第一；群众安全感和政法工作满意度得分均全市排名第二。

【政法队伍教育整顿】 2021年，中共蕉岭县委政法委员会按照政法队伍教育整顿工作部署，紧扣“四项任务”，抓实“三个环节”，组织领导到位，成立领导小组和4个专项工作组，认真研究部署教育整顿工作。先后召开了动员部署大会、查纠整改环节动员部署会等会议，统一思想认识，确保全员覆盖。召开各类座谈会共收集社会各界人士意见建议20余条，形成清单并完成整改。县政法各单位开展党委（党组）中心组学习会15场次，政治轮训27场次，县委书记及政法各单位均开展“一把手”讲党课活动，共举办党史学习教育专题讲座8场次，先后组织30多场次的警示教育活动，组织干警观摩庭审现场视频531人次。宋思泉等9人获“梅州政法英模”荣誉称号，其中丘雄彬还获“梅州平安之星”典型代表荣誉称号。501名需接受教育整顿的政法工作人员全部填写政法干警自查事项报告表，主动说明问题436人次，召开专题民主生活会，直面问题，限期整改到位。全力抓严四大“专项行动”，共收到线索24条，按时办结率100%，受党纪处分1人。开展“三个规定”和“四长”大宣讲和党政领导干部严格执行“三个规定”公开承诺活动67场次，覆盖党政机关单位135个，参加宣讲听讲的干部职工6424人次，均签订承诺书。通过教育整顿，县政法委、县政法各单位共建立完善“人、财、物，枪支管理、案件办理”等方面的规章制度74项。深入开展“我为群众办实事”活动，共为群众办好事实事167件。

【“平安蕉岭”建设】 2021年，中共蕉岭县委政法委员会扎实推进“平安蕉岭”建设工作。

坚持严打、严防、严管、严治“四严”并举的方针，统筹开展社会治安重点地区和区域性突出问题的排查整治及开展校园周边环境综合治理。扎实开展全民反诈专项行动，切实筑牢全民防线。

为1302名精神障碍患者监护人投保13万元，落实精神障碍患者监护补助资金189.48万元，为全县人民购买综治保险88万元。

加强视频监控网建设，全年共完成40个卡口补点项目建设，完成视频前端高清化智能化设备改造479路，新建人脸卡口83路，目前全县共有视频监控点899个，蕉岭前端监控点智能化程度占比全市最高，形成全天候、全方位、立体化覆盖的格局。

【政治安全和维护社会稳定】 2021年，中共蕉岭县委政法委员会全力维护政治安全和社会大局平安稳定。

制订《维护政治安全八个专项行动总体方案》《2021年蕉岭县防范打击邪教破坏专项行动工作方案》，周密部署，精心组织，严厉打击违法犯罪活动，铲除邪教滋生土壤，查处6起非法宗教活动，取缔3个活动场所。

中共蕉岭县委政法委员会坚持把维护社会稳定工作作为全年工作的重中之重，紧紧围绕庆祝中国共产党成立100周年、“两会”和十九届六中全会安保维稳这条主线和县委县政府的中心工作，充分发挥维护社会稳定的牵头抓总、统筹协调和督查督办的职能作用。压实责任，增强维稳工作主动性，制定《社会矛盾问题8个专项治理工作方案》，成立工作专班，抓实“五个健全”的维稳工作机制。扎实开展“基层矛盾纠纷排查化解”专项行动。全年重大活动期间，全县未发生危害国家安全案件、重大群体性事件、个人极端事件和暴力恐怖案件，全县社会大局平安稳定。

【市域社会治理现代化】　2021年，中共蕉岭县委政法委员会对标对表市委政法委关于推进市域社会治理现代化试点工作的要求，县政法各单位和县直各部门充分发挥自身职能，不断创新社会治理模式，持续提升社会治理水平，加快推进市域社会治理现代化试点工作。巩固综治三级平台建设，继续推进“中心+网格化+信息化”工作体系，新时代“枫桥经验”蕉岭模式日趋成熟。市域社会治理现代化试点已取得阶段性成果，“一核三线三方”社会治理工作新模式入选2021年第八届“粤治—治理现代化”优秀案例。县检察院“公益诉讼”相关案例被最高人民检察院列为典型案例。县法院推行“诉前调解+司法确认”模式，实现全县8个镇一站式诉讼服务站全覆盖。

【扫黑除恶】　2021年，中共蕉岭县委政法委员会坚持将扫黑除恶作为一项重大政治任务列入重要议事日程，为扫黑除恶常态化工作提供人、财、物全方位的保障。发挥县扫黑办统筹协调作用，加强各镇各成员单位沟通，促进工作密切配合，形成扫黑除恶专项斗争工作强大合力。持续对行业领域和农村地区进行强力整治，2021年，以打击网络裸聊敲诈、“套路贷”等涉网黑恶犯罪为重点，开展专案打击和线索核查，全年共立涉黑恶类刑事案件10宗，破案15宗，办结线索13条，抓获违法犯罪嫌疑人20人，刑事拘留16人，逮捕4人，打掉涉恶团伙5个，移送起诉1件6人，发出公安提示函3份。

【依法治县】　2021年，中共蕉岭县委政法委员会全面推进镇街综合行政执法改革，持续加强行政执法监督，严格落实行政执法“三项制度”，扎实推进复议应诉工作。开展法治政府建设督察工作，开展法治督察2场，组织全县55个单位深入开展督察自查和12个执法职权下放单位深入8个乡镇开展综合行政执法改革专项督察。开展司法便民服务，持续深化“放管服”改革，全面开展“减证便民”行动，全面推行诉讼服务“网上办”，扩大公证“最多跑一次”事项范围，推进重点公安政务服务事项“跨省通办”及“无证（证件、证明）办事”，提升便民举措。大力推进公益诉讼工作，建设梅州市首家公益诉讼办案中心。2021年，县供电局、长潭发电有限责任公司获评全省法治文化建设示范企业；文福镇鹤湖村、长潭镇堑垣村获评全省民主法治示范村创建单位。

【疫情防控】　2021年，中共蕉岭县委政法委员会充分发挥县镇村疫情防控“三人小组”作用，依托全县387个“网格”构建起“网格化”防控网络，全面落实城乡社区“网格化”排查，进一步筑牢群防群控的“战疫”防线。全力做好3个省际卡点疫情查控工作，坚决落实入粤和离粤车辆人员管控，有力守好粤东北疫情防控政法“大门”。出台关于依法惩治妨害疫情防控违法犯罪的规定，健全查处涉疫刑事治安案件快速反应机制，加强疫情防控的法律政策宣传，形成严管严防的疫情防控氛围。　（徐丽婷）

2021年中共蕉岭县委政法委员会负责人名录

县委常委、政法委书记：丘德俊（任至9月）
县委副书记、政法委书记：林文建（9月任职）
第一副书记：吴东海
副书记：周铁军　刘志平
常务副书记：邓小强
副书记：黄　敏　徐裕平
县委政法委系统党委书记：丘德俊（任至9月）
林文建（9月任职）
县委政法委系统党委副书记：钟剑文

公 安

【概况】 2021年，蕉岭县全年无刑事警情天数连续三年达到200天以上，群众安全感和对公安工作满意度测评综合排名分别居全省前列、全市第二，全民反诈专项测评排名居全省第一。

【疫情防控】 2021年，蕉岭县公安局时刻绷紧防疫抗疫之弦，坚决严防风险隐患流入，全力守住疫情防控公安防线。疫情防控专班和“三人小组”高效运转，全力做好数据核查、落地、反馈工作，共落实核查上级公安机关推送各类信息数据18620条，核查反馈率100%，确保做到“零遗漏”。全力做好3个省际卡点疫情查控工作，坚决落实入粤和离粤车辆人员管控，先后投入警力2965人次，拦停广佛深莞、莆泉厦漳等地车辆2967辆次，查验健康码、核酸检测证明9510人次。出动警力650人次，启动24小时勤务，全力做好疫情隔离点安保工作。严格落实监管场所疫情防控措施，每周对看守所、拘留所进行常态化清洗和消毒。

【打击防范】 2021年，蕉岭县公安局统筹抓好重点打击和整体打击，对各类违法犯罪行为保持高压严打态势，全力提升辖区群众获得感、幸福感、安全感。

推进扫黑除恶工作常态化。以打击网络裸聊敲诈、“套路贷”等涉网黑恶犯罪为重点，开展专案打击和线索核查，着力铲除黑恶势力滋生土壤，全年共立涉黑恶类刑事案件10宗，破案15宗，抓获违法犯罪嫌疑人20人，打掉涉恶团伙5个。

深入开展专项打击行动。以“八大专项”“梅安2021”“飓风2021”等专项行动为抓手，严厉打击突出违法犯罪活动。全年共立刑事案件565宗，同比下降4.7%，共破案232宗，抓获犯罪嫌疑人200人。共发现、受理、查处治安案件633宗，处理违法人员286人。

严厉打击电信网络诈骗。围绕电诈警情、诈骗案件双下降目标，坚持打防并举，全力推动“全民反诈”新格局，全年破获电诈案件18宗，抓获涉诈犯罪嫌疑人13人，预警劝阻78人（次），成功率100%。深化断卡攻坚，抓获涉“两卡”犯罪嫌疑人65人，核减蕉岭滞留缅北涉诈高危人员17人，核查缅北回流人员18人，拦截劝返4人。

【治安防控】 2021年，蕉岭县公安局持续推进社会治安防控体系建设。

织牢织密社会治安防线。全年共出动警力11530人次，出动机动车8100车次，形成全天候动态巡逻查缉机制，最大限度将警力摆上街面，提高城区见警率和管事率，蕉岭安全系数持续提升。常态化做好广福205国道公安检查站工作，全年共查获违法人员24人，查获违法车辆4900辆，并已基本完成天汕高速广福公安检查站“升级增效”建设工作。加强视频监控网建设，完成40个卡口补点项目建设，完成视频前端高清化智能化设备改造479路，新建人脸卡口83路，前端监控点智能化程度占比全市最高。

落细落实公共安全。开展多场次清查活动，全年共检查娱乐场所、寄递物流行业、废旧物品回收业、加油站等场所328次，检查旅馆业135次，发出整改通知9份。深入开展校园安防和周边巡防，共开展校园安全检查320次，消除隐患25处。

开展道路交通整治。全年共查处各类交通违法行为26060起，查扣涉交通违法摩电3847辆、汽车332辆，城区骑乘摩托车佩戴安全头盔率从30%提高到90%，无牌无证、酒驾醉驾现象以及涉摩电交通事故数大幅减少。引进建设“治超非现场执法监测”，实现全天候打击大货车超限超载等交通违法行为，205

国道蕉岭段大货车超限超载现象明显减少。

加强宣传防范。全力发动各村（居）和单位下载安装“国家反诈中心”App，完成注册数74139户，全县注册率达70%，注册率位于全市前列。积极探索创新宣传方式，先后20次利用无人机巡航播放宣传语音，自主制作反诈宣传视频，在全网累计播放量达100万人次。运用县、镇、村三级“网格化”宣传模式，推动反诈、防盗、交通等宣传精准入户，全年共开展线下宣传活动287场次，发放宣传资料及宣传物品10万余份，有效提升群众的法制观念和防范违法犯罪的意识。

蕉岭县公安局广福治安卡点
（县公安局供图）

【为民办事】　2021年，蕉岭县公安局扎实开展“我为群众办实事”实践活动80多场次，为群众办实事、好事350多件，切实将党史学习教育成效转化为为人民服务的强大动力。持续优化公安政务服务流程，推动122项高频事项、202个证件（证明）申请不再需企业、群众提供实物或纸质印证材料，不断下放乡镇政务服务事项。推进驾考下乡，在广福镇建设农村摩托车考场，为群众报考摩托车提供更加便捷和高效的服务。贯彻落实公安交管“放管服”改革优化营商新举措，配备驾驶人自助照相体验一体机，极大地方便群众办理车驾管业务。　（丘思诗）

2021年蕉岭县公安局负责人名录

副县长、局党委书记、局长：吴东海
党委副书记、政委：张永忠
党委委员、常务副局长：刘青泰
党委委员、副局长：徐伟胜　丘国平
党委委员、政工室主任：丘秀霞（女）
党委委员、刑警大队长：李胜华
党委委员、驻局纪检监察组组长：林芳烈

检　察

【概况】　2021年，蕉岭县人民检察院通过能动司法、积极履职，不断满足新时代人民群众的更高期待，为建设“世界寿乡·富美蕉岭”提供有力司法保障。2021年，该院获评广东省新时代“五好”基层院建设先进单位，“公益诉讼擦亮世界寿乡品牌”项目在梅州市“平安之乡”社会综合治理实践创新项目测评中获第一名。

【打击犯罪】　2021年，蕉岭县人民检察院突出惩治危害人民安全的各类刑事犯罪，常态化开展扫黑除恶斗争，主动服务疫情防控大局，深入推进“断卡”专项行动，助力平安蕉岭建设。批准逮捕53件76人，提起公诉127件173人。不断优化“案—件比”，最大限度减少适用退查、延长审限，自行补充侦查5件。积极推进认罪认罚从宽制度有效实施，认罪认罚适用率达93.72%。聚焦食品药品安全、玩具文具安全等社会热点，开展专项执法监督4次；发出《纠正违法通知书》4份、督促监护令2份。由18名干警组成朝阳未成年人法治宣讲团队，到全县各中小学开展法治宣传调研，开展法治宣传42场，受教育人数约6400人，发放宣传资料约9200份，参加问卷调查12000多人。

【诉讼监督】 2021年，蕉岭县人民检察院深化对侦查活动、审判活动和刑事执行活动的监督，落实“在办案中监督，在监督中办案”。依法不批准逮捕47人，不起诉27人，追诉漏罪2人，退回补充侦查6件16人，发出纠正违法通知书4份，立案监督成功2件2人；进行羁押必要性审查21人，改变原强制措施14人；提出量刑建议164人，精准量刑建议采纳率98.77%。推进落实巡回检察制度，强化刑罚执行监督，检察收押278人、出所371人，检察社区矫正人员共130名。推进民事执行监督，维护涉案弱势群体合法权益。办理民事检察案件12件，为当事人挽回经济损失200多万元，追回执行款35万元；支持起诉1件，法院审理后判决被告赔偿国家损失471万元。办理行政检察案件3件，行政非诉执行案件2件，行政争议实质性化解案件1件。

【公益监督】 2021年，蕉岭县人民检察院建成梅州市首家公益诉讼办案中心，通过大数据应用平台线索筛查等辅助功能办案17件。深入贯彻落实“河长+检察长”“林长+检察长”及粤闽赣“三省五县”生态保护协作等机制，与福建省武平县检察院多形式开展联合巡河。聘任5位行政机关专业人员为特邀检察官助理，提升检察办案专业化水平。

【化解风险】 2021年，蕉岭县人民检察院全面落实“群众信访件件有回复”，信访案件7日内程序性回复率、3个月内办理过程或结果答复率达100%。办理司法救助案件2件，发放救助金7万元。成立“蕉华园区法律服务工作站”，为园区提供法治宣传、法律咨询等服务，接受干部群众举报、申诉、控告，开展专项监督检查、法治宣传等10次。主动接受监督，向挂点联系的省、市检察院主要领导和县委、县人大及其常委会报告工作，加强与人大代表、政协委员的联络沟通，邀请代表委员视察检察工作、参加听证会9次，举办“检察开放日”2次。落实检察听证制度，建成检察听证室，召开公开听证会5场。

【抓牢教育】 2021年，蕉岭县人民检察院将党史学习教育与深入学习贯彻中共十九届六中全会精神有机结合，真刀真枪开展政法队伍教育整顿，严格执行“三个规定”。深入开展“我为群众办实事”实践活动，为群众办实事36件。全年共有5个集体、15人次干警获省、市、县级表彰奖励。 （陈婷婷）

2021年蕉岭县人民检察院负责人名录表

党组书记、检察长：周铁军（3月任检察长）
党组副书记、副检察长：谢运新（党组副书记任至6月、副检察长任至7月）
党组成员、检察委员会专职委员：丘文军（3月任专职委员）
党组成员、副检察长：徐卫斌 张世祥
党组成员、政治部主任：林剑浩（1月任政治部主任、3月任党组成员）

法 院

【概况】 2021年，蕉岭县人民法院围绕“努力让人民群众在每一个司法案件中感受到公平正义”目标，以“强党建、提质效、讲大局、锻能力”为思路，以认真开展“五个提升年”活动为抓手，忠诚履职、务实担当，推动法院各项工作取得新发展。全年共受理各类案件2927件，办结2823件，同比分别上升19.5%、20.1%；结案率96.5%，同比提高0.6个百分点。该院推出“我为群众办实事”举措16项，其中参与全市法院诉源治理工作的做法被《人民法院报》和省市媒体报道。全面推行“154”分段集约办案机制（以“执行案件办理流程”为轴，将执行案件具体工作任务划分为分案、查控、调解、执行、归档等五个阶段，组建分案组、速执组、普执组、接访组等四类团队），具有蕉岭特色山区农村执行工作经验被《人民法院报》报道，列入广东法院“抓示范促改革惠民生”改革培育计划，被评为全市法院开展“五个提升年”活动十大品牌之一。组织裁判文书、案件评查 106 件，开展优秀庭审、优秀案例、精品案件、优秀司法建议等专项业务和岗位技能竞赛 9 项，其中 5 个项目在全市法院“五个提升年”活动获奖，获奖数居全市基层法院前列。

【审判工作】 2021 年，蕉岭县人民法院营造平安法治环境，全面贯彻总体国家安全观，坚决维护国家安全和社会稳定。依法惩治刑事犯罪，受理各类刑事案件 130 件 177 人，审结 129 件 176 人。严厉打击暴力和多发性侵财犯罪，审结故意伤害、强奸、“两抢一盗”等案件 50 件 72 人；严惩群众深恶痛绝的“黄赌毒”犯罪，审结组织卖淫、开设赌场、跨境赌博等案件 18 件 28 人；持续高压惩贪反腐，审结贪污受贿等职务犯罪案件 5 件 5 人；严惩危害公共安全犯罪，审结危险驾驶、交通肇事等案件 29 件 29 人；坚决打击电信网络犯罪，审结帮助信息网络犯罪活动罪、侵犯公民个人信息罪等案件 6 件 10 人。深化“以审判为中心”刑事诉讼制度改革，落实认罪认罚从宽制度，审结认罪认罚从宽案件 119 件 158 人。妥善化解民事纠纷。受理各类民事案件 1665 件，审结 1577 件，解决诉讼标的额 3.1 亿元。建立涉民生案件“绿色通道”，审结劳动争议、教育、医疗、人身损害等案件 129 件；情理与法理并重，审结婚姻、继承、赡养等家事案件 181 件；尊重市场主体契约自由，审结买卖、运输、加工承揽等合同纠纷案件 131 件；规范房地产市场秩序，审结建设工程、房屋买卖合同、物业服务等案件 125 件。

【执行工作】 2021 年，蕉岭县人民法院努力兑现胜诉权益，受理各类执行案件 1132 件，结案 1117 件。强化铁腕执行手段，开展“南粤执行风暴 2021”“根治欠薪”等执行行动 7 次，加大对故意隐匿财产、规避执行、拒不执行等行为的惩戒力度，依法传唤被执行人 1563 人次，司法拘留 16 人、罚款 2 人；优化“失信惩戒为主，舆论惩戒为辅”双惩戒等系列动态机制，建立“月度曝光平台”，限制高消费 1980 人、发布失信被执行人 493 人，其中公开曝光 207 人。落实信用修复制度，将 138 名失信被执行人移出失信名单，对 491 名被执行人解除限制高消费。

【服务大局】 2021 年，蕉岭县人民法院主动服务大局。开展“诊疗式”“暖企”活动 20 次，审结涉企案件 201 件，保护中小投资者，妥善处理公司决议效力、股东知情权等纠纷案件 11 件。助推乡村振兴战略实施，妥善审理涉“三农”领域案件 122 件，推进农村走“善治”之路；严惩破坏生态环境案件 10 件，公开审理郭某等人非法采矿刑事附带民事公益诉讼案件，判令被告人赔偿国家损失 471 万元，不断筑牢绿色司法屏障。深入开展司法研判，发出司法建议 16 份，助推市域社会治理。与政法各部门联合出台关于防范化解重大风险及加强虚假诉讼犯罪惩治工作联动机制；紧贴革命老区振兴发展战略，出台贯彻落实意见 15 条；支持银行业不良资产处置，审结涉金融案件 231 件；依法调解网络交易、技术服务合同等新类型案件，促进创新型企业成长发展；严厉打击侵企权益犯罪案件 5 件，依法严惩丘某等人干扰企业正常生产经营等犯罪行为。坚持在审判执行中全面贯彻社会主义核心价值观。依法审理王某毁损他人祖坟案，维护公序良俗；妥善审理江某侵犯他人名誉权案，弘扬友善相处传统美德；依法惩处谈某遗弃患病幼儿案并促使其主动承担抚养责任，保护儿童合法权益；

加大失信惩戒，鼓励诚信、制裁失信；发布典型案例两百余篇次，树立行为导向，为经济社会高质量发展汇聚崇德向善正能量。

【司法为民】 2021年，蕉岭县人民法院加速诉讼服务转型升级，升级建设“一站通办”诉讼服务中心，编印诉讼服务指南、民事案件“要素清单”12类3万份。推行诉讼服务“网上办”，跨域立案14件、网上立案195件、网上开庭59次、线上诉前调解17件，网拍成交18件1877.8万元，签发律师调查令15份。全市首推《执行款接收账户确认书》，“云拨款”将执行款划拨时间缩短80%。在全市法院率先推出电子档案查询服务，便利群众。全面推行繁简分流办案模式，审结民事速裁案件312件、刑事速裁案件72件、办结速执案件566件，平均结案时长比改革前大约缩短30%。组建2个特邀调解团队，推行“诉前调解+司法确认”机制，诉前调解成功208件，司法确认136件。夯实基础建设，新建审判法庭大楼，全配套推进10个审判法庭、5个调解室建设，升级改造法治宣传基地。积极打造多元解纷和诉源治理新局面，在全县8个镇设立“诉讼服务站”，建立“一庭挂两镇”机制，在广福镇设立“网上巡回法庭”，打造诉讼服务“升级版”。完善诉调对接、基层解纷工作机制4个，实现纠纷多层过滤、诉源有效治理。保护弱势群体诉讼权益，为19名当事人发放司法救助金41.27万元，依法对符合条件的当事人缓、减、免诉讼费1.1万多元。主动向县人大常委会专题报告工作，认真落实人大常委会审议意见；邀请人大代表、政协委员、党员干部代表观摩庭审、见证执行等27人次；邀请检察长列席审判委员会会议，接受检察机关的法律监督；落实司法民主，全年人民陪审员参审案件442件，陪审率91%；多措并举全面推进裁判文书上网和庭审直播工作，司法公开工作走在全市法院前列。 （徐玮珍）

2021年蕉岭县人民法院负责人名录

党组书记、院　长：刘志平
党组副书记、副院长：丘忠列
党组成员、副院长：丘　吉
党组成员：曾繁干
党组成员、审委会专职委员：陈育东
党组成员、纪检组组长：林德亮

司法行政

【概况】 2021年，蕉岭县司法局以习近平新时代中国特色社会主义思想为指导，深入贯彻习近平法治思想，统筹推进全面依法治县工作，认真履行法治宣传、法律服务和法治保障职责，深入开展政法队伍教育整顿和党史学习教育工作，不断深化司法行政体制改革，为推动全县经济社会发展营造了良好的法治环境，提供优质高效的法律服务。

【依法治县】 2021年，蕉岭县司法局持续发挥依法治县统筹协调的作用，以推进法治建设为抓手，坚持把学习贯彻习近平法治思想以及习近平总书记关于深入推进依法行政、建设法治政府的一系列重要论述纳入县委常委会、县政府党组会议、县政府常务会议重要内容。组织县委、县政府领导干部学法2场，切实提高领导干部运用法治思维和法治方式解决问题的能力。组织全县44个单位290位领导干部开展述法，推动党政主要负责人切实履行法治建设第一责任人职责。全年开展法治督察2场，组织全县55个单位深入开展督察自查和12个执法职权下放单位深入8个乡镇开展综合行政执法改革专项督察。持续推进镇街综合行政执法改革，组织全县乡镇行政执法人员开展2期综合行政执法培训和业务知识培训，共培训310人次，印发培训手册1200本。牵头各部门梳理拟下放综合行政执法事项 519 项。

【法治政府】　2021 年，蕉岭县司法局加强规范性文件和重大行政决策的法制审查，全年共办理合法性审查 110 宗，起草编制县政府重大行政决策 2021 年度目录。提请县政府印发《蕉岭县全面推行证明事项告知承诺制工作实施方案》，推进全县行政机关证明事项告知承诺制清单管理，起草《蕉岭县司法行政系统全面推行证明事项告知承诺制工作实施方案》。加强行政执法监督，落实行政执法“三项制度”，制定《蕉岭县行政执法案卷评查工作方案》，开展年度行政执法案卷评查工作，配合市依法治市办做好 2020 年度梅州市行政执法案卷网上评查工作。组织全县行政执法人员资格考试 4 场次，办理行政执法证 229 张。扎实推进复议应诉工作。结合党史学习教育，开展“学党史 我为群众办实事”行政复议体制改革宣传月系列活动。通过法律咨询、法治讲座、以案释法、政策解读的方式送法进社区、进乡村，全面落实行政复议与应诉职责，将“复议为民”落到实处。全年受理行政复议案件 7 宗；县政府行政应诉案件 16 宗，无败诉案件发生。

【社区矫正】　2021 年，蕉岭县司法局社矫工作严格按照《中华人民共和国社区矫正法》和疫情防控的工作要求，以提高社区矫正质量为出发点，进一步强化对社矫对象和重点人群的监管工作，规范社区矫正执法行为。全年全县社区矫正人员从未发生任何有社会影响的重大案件，没有因社区矫正措施不力、工作管理不到位造成的矫正对象重新犯罪，有效维护了社会安全稳定。全年累计开展远程会见 184 宗。全年接收社区矫正对象 98 人，解除社区矫正 90 人，累计发出训诫 14 人次，警告 2 人次。切实加大刑释解教人员的帮教力度，做到无缝衔接，切实防止刑释解教人员漏管、脱管。全年共回归安置帮教对象 155 人，在管安置帮教对象 621 人，安置率和帮教率均达到 100%。

【法律服务】　2021 年，蕉岭县司法局积极整合村（社区）法律顾问、公证、法律援助、人民调解等各类法律服务资源，持续推进完善公共法律服务体系建设。统一规划和标准建设县、镇、村三级公共法律服务中心、站、室，全县建成 1 个公共法律服务中心、8 个公共法律服务工作站、111 个公共法律服务工作室。深入开展一村（社区）一法律顾问工作。共有 20 名律师与 107 个村（居）、蕉华区 4 个办事处签订法律顾问合同。全年全县村（社区）法律顾问共为村（居）干部及村民解答法律咨询 1271 人次，出具专业法律意见书 17 份，调解民间纠纷 49 件，上法治课及法律培训 447 场次。扎实开展公证便民服务。扩大公证“最多跑一次”事项范围，健全便民服务措施，加强公证程序流程控制。办结各类公证共计 212 件，其中涉港澳台公证 34 件、涉外 5 件、涉内地公证 173 件。切实做好法律援助便民服务。降低法律援助门槛，做到应援尽援，维护弱势群体合法权益。全年共受理法援案件共 185 宗，其中民事 7 宗、刑事 178 宗。

【法治宣传】　2021 年，蕉岭县司法局不断开创普法新模式，注重发挥部门、行业优势，拓宽普法工作覆盖面，利用“三八”妇女节、“3·15”消费者权益保护日、“4·15”国家安全日、“6·26”禁毒日等重要时间节点，大力开展疫情防控法治宣传以及《中华人民共和国未成年人保护法》、《农民工工资支付条例》、禁毒知识等法律法规宣传活动，深入开展“美好生活·民法典相伴”“疫情防控·法治同行”主题法律“六进”活动。共开展法律“六进”活动 38 场次，发放宣传资料及宣传品 3.5 万多份，接受咨询 1000 多人次，受教育群众 7000 多人次。同时，抓好重点对象学法用法。将国家工作人员和青少年作为法治宣传教育的重点对象，与教育局等12家单位联合下发《关于印发〈蕉岭县加强中小学生校园欺凌综合治理工作方案〉的通知》，对学校开展法治宣传和中小学生校园欺凌调研活动，组织法治宣传进校园活动6场次。持续推进“谁执法谁普法”工作，严格落实“谁执法谁普法”要求和履职评议活动，建立各部门齐抓共管的普法工作机制，督促各单位全面落实“谁执法谁普法”普法责任制，使普法工作常态化。

【矛盾化解】 2021年，蕉岭县司法局学习借鉴新时代“枫桥经验”，充分发挥律师驻村居和公共法律服务平台作用，化解矛盾纠纷，把矛盾纠纷化解在萌芽状态，全年共受理各类矛盾纠纷案件1156宗，调处率100%，调处成功1144宗，调处成功率99.8%；开展大排查25次，排查各类矛盾纠纷356宗；防集体上访10宗，无民转刑案件发生。

【队伍教育整顿】 2021年，蕉岭县司法局认真贯彻落实中央、省、市、县委关于开展政法队伍教育整顿工作的统一部署，坚持把政治教育、警示教育、英模教育与党史学习教育有机结合，推动政法队伍教育整顿和党史学习教育走深走实。在队伍教育整顿期间，认真落实政治轮训、“一把手”讲党课、专题讲座、参观红色教育基地等规定动作；开展律师行业突出问题专项治理、公证和司法鉴定行业突出问题专项治理自选动作，强化学习教育成效。通过个人自查、线索核查、顽瘴痼疾专项整治、政策宣讲、组织查处等，纵深推进查纠整改成效。围绕党风廉政、干部管理、便民利民等方面，制定完善各项制度16项，出台便民利民措施5条。1人被市委政法队伍教育整顿领导小组评为梅州平安之星，3人被评为梅州政法英模。

【党史学习教育】 2021年，蕉岭县司法局党组通过政治轮训、集中学习、“三会一课”等形式组织全局党员干部深入学习党史知识，积极开展“我为群众办实事”实践活动，举办行政执法培训、“法律六进”、“法律援助惠民生”、“公证服务上家门”、“调解纠纷促和谐”等活动，落实为民办实事37件，解决群众“急难愁盼”问题。 （徐秋燕）

2021年蕉岭县司法局负责人名录

党组书记、局长：傅建新

党组成员：林忠平

党组成员、副局长：林建平 李忠福（女）
黄胜松

党组成员、政工办主任：刘萍珍（女）

普法教育

【概况】 2021年，蕉岭县普法办公室加大全民普法工作力度，扎实开展“八五”普法启动、法律“六进”等依法治理各项工作，为建设平安法治蕉岭营造良好的法治环境。

【“八五”普法启动】 2021年，蕉岭县普法办公室围绕“八五”普法启动，扎实开展多项工作。及时总结梳理“七五”普法工作的成功经验和存在问题，特别是针对县人大代表提出的“关于加强农村普法教育的建议”的提案，开展相关普法工作调研。普法领导小组向全县下发《蕉岭县2021年普法依法治理工作要点》（蕉普字〔2021〕2号），使全年普法工作有条不紊。县普法领导小组召开“八五”普法启动暨“七五”普法总结表彰大会，对“七五”普法工作成绩显著的18个单位和28名个人给予表彰。县委县政府向全县印发《关于在全县公民中开展法治宣传教育的第八个五年规划（2021—2025年）》（蕉办字〔2021〕34号），明确了“八五”普法工作方向。县人大常委会在蕉岭县第十六届人民代表大会常务委员会第一次会议上通过《关于开展蕉岭县第八个五年法治宣传教育的决议》，为做好“八五”普法工作起到强有力的监督作用。

【宪法民法典学习宣传】　2021年，蕉岭县普法办公室为进一步宣传学习《中华人民共和国宪法》《中华人民共和国民法典》，相继下发《关于进一步掀起宪法民法典学习宣传热潮的通知》《关于在全县开展“美好生活·民法典相伴”主题宣传的实施方案》《2021年蕉岭县“宪法宣传周”工作方案》等文件。会同相关部门，围绕“美好生活·民法典相伴”宣传主题，开展“法律六进”活动20多场；印制《民法典与生活同行》小册子4000本，青少年普法学习笔记本5000本，“八五”普法学习笔记本2000本，宣传袋2000只；组织全县8000多名干部职工开展宪法民法典专题学考，优秀率达99.81%；举办专题培训班，邀请法学教授为全县法治副校长进行《中华人民共和国民法典》专题培训；开展“宪法教育大课堂”，推动宪法民法典法治宣传进校园；组织专业宣传策划力量制作小品《“案”说民法典》上报参与省法治文化节评选；围绕“以习近平法治思想为指引 坚定不移走中国特色社会主义法治道路”宪法宣传周宣传主题，大力开展宪法进机关、进社区、进农村、进校园、进军营、进企业、进网络等主题宣传活动。

【重点对象普法】　2021年，蕉岭县普法办公室抓好重点对象的普法工作。领导干部学法。全县各级党委（党组）中心组学法250场（次）；县委党校举办各类培训班10多期次，培训人员1300多人；举办全县行政执法人员综合法律知识培训4期，专业业务知识培训12场次，共培训行政执法人员539人次，开展综合法律知识网上考试6场次，参考人数235人；组织2次领导干部旁听案件庭审活动，20多名科级以上干部参与现场庭审，其他领导干部则通过中国庭审网观看庭审直播；组织全县8500多名干部职工参加年度普法考试，优秀率达99.81%。青少年普法。全县50名法治副校长以及各相关职能部门累计开展青少年法治讲座150多场，开展“宪法教育大课堂”6场次；在“12·4”国家宪法日期间，县教育局举办“宪法晨读”活动，全县33个中小学校近2.3万名师生同步参与“宪法晨读”。农村普法，全县各镇各单位以“法治乡村建设”为抓手，进一步加强有关农村、农业、农民的普法宣传教育，扎实推进普法惠民。县普法办与有关部门联合，累计开展法治宣传进乡村活动38场次，发放宪法、民法典、疫情防控等法治宣传资料2万多份；针对村（社区）“两委”换届任职，县委党校加强对全县村（社区）“两委”干部的法治教育和培训。全县村（社区）法律顾问共为村（社区）干部及村民解答法律咨询1270人次，出具专业法律意见书17份，草拟、审查、修改合同及其他法律文书420多份，调解民间纠纷52件，上法治课及法律培训446场次。

【公益普法】　2021年，蕉岭县普法办公室组织全县各镇各单位紧紧围绕疫情防控、防范化解重大风险、扫黑除恶、乡村振兴、国家安全、法治化营商环境等重点，全年，开展法治宣传主题活动1000多场（次），法治讲座120多场（次），发放普法宣传资料5万多份，推送学习宣传信息4万多条，蕉岭电视台4次/天推出法治宣传公益广告及系列报道，受益群众10万多人。

【新媒体普法】　2021年，蕉岭县普法办公室指导全县各镇各单位充分运用门户网站、微信、微博、客户端等新媒体开展“指尖上的普法”“梅州蕉岭普法”微信公众号推送各类普法信息354条，关注人数达5268人；县文体广电旅游体育局组织开展10多场线上法治文化惠民演出，诚信守法小品《诚信为本·守法为先》、食品安全法主题小戏《良心无价》等深受群众欢迎。

【履职评议】 2021年，蕉岭县普法办公室为进一步推动落实国家机关“谁执法谁普法”“谁服务谁普法”“谁主管谁负责”的普法责任制，从8月开始到11月上旬，县普法领导小组组织履职报告评议团，分阶段开展国家机关“谁执法谁普法”履职报告评议活动。通过对参与评议的县财政局、县文化广电旅游体育局、县应急管理局、县城市管理和综合执法局和长潭镇人民政府5个单位进行实地考查、社会网络评议和履职报告评议，五个单位均达到优秀等级。

【法治创建】 2021年，蕉岭县普法办公室指导全县各镇各单位积极组织开展各项法治创建活动。蕉岭县作为全国乡村治理体系建设试点示范单位，乡村治理案例《创新“六事”治理方式提升乡村善治效能》入选第三批全国乡村治理典型案例名单；长潭镇堑垣村、文福镇鹤湖村被确认为2021年广东省“民主法治示范村（社区）”创建单位；广福镇广育村入选第九批“全国民主法治示范村（社区）”培育候选单位名单；广东电网有限责任公司梅州蕉岭供电局、广东粤电长潭发电有限责任公司荣获2020年广东省“法治文化建设示范企业”称号。 （赖冬梅）

2021年蕉岭县普法办公室负责人名录

主任：林建平

经济

基础设施建设

交　通

【概况】　2021年，蕉岭县交通运输局投入3.2亿元，完成公路工程项目36.8公里、农村公路安防工程20.6公里、桥梁工程7项；蕉岭县境内有高速公路40.46公里，国、省道209.74公里（包括116.64公里新升省道），县道274.642公里，乡道409.138公里，村道611.831公里，全县公路通车总里程1545.811公里，公路密度达160.93公里/百平方公里。优化城乡公路环境，完善路网规划建设，提升城乡交通通达能力，改善城乡居民出行条件。

【公路养护】　2021年，蕉岭县交通运输局因地制宜，加强农村公路路域环境整治工作，结合全县农村整治工作，开展“路田分家”“路宅分家”“拆违章、整路肩、清隐患、通排水、保整洁”等专项行动。将路网优化落实到实处，打造沟壑纵横的农村公路，凸显美丽乡村的风土人情、自然景观的自有特点，通过对沿线绿化提升、节点改造、步道增设、细节优化、文化植入、部分建筑立面改造等措施，打造特色突出的美丽乡村公路。

蕉岭县“四好农村路”建设（汪敬森　2021年摄）

【综合执法】　2021年，蕉岭县交通运输局开展交通综合行政执法工作，源头治超成效提升。2021年查处超限车辆119辆次，超限卸货5487.72吨，非现场执法案件351宗，处罚源头企业27家，非法改装车辆12辆次；处罚维修行业违规案件1宗；查处未采取有效措施防止货物脱落、扬撒案件14宗；污染公路案件1宗；发现未经许可进行涉路施工活动 11 处，发出责令改正通知书 11 份；共查扣非法运输危险品车辆 4 辆，道路运输行为得到有效规范，取得阶段性成效。（黄宇锋）

2021 年蕉岭县交通运输局负责人名录

党组书记、局　长：黄志权
党组成员、副局长：张远鹏　张运锦
谢其才
张郁鹏（4 月任职）
党组成员、县纪委监委驻县交通运输局纪检监察组组长：李敏燕（女）
党组成员、县交通系统党委副书记：周月芬（女）

2021 年蕉岭县交通运输系统党委负责人名录

书　记：黄志权
副书记：周月芬（女）

蕉岭汽车运输有限公司

【概况】　蕉岭汽车运输有限公司隶属梅州市粤运汽车运输有限公司。现用车站于 1996 年建成并投入使用，占地面积 7630.6 平方米，建筑面积 2320 平方米。公司下设 6 个部门。经营项目有旅客运输，汽车维修等。公司有建制营运大客车 6 台，中巴车 7 台，城乡公交车 50 台。经营有蕉岭至广州、东莞、深圳、梅县等客运班线。

【城乡一体化】　蕉岭汽车运输有限公司推进城乡公交一体化项目工作，于 2017 年 9 月 1 日开通。投入 50 台新能源纯电动车进行营运，开通 20 条公交班线，97 个行政村开通 89 个，通车率达 91.75%；2020 年 10 月开通村镇通新布镇、广福镇、文福镇班线，投入 50 台（宝骏 730、7 座）小轿车营运，全面覆盖蕉岭县各乡镇，方便群众出行。（徐均铭）

2021 年蕉岭汽车运输有限公司负责人名录

执行董事、总经理：徐思宝
副总经理：谢晋健
副总经理：陈　东

公　路

【概况】　2021 年，蕉岭县公路事务中心养护总里程 92.073 公里，其中 205 国道 42.161 公里（223 省道 26.023 公里，332 省道 23.889 公里）。

【公路建设】　2021 年，蕉岭县公路事务中心优质高效开展工程建设工作。国省道路面改造建设工程项目有：国道 42 公里路面改造工程共四个项目，全面完工通车；省道 332、省道 223 线路况综合整治项目全面完工；5G+智慧公路建设项目，建成县级综合数据平台 1 项，2 座桥梁、路面洒漏及厂区出入口的智慧监控点共 30 个；喷淋系统建设项目，完成示范段建设。

【养护管理】　2021 年，蕉岭县公路事务中心养护工作推行精细化养护管理模式，把“精养细护、精益求精”的要求落实到具体的养护工作中去，加大精细化养护力度，开展路域环境综合整治，提升公路通行能力。推进养护规范化建设，落实各项养护管理制度，督促各养护中心（养护组）做好路面路肩保洁、水沟桥涵清理等日常养护工作。保障养护机械化实施，投入公路养护保洁机械 6 辆（其中：洗扫车 1 辆、洒水车 2 辆、养护作业车 3 辆）。抓好预防性养护及中修工程。投入 100 多万元，完成国省道砼路面挖补 2000 平方米、沥青路面修复 3200 平方米，累计投入机械 100 多个台班，人员 150 多工日，资金 50 多万元抢通、修复国省道一般水毁 30 余处。加强国道公路绿化和美化。投入 400 多万元对国省道移植补种乔木细叶榄仁200棵，补种小苗3000多株，清降路肩种草皮及清杂1.8万平方米。

【路政管理】　2021年，蕉岭县公路事务中心路政部门加强路政巡查，加大依法治路力度，路政管理取得新突破。处理损害公路路产案件34宗，发现在公路建筑控制区范围内的违章建筑6宗，取证下发《公路路政巡查管理违法行为告知书》2宗，发出各类《停止侵权行为告知书》9份，以书面形式或在信息平台上及时告知执法局立案查处4宗，发现污染公路的行为移交交通运输局6宗，清理拆除各类乱拉、乱挂65幅，追回各类赔（补）偿费用183333元，清理公路淤泥杂物21立方米，努力构建“畅、安、舒、美、优”的公路服务环境。

【安全生产】　2021年，蕉岭县公路事务中心强化安全整治工作，推进专项督查及隐患排查治理工作，保证各项安全制度及法规落到实处。落实安全生产责任。组织安全大检查，建立台账限时整改，未发生安全事故。开展实践活动，针对因历史遗留原因造成长期未得到妥善解决的G205金塔水泥厂门口变窄路段和G205文福镇白湖村段道路边摆卖现象，以及G205穿城段两边花池开口过多车辆随意由主道变道进入辅道及由辅道变道进入主道等问题，通过实施路面和设置中央隔离、对G205穿城段两边花池开口进行封闭、完善标志标线和水沟等措施，消除安全隐患，保障道路安全畅通。　（古诗倩）

2021年蕉岭县公路事务中心单位负责人名录

党委书记、主任：曾剑涛
党委副书记、副主任：陈　新
党委委员、副主任：黄　晓
党委委员、副主任：汤发群
党委委员：关　奋
总工程师：陈方政

邮　政

【概况】　2021年，中国邮政集团有限公司广东省蕉岭县分公司全年累计实现业务收入3351.06万元，完成全年收入目标任务的98%，同比增长8.47%。

【邮政业务】　2021年，中国邮政集团有限公司广东省蕉岭县分公司。金融业务转型显效，代理金融累计实现收入2688.49万元，同比增幅9.83%，是近三年来同比增幅最大的一年，各项业务指标发展均取得较好的发展。推动场景生态、权益服务、财富营销三大体系建设，落实省、市邮政分公司“食在广东”“最美民宿”等各项获客活动，年新增双微商户866户，完成进度101.9%。通过抓项目资金、金柚资金、VIP以上客户资产提升、双节余额保卫战等举措，提升全县余额规模：平均余额方面：全县邮政月日均余额规模为17.89亿元，当月平均余额剔除三年期后新增2541万元，全年累计净增1.6亿元，顺利完成2021年全年目标1.51亿元，进度106%。时点余额方面：全县邮政当月时点余额增长6893万，全年累计净增1.95亿元，完成目标1.85亿的105%。市占率方面：2021年全县市场资金年新增8.62亿元，年新增1.95亿元，新增占有率为22.61%，比上年同期上升3.02个百分点，排名第2。全县邮政有节奏有计划安排保险业务发展，实现年保费规模增长；2021年全年中邮新单总保费1013万元，进度100%。以科技赋能提升效率，全年新增智能电话机设备9台，点均覆盖1台，提高网点营销智能化和精准化的程度，助力网点开展电话精准营销工作。寄递业务规模攀升。寄递业务累计完成收入329.47万元，完成进度

86%，同比增幅达7%。特快业务以重点推进公安车管、法院、梅州柚等项目为抓手，推行揽投挂钩考核政策，实现收入150.32万元，自寄递整合以来，特快业务得到有效的提升，增强发展信心。快递包裹以效益为导向、以轻小件电商客户为重点开发营销对象，通过加强快包的资费管控和优化营销积分政策，边际贡献率得到一定的提高。全县邮政基础业务累计收入196.11万元，其中函件实现收入79.23万元，集邮实现收入35万元，报刊实现收入81.88万元，在加强业务过程管控同时以项目为抓手，拓展业务市场，提升邮政品牌影响力。重点协同项目落地，惠农合作、汽车产业链、军民融合、政务服务、电商市场、医药市场、总部客户等集团重点协同项目和悦邮行、商会协会等省内自主协同项目均取得较好成效。同时以重点协同项目为抓手，凝心聚力，打造本地协同亮点，新增金融资产6205万元，完成进度175%。农村电商扎实推进。做大商流规模，多管齐下，提升分销业务规模，通过开展金融优惠购活动、南粤分享汇帮扶项目、生肖酒促销、万人拼团等活动提升分销收入快速增长。扎实推进渠道建设，做好站点提质增效工作，提升邮乐购优质站点53个，发展邮乐购会员328名；推进基地建设，通过邮乐网、供应链销售渠道、南粤分享汇、直播系列活动做好梅州柚销售工作。

【设施建设】 2021年，中国邮政集团有限公司广东省蕉岭县分公司狠抓设施建设，在投递能力提升上，重点推进自提点和自提直投中心建设。营业网点自提开办率100%，开办率排名领先。建成有独立机构号的区域自提直投中心1个，实现13个自提点的邮件直运。全县邮政快包自提邮件占比54.03%，提升近37.36个百分点。通过作业流程优化和投递道段调整，提高邮件处理效率，减轻人员劳动力度。县乡村三级物流能力提升。探索三级物流体系建设，成立三级物流体系建设专班。提高投递员投递效率。

【企业管理】 2021年，中国邮政集团有限公司广东省蕉岭县分公司狠抓企业管理。突出效益抓管控，寄递三大环节降本成效明显。资金资产管理成效提升，严明资金收缴纪律，全面推广电子渠道收款，重点对寄递业务开展欠费清理工作。优化人力资源配置，推进金融网点营销人员和一线揽投人员的配备。探索和深化改革关键岗位的绩效考核。制定代理金融网点负责人绩效考核办法及投递人员揽投系数挂钩办法。提升质量抓服务，贯彻落实“人民邮政为人民”的服务宗旨，切实提高普遍服务和特殊服务水平，保障普遍服务和特殊服务提质达标，普服网点营业时间达标率、乡镇普服网点覆盖率、邮件全程时限达标率、建制村直接通邮率、县及以上城市党政机关《人民日报》当日见报率、机要通信安全率均达100%。强化管控保平安，全面做好重大风险防范化解。严格落实责任，保持内控案防高压态势。金融风险防控严防死守，“平安邮政”建设持续推进。全县邮政未发生重大金融风险和安全事故，防范化解重大风险的成效不断提高。

【关爱员工】 2021年，中国邮政集团有限公司广东省蕉岭县分公司注重关爱员工，深入推进“关爱工程”。加大对基层建家工作的力度，完成对1个网点的职工小家进行升级整治、员工宿舍加装一台空气能热水器和公司饭堂优化工作。提高员工综合素质，开展各类劳动竞赛，并组织参加市各类劳动竞赛和文体比赛。常态化开展员工困难扶助、节日慰问和群团工作。巩固拓展脱贫攻坚成果与乡村振兴有效衔接。通过慰问走访、加强日常动态监测，巩固脱贫成果。

【疫情防控】 2021年，中国邮政集团有限公司广东省蕉岭县分公司全力做好疫情防控工作。重点人群、重点环节、重点岗位的防控措施严格实施，防护物资充沛，全县邮政疫苗应种接种率100%，无员工感染新冠病毒。全力落实“行业国家队”的责任担当，调派邮政车辆和人员配合市邮政分公司将承载着梅州对广州情感的20多吨抗疫物资及时运送至广州荔湾区，彰显责任担当。　（宋苑苑）

2021年中国邮政集团有限公司广东省蕉岭县分公司负责人名录

党总支书记、总经理：魏军文（任至8月）
党总支副书记、副总经理（主持工作）：
　汤怀裕（9月任职）
副总经理：王裕庆
副总经理、县寄递事业部常务副总经理：钟　立
综合办公室经理：汤文元

中国电信蕉岭分公司

【概况】　2021年，中国电信蕉岭分公司以高质量发展为主题，加快推进“云改数转”，完成各项任务目标和应急通信保障任务。

【网络建设】　2021年，中国电信蕉岭分公司全年投入资金800多万元用于通信网络建设和升级改造。实施光网和移动网工程，5G信号基本覆盖城区并开始向乡镇农村延伸，为5G应用提供网络基础。优化完善4G网络，用户感知持续提升。持续提高保障能力，全年光衰达标率稳定在98%以上。推动网络优化，推进老旧传输设备退网、铜缆退网及自主扩容等工作，加快网络通信高质量发展。

【重点项目】　2021年，中国电信蕉岭分公司参与“智慧城市”项目建设。运用教育云资源，推进云业务普及，提升网络安全信息防护水平。与政府配合建设智慧社区和“县级平安蕉岭—镇级雪亮工程—村级数字乡村”三级联防体系，推动社会治安群防群治、社会治理共建共享，提升社会治理智能化水平。落实惠民政策，开展服务日活动，推进“平安乡村”“平安万家”和智慧社区覆盖。

【社会责任】　2021年，中国电信蕉岭分公司配合政府做好疫情防控，完成全县10个新冠疫苗接种点视频监控建设接入、应急开通人民医院新院区鹰眼视频监控业务。保障建党百年通信网络相关工作，完成人民医院、中医院、妇幼保健院三家医院全业务搬迁、中高考期间通信保障、全市派出所所长现场会议、全市农村工作会议暨实施乡村振兴战略现场推荐会议、广东省数学大会现场会议、广东省数字财政系统上线等通信保障工作。完成多个行政村村级监控平台建设，在服务社会治理、打击犯罪、交通管理等方面发挥作用。　（张爱玲）

2021年中国电信蕉岭分公司负责人名录

党委书记、总经理：叶志锋
副总经理：江国中　李志伟（2月任职）

中国移动蕉岭分公司

【概况】　2021年，中国移动通信集团广东有限公司蕉岭分公司加大资源投入，巩固网络优势，提升服务水平，推进信息基础设施建设，无线网络综合覆盖率超过99%，移动电话市场份额超过86%，光纤宽带入户率超过99%，光纤宽带市场份额超过65%。

【信息基础设施】　2021年，中国移动通信集团广东有限公司蕉岭分公司重视信息基础设施建设。无线网络：优化县域无线网络。建设

开通71个5G站点，完成县城主城区、镇郊和部分行政村的5G信号覆盖；投资430万元，建设开通46个4G站点和5个大型4/5G室分建设；高效补充弱信号区域手机信号覆盖。传输网络：投资510万元完成核心网的建设；投资110万元完成蕉岭第二重要汇聚传输机房的前期建设；投资160万元完成3段管道的建设；投资330万元完成230公里的光缆建设；配合县镇村政府迁改方面投资540万完成线路迁改。宽带建设：投资280万元，新建光纤宽带预覆盖数8000户，光纤宽带入户率达到100%全覆盖，全县111个行政村中所有自然村已百分百光纤宽带接入。

【网络安全保障】 2021年，中国移动通信集团广东有限公司蕉岭分公司抓好基础维护工作，保障网络安全稳定运行，重大节假日、重要会议期间网络通信畅通，完成疫苗接种、“五一”、中秋、国庆、春节、农民丰收节、数学大会等现场的通信保障及党代会、“两会”、疫情防控会、森林防火部署会等应急会商系统的网络保障。

【互联网+行动】 2021年，中国移动通信集团广东有限公司蕉岭分公司重视互联网+行动。互联网+网络：打造以卓越网络为核心的蕉岭县“互联网+”基础网络枢纽设施及服务，完善各级政府、企事业单位办公场所及工业园区光纤网络覆盖，光纤覆盖率达100%，可为各单位提供质优价廉的光纤网络接入服务，助力“互联网+”行动的落实。5G+政务：充分应用AI（人工智能）、5G、大数据、云计算等技术，在为政府提供智慧医疗、智慧农业、惠民平台、智慧水务等信息化应用的基础上，开展智慧公路建设，解决205国道路面污染管控难的问题，提升管理效率。互联网+家庭：配合政府启动“电信普遍服务”项目，发挥中国移动光纤宽带“高起点、高技术、低资费、低门槛”的特点，开展光纤入村到户建设，行政村光纤100%到达，光纤入户率超过95%，光纤使用用户超过5万户。推动“平安乡村”“数字家庭”等智慧乡村、家庭建设，数字家庭客户规模超3万户、移动看家客户到达规模超2万户。

【综合治理】 2021年，中国移动通信集团广东有限公司蕉岭分公司坚持“预防为主、标本兼治、重在治本”的方针，加大综治工作力度，全面落实综合治理的各项措施和目标管理责任制，使火灾事故、通信事故、伤亡事故为“零事故”。履行社会责任，踊跃参与“辞旧迎新净家园，美丽美好迎新年”全民两美志愿服务、“学雷锋”系列、“创文志愿”服务、大学生社会实践等系列社会活动，履行社会责任。 （张　磊）

2021年中国移动蕉岭分公司负责人名录

总经理：张　磊

副总经理：刘茂才

项目经理：陈志欣（任至7月）

中国联通蕉岭分公司

【概况】 2021年，中国联合网络通信有限公司蕉岭县分公司推动5G+千兆光网的“双千兆”网络建设战略，通过精准规划和共建共享持续扩大广覆盖、完善深覆盖，全新推出的FTTR全光全屋组网，打通阻塞宽带网速的“最后一米”，可以最大限度同时满足家庭超高清视频、在线教育、云上办公、VR虚拟规定、安防等全屋无死角的智能应用高质量体验。打造政企精品网，全面满足高价值区域、高价值客户100%接入。聚焦影响客户感知的重点区域和重点问题，构建高质量效支撑体系，跨域支付及时率达到99%，省内交付及时率达到96%，客户故障修复及时率达到98%。

【客户服务】　2021年，中国联合网络通信有限公司蕉岭县分公司实行专项权益、特色应用、志愿活动三类服务措施，为老年人、残联人士畅享数字生活提供全方位保障：在营业厅专项开展提供适老助残服务，厅外设置无障碍通道，便于行动不便的客户能够自如进出营业厅；厅内为老年人提供老花眼镜，为残障人士提供轮椅，同时设置便民箱、储备急救药品、口罩等应急物资以备不时之需。此外，还专门设立老年人、残障人士、孕妇和军人的"爱心专席"，以上人群办理业务无须等待，享受优先叫号办理和代取号、代打印服务。为听障人士量身打造畅听王卡，提供障碍AI通话服务，不仅可以将通话实时转化为文字传到接听界面，而且可以将想说的话转化成语音发送，其AI识别率高达98%。为老年人以专版形式打造联通App"关怀模式"，上线大字体、大按钮界面，简化使用步骤，清晰套餐资费，业务一键进入，使其更加符合老年群体使用习惯，降低老年人学习和使用成本。此外，推出健康防疫核验服务产品，出行人员无需再用手机扫码，只要拿出身份证在设备上轻轻一刷，短短的2—3秒钟即可完成实时查验，不仅降低聚集风险，提高出行效率，更是为不会使用智能手机的老人和不便使用智能手机残障人士提供一大利器，让他们的出行过程变得更加方便快捷。办实事活动期间，蕉岭联通还深入社区群众，面向用户开展"家庭网络监测为民服务"活动，免费为用户提供全屋一站式网络测速和WiFi体验优化服务，加强用户网络服务感知。同时为了增强宽带服务支撑能力，组织全市开展楼宇和小区的千兆速率达标测试工程，逐一检查客户的宽带速率，为客户提供专属的速率测试方案，实现楼宇和相关小区客户千兆速率100%达标。

【智慧创新】　2021年，中国联合网络通信有限公司蕉岭县分公司致力于推动数字化能力与应用建设，以创新助力城市治理能力现代化。依托领先的5G、云计算、大数据、人工智能、区块链和安全技术能力，联通打造了"数字政府"综合大屏系列产品，发挥云网资源、数据资源、数智平台及数治运营优势，推出"智慧党建""政务大数据""智慧应急"等应用。"沃智护"智慧防疫，是联通为提高常态化疫情防控质量和效率自主研发的数字化、智能化、生态化产品。该产品以技防代替人防为宗旨，将人防可能出现的测不准、查得慢、管不好转变为技防测得准、查得快、管得好，并为不同防疫场景提供具有针对性的解决方案，真正实现平安通行。面向由于疫情无法返校的留学生、需要查阅海外教育资源的教师、有出国计划的学生等群体，联通推出"沃加速"产品。该产品提供海外网课直播加速/下载加速、教育资源加速、高校网站加速服务，是在线学习的必备神器。面向家庭客户，联通推出"沃家"系列服务，包括沃家组网、沃家固话、沃家神眼、沃家电视等产品，旨在打造"全屋智能"全场景体验，满足全家生活娱乐需求。

（杨利红）

中国联合网络通信有限公司蕉岭县分公司负责人名录

总经理：孙宇南

供　电

【概况】　2021年，广东电网有限责任公司梅州蕉岭供电局如期完成广东电网公司决战决胜"全国最好2021"目标任务，实现"十四五"规划良好开局。全年完成售电量15.35亿千瓦时，同比增长0.48%。实现营业收入6.6

亿元，同比增长1.54%。低压客户平均停电时间3.6小时/户，同比下降33.3%；中压用户平均停电时间3.97小时/户，同比下降29.71%。累计有效发明专利受理数17件。

【服务地方】 2021年，广东电网有限责任公司梅州蕉岭供电局全力抓实疫情常态化防控工作。在梅州市各县区局率先实现新冠病毒疫苗接种率100%，保持“零疫情”良好局面。全力推动巩固拓展脱贫攻坚成果同乡村振兴有效衔接，参与广福镇大坝村驻村扶村工作，累计帮扶捐赠资金10万元，造血型项目占比100%，消费帮扶力度得到提升。投资4879.6万元改善农村电网基础设施，治理解决低电压台区61个，有效提升革命老区供电能力和用户服务水平。全面服务“双碳”目标，配合蕉岭县政府推进整县光伏项目建设。引领能源绿色低碳转型，在全市率先实现乡镇充电桩全覆盖，完成可量化电能替代电量259万千瓦时。146个光伏项目实现快速接入，全县新能源装机和发电量分别同比增长661%、25%，清洁能源实现全额消纳。全面完成“全国最好”目标任务。

【安全生产】 2021年，广东电网有限责任公司梅州蕉岭供电局电网保持安全稳定运行，全年未发生电力生产安全事故，未发生五级及以上事件，消除设备紧急重大缺陷146项。对蕉城、新铺出现频繁雷击影响时户数多的架空线路进行防雷改造，设备健康水平持续提升。强化人身安全风险防控。全面落实“铁腕反违章 同心保平安”从严治安20条举措，强化现场作业人身风险管控，发挥作业风险监控中心再监督职能，运用智慧安监系统，累计“线上+线下”督查754次，发现违章255起，全年上级巡查发现问题同比减少59个。防范公共安全风险。建立设备隐患排查治理挂牌督办机制，抓好常态化安全隐患排查及整改，发现一般安全隐患107项，配合蕉岭县政府排查用户产权涉电公共安全隐患及防山火专项安全隐患累计51项，治理完成率100%。优化应急与保供电管理。编制印发《应急发电装备使用维护及调配指导意见》，完成人身事件“双盲”演练等现场处置演练43场次。圆满完成庆祝中国共产党成立100周年系列活动等重要保供电任务和“护网2021”网络安全保障活动。

【电网建设】 2021年，广东电网有限责任公司梅州蕉岭供电局持续加强电网建设，制定蕉岭“十四五”电网发展规划，发挥电力服务经济社会发展的基础性先导性作用。全年完成电网建设投资5292万元，投产配网工程139项，新增配变容量6305千伏安，完成9个解决过载及低电压（180伏以下）问题项目。深化智能配网建设，投入自愈线路66回，配网自愈线路覆盖率达到85.71%，其中县城及以上区域线路自愈率达到100%。中压线路可转供电率提升至89.66%，馈线自动化有效覆盖率提升至88.31%。配网自动化终端在线率99.52%，居全市第一。建成33个智能配电网V3.0项目，完成3个智能电网示范区配网项目（桂岭站新出10千伏桂岭02线与龙门线和北城甲线“2供1备”馈线组完善网架工程、蕉岭站10千伏北城乙线J10与桂岭站10千伏桂北甲线J12馈线组完善网架工程、新铺供电所新建大和亭2#公变解决10千伏油坑乙线976大和亭公变电压偏低工程）。工程投产和工程结算完成率实现“双百”，工程建设项目连续三年获广东电网公司“安全、优质、文明”样板工程称号。

【营商环境】 2021年，广东电网有限责任公司梅州蕉岭供电局应对电力供应紧张形势，站在讲政治的高度做好电力供应工作，实现错峰不拉闸、限电不减产。全面清理超计划限电序位表中包含民生和公共服务用电情况，梳理出54户可灵活调增调减负荷用户、8条超计划限电可切负荷线路。落实峰谷分时电价调整政策，完成全县333只分时电表改造任务，引导企业移峰填谷。深化综合停电管理。建立局、所两级监察性巡视“清单+督办”机制，成立降低中压线路故障率工作专班，开展重复跳闸线路治理，有效解决线路频繁跳闸和重复停电问题，全年中压线路故障率3.54次/百公里年，同比下降41.87%，降幅全市最大；重复停电用户比例26.32%，同比下降42.9%。完成带电作业190次，减少停电时间4.18小时，供电可靠性得到提升。坚持“为客户创造价值”服务理念，提升用户获得感、幸福感和安全感。实现政务电子证照数据共享、用户“零证办理”业务。低压非居民、中高压单电源客户平均接电时间分别为3.73天、45.88天，均优于目标值。加大客户诉求管控力度，“95598”意见工单同比下降16.8%，“12398”实现“零投诉”，第三方客户满意度87分。推进营业厅布局优化转型升级，增设“关爱有福”老年人专窗，为用户提供更便利服务。实现全县160千瓦及以下小微企业用电报装“零投资”，全年为客户节省投资5.6万元。落实电力市场化改革政策，实施代理购电业务，完成工商业用户政策告知和535户中压用户代购电协议签订。完成年度7953户电能表宽带模块改造任务及需无功考核方式整改的192户小水电站电能表更换。（陈德文）

2021年广东电网有限责任公司梅州蕉岭供电局负责人名录

党委书记、副总经理：邓园铭
党委副书记、总经理：谢烈阳
党委委员、副总经理：黄雄文　丘竟君
　　　　　　　　　　张锦欣
党委委员、纪委书记：陈玉李（8月任职）

住房和城乡建设

【概况】　2021年，蕉岭县住房和城乡建设局组织开展6次大规模安全生产专项大检查及86次日常巡查和8次安全督导督查，出动713人次，检查在建工地168项次，发现问题356个，其中安全隐患问题238个，发出整改通知书58份，约谈相关企业管理人员6人次，对安全责任落实不到位的施工、监理企业及其相关责任人进行动态记分。发出动态记分表78份176条记498分。

【房地产市场】　2021年，蕉岭县住房和城乡建设局强化房地产市场监管，促进全县房地产市场健康有序发展。房地产项目完成开发投资13.61亿元，同比增长69.46%。新办商品房预售许可证25宗25.83万平方米（其中住宅23.1万平方米），同比增长41.68%（其中住宅33.06%），新建商品住宅1724套；商品房销售面积16.7万平方米，同比下降31.1%；销售金额11.3亿元，同比降低9.91%，其中商品住宅销售面积15.02万平方米，销售金额9.93亿元；销售均价5728.77元/平方米，同比增长12.2%。

【建筑市场】　2021年，蕉岭县住房和城乡建设局完善建筑市场监管体系，规范建筑行业秩序，建筑市场平稳健康发展。全县建筑施工企业13家，2021年建筑业总产值40.544亿元，同比减少15.10亿元；在省内其他地级以上市完成的产值15.00亿元，同比减少4亿元；全县有预拌混凝土企业6家，2021年总产量为25.59万立方米，总销量25.59万立方米，总产值2.58亿元，同比减少0.976亿元。完成散装水泥供应量达833.87万吨，预拌混凝土产量约35万立方米的目标任务。

【监管和检测】 2021年，蕉岭县住房和城乡建设局受监房屋市政工程17项，受监面积约40万平方米；混凝土试块检测6125份，钢筋检测2586份，完成检测任务8700余份，合格率达95%。通过工建系统受理430件，并联审批133件，联合验收20单。房屋市政工程验收备案32宗72.44万平方米，房屋工程消防验收备案14宗25.6万平方米。

【老旧小区改造】 2021年，蕉岭县住房和城乡建设局多方筹措资金共811.2万元，实施对路亭大厦、城南教师村、塔牌宿舍、城南苑四个老旧小区的改造，惠及住户733户。

【农村建房整治】 2021年，蕉岭县住房和城乡建设局全力推进农村削坡建房风险排查整治工作。根据整治任务233户，实际开工整治237户，竣工237户，超额完成考核任务数。省级补助并拨付整治资金179.8万元。

【人防工程】 2021年，蕉岭县住房和城乡建设局启动编制《蕉岭县人防工程建设规划(2021—2035)》，办理人防结建审批2宗，易地建设报建审批4宗，全县23台防空警报器运行状态正常，全部实现电声化和鸣声自动化，城区覆盖率100%，鸣响率100%，有效提高战时预警和应急保障能力。

【审批制度改革】 2021年，蕉岭县住房和城乡建设局推进工程建设项目审批制度改革，完善政务服务事项清单，梳理并实施权责清单43项；办理房屋市政工程建筑工程施工许可证18宗，全部实现电子证书，报建面积约32.46万平方米，房屋市政工程验收备案30宗，验收面积约119.67万平方米，房屋工程消防验收4宗，验收备案10宗，验收面积约25.6万平方米。推进简政放权，取消审批事项6项，将9项政务服务事项和2项行政执法类事项下放到乡镇。

【住房保障】 2021年，蕉岭县住房和城乡建设局完成政府投资保障性住房建设428套，已分配402套，入住率达93.93%。公开抽签分配公租房3次，解决35户低保家庭、中等偏下收入家庭和高素质人才、新就业无房职工（含高素质人才）入住公共租赁房的问题。发放城镇公租房租赁补贴27户2.88万元，完成率270%。根据省、市下达全县的32户农村危房改造任务，开工32户，竣工32户，竣工率达100%，发放政府专项补助资金76.60万元。

【直管公房】 2021年，蕉岭县住房和城乡建设局严格履行住房管理职责，对直管公房的住户进行定期走访巡查、定期进行安全检查，发现问题快速作出维护措施，尽可能减少房屋受灾情影响，消除安全隐患，为公房的安全使用和延长房屋的使用寿命。排除安全隐患403处。

【房产交易和物业管理】 2021年，蕉岭县住房和城乡建设局严格执行商品房备案制度，规范商品房买卖活动，重点加大商品房预售资金监管制度执行力度，防控房地产潜在风险，坚决杜绝因资金监管不到位造成的“烂尾楼”事件。全县商品房预售登记备案1170宗，商品房销售面积共16.7万平方米。加强住宅物业行业管理，规范物业行业市场。备案业委会3个，前期物业合同备案4宗，调处解决信访投诉10宗。开展物业小区的疫情防控和消防专项整治，整顿规范物业管理行业领域秩序，提升行业治理水平。（徐宏达）

蕉岭县住房和城乡建设局2021年负责人名录

党组书记、局长：黄万彬

党组副书记、副局长：陈伟文

党组成员、副局长：刘学远（任至12月）

傅小平　涂军海

党组成员：涂国青

城市综合管理

【概况】 2021年，蕉岭县城市管理和综合执法局推进"美丽梅州·美好家园"三年行动城乡环境大提升、城乡生活垃圾分类、燃气安全专项整治、市容环境整治、重点工程等工作，提升城区市容环境，完善城市市政设施功能，为建设"世界寿乡·富美蕉岭"提供干净、整洁、有序、优美的城市环境。

【公共事业管理】 2021年，蕉岭县城市管理和综合执法局以"美丽梅州·美好家园"三年行动为抓手，抓紧、抓实、抓细城区市容环境管理工作。推行生活垃圾分类，将垃圾分类工作纳入2021年县政府重点工作；制订《蕉岭县城市生活垃圾分类工作2021年工作任务方案》，调整垃圾分类工作领导小组和增加工作专班成员，加强组织领导；将垃圾分类工作纳入蕉岭县城区环境卫生保洁服务项目，实行市场化运作，全年投入垃圾分类资金约264万元；结合小区实际情况，选定垃圾分类亭放置点位并由小区进行公示，本年内城区25个小区已开展垃圾分类工作，安装垃圾分类亭16个，并符合有"照明、监控、挡雨棚、排水口、洗手台、地面硬底化"的要求。开展道路环境整治，蕉岭县城市管理和综合执法局牵头，团县委、蕉城镇、长潭镇、县城综执法局、公安交警大队、环卫所等部门配合，联合开展城区市容环境联合整治百日行动，完成恒塔大道、中华大道、塔牌大道等主干道的整治，查处违规占道经营行为1850起、乱拉挂行为170起、乱堆放行为260起，清理三乱广告1223起，查处机动车乱停放行为97起，机动车（电动车）占道经营行为82起，查处违规占用公共停车位的行为66起，拆除清理地锁、水泥墩、反光锥桶79个。开展农贸市场升级改造工作。对国有农贸市场升级改造，制定《蕉岭县农贸市场提升改造项目建设方案》，对全县4个市场（新东市场、三圳市场、新铺市场、文福市场）进行升级改造，工程投资2604.1万元。蕉岭县新东市场改造已完成。抓燃气安全整治，维护用气安全，汲取湖北十堰"6·13"燃气爆炸事故教训，响应全国、全省"一盘棋"应急机制，联合市场监管、公安、消防等部门深入开展全县燃气安全专项整治工作。在专项整治中，以燃气企业、气站、燃气销售点、燃气管网等为重点，检查气站内压力容器等燃气设备设施是否符合要求、气库出线端至全城各管网、各小区用户用气设备安全检查、乡镇使用液化石油气用安全。排查行动中，组织39个检查组285人次对燃气企业及燃气销售点、城镇燃气管网进行排查，排查燃气企业、销售点等场站23个，排查市政管网93.7公里，排查居民小区29个，工商业用户及小区住户等457户，排查出69个安全隐患，所排查出的安全隐患均已督促完成整改。保持城区亮化水平，按照科学调度、分时管理、四季调整的工作模式，细化县城道路的路灯照明和大型建筑物外墙亮化管理，实现城市路灯节能及亮化的智能管理。全年累计出动400多人次对管辖范围内的路灯公共设施和线路进行专门排查，出动高空作业车辆100多次对路灯进行修复和线路检测维护，更换路灯照明设施配件2000余只；更换残旧老化线路3000多米，结合党史学习教育"我为群众办实事"活动，为城区群众解决无路灯问题30多处，安装壁挂式太阳能路灯60套，安装等盘式路灯40套，保证市政公共设施和路灯修复率及亮灯率达98%以上。提升城区绿化环境，在春节、全市乡村振兴现场推进会等重大节日、重大活动期间对城区树木花带进行提升，对城区、蕉华区公共主要节点换种莳花苗木约16万株，共计4000多平方米。抓好市政工程建设，完成蕉岭县府前路提升改造、怀仁里文化长廊项目、怀仁路功名柱小广场及完善周边市政设施工程，改善城区市政道路环境，传承蕉岭文化。

【城区环境卫生】 2021年，蕉岭县城市管理和综合执法局全面加强城区环境卫生。做好卫生检查监督管理工作，工作人员分片到各辖区进行巡查监督，发现问题及时处理。认真执行考评制度，将考评结果与承包款挂钩，不留卫生死角，保证城市街道的干净、整洁、有序。全力做好垃圾分类工作，从3月起启动城南片区26个小区生活垃圾分类处置试点工作，对各小区进行现场踩点，结合小区实际情况，选定垃圾分类亭放置点位并由小区进行公示。5月开始逐步对各小区投放垃圾分类亭，已有16个小区启动垃圾分类工作，安装垃圾分类亭16个。开展多场垃圾分类志愿服务活动，发放宣传品2万份，活动参与志愿者约500人次。 （古苑晖）

2021年蕉岭县城市管理和综合执法局单位领导名录

党组书记、局　长：曾艳贞
党组成员、副局长：李　俊　陈伟平
林文胜
党组成员、执法大队大队长：何添胜
党组成员：古苑晖

土地房屋征收安置中心

【概况】 2021年，蕉岭县土地房屋征收安置中心开展森林防灭火、志愿服务等活动135人次；政策宣传8次；文明倡导6次；平安守护60人次；疫情防控53人次；走访慰问老党员、困难党员，困难群众15户。单位自筹投入资金3万元和协助筹集资金10万元，解决民生实事累计5件。

【征拆工作】 2021年，蕉岭县土地房屋征收安置中心坚持“以人为本·依法征收”，完善和出台有关征收补偿安置方案。完成蕉岭县2014年度第一批次城镇建设用地二期房屋征收项目中剩余2户的房屋征收、拆除、清杂工作。完成蕉岭县2020年度第一批次城镇建设用地房屋征收项目的中医院、妇保院生命通道、城市道路等基础建设的征收、拆除、清杂工作。完成2021年度蕉岭县城市规划道路建设用地项目中的房屋征收、拆除、清杂工作。完成2021年度广东蕉华大健康产业园4户房屋的测绘、评估工作及蕉岭县2020年度收回部分广东省蕉岭华侨农场（新城起步区622亩）国有土地建设项目一期房屋征收项目委托广东中企华正城资产房地产土地评估造价咨询有限公司制订房屋征收补偿与安置方案、社会稳定风险评估报告（并出具咨询报告）。妥善解决原蕉岭县教育局联办文用厂的国有土地及房屋收回工作的历史遗留问题等。 （王　伟）

2021年蕉岭县土地房屋征收安置中心负责人名录

主　任：汤　宏
副主任：古洪洪（任至2月）　曾　平

环境保护

【概况】 2021年，蕉岭县空气环境质量保持优良，全年城区环境空气质量优良率达100%，年均值达到环境空气质量二级标准。县城及各镇饮用水源保护区水质达标率100%。地表水水质保持稳定，省考新铺断面、市考三圳断面全年水质达标率均达到100%。城区环境噪声符合国家2类区标准。

【环境管理】 2021年，梅州市生态环境局蕉岭分局按照分类管理、分级审批、总量前置审批的原则，把好项目环保审批关，严控污染物排放总量。2021 年，审批建设项目 27 个，审批通过项目的总投资 146011.72 万元，其中环保投资 8298 万元。

【环境保护督察】 2021 年，梅州市生态环境局蕉岭分局从严从实从快调查处理第二轮中央生态环境保护督察组进驻广东期间的交办信访案件，制订详细的工作方案。实行领导包案制。督察期间，收到 35 件信访件，全部办结。认真做好督察进驻期间的资料文件调阅、宣传信息上报及舆情动态掌握工作，整理上报 8 批涉及县级党委政府的资料文件调阅情况，上报信息动态 32 篇、每日简报 30 篇、综合性简报 12 篇，其中被上级采用、转载 6 篇次，配合市级新闻媒体到蕉岭采访 2 次。

【环境执法】 2021 年，梅州市生态环境局蕉岭分局加强对重点污染源现场监督检查，采取定期与不定期，突击检查与常规检查相结合方式，检查频次每月不少于 1 次，对日常检查中发现问题及时提出整改要求，环境执法工作落到实处。开展双随机监管工作，随机抽查企业 174 家次。开展绿色护考专项巡查工作。印发《关于做好 2021 年普通高考、高中学业水平和中考考试期间环境噪声管理工作的通知》，加大对各建筑工地、小型加工场所、歌舞厅等重点场所的宣传力度及开展城区日夜巡查，保证高考、中考期间无噪声污染干扰考生问题。加强饮用水源地周边环境安全隐患排查。开展工业企业、机修行业等固体废物特别是危险废物产生单位的环境监管专项检查，加固废倾倒巡查力度。做好汛期环境安全生产工作。全年出动执法人员 1520 人次，检查企业 380 家次，发出责令整改通知书 70 份，依法作出行政处罚决定 6 宗，累计处罚金额 25 万元。

【污染防治】 2021 年，梅州市生态环境局蕉岭分局抓好大气、水、土壤、固体废物污染防治行动，各项目标任务按时推进，打好污染防治攻坚战。强化大气污染治理。强化大气污染治理。开展移动源污染治理。对柴油货车尾气集中开展专项检测行动，检测 310 辆柴油货车。开展非道路移动机械污染防治工作，登记、发放牌照 202 张。每月上路对柴油货车进行路检，每季度对 2 家机动车年检机构开展常规检查。开展工业炉窑分级核定和排放治理情况，完成辖区内的 29 家工业炉窑现场检查分级核定。督促做好扬尘管控工作。全面加强工业企业堆场扬尘污染控制。加强涉 VOCS 排放企业的监管。应对不良天气。组织采用雾炮、洒水降尘、巡查监管等方法有效应对 10 次不良天气。加大水污染防治力度。提前完成 7 个行政村 12 个自然村农村生活污水处理设施建设任务，设施均正常运行，出水水质均达到相关标准。加强协调，实施水环境基础设施建设。实现全县 8 个建制镇污水处理设施全覆盖，合计处理能力 2.39 万吨/日。建成村级污水设施 215 个（任务数 200 个）。完善集污管网建设。总投资 7000 万元蕉岭县水环境综合整治工程项目完成 72 套农村污水处理设施建设。松源河上游水体治理一期工程完成垃圾中转站建设，其他工程进入施工建设。推进农村黑臭水体治理。完成 2021 年度省级监管的黑臭水体整治任务。加强饮用水源地保护。严格执行饮用水源保护制度，加强饮用水水源地环境保护，排查和消除环境安全隐患，做好县级集中式饮用水水源地标准化建设和环境保护状况评估工作。同时，建立健全饮用水水源保护区日常监督、监测、巡查、信息公开等机制，保证饮用水安全。加强土壤污染防治管控。全县土壤环境质量稳中向好，农用地和建设用地土壤环境安全得到有效保障，土壤环境风险得到全面管控。受污染耕地安全利用率达到 100%，污染地块安全利用率达到 100%。

【入河排污口】 2021年，梅州市生态环境局蕉岭分局开展入河排污口排查工作，排查12条河流427.1公里（含两岸）、6个湖库52.1公里。排查出747个入河排污口（排水口），快检排口376个，超标排口69个。完成《2020年度蕉岭县入河排污口（排水口）排查报告》《蕉岭县城镇生活污水处理设施提质增效建设项目可研报告》的编写，《蕉岭县入河排污口排查整治专项行动工作总结报告》通过专家评审。

【环境信访】 2021年，梅州市生态环境局蕉岭分局做好信访调处工作。全年受理群众来信、来访环境问题投诉222宗，处理222宗，处理率100%。

【环境监测】 2021年，梅州市生态环境局蕉岭分局完成地表水、饮用水源地水环境质量及城区环境质量监测工作及考核工作，全面掌控大气环境质量状况和变化趋势，完成环境保护责任制考核，完成国家重点生态功能区考核相关工作。全面完成跨界河流断面水质监测及国控、省控企业的监测工作，以及投诉、备案、验收、新建项目、监督性验收工作。

【环境宣传教育】 2021年，梅州市生态环境局蕉岭分局采取多种形式认真开展环境宣传教育工作。联合县文明办、县林业局、县科协、团县委共同举办“5·22”国际生物多样性日主题宣传活动蕉岭县新时代文明实践“卫生环保”志愿服务队、“科学普及”志愿服务队以及各参与单位60多名志愿者参与活动。活动发出生物多样性保护宣传手册、《蕉岭县生物多样性保护倡议书》《公民生态环境行为规范》等宣传资料2000余份。纪念“6·5”世界环境日，以“人与自然和谐共生”为主题开展线上线下及系列环保主题宣传活动。通过短信方式、线上网络知识竞赛答题、街头采访、举办世界环境日青少年绘画作品网络竞赛和开展生态环境知识宣传进学校和居民小区一系列环保宣传活动，向学生和市民大力宣传环保知识，增强群众的环境意识。参加卫健部门宣传月活动及到局挂钩村发放环保知识宣传手册等资料200份。利用邮政局设在城区、各乡镇、公交车的120个宣传视频机，面向社会传播环保政策法规、环保理念和环保知识，引导、推动公众参与保护环境。

【许可证核发】 2021年，梅州市生态环境局蕉岭分局做好国家排污许可证的核发工作，2021年，全县纳入发证或备案登记管理企业465家，发证74家，备案登记391家，2020年全县排污许可执行报告提交率达到100%。

【国家考核】 2021年，梅州市生态环境局蕉岭分局获得中央财政拨付的国家重点生态功能区转移支付提前批资金约1.8亿元，监测数据和相关资料均已按要求上报，力争更多的转移支付资金。四项主要污染物全面完成上级下达的减排任务。 （傅惠娜）

2021年度梅州市生态环境局蕉岭分局负责人名录

党组书记、局　长：赖天德
党组成员、副局长：丘新强　何增辉
李小惠（女）

农·林·水利

农　业

【概况】　2021年，蕉岭县农业农村局发展经济作物，农作物总播种面积32.80万亩；粮油作物种植——水稻播种面积0.9142万公顷，总产量6.1411万吨；玉米种植面积418公顷，总产量0.1473万吨；花生种植面积1887公顷，总产量0.4609万吨；大豆种植面积425公顷，总产量0.1185万吨；薯类种植面积534公顷，总产量0.9815万吨；甘蔗种植面积223公顷，总产量0.6341万吨；蔬菜瓜果种植面积0.5705万公顷，总产量12.9990万吨。水果总种植面积3067公顷，总产量5.8149万吨；茶叶种植面积864公顷，总产量0.2934万吨。

【农业产业化】　2021年，蕉岭县农业农村局推进农业产业化经营模式，培育发展农业龙头企业和引导、扶持农民组建专业合作社，加快家庭农场发展。2021年，全县有农业龙头企业38家，其中：省级农业龙头企业11家、市级农业龙头企业25家、县级2家；农民专业合作社446家。其中：国家级农业部示范社2家，省级示范社13家，市级示范社9家；已登记注册的家庭农场有328家，其中省级示范性家庭农场17家，县级26家。完成丝苗米省级现代农业产业园建设，成功申报毛竹省级现代农业产业园，扶持发展蜂蜜、南药、食用菌等产业园，推进“一镇一业、一村一品”建设，发展特色产业。2021年，蕉岭县被评为全国农业社会化服务创新试点县，完成水稻生产托管覆盖面积8.7万亩、服务面积13万亩，培育服务组织12个，实现亩均增收15%，农药用量每亩减少10%，化肥施用量减少41%。

【新农村建设】　2021年，蕉岭县农业农村局推进“十村示范、百村整治”工程，实施村庄清洁行动。推进农村破旧泥砖房清理整治，打造省际廊道美丽乡村示范带，开展农房管控和乡村风貌提升示范建设工程，打造整洁优美、秩序井然的美丽乡村。开展绿化、美化工作，因地制宜打造小菜园、小果园、小花园、小公园等小生态板块，开展“四小园”建设自然村388个。有条不紊推进省示范县、镇、村创建，全县447个自然村全部达到干净整洁村以上标准，其中，建成176个美丽宜居村和48个特色精品村。着力补齐基础设施短板，全县农村生活垃圾处理自然村覆盖率100%，建立保洁机制100%，有效处理率达95%以上；农村道路硬化建设完成率100%，农村公路列养率达到100%，行政村通客车率达100%，创建“四好农村路”全国示范县；农村无害化卫生户厕普及率100%，新建或改造农村公厕累计285座。蕉岭县被农业农村部、国家乡村振兴局授予“2021年全国村庄清洁行动先进县”称号；蕉岭县“水墨长潭”美丽乡村精品线路获评第三届“广东美丽乡村精品线路”。

【扶贫攻坚】　2021年，蕉岭县农业农村局打好扶贫攻坚战，全县下辖8个镇，97个行政村，全面完成脱贫攻坚任务。全县筹集扶贫资金14005.77万元（其中财政配套资金6005.10万元），合计投入13121.28万元（其中631财政配套资金6005.10万元）；引进或培育壮大龙头企业24个，组建农民专业合作社31个，发展村旅游项目2个，建立电子商务平台6个。其中，实施光伏扶贫项目42个，投入资金707.92万元，累计带动脱贫户328户1012人；投入信贷担保金额135万元，贴息安排金额65万，发放信贷金额1390.1万元，累计带动脱贫户390户1227人。全县有建档立卡脱贫人口2688户5403人，全部纳入城乡居民基本医疗保险、大病保险和医疗救助保障范围，推进全市医疗救助“一站式”报销结算，参保率100%。整户无劳动力人口2322人全部纳入保障兜底，其中2296人纳入低保，659人纳入五保，35人纳入事实无人抚养儿童基本生活保障，1人纳入孤儿生活保障，落实率100%；符合条件的2695人由财政代缴2021年度城乡养老保险，达到60周岁以上的2042人均按要求发放养老保障待遇，2022年度养老保险代缴工作正有序开展；880名脱贫残疾人口享受残疾人生活津贴，676名脱贫残疾人口享受重度残疾人护理补贴。全面落实教育助学政策，2021年春季学期有682名符合条件的建档立卡脱贫学子享受教育助学政策，落实率100%，协助符合条件的脱贫学子申请2021—2022年度教育助学政策，保证义务教育阶段适龄儿童少年无因贫失学辍学（除身体原因不具备学习条件外）；19名符合条件的新升学脱贫学子享受“防返贫救助保险”教育津贴；动态管理住房安全台账，2021年下拨专项经费54.79万元用于住房改造，决不让脱贫户居住危房；在所有脱贫村实现集中供水基础上定期监测水源质量，保证脱贫人口饮用水安全。

【畜牧业】 2021年，蕉岭县农业农村局落实稳定生猪生产，保障市场供给。坚持不懈抓好非洲猪瘟等重大动物疫病防控，推进标准化屠宰厂建设。推进畜禽养殖粪污资源化利用，加快畜牧业转型升级。2021年，全县生猪出栏9.16万头，存栏7.25万头；家禽饲养量221.24万只，存栏68.93万只，出栏152.31万只；牛羊饲养量3.14万头；饲养蜜蜂5.42万箱。肉类总产1.20万吨。畜牧业总产值4.33亿元。

【农业机械化】 2021年，蕉岭县农业农村局抓好农业机械化工作。全县各类生产农机具拥有量1.58万台（套），农机总动力13.1万千瓦时，各类拖拉机1402台，其中大中型拖拉机82台，水稻联合收割机257台，水稻插秧机208台，旋耕机2042台，水稻育秧设备播种流水线保有量9套，育秧大棚保有量4000平方米，植保无人机17台。机械烘干装备保有量69台套。全县有农机专业合作社14家，全国农机专业示范社2家，市级农机专业示范社1家。农作物综合化机械水平42.06%，水稻生产机耕率99.49%，机播率39.94%，机收率99.79%，水稻综合化机械水平81.71%，水稻生产实现全程机械化，各项指标走在全市前列。全县完成中央财政农机购置补贴四批，中央农机购置补贴额13.668万元，购机20台套，受益户18户，购机销售额57.326万元。完成农机报废补贴1.1万元。省级涉农资金项目支持农机购置补贴62万元，受益农业企业、农机专业合作社2家，购置实用农机具13台（套），总购机额83.7万元。全国农机使用一线“土专家”名录第一批入选专家1人，全省农机使用一线“土专家”名录第一批入选专家1人。晟福农机专业合作社和蕉岭县伟强农机专业合作社被认定为省级“全程机械化+综合农事”服务联合体。

（周鹏飞）

蕉岭县丝苗米收割现场（汪敬森　摄）

2021 年蕉岭县农业系统党委负责人名录

书　记：涂政平

副书记：陈广志

2021 年蕉岭县农业农村局负责人名录

局长：汤超宏

党组书记：涂政平

党组成员、副局长：钟俊峰　谢志锋

钟丽阳　邓程群

曾飞锋　张业仑（挂职）

党组成员、总农艺师：叶静林

党组成员、纪委监委驻农业农村局纪检监察组组长：黄敬明

党组成员：陈广志

林　业

【概述】　2021 年，蕉岭县林业局抓好创建县级国家森林城市、全面推行林长制、森林提质增绿等工作，发展林业产业和森林康养产业。全县林业用地面积 112.80 万亩，有林地面积 110.42 万亩，其中省级以上生态公益林面积 56.92 万亩，占林业用地面积的 50.4%，森林覆盖率 79.03%，活立木总蓄积量 6732175 万立方米。

【生态工程】　2021 年，蕉岭县林业局完成义务植树 62.5 万株，尽责率达 100%，建立义务植树基地 1 个。完成 2021 年高质量水源林建设工程造林种植 1215 亩，占总任务数的 155%。完成 313 亩火烧迹地复绿工作。全面完成新造林 15832 亩抚育工程建设任务。实施中央资金 35920 万亩森林抚育工作。培育大径材示范基地建设 5000 亩任务。完成蓝坊镇石湖村绿美古树乡村建设工作。指导南礤、长潭两镇规划实施森林小镇建设工作。

【国家森林城市】　2021 年，蕉岭县林业局启动创建县级国家森林城市工作，启动创建国家森林城市备案申请，并经市政府同意上报到省林业局，提交到国家林草局备案。完成《蕉岭县创建国家森林城市总体规划》编制工作。制作蕉岭县创建国家森林城市宣传片。购买一批创森宣传品和采取县城流动车播放创森宣传视频进行社会创森宣传工作。抓好创森项目入库谋划，已申报省级涉农资金用于创建国家森林城市工程建设资金 2300 万元。

【森林防火】　2021 年，蕉岭县林业局采取一系列措施，抓好全县森林防火工作。加大投入，抓好防火基础设施建设，投入资金 514 万元新开维修抚育生物防火林带 311.17 公里，完善县、镇、村三级护林防灭火指挥机构，全县有镇级森林防灭火指挥机构 8 个，村委会防灭火组织机构 97 个，聘请专业护林员 266 人，组建一支专业森林消防队，县级队员 19 人、镇级队员 50 人；半专业森林消防队 10 个，队员 500 人。加强宣传，增强全民森林防火意识。全县出动各种宣传车 5 万多辆次，开展影前宣传 400 场、电视广播宣传 4000 场次，设立森林防火宣传专栏 150 块，悬挂森林防火宣传横幅 200 条，开展森林防火进校园活动 40 场次，维修建设森林防火宣传牌 659 块，张贴森林防火宣传标语 8000 份，发放森林防火宣传资料 5 万多份，与全县干部职工签订《森林防火承诺书》8175 份，发放《致家长一封信》6.5 万份。加强执法，强化火源管理。全年查处违章用火4宗。各镇各单位通力协作全面排除森林火灾隐患。全县推广安装应用“防火码”18个，使用率为100%。推广应用北斗巡护终端，全县护林员及管理人员发放北斗手机288台，并切实抓好终端使用及巡护App登录上线工作，上线率达93%。责任到人全面落实森林防灭火网格化管理。森林火灾风险普查工作方面。据统计，全县全年发生一般森林火灾1宗，森林火灾受害率控制在5‰以内。

2021年5月20日，蕉岭县组织开展生物多样性宣传活动日（县林业局供图）

【森林资源保护】 2021年，蕉岭县林业局组织开展毁林违建乱象清理整治专项行动，严厉打击涉林、涉野生动物违法犯罪活动，并取得了一定成效。全年查处林业行政案件38宗，处罚金额639567元，其中滥伐林木处罚6宗，林地处罚32宗，通过从严打击，逐步稳定了林区治安秩序。受理长期使用林地建设项目申请13宗，面积47.9859公顷；临时占用林地建设项目审批1宗，面积0.5717公顷；直接为林业生产服务项目使用林地4宗，面积7.0224公顷；审核4宗建设项目使用林地批文申请延期，面积3.494公顷。林木采伐审批126宗，总蓄积量26928.18立方米。

【野生动物保护】 2021年，蕉岭县林业局实施“红外相机监测”项目，在长潭省级自然保护区布设红外相机37台，对保护区内陆生兽类和地栖性鸟类群落和种群动态进行监测。长潭省级自然保护区与华南师范大学联合实施的“广东蕉岭韩江源生态站”建设项目。开展科普宣传教育工作，提高生态保护意识。2021年，长潭省级自然保护区被认定为“广东省自然教育基地”。

【推进林长制】 2021年，蕉岭县林业局全面推进林长制工作，明确林长制工作的总体要求、组织体系、主要任务、时间安排和保障措施。明确县直33家成员单位职责。8个镇均已出台《全面推进林长制工作方案》，召开动员大会，建立起县、镇、村三级林长体系，确认县级林长19个，镇级（国有林场）林长127个，村级林长488个，监管员535个，聘用护林员263个。实现林长责任区全覆盖。加快蕉岭县智慧林长制系统的开发。

【病虫害防治】 2021年，蕉岭县林业局加强各种病虫害的监测工作，投入监测、普查费14.5万元，完成春秋两季松林普查面积共92.2万亩；完成食叶害虫、薇甘菊、红火蚁等各种林业有害生物普查面积112.5万亩。投资150.5218万元，实施松材线虫病综合防治面积9466.6亩；投资66.8622万元实施飞机施药防治面积25040亩，设置诱捕器156个，每月进行诱芯更换1次，更换了8次；完成病枯死木清理处置1126株，防止疫情的进一步扩散。投资60万元，做好食叶害虫害15000亩防治任务。投资8.96万元，完成县境内薇甘菊除治面积896亩。

【林业产业】 2021年，蕉岭县林业局完成5家林下经济示范基地及2家林业龙头企业的复核工作。投入资金600万元，完成皇佑笔林场基地和南礤蓝坊毛竹产业示范基地建设。抓好竹农的“竹+菇”栽培技术的培训工作，全年完成培训当地竹农80人次。投入资金70多万元，实施皇佑笔林场毛竹产业基地轨道运输设施建设项目。

【生态公益林】 2021年，蕉岭县林业局规范生态公益林管理。完成全县56.29万亩省级以上生态公益林完善落界工作，占林地面积50%。做好全县69.22万亩天然林核定落界工作。完成56.29万亩生态公益林政策性森林保险投保工作，完成15812.5亩商品林森林保险投保工作，占商品林面积的3%。保险保额标准已提高至1200元/亩。2021年中央和省级下达生态公益林效益补偿资金2326.51万元，实际发放2239.02万元，占总任务的96.2%。

【山林纠纷调处】 2021年，蕉岭县林业局切实调处解决山林纠纷案，有效维护当事人的合法权益，促进林业发展和森林资源保护。2021年全县办理案件8宗，其中：政府作出行政裁决4宗，法院判决1宗，行政诉讼案3宗。

【安全生产】 2021年，蕉岭县林业局坚持问题导向，聚焦重点关键，全面排查、科学排序、有效排除风险隐患，全年安全生产工作任务圆满完成、安全生产形势持续稳定向好。

【为民办事】 2021年，蕉岭县林业局扎实推进“我为群众办实事”实践活动。组织飞防作业，保森林生态安全。投入80万元，执行“飞防”39架次，圆满完成全县2.5万亩松林飞机施药防控作业，是梅州市首次“飞防”作业。力解民忧，让人与自然和谐共生。县林业局联合县公安局森林警察大队快速出击，成功捕获并放生在各镇村出现的各种蛇类共53次。提升改造，促城市“颜值”再提升。投入60多万元，完成镇山国家森林公园二期桂园水池栈道提升改造项目。投入20多万元完成森林公园一期破损严重的路段进行挖补并铺筑沥青。 （李伟建）

2021年蕉岭县林业局负责人名录

党组书记：谢 刚

党组副书记：蔡增芳

党组成员：利粤东 徐咏梅 王 江
丘丹苗 徐良初

局 长：谢 刚

副局长：利粤东 徐咏梅 汤丽芬

总工程师：王 江

广东蕉岭长潭省级自然保护区

【概况】 2021年，广东蕉岭长潭省级自然保护区树立人与自然和谐共生的理念，生物多样性监测、科普宣教、生态修复和治理等工作有序推进，自然生态保护工作稳步进行。全区林业用地面积5001.1公顷，非林地面积(含水库水域面积) 584.6公顷，森林覆盖率达89.5%，绿化率100%，森林活立木总蓄积63.37万立方米。

【生物多样性】 2021年，广东蕉岭长潭省级自然保护区实施“红外相机监测”项目，在辖区内布设红外相机37台，对保护区内陆生兽类和地栖性鸟类群落和种群动态进行监测。拍摄鸟类5目10科21种，拍摄兽类3目7科9种，拍摄野生动物8目17科30种。其中有国家二级重点保护动物：豹猫；有国家二级重点保护鸟类4种，分别为白眉山鹧鸪、白鹇、画眉、红嘴相思鸟。与华南师范大学合作实施的“广东蕉岭韩江源野外科学观测研究站”建设项目，完成招投标和监测仪器采购。测流堰清淤、桫椤谷工作道维修、小气象站场地清理等工作全面完成。该科研监测项目的实施，将为蕉岭县林业生态建设提供全面、准确、科学的数据，同时有助于促进全省林业生态协同监测和科技创新。

【自然教育基地】 2021年，蕉岭长潭省级自然保护区被广东省林业局认定为“广东省自然教育基地”。全年组织开展自然生态教育课程3场（次），为中、小学生等受众群体，提供自然教育的机会，提高受众的科学素养和生态环境保护意识。开放自然教育预约平台，利用保护区宣教中心引导广大市民和中、小学生树立尊重自然、顺应自然、保护自然的生态文明理念，社区群众自然生态保护意识明显提高。

【生态修复】 2021年，蕉岭长潭省级自然保护区推进自然保护地优化整合。调出隶属平远县行政界地块和村庄道路等降低保护强度区域，完成长潭省级自然保护区现状摸查、自然保护地资源价值评估，整合优化矢量数据库建立、预案报告和相关图表的编制工作，并分别通过市、省审查，同时按照省级审查意见进行修改完善，成果入库，等待批复。

（杨凌云）

2021年长潭省级自然保护区负责人名录

主　任：谢　刚

副主任：张　雷

蕉岭县国有皇佑笔林场

【概况】 蕉岭县国有皇佑笔林场位于蕉岭县东北部山区，毗邻蕉城、文福、南礤、蓝坊四个镇，有山林面积7.8万亩，活立木蓄积51万立方米，森林覆盖率96%，是广东省森林生态旅游示范基地，蕉岭新八景之一——“皇佑叠翠”坐落在其中。辖区内有黄竹坪和龙潭两座水库，库容总量达到1608万立方米。

【森林防火】 2021年，蕉岭县国有皇佑笔林场利用各种手段，全方位、全时段监测火情。在复兴、石桥子和乌土三个护林站安装智能哨卫系统，对进入林区人员进行录像抓图。复兴、石桥子、下畲和乌土四个护林站点分别设置和启用微信防火码，依法科学管理。做好林场范围内50公里生物防火林带的抚育工作，有效消除森林火灾隐患，避免森林火情火警的发生。加强护林员业务知识和能力的培训，组织干部职工及护林员参加森林火灾隐患采集系统培训工作。选聘好护林员，配备北斗手机终端，依托护林员App开展巡查，做到火情早发现、早处置。加强值守，严格执行24小时带班值班制度，时刻严阵以待，保持皇佑笔林场零火警、零火灾。

【毛竹产业】 2021年，蕉岭县国有皇佑笔林场投入400万元涉农资金，立足毛竹资源丰富的优势，采取“政府+科技+企业”方式，开展毛竹林下种植食用菌、南药科研试验，轨道运输示范及企业产品展示等，建立200亩毛竹产业科研示范基地，打造毛竹一、二、三产业深度融合，乡村振兴，生态产业化、产业生态化的示范基地，全面推动竹林经济发展和竹产业发展。

【森林资源】 2021年，蕉岭县国有皇佑笔林场以建设大径材基地为抓手，加强森林资源培育，提升森林质量，优化林分结构，多培育大径材，推动多目标经营，增加优质大径级木材储备和林业生态产品供给，推动林业高质量发展，为建设现代林业强省奠定坚实基础。项目采用“现有林提质培育”建设方式，“割灌除杂、适当修枝、剩余物清理”三种主要技术措施，作业设计面积5000亩，分为23个小班。

（邓　苏）

2021年蕉岭县国有皇佑笔林场负责人名录

党支部书记、场长：吴　威

副场长：黄添荣　黄柏忠

水　务

【概况】　2021年，蕉岭县水务局全年营业总收入1836.07万元，其中发电收入60.84万元、供水收入95.23万元、自来水厂收入1680万元。争取上级补助资金22145万元，完成固定资产投资21149万元。

【水利工作】　2021年，蕉岭县水务局尽早抓好水务项目规划立项工作，制订详细的工作方案，细化责任清单，多方筹措资金推进项目建设，并成立工程建设督导组和廉政建设督导组，加大督查力度，提高工作效率，保障项目建设如期推进。供水工程：在对全县农村供水工作进行“回头看”的基础上，拟投资4.5亿元分5年规划实施蕉岭县农村供水巩固提升工程，其中2021年投资1.3亿元。县城供水方面，为提高供水质量，推进蕉岭县供水管网、供水智慧化提升建设项目，其中2021年投资4800万元。万里碧道建设：2021年完成投资2500万元的蕉岭县石窟河碧道一期工程，。石窟河碧道融合山水特色，构建“寿乡画廊”休闲游憩空间，入围广东省碧道“奥运会”。污水处理设施建设：村级污水处理设施建设上，通过实施蕉岭县处理设施全县捆绑PPP项目和蕉岭县农村生活污水处理建设项目实施，2021年完成村级污水处理设施206个，管网155公里，农村水环境得到一定的改善。水土流失治理：实施蕉岭县徐溪河生态清洁小流域综合治理工程，治理水土流失面积30.05平方公里，年度投资1994万元。创新管理机制，深化改革工作：创建国家级深化小型水库管理体制改革样板县工作，完成样板县现场100%标准建设，并实施小型水库物业化管护，成功通过省水利厅验收和水利部现场考核。开展省级农村供水智慧化管理试点县建设工作。

蕉岭奋力建设宜居、宜业、宜游、宜养、宜学“五宜城乡”　（汪敬森　摄）

【安全生产】　2021年，蕉岭县水务局与县三防办密切配合，抓好各项安全度汛措施的落实。落实水旱灾害防治责任。全面落实水利工程行政责任人、技术责任人、巡查责任人和主管部门责任人和管理单位责任人等1050人次，签订50份水库防汛责任书。落实县、镇、村山洪灾害防御行政责任人、监测员、预警员141人，签订县包镇、镇包村、村包组责任书，落实山洪灾害“包保”责任制。层层压实水旱灾害防治责任。开展水利工程安全隐患排查。组织开展水利工程汛前、汛期、汛末安全大检查，组织开展节前、寒暑假前专项水利工程安全检查，出动检查人数493人次，检查水利工程344宗（其中山塘73宗、水库50宗、堤围19宗、电站185宗、17宗电排泵站）、在建水利工程（2宗）、自来水厂、污水厂，检查发现问题69个，完成整改。检查发现安全隐患2个，发出整改通知书。完成23宗小型水库安全鉴定，同时做好老鸦山病险小型水库除险加固工作。做好水旱灾害防范准备。修订完善预案方案，加强物资管理，健全物资管理制度，定期进行物资检查维护，及时补充储备防汛抗旱物资。为临时解决群众饮水困难、春耕缺水困难，投入20万元用于购买3台大功率移动抽水设备，充实抗旱物资储备。组建抢险队伍，落实抗洪抢险民兵8人、人防专业队伍10人。组织抗洪抢险民兵参加2次演练排险，开展人防专业队伍培训1次。同时加强科学调度。利用水库“三要素”信息化设施动态监测水库水位，通过加强会商研判和精细化调度措施，切实做好科学蓄水保水工作。同时，坚持防疫和安全生产两手抓。从城乡供水安全、城镇生活污水处理、工地疫情防控安全、水利设施运行管理安全等方面，严格落实安全生产责任，细化安全生产措施，保证疫情防控工作及时到位和安全生产末端落实到位。

【水行政管理】 2021年，蕉岭县水务局按最严格制度要求管理水资源，推进总量控制、节约用水和水资源保护工作。水资源管理工作：2021年，办理取水许可审批46宗，其中延续21宗、变更12宗、新办13宗。按照取用水管理专项整治提升行动和实行最严格水资源管理制度等有关要求，完成辖区内14个违规取水户的整改，做好本行政区域用水统计。完成辖区内3个中型灌区、1个小型典型灌区、5个重点公共供水户、20个自备水源工业取用水户全年基层用水统计定报表填报工作。作为梅州市第一批节水型社会建设县，推进县域节水型社会达标建设，完成县域节水型社会建设达标市级初审，通过省节水办验收。水土保持工作：受理并完成生产建设项目水土保持方案审查许可审批18宗。开展联合监督执法检查1次，检查生产建设项目18宗，发出《整改通知书》6份、《责令停止违法行为通知书》6份、责令整改企业6家，依法征收水土保持补偿费17宗18.262万元（10%上缴中央财政部分）。

【河长制工作】 2021年，蕉岭县水务局贯彻“绿水青山就是金山银山”的理念，推进河长制向纵深发展，加强河库管护工作，推动全县河长制工作“有名”“有实”“有能”。各级河长认真巡河履职。利用好“广东智慧河长”“梅州河长”等平台，做好责任河段的管理保护和监督检查工作，解决问题跟踪负责到位。常态化规范化推进“清漂”。对全县各镇集中开展并持续开展水面漂浮物清理工作，投入资金230.1万元，清理水面漂浮物617.78吨，清理河长312.61公里，实现全县水域基本无成片水面漂浮物的目标。强化部门协作。实施“河长制+检察长”工作机制。县检察院联合福建省武平县检察院开展“监督水体整治 保护生态环境”为主题的视频指挥联合巡河活动，对两县交界的松源河蕉岭县南礤镇段、武平县象洞镇段的河道进行巡查，形成河库生态保护合力。推进河湖管理重点工作。组织开展河湖健康评价项目工作，全面完成蕉岭县流域面积50平方公里以下河道管理范围进行划定工作。完善采砂规划编制工作，根据技术成果，在电视台公告2021全年全河段禁采河砂。（林伟洋）

2021年蕉岭县水务局负责人名录

党组书记、局　长：徐伟彬
党组成员、副局长：李岭平（任至4月）
郭建新　徐成江
林美红（女，4月任职）
党组成员：郭大鹏　朱胜华

气　象

【概况】 2021年，蕉岭县光照全年日照时数2143.3小时，比上年偏多334.8小时。相对日照百分率48%。日照时数最多的月份是9月，为287.4小时；日照时数最少的月份是6月，为112.2小时。

气温：全年平均气温22.6℃，同历年平均气温22.2℃相比偏高0.4℃。7月是全年最热的月份，月平均气温29.4℃。年极端最高气温39.1℃，出现在7月28日，1月是全年最冷的月份，月平均气温为12.3℃，年极端最低气温-0.7℃，出现在1月13日。

降水：全年降水量1138.5毫米，比历年平均偏少181毫米，降雨日数172日。全年降水量主要集中在8月，8月为212.4毫米。汛期（3月至9月）降水量921.3毫米。全年有4次较大的暴雨过程，分别出现在5月31日（47.6毫米）、6月22日（27.1毫米）、7月29日（34.5毫米）、9月07日（35.5毫米）。

霜、雪、风及灾害性天气：本年初霜日是1月12日，无下雪日，全年平均风速每秒1.8米。热带气旋对蕉岭影响较小。

【业务工作】　2021年，蕉岭县气象局全年发布各类预警信号116次，其中暴雨预警信号17次，雷雨大风预警17次，寒冷预警15次、森林火险预警14次、高温预警20次、台风预警2次。启动应急响应3次，提供《重大气象信息快（专）报》等决策材料43份，发送决策短信30万人次。在5月31日、6月22日、7月29日、9月07日等强降水过程，预报准确、预警及时，为气象防灾减灾工作争取宝贵时间，有力地保障人民群众的生命财产安全。全年实施人工影响天气作业8次，发射增雨火箭弹39枚，有效缓解旱情。

（陈志锋）

2021年蕉岭县气象局负责人名录

党组书记、局　长：黄志兴

党组成员、纪检组组长：潘光跃

党组成员、副局长：谢龙生

移民工作

【概况】　2021年，蕉岭县水库移民管理办公室以建设库区移民美丽家园为目标，重点解决民生实事。

【基础设施】　2021年，蕉岭县水库移民管理办公室投入283.36万元实施基建类项目16个，惠及全县移民群众3500多人。直补发放：发放大中型水库移民后期扶持直补到人资金144.78万元，惠及移民群众2375人，同时在惠民信息平台公布，接受社会监督。生产补助：发放小型水库移民扶持发展生产补助67.62万元万元，惠及移民群众1127人。

【社会保障】　2021年，蕉岭县水库移民管理办公室向省、市反映省级水库移民的困难，安排专项资金21.36万元帮助长潭水库移民缴交2022年农村合作医疗移民费用（每人150元），实实在在做到为移民排忧解难。

【人口核减】　2021年，蕉岭县水库移民管理办公室根据《广东省大中型水库农村移民后期扶持人口核定登记办法》，2020年度核减死亡人数33人。

【项目申报】　2021年，蕉岭县水库移民管理办公室根据广东省水利厅文件移民项目采取先入库后再做申请的工作步骤，对2022年申报的项目，广泛征求意见和建议，根据各移民村村民代表的申请，采取先急后缓的方式定项目，再做出可行性报告向省、市申请资金，待资金到位后实施。　（徐晓芳）

2021年蕉岭县水库移民管理办公室负责人名录

主　任：汤通明

副主任：赖保明　徐晓芳（女）　涂贵传

工业·贸易

经济贸易

【概况】 2021年，蕉岭县科工商务局下属42家规模以上工业企业实现总产值95.37亿元，同比增长12.4%；实现工业增加值29.76亿元，同比增长7.8%；完成工业投资10.80亿元，同比下降20.8%；技术改造投资6.03亿元，同比下降24.5%；其中新开展技改企业14家。水泥、熟料产值67.87亿元，同比增长14.8%。

【经济运行】 2021年，蕉岭县科工商务局下属建材业规模以上23家企业实现产值86.22亿元，同比增长15.6%，与2019年同期相比增长29.4%。建材业产值占规模拟上工业总产值90.4%。

大健康产业规模以上4家企业实现产值1.82亿元，同比增长30%，与2019年同期相比增长28.2%。大健康产业产值占规上工业总产值1.9%。竹木精深加工业规模以上4家企业实现产值1.39亿元，同比增长29.9%，与2019年同期相比下降6.7%。竹木精深加工业产值占规模拟上工业总产值1.5%。

【科技创新】 2021年，蕉岭县科工商务局狠抓科技创新，申报高新技术企业7家，其中，首次认定的高新技术企业5家，重新认定的高新技术企业2家；存量高新技术企业达15家，同比增加6家。培育科技型中小企业15家。新增市级工程中心2家，实现年主营业务收入5亿元以上的大型工业企业研发机构全覆盖，蕉岭县规模以上工业企业设立研发机构的比例达到38%。

【商务工作】 2021年，蕉岭县科工商务局努力做好商务工作。蕉岭县全年实现社会消费品零售总额39.37亿元，同比增长3.6%，增速居梅州市第4位，增速比前三季度、上半年分别回落3.5个、11个百分点。分行业看：商品零售额35.33亿元，同比增长3.6%；餐饮收入4.04亿元，同比增长3.9%；分城乡看：城镇29.86亿元，同比增长3.8%；乡村9.51亿元，同比增长3.0%。蕉岭县进出口贸易企业进出口总额2218.6万美元，同比增长11.25%。其中，出口2194.3万美元，同比增长11.15%；进口24.3万美元，同比增长20.73%,。推进省级电子商务进农村综合示范项目建设，完成8个镇级电商服务站点、68个村级电商服务站点和1个县级电子商务公共服务中心建设。 （彭文君）

2021年蕉岭县经贸系统党委负责人名录

书　记：古远基
副书记：林子锋

2021年蕉岭县科工商务局负责人名录

党组书记、局长：古远基
党组副书记：李　辉
党组成员、副局长：郭新期
徐湘琴（女，任至4月）
赖育兵　吴诚锋
傅新锋　张卫军

巫志勇
林桂芬（女，4月任职）
党组成员：林子锋　汤　勇（任至3月）
总经济师：刘　妲（女）

蕉岭县招商和企业服务中心

【概况】　2021年，蕉岭县招商和企业服务中心按照县委县政府“三三三五”发展战略，全力优化招商环境，扎实推进招商引资工作，始终坚持规划先行，加大土地收集力度，强化基础设施建设，扎实推进项目建设，着力营造优质集聚地营商环境，全力推进集聚地提质增效各项工作。全年集聚地完成固定资产投资额7.13亿元；实现工业总产值72.7亿元，同比增长21.9%；实现规模以上工业增加值23.11亿元，同比增长12.1%；实现税收总额5.22亿元，同比增长20.86%。

【基础设施】　2021年，蕉岭县招商和企业服务中心投入约1.8亿元，完成广福园区1000亩土地平整、线路迁改以及部分市政道路、给排水管网、工程建设，完成中心园区道路路面维修、绿化升级、路灯安装等工程建设，完成油坑园区企业供水、线路迁改等工程建设。

【项目建设】　2021年，蕉岭县招商和企业服务中心按照“产业兴市、项目为王、企业第一”的理念，形成谋划一批、储备一批、开工一批、竣工一批、投产一批的项目建设循环发展的良好态势，推动集聚地产业集聚发展，提升产业集聚水平。产业集聚地已形成以塔牌水泥、油坑建材、新塔建材、骏龙建材为代表的新型建材产业集群，依托国家水泥及制品质量监督检验中心等科研力量，推动新型建材产业向创新型、效益型、集约型、生态型方面发展，提升产业链水平。（陈　敏）

蕉岭县举行2021年第一季度招商引资及重点项目签约仪式（汪敬森　摄）

2021年蕉岭县招商和企业服务中心负责人名录

副主任：潘俊强（主持全面工作）　郑海万
林金山（任至7月）　姚嘉健

蕉岭县城镇集体企业联社

【概述】　2021年，蕉岭县城镇集体企业联社以深化综合改革和发展为主线，以抓党史教育、抓疫情防控，抓服务、抓管理为重点，面对所属企业生产经营极度困难情况，发挥职能作用，帮助企业积极应对生产销售滑坡的势态，在困境中求生存、谋发展，保有市场销售的份额，止住生产大滑坡，维持企业的正常运转。

【主要经济指标】　2021年，蕉岭县城镇集体企业联社完成工业总产值1249.63万元，比上年同期减少32.12%，其中建包公司同比减少35.17%、利华德公司同比减少9.49%；完成销售收入1293.90万元，比上年同期减少33.90%。其中，建包公司同比减少35.39%，利华德公司同比减少25.02%。

【服务能力建设】　2021年，蕉岭县城镇集体企业联社完善服务体系，重点抓好建材包装厂的换届工作和利华德公司转制工作，加强与省、市社和县、镇、村及县有关部门之间的纵横联系与合作，形成工作合力，实现各项工作稳步推进。重视专业人才队伍建设，培育联社高素质人才队伍，吸引各方面人才到联社工作。

【管理工作】 2021年，蕉岭县城镇集体企业联社落实领导主体责任和监督责任，在抓好挂钩帮扶、综治、普法、信访、保密、工会和疫情防控等工作的基础上，突出抓好安全生产管理，将安全生产工作列入单位重要议事日程，加强安全生产宣传和检查，并抓好存在问题或隐患的整改落实。 （赖宇民）

2021年蕉岭县城镇集体企业联社负责人名录

主　任：赖宇民

副主任：丘　辰（3月任职，任至10月）

蕉岭县供销合作社联合社

【概述】 2021年，蕉岭县供销合作社联合社以推进供销社综合改革和发展为主线，贯彻落实全国总社“七代会”、省社“五代会”、市社“一代会”精神，履行供销社为农服务职责，通过抓党建、服务和管理，夯实服务基础，强化服务功能，提升服务水平，为助推蕉岭乡村振兴和建设“世界寿乡·富美蕉岭”作出应有贡献。全年全系统商品总购进60799万元，比上年同期增长63.8%，其中农采53139万元，比上年同期增长132.8%；商品总销售61329万元，比上年同期增长74.6%，其中农资销售1095万元，比上年同期增长106.6%。

【机关管理建设】 党史学习教育。2021年，蕉岭县供销合作社联合社召开党组扩大会议、党组理论学习中心组学习会、支部大会和邀请县委宣讲团成员上党课、观看红色电影等，抓好党员干部学习教育；开展“我为群众办实事”活动18次，帮助专业合作社解决问题8个；开展“双报到、双服务”，协助村委班子办好民生实事3件；通过党员关爱基金组织慰问20名党员，发放“光荣在党50年”纪念章32人，慰问原商业集团公司退休党员干部17人；完成机关支部换届选举，机关支部被县委评为“先进基层党组织”。

党风廉政建设。2021年，蕉岭县供销合作社联合社通过“六个有”（有动员部署、有领导机构、有实施方案、有组织学习、有学习心得、有观看电教片），加强纪律学习；落实谈话提醒，开展谈心谈话；实行党务政务财务公开，及时将单位“三重一大”决策、党费收缴情况、为农服务事项等进行公开，提高办事透明度；开展2019—2021年期间“吃公函”自查，共有18笔公务接待，全部都有接待公函，公务接待行为规范，不存在“吃公函”问题。

模范机关建设。2021年，蕉岭县供销合作社联合社围绕需要解决的焦点问题、“我为群众办实事”存在问题、“中梗阻”问题等，开展模范机关创建排查，排查出来的17个问题全部整改完毕；抓好精神文明建设，围绕“绿色环保”主题，组织全体职工到鸿宇生态专业合作社种植基地植树，围绕“环境保洁”主题，组织全体职工到单位卫生包干区、三山蓝坊肚红色教育基地等进行大扫除7次。

【服务能力建设】 为农服务网络建设。2021年，蕉岭县供销合作社联合社实施生力军工程：起草《蕉岭县进一步深化供销社综合改革打造为农服务生力军实施方案》，以县政府文件发文；与景瑜农产品种植、桃花源观光农业、桂苑农业、建丰农机技术服务等4家专业合作社签订《共建蕉岭县农业产业化联合体协议书》，以“企业+镇村供销合作社（农民专业合作社）+农户”模式，共同构建农业产业化联合体。

公共型冷链物流骨干网建设。2021年，蕉岭县供销合作社联合社提出建设区域性产地仓储冷链物流设施规划，项目选址在广东（梅州）大健康高科技产业园（广东梅州蕉华工业园区），项目名称为“蕉岭县农产品仓储保鲜冷链设施建设项目”，占地面积50亩；县政府与广东新供销天业冷链集团有限公司签订《广东供销天业（蕉岭）冷链物流产业园项目投资协议书》、县供销社下属蕉岭县供销农产品合作总社与广东新供销天业冷链集团有限公司和梅州嘉合资产经营管理有限公司签订省市县三级《合作协议》；成立项目公司（广东天骄冷链物流有限公司），与蕉华工业园区管理委员会签订《入园协议书》；县政府解决共建梅州蕉岭地区冷链骨干网股本金100万元；该项目已取得《建筑用地规划许可证》，项目EPC招标工作已经完成，正在总图、施工图设计。放心农产品直供配送网络建设：省社和县政府共解决200万元参股专项资金；与省供销集团有限公司签订《广东供销放心农产品产销对接网络建设投资协议》，参与共建广东供销放心农产品区域直供配送网络省级平台；开展共建县级子平台调研，选定共建对象；抓好广东供销绿色农产品生产供应基地建设，办理8家优质专业合作社的“供销农场”认证申请手续。

农村综合服务社建设。2021年，蕉岭县供销合作社联合社以“专业合作社+镇级服务中心”形式组建长潭镇上村村、新铺镇长江村等4家农村综合服务社；对农村综合服务社进行升级赋能，与广东交通集团蕉岭汽车运输有限公司、中国邮政蕉岭分公司等合作共建快递物流服务体系，以新铺镇为试点，建设1个镇级快递物流服务站、21个村级快递物流服务点。

农村基层供销社建设。2021年，蕉岭县供销合作社联合社建立长潭镇新泉村、广福镇大坝村、蓝坊镇程官村等3家村级基层供销社。新型乡村助农服务示范体系建设：对县域助农服务综合平台进行升级赋能，将其打造成为特色农产品全产业链服务示范基地，助力蕉岭金柚、绿茶、丝苗米、食用菌、冬笋、蜂蜜、淮山等农业产业做强做大；加强镇级中心建设，重建新铺镇级服务中心，完善长潭、广福镇助农服务中心设施，与县市场监督局共建农村食品经营店规范示范点，与县人社局共建粤菜师傅工程培训基地。

农村合作金融服务网络建设。2021年，蕉岭县供销合作社联合社按照全国总社、省社、市社关于生产、供销、信用“三位一体”建设要求，以长潭镇和新铺镇助农服务中心为试点，分别与太平洋保险公司、建设银行蕉岭支行签订协议，合作开展农保、农村金融等服务。

优化为农系列服务。专业合作服务：2021年，蕉岭县供销合作社联合社继续开展农民专业合作社规范化建设考核，评选出2020年度供销社系统农民专业合作社规范化建设获奖单位15名，发放奖励金7.4万元；领办建丰农机技术服务、伟丹种养、润友农林服务等5家专业合作社，全系统农民专业合作社累计63家；根据中央11部门联合印发《开展农民专业合作社“空壳社”专项清理工作方案》精神，加大系统内农民专业合作社的清理力度，清理“空壳社”、无运营异常社4家。农资综合服务：2021年，蕉岭县供销合作社联合社依托下属兴邦供销农资有限公司开展农资经营系列服务，配送化肥510吨、农药3吨；派出农技人员50人次，解决测土施肥、排灌、病虫害等方面问题28个；举办农技培训32次，参加培训农民500多人次，送出宣传资料1000多份。扶贫发展服务：2021年，蕉岭县供销合作社联合社组织慰问挂钩村贫困户0.41万元，协助村委做好换届选举工作，安排干部职工轮流到挂钩村协助村委开展疫情防控和森林防火工作，筹措2.6万元支持挂钩村开展防疫、防火等工作；“广东扶贫济困日”组织单位干部职工踊跃捐款3000元；开展消费扶贫，以电商、团购等方式帮助农民专业合作社或贫困户销售农产品，通过供销社系统“832”平台，开展网上消费扶贫0.46万元。

【管理能力建设】 加强社有资产管理。2021年，蕉岭县供销合作社联合社贯彻落实全国总社《关于印发〈供销合作社社有资产监督管理办法〉的通知》精神，聘请律师对在处理原下属生资公司谷场仓库地皮争端过程中发现的侵权行为进行制止，拆除违建，恢复原状；抓好仓库、房屋、店铺等租赁，适时提高租期届满的烟花爆竹仓库租赁价格，完善租赁合同，加强日常安全管理，保证社有资产保值增值；对下属蕉岭县供销社集团物资回收公司小车进行报废处理，并向县政府和县编委递交解决公务用车及用车编制问题的书面请示。为农服务平台管理。将所有服务平台进行分类，按块划分，细化到人，落实相关责任；加强与各类型服务平台的联系与沟通，了解掌握运营情况以及存在问题和困难；为服务对象提供工商登记、办证、年审、交流学习、业务咨询等服务。

综治安全管理。2021年，蕉岭县供销合作社联合社开展综治和平安建设安全生产月、安全生产万里行活动、全民国家安全教育周、第33个爱国卫生月等活动，组织检查烟花爆竹仓库、社有企业、出租门店（仓库）等13次12家62人次，举行安全生产应急实演操练1次，举行消防、安全知识培训2次，选送4名干部参加县民兵训练；处理好5宗信访案件。

【机构编制调整】 2020年12月18日，根据《关于撤销蕉岭县商业集团公司事业单位建制的通知》（蕉机编〔2020〕77号）精神，撤销蕉岭县商业集团公司事业单位正科级建制，收回事业编制13名。原商业集团公司在编人员2人连人带编划入蕉岭县供销合作社联合社，实行“老人老办法”管理；退休人员划归县供销社管理。调整后，县供销社财政核拨编制24名，经费自理编制2名，经费自理编制人员只减不增，空编收回。2021年11月，县政府召开移交原商业集团公司国有资产工作协调会。

（傅　文）

2021年蕉岭县供销合作社联合社负责人名录

党组书记、主　任：黄桂庭
党组成员、副主任：谢富伟
党组成员：郭玉华
副主任：林翠娥（女）

烟草专卖

【概况】 2021年，蕉岭县烟草专卖局（分公司）补短板、强管理、激活力，推进“两烟”、专卖、企业管理等各项工作，上缴税收2781万元，实现“十四五”规划良好开局。

【专卖治理】 2021年，蕉岭县烟草专卖局（分公司）坚持“双随机、一公开”检查与重点监管相结合，对内加强市场管理，对外强化边界协作，实现三省五县边界专卖管理协作机制常态化，守法经营率保持在97%以上。全年查处涉烟违法案件72宗，判刑2人、网上追逃1人。落实新一轮布局规划，优化和完善许可证后续监管和退出机制，合理控制卷烟零售户数量，2021年年末持证户1026户，较2020年同比增长–0.87%，办证质量和布局得到提升，市场基础保持稳定健康。

【烟叶生产】 2021年，蕉岭县烟草专卖局（分公司）落实烟叶种植计划7407亩，收购烟叶19992担，其中上等烟比例71.73%、中部上等烟比例42.92%，收购均价7.55元/公斤，烟叶等级结构、收购均价等关键指标均创历史最好水平。与蕉岭县农业农村局、自然资源局共同开展优质烟田划定工作，在全县8镇46个村规划优质烟田2万亩。建设烟基项目147件，投入补贴资金169.68万元。坚持工业导向，围绕“中棵烟”培育体系抓好关键环节重点技术落实，推进烘烤能源低碳化，实现烟叶生产绿色发展。

【营销网络建设】 2021年，蕉岭县烟草专卖局（分公司）推进“20支”卷烟全零售连锁网络的布局工作，已建成“20支”加盟终端2家，合作终端3家。全市第一家便利店业态“20支”合作店通过验收，卷烟零售终端网络建设迈出新的一步。将卷烟配送线路由三线合为两线，率先实现卷烟物流业务模式由中转对接改为直送。规范开展零售户星级终端评定工作，提升“易灵通”终端客户扫码质量，年终“易灵通”客户占比达6.3%，其中评星客户38户。

【履行社会责任】 2021年，蕉岭县烟草专卖局（分公司）抓好常态化新冠肺炎疫情防控，提早部署疫苗接种工作，疫苗接种率达97.66%。开展普法、反走私、文明城市创建等各类志愿活动14次，共526人次参加。面对极端干旱天气，筹措资金78万元，打井18口，解决近6000亩烟田缺水干旱情况，降低烟农损失。开展“广东扶贫济困日”捐款活动，共募集捐款1.13万元。 （李 奕）

2021年蕉岭县烟草专卖局（分公司）负责人名录

党总支部书记、局长、经理：张 丽（女）
党总支部副书记、副经理：李 波
党总支部纪检委员、副局长：丘乐仪
党总支部宣传委员、副经理：陈 文

食盐专营

【概述】 2021年，广东省盐业集团梅州有限公司蕉岭分公司加强食盐市场的访销工作，净化食盐市场，确保全县人民食用合格碘盐，提高全民食用合格碘盐的意识，销售盐产品1000吨，其中：小包装食盐749吨。销售工业盐及其他251吨。2021年，蕉岭县监测结果实现碘盐覆盖率100%，碘盐合格率100%，合格碘盐食用率100%。

【食盐市场的安全保障工作】 2021年，广东省盐业集团梅州有限公司蕉岭分公司继续开展“减盐行动”推广食用加碘低钠盐，倡导科学用盐和“低钠饮食”理念，用多种宣传渠道，推广加碘低钠盐，提高群众低钠饮食防控高血压、心血管疾病的意识。按照蕉岭县有关部门和广东省盐业集团梅州有限公司的工作部署和要求，与蕉岭县市场监督管理局组织的集中统一行动，协助蕉岭县市场监督管理局等职能部门联合检查，采取集中整治与强化日常市场访销相结合，保障蕉岭县食盐安全。在走访市场时，通过发放宣传资料等方式，向所有门店和消费者宣传粤盐品牌，做好低钠盐的宣传和销售工作。结合“3·15”国际消费者权益日和“5·15”碘缺乏病防治日等宣传日，配合相关单位和部门开展粤盐品牌宣传活动。为有效保证蕉岭县新型冠状病毒感染的肺炎疫情防控工作的高效有序运作，按照《蕉岭县防控新型冠状病毒感染的肺炎疫情指挥部物资保障组工作方案》的要求，结合职责，做好食盐库存储备工作，保证各品种食盐库存充足，保障食盐安全和食盐供应。加强与配送商和商超的沟通联系，对配送商和商超的食盐销售情况和库存情况进行了解，对库存较少的配送商和商超进行食盐配送，商和商超的食盐供应，保证市民的用盐需求和食盐安全。要求各配送商和商超严格按照规定的食盐价格进行批发和零售，不得擅自哄抬盐价，保障食盐市场价格稳定。加大对餐饮和食品加工行业的市场访销力度，保障用盐安全。全年进行食盐市场访销工作，共出动工作人员1035人次，访销食盐经销点零售店、酒楼饭店、学校（幼儿园）食堂、食品加工单位3000多间次，派发宣传资料2.8万份。（赖雪娟）

2021年广东省盐业集团梅州有限公司蕉岭分公司负责人名录

经　理：张　诚

中石化蕉岭石油分公司

【概况】　2021年，中石化蕉岭石油分公司围绕中心工作，推动党建与经营双融合，发挥支部战斗堡垒和党员先锋模范作用，贯彻落实中石化总部和广东石油梅州分公司的工作要求，践行“每一滴油都是承诺”“质量永远领先一步，服务永远领先一步”的社会责任，以“全力以赴保障蕉岭成品油市场稳定供应”为己任，以“扩销量、强三基、保安全、塑形象”为工作主线，主动服务于蕉岭社会经济发展，实现社会效益和企业效益的双丰收，实现经营部全年安全环保等级事故为零。

【零售工作】　2021年，中石化蕉岭石油分公司完成油品销售总量为2.72万吨，其中汽油销售0.82万吨、柴油销售1.9万吨；全年缴纳税金300万元。

【安全管理】　2021年，中石化蕉岭石油分公司开展安全管理工作，各油站建立健全HSE健康、安全、环境管理体系，加强油站安全工作的领导，健全安全生产责任制，落实三级值班制，确保人员准时到位。开展安全检查防事故工作，组织隐患自查整改，确保设备正常安全生产。同时克服麻痹思想，从思想上、行动上、组织上，做好抗击各类自然灾害的准备工作。抓好员工队伍思想教育，加强对“十大禁令”“八大纪律”的学习与贯彻，提高员工对安全生产的自觉性，对存在安全隐患又未得到整改的重点部位，采取措施，落实责任到人，重点监控等。全年实现安全生产无事故。

【规范服务】　2021年，中石化蕉岭石油分公司根据市公司的统一部署开展管理服务提升年活动。指导油站有序开展活动，提高加油站服务水平。

【便利店服务】　2021年，中石化蕉岭石油分公司开展非油品业务。为适应形势发展的需要，方便广大的消费者，加油站开设便利店，方便顾客，节约时间，便利店及时补充质量合格、价格合理适销的商品，提高加油站经营服务水平和经营质量。（丘　婷）

2021年中石化蕉岭县石油分公司负责人名录

经理：丘伟明（任至8月）

　　　黄利华（8月任职）

金融·保险

蕉岭县金融工作局

【概况】 2021年，蕉岭县金融工作局围绕县委、县政府的重点工作部署和要求，以促进政银企融资对接，解决中小微企业融资难题为工作核心，以防范化解金融风险，守护群众“钱袋子”为工作重点，推进金融与实体经济双向互动，壮大地方金融实力，有序推动金融创新，有效防控金融风险，营造良好金融发展环境，各项指标快速增长，普惠金融工作再上新台阶。截至12月31日，蕉岭县银行业金融机构本外币存款余额1222427万元，同比增长7%；贷款余额为634259万元，同比增长14.2%；存贷比51.89%，比2020年增长5.56%。小额贷款公司投放贷款余额2557万元，同比增长16.99%；寿险、财险两家公司保费收入17959万元，同比增长7.71%。广发证券蕉岭营业部全年股票基金交易额481.62亿元（双向），比上年增长30.96亿元，同比增长6.87%；新开账户5033个，比上年增加2369个，增幅为88.93%。

【防范金融风险】 2021年，蕉岭县召开金融工作会议暨防范和处置非法集资工作会议，部署下一阶段防范和处置非法集资主要工作。制定印发《蕉岭县2021年防范和处置非法集资宣传月活动方案》，开展以“学法用法护小家·防非处非靠大家”为主题的宣传月活动，同时创新宣传形式，以年轻人为主要宣传对象，与辖区内外卖小哥合作宣传，让外卖小哥成为处非宣传的桥梁，将处非宣传知识随同餐食在商铺和顾客之间流动，开拓宣传影响面，强化宣传教育。全面深入排查，联合县公安局、县市场监管局、人民银行蕉岭县支行等单位对辖内投资企业、私募机构等开展风险排查工作，加强小额贷款公司监管，开展小额贷款公司评级工作，进行场检查和3轮随机现场检查。

【深化融资对接】 2021年，蕉岭县深化“政银企”对接机制，召开蕉岭县政银企融资对接工作会议，审定《蕉岭县政银企融资对接工作实施方案》，成立蕉岭县政银企融资对接工作领导小组，为政银企融资对接工作提供机制保障。搭建“政银企”沟通平台，组织开展多场企业调研活动，针对企业提出的转贷问题拟定《蕉岭县支持实体经济“应急转贷”资金管理办法》，形成《关于亟需设立蕉岭县“应急转贷”资金及蕉岭县金融服务中心的有关情况报告》。优化“政银企”合作模式，深入企业调研，了解企业运营中遇到的难题，促进政银企合作信息的有效互通。携手银行创新金融产品，拓宽企业融资渠道，推进“政银企”三方合作。

【创新农村金融服务】 2021年，蕉岭县开展农村金融体系建设工作，优化农村信用体系，培育信用镇、信用村、信用户，已验收2020年度信用镇7个、信用村80个、信用户37064户，占比分别为87.5%、82.5%、70.1%。开展“金融村官”派驻工作，加大融资贷款服务力度，撬动金融资本向乡村振兴领域倾斜；加快“村居E支付”普惠金融进程，满足农村群众对安全、便捷、高效的支付服务需求。推动涉农保险扩面、增品、提标，保障农民增收，推动农业产业发展。开展公益林抵押贷款项目，开展农村产权抵押贷款工作，金融服务创新助力乡村振兴。

（谢婷婷）

2021年蕉岭县金融工作局负责人名录

县府办副主任、县金融工作局局长：阮东凤

中国人民银行蕉岭县支行

【概况】 2021年，中国人民银行蕉岭县支行围绕上级行的工作部署和县委县政府的工作要求，坚持以“政治建设、法治央行、改革创新”为引领，成功创建2018—2020年度中国人民银行广州分行文明单位，连续两个创建年度获得分行级文明单位；获评蕉岭县“七五”普法工作先进单位；牵头制定并推动县政府出台《蕉岭县政银企融资对接工作实施方案》《蕉岭县金融生态奖评选奖励暂行办法》；开展创建金融教育示范基地（金融法治教育基地），政银企工作对接、生态公益林补偿收益权质押融资、移动支付示范镇建设等，打造金融生态示范“苏区样本”，助推乡村振兴，先进经验做法被《金融时报》刊载报道。截至2021年12月末，全县存贷比52.78%，创五年来新高。

【金融法治建设】 2021年，中国人民银行蕉岭县支行开展全民国家安全教育日普法宣传、网络安全宣传周“金融日”等宣传活动，推进金融纠纷调解工作，成立蕉岭县金融消费纠纷人民调解委员会，与县人民法院、县金融工作局签订《全面推进金融纠纷多元化解机制合作协议》，建立诉调衔接机制、信息通报交流机制，加强三方在依法保护金融消费者和金融机构合法权益上的沟通交流。

【央行志愿服务品牌建设】 2021年，中国人民银行蕉岭县支行组织全行干部职工在i志愿系统注册，开展“传承红色金融基因 践行央行为民使命”“普及征信知识 共建诚信社会”“我为群众办实事”系列志愿活动。

【政银企对接机制建设】 2021年，中国人民银行蕉岭县支行牵头制定，推动政府印发《蕉岭县政银企融资对接工作实施方案》《蕉岭县金融生态奖评选奖励暂行办法》，蕉岭县政银企融资对接办公室设在支行，提升支行履职成效，推动金融支持实体经济、乡村振兴发展，推动金融生态示范区建设；组织召开政银企座谈会，邀请市在蕉市人大代表、县内相关部门负责人参会，共商解决小微企业融资难、融资贵问题；召开政银企融资对接会，主办“贷动小生意，服务大民生，金融支持专精特新活动”；通过政银企对接机制督导银行机构累计解决20家企业共45450万元的资金需求。

【货币政策工具】 2021年，中国人民银行蕉岭县支行继续推进落实两项货币政策直达工具，发放信用贷款支持计划金额816.8万元，办理延期还本付息的贷款5703万元。督促辖区银行机构做好支农支小再贷款发放工作，发放支农再贷款2400万元，发放支小再贷款5010万元。

【“征信+整村授信”信贷模式建设】 2021年，中国人民银行蕉岭县支行指导辖区内各金融机构抢抓蕉岭县省级城乡融合示范区建设和国家乡村振兴建设的机遇，打造从“村村通”到“户户通”，以“金融村官”为依托，“整村授信、户户有信”为保障的农村信用体系建设新工程。2021年，指导蕉岭农商银行派出

31名金融村官累计走访农户3021户，完成数据采集6658人，授信户数1090户，授信额度22607.9万元，用信额度18466.7万元，在9个信用村开展整村授信，授信金融合计4800万元；指导客家村镇银行蕉岭县支行为蕉岭县蓝坊镇高思片区综合授信5000万元。

【重大金融风险防范】　2021年，中国人民银行蕉岭县支行组织人员到广发证券蕉岭营业部开展证券业稳健性评估，妥善防范和化解系统性金融风险。加强重点领域金融风险监测和排查，反馈蕉岭农商行银行业压力测试结果。协助梅州中支开展央行金融机构评级相关工作。做好存款保险知识宣传，落实金融业重大事项及重要信息报告制度。做好加强存款管理工作，督促蕉岭农商行停办异地存款，加强不规范存款创新产品监测管理工作。做好对辖内2019年涉农信贷导向效果评估勉励档机构约谈工作，分别约谈蕉岭农商银行和邮储银行蕉岭支行的相关负责人。

【金融教育示范基地建设】　2021年，中国人民银行蕉岭县支行按照“1+2+N”（1个金融教育示范基地、线下教育和线上云课堂2种模式、N个场景）创建思路，打造面向广大市民的金融知识宣教重要阵地，创新具有梅州特色的金融知识普及教育活动和服务方式，提升金融知识宣教的影响力和覆盖面。结合金融教育基地的建设标准，在蕉岭县图书馆挂牌成立蕉岭县金融教育示范基地，并在县图书馆设立专门的金融读书角，为读者提供舒适的阅读体验区。同时，利用蕉岭县图书馆微信公众号覆盖面广、受众多的平台优势，定期推送非法集资、反洗钱、金融消费者权益保护等金融知识，提升全民金融素养。利用蕉岭县图书馆微信公众号平台，率先在全省开展以“红色金融史”为主题的线上答题活动。据统计，活动共吸引10722人参与答题，答题量为64332题，活动影响覆盖广东、山东、山西等全国10多个省。举办“金融启蒙教育”主题亲子活动，为塔牌幼儿园的学生及其家长上“金融启蒙课”。

【金融安全“防护网”建设】　2021年，中国人民银行蕉岭县支行坚守“反诈为民”工作理念，开展防范电信诈骗工作。警银联动，与蕉岭县公安局签订打击治理电信网络新型违法犯罪工作合作备忘录，与蕉岭县10家金融机构签订《防范电信网络诈骗责任书》，通过建立工作联系点，畅通防范打击电信诈骗绿色通道，共享新型电诈案件线索，共同加强研判分析，强化后期协查，点点对接阻拦电信诈骗。互联互通，携手司法部门防范化解金融风险。与蕉岭县人民检察院、蕉岭县公安局围绕蕉岭县过往金融犯罪、黑恶势力犯罪、非法集资犯罪等相关案件，学习典型案例细节，商讨反洗钱相关工作，提出共同推进反洗钱相关工作措施。校园反诈，联合县公安局、县教育局开展“平安校园”反诈宣传活动。结合法制教育课堂组织专题知识讲座、防范电信诈骗主题班会，以幻灯片展示、视频播放等方式向在校师生深入讲解电信诈骗知识，宣讲两卡犯罪、校园贷、网上兼职、网购、冒充学生等常见电信网络诈骗，引导学生树立金融安全观念，提高识骗、防骗的自我保护能力。

【征信服务水平建设】　2021年，中国人民银行蕉岭县支行发挥征信服务实体经济的核心作用，提供精准征信宣传以及配套金融服务，营造社会征信文化氛围。深入中小微企业调研，提供信用融资的办法和思路，先后深入十余家企业开展宣传，问需于企、问难于企，牵头搭建金融服务对接渠道。利用“3·15”金融消费者权益保护日、“6·14”信用关爱日、“金融知识普及月”等关键时点，联合县公安局、金融工作局和各金融机构，开展“送金融知识下乡”宣传活动。提升征信服务水平，解决老年人运用智能技术困难的问题（无智能手机等），采购“一证通行”核验系统，做到出行防疫两不误，让征信更好地为民众服务。

【为民服务活动】 2021年，中国人民银行蕉岭县支行坚持为人民群众办实事，开展移动支付示范镇创建工作。联合县金融局、各银行金融机构建立工作协调机制，制定《2021年蕉岭县移动支付示范镇建设实施方案》，完成示范商户选点工作和受理终端的联网通用标准移动支付受理环境改造，并做好拓展移动支付在公交、校园、医院等14个应用场景建设，广福镇获“2021年度广东省移动支付示范镇”荣誉称号。加强现金管理与服务水平，联合蕉岭县市场监督管理局共同对蕉岭县辖内祭祀用品店开展违规使用人民币图样行为的巡查工作，对蕉岭县辖内银行网点开展小面额人民币暗访工作，及时向上级行反馈调查中发现的银行网点存在小面额人民币备份不足情况。优化企业账户管理，通过成立暗访和现场督导小组，对辖区银行机构进行暗访和现场督导，提高银行机构开户服务的透明度，提高开户效率和满意度。实施可疑账户实时监测，每月通过账户备案系统对辖内企业进行监测查询，对监测结果中觉得可疑的账户发起单笔核查。 （邓超凡）

2021年中国人民银行蕉岭县支行负责人名录

党组书记、行长：张家华

党组成员、副行长、工会主席：钟超满

党组成员、副行长、纪检组长：

王伟胜（任至2月） 刁依河（2月任职）

中国农业银行股份有限公司蕉岭县支行

【概况】 2021年，中国农业银行股份有限公司蕉岭县支行贯彻落实上级行和县委、县政府的各项工作部署，抓好党史学习教育、服务“三农”、乡村振兴金融服务及疫情防控工作，全力以赴抓业务发展，实现业务经营高质量发展和全年生产安全无事故，支持蕉岭经济的发展。至2021年年末，各项贷款余额179057万元，比年初增24430万元、增长15.8%，存量、增量市场份额在蕉岭县四大国有商业银行中居第一、第二位；本外币存款余额达230014万元，比年初增17365万元，增长8.17%，存量、增量市场份额在当地国有商业银行中均居第一位。全年实现净利润4493万元；全年累计纳税总额达455.4万元，在梅州市农行业务经营考核中多项重要指标居前列。

【网点服务建设】 2021年，中国农业银行股份有限公司蕉岭县支行结合省、市分行网点标准化管理相关工作要求，开展网点文明标准健诊和先进标杆网点导入工作，至12月末，完成三个网点的管理赋能导入工作，通过内训师采取“现场督导”“抽查视频”“模拟培训”等形式，提升网点的服务水平，提升网点的软实力。坚持网点规范服务为抓手，开展文明服务标准常态化指导，以网点为单位进行服务礼仪、用语、物品摆放到营销技巧进行“一对一”的示范培训。强化全员技能训练，举办柜员业务技能的培训、测试和竞赛及岗位技能考试，提升综合素质。加强网点建设，结合城乡规划及业务发展情况，做好蕉城支行网点迁址前期相关工作。

【疫情防控期间的金融服务】　2021年，中国农业银行股份有限公司蕉岭县支行贯彻《关于做好常态化疫情防控强化实体经济金融支持的通知》和《广东银保监局关于进一步做好疫情防控、强化金融服务保障的通知》精神，践行国有大行的责任与担当，做好疫情期间实体经济的金融服务工作，支持企业（含个体经营）复工复产、县域经济发展、乡村振兴等资金需求，全年累计发放贷款3019笔，金额达90311万元。

【市场拓展工作】　2021年，中国农业银行股份有限公司蕉岭县支行坚持从实际出发，针对各部门及网点实际，做好存、贷款等市场拓展工作。根据存、贷款及中收竞争激烈的现状，走访各行业经营者，了解客户需求并推荐农行产品，扩大有效客户群。开展公私联动。通过加强综合营销的方式，加大农行掌银、信使、信用卡、基金定投等产品对个贷客户的渗透率，挖掘存量客户的潜在需求，改善客户结构。引导各网点提高服务效率，规范各岗位服务标准，安排各类设备及时启用，提高客户对农行各类自助设备的体验。加大对重点产品的考核，推广聚合码、集团e贷、农户建档贷款、网捷贷及信用卡专项分期等产品。至2021年12月末，全行个人贷款累计发放2753笔、金额达52652万元，比年初增加15000万元。加大法人贷款拓展力度，2021年新拓展和支持广东迈科特生物科技有限公司、蕉岭县顺龙新型环保建材有限公司、蕉岭县炜俊实业有限公司、蕉岭县永福运输有限公司、蕉岭鑫顺钙业环保科技有限公司等企业发展的信贷资金支持力度，全年累计发放法人贷款266笔、金额达37659万元。

【经营目标任务考核】　2021年，中国农业银行股份有限公司蕉岭县支行以激励全员提升服务，推进网点转型，加快发展，研究制订《中国农业银行蕉岭县支行2021年度综合绩效考评方案》《各季度重点业务专项考核方案》，激发员工工作热情和主动性。同时加大对塔牌集团、蕉华工业园管理区委、县医疗保障局、万生安控股等单位维护服务，做好对公账户的拓展工作，减少对公存款波动。至12月末，全行共开立对公账户共409户，完成全年计划270户的151%，全市农行系统排名第一。

【制度建设】　2021年，中国农业银行股份有限公司蕉岭县支行加强党的全面领导，履行党委职责，强化政治监督，健全案防风控工作长效机制，制定《中共中国农业银行蕉岭县支行委员会工作规则》《蕉岭县支行纪委列席会议办法（试行）》《蕉岭县支行2021年度党风廉政建设主体责任考核评价方案》《中国农业银行蕉岭县支行2021年案件防控“双线管理”评价方案》《蕉岭县支行员工培训项目计划》《蕉岭县支行2021年内控案防工作评价方案》等相关规定、办法。严格执行党和国家及农业银行的各项保密制度，认真落实保密工作责任制，实现全年无泄密、失密、窃密等事故。（朱铭新）

2021年中国农业银行股份有限公司蕉岭县支行负责人名录

党委书记、行长：黄　寅
党委委员、纪委书记：陈　明（5月任职）
党委委员、副行长：武志强（任至6月）
朱怀习
曾令彬（7月任职）

广东蕉岭农村商业银行股份有限公司

【概况】 2021年，广东蕉岭农村商业银行股份有限公司强化党的领导，落实各级党委的重大决策，推进蕉岭农商银行改革发展、疫情防控、乡村振兴等重大任务，以“内控合规管理建设年”为主题，坚持稳中求进的工作总基调，落实“农村金融户户通”和“金融特派员”工作部署。至2021年年末，蕉岭农商银行资产总额为42.45亿元，存款总额36.89亿元，贷款总额22.13亿元，实现经营利润6904.71万元，缴纳各项税费1896.96万元，存、贷款县域市场占有率分别占30.18%和32.93%，均位居县域金融机构首位。

【“农村金融户户通”】 2021年4月，广东蕉岭农村商业银行股份有限公司在全市率先开展“农村（普惠）金融户户通”工作，向全县107个村（社区）委派驻31名“金融特派员（村官）”。至2021年年末，蕉岭农商银行党委与蕉岭县8个镇党委签订党建共建意向书，辖内5个党支部和全县111个村居委党支部签订党建共建意向书；为三圳镇河西村、三圳村招福村等9个村委实现整村授信，总授信金额1.4亿元；“金融特派员”参加全县各村委会议131场，走访农户3112户，授信户数1729户，授信金额4.33亿元，为16户家庭农场农户发放“乡村振兴系列贷款”贷款318.35万元。

【支农支小服务】 2021年，广东蕉岭农村商业银行股份有限公司结合“我为群众办实事”实践活动，以“世界长寿乡”“中国美丽乡村”为切入点，深入农村实地调研，创新丰富乡村振兴系列贷款产品，至2021年年末，涉农贷款余额13.89亿元，比年初增加2.97亿元，同比增长27.24%；深化“政银企”对接，优先保障县域企业、商户、农户的信贷资金需求，累计支持包括农业龙头企业、环保建材、精细化工等各行业共58家中小微企业和746家个体商户，全年累计投放信贷资金16.66亿元，至2021年年末，小微企业贷款余额13.06亿元，比年初增加3.77亿元，同比增长40.55%，涉农、小微企业贷款增长均位居全市农商银行首位。

【农村科技金融服务】 2021年，广东蕉岭农村商业银行股份有限公司完善平台搭建、服务创新，提升金融服务质量和水平，在县域内投入使用各类智能自助终端设备57台，116台“粤智助”政务服务自助机覆盖107个村（社区）委，开立、换发乡村振兴银行卡1538张，占该类卡存量的39.97%，为全县107个村（社区）搭建线上、线下优质、高效、无盲区全覆盖的惠民金融服务，缩短和优化蕉岭居民业务办理距离和流程，保障政府补助资金发放、政务服务和减费让利等普惠金融工作扎实落地；通过广东农信鲜特汇平台累计上架优质商品52个，鲜特汇平台产品销售额168.49万元，销量29355笔，销售金额位居全省农商行第二名，并在鲜特汇商城推广社保卡助农扶贫专区团购，在社保卡助农扶贫专区上架蕉岭寿乡特色丝苗香米团购产品，团购销售金额30044元。

【网点建设】 2021年，广东蕉岭农村商业银行股份有限公司按照“统筹规划、合理布局、总量稳定”的原则，推动网点规划建设和提升网点大厅营业环境，龙叟分理处迁至蕉岭县蕉城镇福星大道骏业广场，新铺支行在原址基础上进行重新装修升级。

【服务社会】 2021年，广东蕉岭农村商业银行股份有限公司支持配合定点联系村——新铺镇徐溪村做好村集体经济运行和疫情防控相关工作，援助疫情防护所需相关物资；蕉岭农商银行通过采取网点降费承诺公示、价格信息披露、工作人员培训、制订客户投诉处理流程、收费情况自查等措施，落实相关部门降费要求和完善配套保障措施，推动减费让利工作。2021年度，累计为915户小微企业和个体工商户减免支付手续费214.77万元，通过降低小微企业、个体工商户的贷款利率支持地方经济发展，全年累计减少利息收入405.08万元。

【风险防控】 2021年，广东蕉岭农村商业银行股份有限公司构建全面风险管理体系，对信用风险建立新增不良贷款监测机制，对同业业务风险强化投资能力建设，完善投资业务制度流程、信息系统和人才建设，持续优化信贷结构；多措并举内外联动，密切与地方人民法院开展打击“逃废债”行动，持续加大对不良贷款的清收力度和抵押物品的处置力度，2021年，处置不良贷款4643.4万元；实行7×24小时舆情监测值班制度，落实责任人，严防因敏感性、普遍性、系统性问题引发声誉风险事件，防范声誉风险和舆情突发事件带来的负面影响；结合当前实际修订和完善165项制度，防范和化解各类金融风险。 (张境霖)

2021年广东蕉岭农村商业银行股份有限公司负责人名录

党委书记、董事长：袁汉番
党委副书记、行长：张　明（任至1月）
纪委书记、监事长：杨新亮
党委委员、副行长：杨德怀（1月起代履行行长职务）　李锡权

中国建设银行股份有限公司蕉岭支行

【概况】 2021年，中国建设银行股份有限公司蕉岭支行贯彻落实县委、县政府的工作会议精神，围绕上级行新金融实践、数字化经营、高质量发展等重点工作以及“精细化管理年”要求，提升员工的荣誉感、获得感和幸福感，强化按章操作、合规经营意识，提升合规治理成效。

【存贷款业务】 2021年，中国建设银行股份有限公司蕉岭支行强化内部管理，推进支行各项业务的健康发展。至12月31日，一般性存款时点余额194965万元，余额四行占比37.28%，四行排名第2位。人均一般性存款5269.3万元，四行排名第1位；各项贷款余额119840万元，余额四行占比32.49%，四行排名第2位，比年初新增30771万元，新增四行占比54.64%，新增四行排名第1位，人均各项贷款3247万元，四行排名第2位。2021年住房贷款存量2258户，余额56194万元，累计发放住房贷款263笔，发放金额9952万元。

【服务“三农”】 2021年，中国建设银行股份有限公司蕉岭支行协助蕉岭县政府推进绿色兴农、质量兴农、品牌强农，推进科技兴农，建设精细化农业经营体系。针对农村产业兴旺发展的需求，提供以信贷支持为主的金融服务。支持蕉岭县发展健康产业，将建行的金融资源向绿色发展领域倾斜，扩大信贷规模，为11家绿色健康产业的企业发放贷款合计960万元，助力蕉岭县加快珍稀食用菌产业园、微生物种业资源保护库建设，支持珍稀食用药用菌栽培及深加工等项目，支

持健态竹制品深加工综合产业化园区项目建设。支持现代农业产业建设发展，协助蕉岭县政府推进区域内现代农业产业园区、产业集群建设，通过固定资产贷款、PPP贷款等产品，解决建设完善基础设施项目的资金需求，累计为3家大中型企业授信共计2.95亿元，支持现代农业产业园区及产业集群主体企业建设完善供水、供电、道路、通信、仓储物流、垃圾污水处理等基础设施，重点支持新建产业园、产业集群、产业强镇建设。运用建行创新的“县域振兴贷”“惠农贷”“乡村农担贷”等产品，围绕蕉岭县省级现代农业产业园——梅州市蕉岭县丝苗米产业园园区内企业进行授信全覆盖。受理乡村农担贷11笔，为8家企业发放农担贷共计1330万，优先为全县打造的市级富硒土壤种植示范基地37个，农业龙头企业40家、农民专业合作社474家、家庭农场328家，认证“三品一标”企业13家，提供金融服务及贷款融资支持，实现重点农业企业业务全覆盖，做好重点农业企业的培育壮大。6月，联合市分行乡村部、普惠部、省农担公司到蕉岭县乡村振兴局设计乡村振兴信贷方案，为政府《蕉岭县扶持壮大村级集体经济收入》方案进行业务探讨。从各平台入手加大宣传，发展普惠金融，推进解决中小微企业融资难、融资贵的问题，支持和服务实体经济，提升“三农”、民营企业和中小微企业的贷款新增占比，促进金融与实体经济良好互动发展。继续做好蕉岭县农村集体经济组织登记赋码营销拓展工作，建行两个网点分别开立蕉岭县蕉城镇陂角村、城郊村、高畲村、龙安村、叟乐村、樟坑村、横岗村、文福镇鹤湖村、长潭镇堑垣村、广福镇西山村股份经济联合社账户合计154个，开立拓展基层政府四类账户。针对农字号企业家庭农场主无抵押物，无大额税收和流水情况，对接广东省农业融资担保公司联系和合作，发放2笔农担公司担保的小企业流动资金贷款各300万元。

【“裕农通”助农金融服务体系建设】 2021年，中国建设银行股份有限公司蕉岭支行在未设立金融网点的县域乡镇农村地区，与当地村委会、村口超市、卫生诊所、退役军人服务站等众多第三方主体合作，建设“裕农通”普惠金融服务点，实现行政村“裕农通”普惠金融服务100%覆盖，实现104个活跃客户的目标，引导业主使用缴费功能和场景。

【非金融服务】 2021年，中国建设银行股份有限公司蕉岭支行向客户推荐建行的智慧食堂产品，提供白名单制刷脸支付、后台自动生成多样化的统计报表等功能，蕉岭县广福镇人民政府“智慧食堂”项目在建行技术支持下成功上线。

【涉赌涉诈个人账户风险排查管控工作】

2021年，中国建设银行股份有限公司蕉岭支行加强账户开立后的客户回访工作，在客户开户次日起三日内，开户网点必须与客户电话联系确认银行卡、账户是否本人使用，防范出租、出借、出售银行卡、账户行为。各网点建立新开户台账，加强回访效果。客户回访前必须对客户账户交易明细进行核查，看有无小额试探交易特征，发现异常情况包括但不限于客户无法联系、账户交易频繁且具有涉案特征，采取暂停非柜面等措施。审慎解除账户管控，对于因涉赌涉诈原因被管控的账户（被司法机关止付、冻结的账户，解除管控须严格执行反诈中心相关规定），经办机构须核实客户身份，通过调阅流水、询问客户交易背景、实际经营情况等方式进行核查，确认无可疑的方可解除管控操作，严禁未经核实违规解控以及通过销户新开等方式绕过管控等行为，对违规操作人员将按照相关规定予以严肃问责。利用户外营销为契机，同步开展“反诈拒赌，安全支付”“打击治理电信网络诈骗、跨境赌博，建行在行动”等宣传活动，推进反诈拒赌宣传进社区、进农村、进家庭、进学校、进企业，提高防诈拒赌知识社会知晓率。

【“保尚保”业务】　2021年，中国建设银行股份有限公司蕉岭支行按照梅州银保监分局《关于协助做好梅州市2022年商业补充医疗保险“保尚保”参保及宣传工作的通知》要求，建行员工以职工医保个账代扣形式参加“保尚保”，全体工作人员（含正式员工及各类用工）参保率达100%。同时积极宣传和推广“保尚保”，全体员工为自己和家人投保，并积极向亲戚、朋友推送“保尚保”缴费二维码，确保每人推送目标5份以上。

（陈伟剑）

2021年中国建设银行股份有限公司蕉岭支行负责人名录

行　长：陈增钦

副行长：傅林平　陈伟欢（任至10月）

古志彬（9月任职）

钟志煌（11月任职）

中国工商银行股份有限公司蕉岭支公司

【概况】　2021年，中国工商银行股份有限公司蕉岭支行以政治建设、思想建设、制度建设、党风廉政建设、基层党支部建设、企业文化建设为重点，坚持党建工作与业务工作同步谋划、部署和推进，坚持服务地方经济发展大局，突出质量效益，强化转型发展，着力提升市场营销能力、品牌影响能力、客户服务能力、风险掌控能力和保障支付能力，加强各项管理，发展各项业务。

【负债业务】　至2021年12月末，中国工商银行股份有限公司蕉岭支行人民币各项存款余额（不含同业）为94429万元，比年初减少6506万元，其中储蓄存款余额为54604万元，比年初增加2596万元、对公存款余额为39825万元，比年初减少9102万元，机构存款余额为11955万元，比年初减少6516万元，公司存款为27870万元，比年初减少2586万元。

【资产业务】　至2021年12月末，中国工商银行股份有限公司蕉岭支行各项贷款余额61725万元，比年初增加1080万元，公司贷款余额为22135万元，比年初减少80万元，其中项目贷款余额为16973万元，比年初减少239万元，小企业贷款余额为5161万元，比年初增加159万元，个人贷款余额为39590万元，比年初增加1160万元，其中个人住房贷款余额为34258万元，比年初增加3021万元，个人消费贷款余额为2217万元，比年初减少1303万元，个人经营贷款余额为3115万元，比年初减少559万元。

【普惠金融工作】　2021年，中国工商银行股份有限公司蕉岭支行支持蕉岭县中小企业及创新创业产业发展，加大普惠金融工作力度。支持本地中小企业及“小微双创”实体经济发展，促进蕉岭县产业结构优化升级机集群化平台构建，同时发挥科创型股权、债权投资方面优势，参与科创企业融资和股权投资，助力蕉岭县科创型企业成长壮大。在区域和行业上，深化信贷布局，通过名单制管理、板块化推进和标准化操作，力促信贷规划落地见效，推动线下业务持续稳健增长。加强普惠业务覆盖，提升服务实体经济质效，结合当地产业特点和小微客户状况，做好区域性场景开发，实现专业市场开拓落地工作，推动线上普惠金融业务发展。持续推动“E抵快贷”业务发展。

【服务工作】 2021年，中国工商银行股份有限公司蕉岭支行加强员工思想教育，提高服务质量，做好业务分流工作，利用银行自助设备，引导客户能够在自助设备上办理的业务在自助设备上办理，减轻柜面业务压力，业务可分流率呈现逐步下降趋势。

【内部管理】 2021年，中国工商银行股份有限公司蕉岭支行通过开展专项整治违反中央八项规定精神和“四风”问题，担当起全面从严治党、从严治行的主体责任和监督责任。突出抓好重点领域、重点环节的专项整治，严格落实执行各项规章制度，内部管理工作得到加强，各项业务工作健康发展，支行内控评价被评定为一级。 （林炼标）

2021年中国工商银行股份有限公司蕉岭支行负责人名录

行　长：叶　庆

副行长：张玉明

内控主管：丘文生

中国人寿保险股份有限公司蕉岭支公司

【概况】 2021年，中国人寿保险股份有限公司蕉岭县支公司紧扣高质量发展主题，在当地政府的指导引领下，经营稳步推进。

【业务经营】 2021年，中国人寿保险股份有限公司蕉岭县支公司全年实现总保费收入10155万元，比上年同期减少638万元，上缴地方税收50.2万元，给付各类保险金3064万元，其中意外险给付465万元，业务队伍相对稳定。

【服务民生】 2021年，中国人寿保险股份有限公司蕉岭县支公司开展“关怀健康”活动，为全县农村妇女赠送妇女“两癌保险”，配合县妇联开展农村妇女农业技术、电子商务、乡村旅游、妇幼心理健康等培训活动，提升农村妇女素质，助力乡村人才振兴。加大社保补充医疗保险、社保补充养老保险、重大疾病保险、学生险等民生险种推进，为老百姓解决痛点，提升老百姓的幸福感。

【防范风险】 2021年，中国人寿保险股份有限公司蕉岭县支公司坚持稳中求进工作总基调，坚持风口前置，筑牢风险防线，夯实公司高质量发展的底线和基石。通过“强化合规教育、强化源头治理、强化治理整改、强化监督问责”综合施策，压实主体责任，推动全员风控。以落实反洗钱、消费者权益、治乱打非等专项宣传活动为契机，贯彻落实人民银行和综治委开展防范非法集资、平安金融、扫黑除恶、反欺诈等各项工作，建立起“一把手”负总责，各条线一岗双责、一案双查，岗位人员和职场信息员双预防的风险防范格局，对风险管控的缺位失责严肃查处。防控重点风险，严守合规底线，完善风险监测和检查机制，加大对销售误导、违规宣传、关键岗位风险等重点领域的监测分析，加强风险管控警示教育，执行信息员管理方案和员工操作风险行为扣分机制，群防群治，严守不发生系统性、区域性风险的底线。

【疫情防控】 2021年，中国人寿保险股份有限公司蕉岭县支公司落实当地政府对疫情防控工作的各项要求，执行防疫相关制度，加强对员工、销售伙伴普及疫情防控知识的宣传教育及正确的舆论引导，对员工、伙伴健康情况进行实时跟踪，加强疫情防控宣导，落实做好营业场所环境消毒工作，安排人员对柜面营业大厅、职场等公共场所进行不定期清理消毒；做好体温检测、口罩、消毒等物资准备；收集员工、伙伴健康异常情况上报；开展疫情防控知识宣传；安排人员引导客户扫粤康码和进行体温检测，并提醒客户进入办公大楼办理业务需佩戴口罩，自觉执行保持1米线距离排队等候办理业务。

（钟丽娟）

2021年中国人寿保险股份有限公司蕉岭县支公司负责人名录

副总经理：钟玉珠（主持工作）

总经理助理：杜新泉　陈智勇（任至1月）

中国人民财产保险股份有限公司蕉岭支公司

【概况】　2021年，中国人民财产保险股份有限公司蕉岭支公司牢记“人民保险、服务人民”的宗旨使命，根据蕉岭县委、县政府的整体工作部署，围绕县域经济社会发展大局，履行国有企业使命担当，发挥保险保障、风险管理和社会担当功能，为经济发展、社会稳定以及民生改善保驾护航。

【业务经营指标】　2021年，中国人民财产保险股份有限公司蕉岭支公司共完成保费收入7807万元，其中车险保费收入4189.7万元，同比上年同期增长4%；商非保费收入3469.8万元，同比上年增长18.8%；农险保费收入147.5万元，同比上年同期减少46.7%。全年全险种共实现利润869.2万元，其中车险为491万元、商非为510万元、农险为-131.8万元。上缴税收614万元。总体赔付率为56.42%。

【社会治理创新】　2021年，中国人民财产保险股份有限公司蕉岭支公司商团业务团队与政府部门及大集团客户保持沟通，成功续保自然灾害公众责任险、食品安全责任险、校园方责任险、精神病监护人责任险、综治保险等政府项目，其中精神病监护人责任险成功签下三年协议。承保全县校园方责任险计保费95.8万元。在开学期间，配合教育局参与疫情防控工作，捐赠资金1.5万元用于支持蕉岭县教育系统的疫情防控工作；综治保险开启绿色通道快速赔款，共支付赔款16万元；为贫困学生、精神病患者家属支持助学金13万元；与各政府单位联合建设13个垃圾分类点。

【服务质量和服务水平提升】　2021年，中国人民财产保险股份有限公司蕉岭支公司以满足客户最迫切的需要为目标，以快速理赔服务为切入点，营造车险客户服务体系，提出“快速理赔、准确理赔”的理念，强化服务体系建设，通过明确服务内容、服务标准、具体措施、组织架构、职能职责定位和考核办法，建立具有人保特色的服务体系。发挥“执行+救助”系列保险、精准扶贫保险等项目在社会治理以及民生领域中的保险“稳定器”和“助推器”作用，与蕉岭县县委、政府部门推进民生项目的合作，在全市范围内首签法定传染病保险及董责险新险种。在2021年“保尚保”项目完成业绩在全市名列前茅。与包括蕉岭县扶贫办在内的各乡镇、各村签订农村“建档立卡”贫困人员精准扶贫保险协议。

【企业文化建设】　2021年，中国人民财产保险股份有限公司蕉岭支公司在战略研究和企业文化建设方面，坚持加强职工队伍建设，注重建设具有特色的企业文化，为公司发展战略提供精神动力和智力支持。党建工作不断加强，开展党史学习教育，认真开好“三会一课”，开好组织生活会，引导全体党员同志牢记党的宗旨，把群众观点和群众路线植根于思想中、落实到行动上，按照上级公司决策部署，做好工作，完成各项任务。蕉岭人保支公司加强基层内控体系建设和风险排查工作，并持续加强反洗钱日常工作。

（傅红娴）

2021年中国人民财产保险股份有限公司蕉岭支公司负责人名录

党支部书记、经理：徐建平

副经理：林和成　钟雅菲（女）

经济管理

发展改革工作

【概况】　2021年，蕉岭县发展和改革局贯彻新发展理念，抢抓际遇，发挥部门职能，统筹推进疫情防控和经济社会发展工作，认真履行职责，完成县委、县政府交办的各项任务，抓好重大政策对接落实，谋划项目争资金；抓好项目审批，推进重点项目建设；抓好能源监管控能耗，促进绿色发展；确保粮食物资储备守安全，做好规划调研谋发展，推动县域经济高质量发展。

【疫情防控】　2021年，蕉岭县发展和改革局坚持“抗疫情、保供应、稳市场”工作机制，宣传国家关于疫情防控的重大研判、决策部署，做好疫情防控工作，确保库存粮食安全储存，强化粮油市场价格动态和供需情况监测，每日上报送粮油价格数据。

【安全生产】　2021年，蕉岭县发展和改革局贯彻落实习近平总书记关于安全生产重要论述，按照《蕉岭县安全生产委员会2021年工作要点》要求，成立安全生产工作领导小组，制定工作方案，对全县86座充电桩及其他公共用电设施、26个加油站、粮食企业进行定期监管、突击检查和重大节日安全生产隐患大排查，开展消防应急演练，落实各项安全防范措施，预防和遏制各类安全生产事故发生，实现全年安全无事故。

【平台建设】　2021年，蕉岭县发展和改革局推动粤闽赣苏区改革试验区（蕉岭片区）规划编制工作，建立运行机制，做好政策研究、规划编制、沟通协调、向上汇报、督促检查等工作。做好省际边界地区产业和选址调研工作。制订并完善先行先试工作方案，围绕县委的“三三三五”战略，建设绿色建材循环经济产业园、广东梅州大健康高科技产业园，推动粤闽赣苏区改革试验区（蕉岭片区）发展。

【项目建设】　重点项目建设：2021年，蕉岭县列入市重点项目有蕉岭县农村供水巩固提升工程等21宗（含省重点项目1宗），总投资101.69亿元，年度计划投资24.56亿元，已完成投资20.62亿元。

项目谋划：2021年，蕉岭县研读对接《国务院关于新时代支持革命老区振兴发展的意见》，谋划振兴发展项目92宗，项目总投资476.85亿元；贯彻落实《广东省发展改革委 广东省财政厅关于支持粤东西北地区做好中央预算内投资项目有关工作的通知》的精神，谋划项目44宗，总投资33.82亿元；会同住建部门谋划生态保护和修复等类型项目51宗，总投资22.19亿元。

资金申报：2021年，蕉岭县申报2021年地方政府专项债项目7宗，资金申报额度6亿元，获国家审核通过；向上申报2022年地方政府专项债储备项目9宗，债券需求9.52亿元，经省发改委锁定有7项，债券额度8亿元；继续谋划2022年地方政府专项债储备项目14宗，总投资26.5亿元，申报债券额度10.94亿元。

项目审批：2021年，蕉岭县发展和改革局共办理项目赋码407宗；审批政府投资项目206宗，总投资38.41亿元；开展政府投资项目概算审查84宗，送审金额合计6.36亿元，核减金额合计1204万元。

项目备案：2021年，蕉岭县发展和改革局办结企业投资备案147宗，总投资58.51亿元，退回不符合产业准入项目3宗，开展重大固定资产投资项目社会稳定风险评估1宗。

【乡村振兴】 2021年，蕉岭县发展和改革局编制《梅州市蕉岭县城乡融合发展省级试点实施方案》，制订2021年试点工作计划，在“建立美丽小城镇发展机制、建立农村集体经营性建设用地入市制度、完善农产权抵押担保权能、建立生态产品价值实现机制、健全农民持续增收体制机制”五个方面推进试点工作。

【节能降耗、绿色发展】 2021年，蕉岭县发展和改革局抓好能耗“双控”工作。开展违法违规用能项目专项清理，对能源“两高”项目落实停产整改措施，执行有序用电，抓好公共节能，全县能源消费总量为263.31万吨标准煤，单位GDP能耗下降6.81%。做好“十四五”时期能源调研工作，检查水泥、造纸行业重点用能单位能源消费情况，组织“十四五”时期重点用能单位进行重点项目能耗与碳排放测算，配合做好市“十四五”能源发展规划和节能规划调研。做好环保督查，完成中央和省级环保督察整改任务分工。开展成品油市场整治，对全县26家成品油企业进行初检，打击成品油非法经营，积极推进“县县通”天然气建设前期工作。推进太阳能光伏发电共建共享工作，制订工作实施方案，开展全县光伏发电可开发资源调查摸底，跟相关企业签订投资协议书，蕉岭县入选国家能源局公布的整县（市、区）屋顶光伏开发试点名单，蕉岭县光伏发电企业备案55宗，累计备案装机容量729.436兆瓦，总投资35.31亿元，累计并网容量30.05兆瓦。

【粮食物资储备】 2021年，蕉岭县发展和改革局贯彻落实习近平总书记关于粮食安全的重要讲话精神，做好涉粮问题专项巡察整改工作，履行粮食储备管理职责，做好粮食安全责任考核工作，完善“粮安工程”项目建设，2020年度梅州市粮食安全责任考核为“优秀”等级。推进粮食仓库智能化建设，提升仓储管理水平。加强粮食监督检查，完善应急体系和粮食价格动态监测体系，严格执行政策性粮食购销政策，抓好储备粮轮换工作。做好应急救灾物资储备工作，确保应急救灾物资储备安全。

【价格监管】 2021年，蕉岭县发展和改革局落实执行中央、省全面规范实施目录清单制度，实行全县行政事业、经营服务性、涉企等收费目录清单动态管理，加强春节、元宵等重大节日的价格监测，做好保供稳价工作，及时回复群众在信访及政府“12345”热线平台所反映住宅前期物业、市场摊位费、涉电、涉天然气等民生问题。加强业务培训，提升人员素质，推进综合业务平台应用，完成2021年度存量案卷录入工作，开展线上办理业务。开展价格认定案件48宗，涉案金额近110万元。

【优化营商环境】 2021年，蕉岭县发展和改革局加快审批流程，提升服务效率。依托蕉岭县工程建设项目审批综合服务窗口，工程建设项目备案审批实行上网申报，实行“一窗通办”。加强审前咨询服务，提前介入服务，指导帮助项目建设单位掌握投资政策，准确有效填报立项信息。做好社会信用体系建设工作，重点做好“做好“双公示”信息的及时采集和推送，2021年进驻蕉岭县双公示管理系统平台共有25个县直单位58采集事项，累计录入共6338条数据，其中行政许可3681条数据，行政处罚2657条数据。

【公车管理】 2021年，蕉岭县发展和改革局规范用车管理。在广东省公务用车管理平台上管理、使用公务用车，严格执行平台申请、审核、派车、结算等流程，通过广东省公务用车管理平台对公务用车实行在线实时监管，对离线车辆进行严查，做好公务出行车辆租赁服务费用调查摸底工作，推进公务用车配备新能源汽车比例。

【国防动员】 2021年，蕉岭县发展和改革局做好国防经济动员潜力数据调查更新工作，邀请人武部工作人员对各专业队伍进行点验拉练，提高各专业队伍骨干的理论素质和技能水平；按要求配备专业办公室，购置专业设备和战备物资，按时按质完成软件资料和硬件装备配置更新。 （谢其洪）

2021年蕉岭县发展和改革局负责人名录

党组书记、局　长：丘　伟
党组成员、副局长：徐达新　黄伟忠
王海胜（7月任职）
赖伟华（任至3月）
徐建伟（任至7月）
黄秋明（任至7月）

审　计

【概况】 2021年，蕉岭县审计局坚持以习近平新时代中国特色社会主义思想为指导，以党建引领审计业务发展，荣获“广东省先进基层党组织”称号。

【审计成果】 2021年，蕉岭县审计局认真学习习近平总书记对审计工作的重要讲话和重要指示批示精神，扎实履行审计职责，共完成审计项目20个，累计纠正管理不规范资金12.04亿元，提出非金额计量问题113个，提出审计建议81条，提交审计专报2篇、审计建议函5份、审计整改函23份，移送问题线索1条。

【政策落实跟踪审计】 2021年，蕉岭县审计局对重大政策措施贯彻落实情况和实际效果进行跟踪审计，推动上级重大政策措施在县内落地生根、发挥实效，并促进政策措施不断完善。开展2个重大政策落实跟踪审计项目，纠正管理不规范资金111.88万元，提出非金额计量问题5个，提出审计意见和建议6条，得到被审计单位的重视和整改落实。

【财政审计】 2021年，蕉岭县审计局严格落实中央和省、市、县关于构建财政审计“横向到边、纵向到底”全覆盖监督格局的工作要求，依法对县本级财政预算执行、决算草案和其他财政收支情况，县直一级预算单位部门预算执行和其他财政财务收支情况进行审计，促进财政资金规范使用，完善财政管理，防范化解财政风险。开展4个财政审计项目，累计纠正管理不规范资10.84亿元，提出非金额计量问题29个，提出审计意见和建议18条，得到被审计单位的重视和整改落实。

【公共投资审计】 2021年，蕉岭县审计局围绕稳投资、补短板、促发展，对政府投资、以政府投资为主的重大工程项目的资金管理使用、工程质量管理、投资建设绩效等进行审计，开展3个公共投资审计项目，累计纠正管理不规范资金351.45万元，提出非金额计量问题16个，提出审计意见和建议10条，得到被审计单位的重视和整改落实。

【民生审计】 2021年，蕉岭县审计局围绕各项民生大事、难事、急事，对民生政策贯彻落实、资金筹集管理使用情况和民生项目推进情况进行审计，推动各项惠民富民政策落到实处，提高保障和改善民生水平，开展1个民生审计项目，提出非金额计量问题4个，提出审计意见和建议3条，得到被审计单位的重视和整改落实。

【企业审计】 2021年，蕉岭县审计局以维护国有资产安全，促进国有企业科学发展为目标，对国有及国有资本占控股或主导地位的国有企业进行审计监督，推动国有企业深化改革，做强做优做大国有资本，防范化解国有经济运行中的风险隐患。开展1个企业审计项目，累计纠正管理不规范资金542.79万元，提出非金额计量问题15个，提出审计意见和建议5条，得到被审计单位的重视和整改落实。

【经济责任审计】 2021年，蕉岭县审计局按照中央两办经济责任审计规定，对领导干部贯彻执行上级党委政府决策部署和重大政策措施，地区重要发展规划制定、执行和效果，财政财务收支和经济运行风险防范，以及落实党风廉政建设责任和遵守廉洁从政规定等方面进行审计，聚焦权力运行和责任落实，客观反映问题，准确界定责任，审慎作出评价，促进领导干部依法履职尽责、守法守规守纪、担当作为。开展9个经济责任审计项目，累计纠正管理不规范资金1.1亿元，提出非金额计量问题44个，提出审计意见和建议43条，得到被审计单位的重视和整改落实。

（陈 梅）

2021年中共蕉岭县审计局党组成员名录

党组书记：林小琼（女，任至9月）
党组成员：王良文 张秀红（女）
钟伟志 钟伟荣

2021年蕉岭县审计局负责人名录

局 长：林小琼（女，任至9月）
副局长：王良文 张秀红（女） 钟伟志
总审计师：钟伟荣

自然资源管理

【概况】 蕉岭县自然资源局贯彻落实县委、县政府和上级自然资源工作部署，强化责任担当，推进自然资源管理各项工作。

【耕地保护】 2021年，蕉岭县自然资源局推进垦造水田工作，落实耕地占补平衡，2019年配合建工集团垦造水田项目和2020年承接高标自行垦造项目，全部通过验收，垦造面积71公顷。4个补充耕地整改项目通过市级验收并核发验收表，整改耕地面积15公顷。做好农村乱占耕地建房问题核查工作，后续将参照自然资源部和农业农村部针对存量农村乱占耕地建房问题的分类处置方案进行整治，2021年未发现新增农村乱占耕地建房问题。

【土地管理】 2021年，蕉岭县自然资源局做好用地报批工作，经省、市批准4宗共8公顷，其中批准征收6.5公顷。做好土地储备工作，新收回、新征收土地23宗38公顷。积极做好土地供应工作，供应国有建设用地12

宗 17.8 公顷，其中出让（含协议出让）10 宗 17.3 公顷，出让价款 6271 万元，无偿划拨 2 宗 0.5 公顷。做好节约集约用地工作，加大闲置土地处置力度，已完成闲置土地处置 6.8 公顷，超额完成市级下达的任务；完成“三旧”改造 4.4 公顷，新增实施“三旧”改造 8 公顷；完成批而未供土地“去库存”24 公顷；盘活低效产业用地 3 宗，提高土地利用效率。建立健全公示地价体系，蕉岭县 2021 年城镇国有建设用地标定地价成果、蕉岭县集体建设用地和农用地基准地价制定项目成果已经县政府批准向社会公布并执行。

【国土空间规划】 2021 年，蕉岭县自然资源局抓好规划编制工作，编制县镇两级国土空间规划，完成“三区三线”第二轮试划工作，县级国土空间规划完成初步成果，镇级空国土间规划完成前期资料收集和调研工作。开展全县建设工程和县城规划区内个人建房的规划审批工作，办理建设工程规划许可 156 宗，其中个人建房 134 宗，项目类 17 宗（其中工业项目类 7 宗），办理建设工程规划条件核实合格证 21 宗（其中工业项目类 10 宗）；重点推进桂岭片区、长潭片区和福星片区 3 个新区的规划建设。

【矿产资源管理】 2021 年，蕉岭县自然资源局完成矿业权出让 5 宗，总价款 2.1 亿元。开展绿色矿山建设工作，3 家矿山通过绿色矿山市级评审，完成矿山地质环境治理修复任务 5 公顷。

【不动产登记】 2021 年，蕉岭县自然资源局严把审查关，依法依规做好不动产登记发证工作，核发不动产权证书、证明共 9864 份，压缩登记时限，对二手房转移登记、抵押登记平均的办理时限分别压缩到 3 天和 1 天。开展“互联网+不动产登记”工作，实现部分高频登记业务“全程网办”，方便群众和企业办事。推进“房地一体”农村不动产登记发证工作，全县 8 个镇 97 个村开展权籍调查和建立权籍调查数据库。

【地质灾害防治】 2021 年，蕉岭县自然资源局编制《2021 年度蕉岭县地质灾害防治方案》并报县政府批准实施。完成全县 35 处在册中小型地质灾害隐患点综合治理任务。

【“三调”与测绘管理】 2021 年，蕉岭县自然资源局做好第三次全国国土调查登记工作，形成蕉岭县第三次全国国土调查数据成果报告。做好测绘地理信息行业监管，对全县持测绘资质的单位进行监督检查。

【执法监察与信访】 2021 年，蕉岭县自然资源局落实自然资源在线动态巡查工作，及时查处违法用地用矿行为，推进 2021 年违法用地图斑整改工作。化解信访矛盾，全年共办结群众来信来访 60 件。开展扫黑除恶专项斗争工作，共收到县扫黑除恶办交办线索 2 条，市自然资源局交办线索 1 条，已全部办结。

【亮点工作】 2021 年，蕉岭县自然资源局成功申报新铺镇全域土地综合整治国家级试点项目；成功争取广东南岭山区韩江中上游山水林田湖草沙一体化保护和修复工程项目中央奖补资金 2.4 亿元。根据县委、县政府要求，推进桂岭新区医院生命通道基础设施建设项目，中医院、妇幼保健院门前路段及五福花园一期连接逢甲大道和接奥园广场路段实现通车。 （张力丹）

2021 年中共蕉岭县自然资源局党组成员名录

党组书记：钟光庆

党组副书记：吴珍德

党组成员：林国俊　钟广斌　黄海云（女）

　　　　　刘　凯　林志欣（任至 7 月）

2021 年蕉岭县自然资源局负责人名录

局　长：钟光庆

副局长：吴珍德　王永华　林国俊　钟广斌
总规划师：黄海云（女，4 月任职）
派驻纪检监察组组长：刘　凯

市场监督管理

【概况】　2021 年，蕉岭县市场监督管理局（知识产权局）始终把保障质量安全放在监管首位，把服务发展作为主线任务，准确把握新时代市场监管工作大方向，圆满完成市场监管各项工作：企业年报成效显著，企业年报率全市排名第 1 位，起到“领头雁”的效应；成功申报获批蕉岭绿茶、桂岭蜂蜜、蕉岭冬笋、三圳淮山 4 个国家地理标志保护产品，是全市获批“地标”产品最多的一个县；在 2020 年度市对县食品安全评议考核、2020 年度市对县药品安全考核和 2020 年广东省食品安全示范县中期评估考核中均获得 A 级。

【营商环境优化】　2021 年，蕉岭县市场监督管理局（知识产权局）不断深化“放管服”改革任务落实落地，以市场主体的需求为导向，优化营商环境，深化商事制度改革，强化事中事后监管，激活市场主体活力，服务企业助推蕉岭县经济高质量发展。

审批事项提速。落实全国统一“多证合一”改革，贯彻执行“无费市”工作，推进企业名称自主申报，畅通政银合作渠道，将企业开办全流程压减到 1 个工作日完成，提升企业开办便利度和速度。截至 2021 年年底，蕉岭县新登记各类市场主体 1804 户，累计各类市场主体共 18315 户，其中企业 2625 户、个体 15244 户、农村合作社 446 户，市场主体增幅 11.08%；同时为 403 户新办企业节约开办成本约 118590 多元；为企业办理股权出质登记 10 起，出质股权数额 5283 万元，被担保债权数额 32756 万元（成功融资）。

企业服务提质。稳步推进年报工作，2020 年度蕉岭县各市场主体应报 16928 户，实报 16841 户，年报率 99.49%，排名全市第 1 位。开展“守合同重信用”企业公示活动，蕉岭县共有 56 家企业申请为“守重”企业，其中新公示企业 20 家，10 年及以上公示企业数 7 家。突出地标产品保护工作，对“蕉岭绿茶”“桂岭蜂蜜”“蕉岭冬笋”“三圳淮山”4 个国家地标产品的专用标志做好管理与保护，同时协助蕉岭县农业农村服务中心上报“三圳淮山”“蕉岭红菇”地理标志证明商标。强化标准化引领作用，鼓励团体标准、企业标准通过标准信息公共服务平台向社会公开，累计上报 29 项标准，涵盖 29 种产品。推进强检平台建设和计量检定工作，有序开展强检工作计量器具的录入工作，完成集贸市场和基层医疗卫生单位计量器具的免费检定工作，共有 138 个单位的 3394 台（件）的强检工作计量器具录入系统，检定校准计量器具 5591 台（件），其中强检计量器具 5182 台（件），校准 409 台（件），集贸市场和基层医疗卫生单位免费检定计量器具 2362 台（件）。

执法力度提升。严抓案件查办工作，重点打击侵犯注册商标专用权和制售假冒伪劣、不正当竞争、“无照经营”、虚假宣传等违法行为，深入开展成品油市场专项整治、打击食品非法添加违法行为专项行动、医疗器械“清网”行动、打击整治冻品走私专项行动、打击治理电信网络新型违法犯罪专项行动等一系列专项执法行动，共立案 97 宗，办结案件 96 宗（其中食品案件 57 宗，“两品一械”案件 20 宗，知识产权案件 3 宗，其他案件 16 宗），移送公安 6 宗（其中公安立案 1 宗），已结案件涉及货值 16.30 万元，罚没款 61.0977 万元。严抓打击侵权假冒工作，认真履行打假办职责，监督指导蕉岭县各打假成员单位扎实开展打假工作，切实加强打假力度，净化市场经营和消费环境，抽查各类产品 141 种、1166 批次，检查单位 3080 个，查处了各类制假售假案件60宗，案值71.2384万元。

投诉处理提效。紧抓消费者合法权益保护工作，畅通消费维权渠道，化解消费纠纷，提高消费维权效能，共受理“12345”政府服务热线、全国“12315”平台消费者投诉131宗，处理完毕124宗，受理举报58宗，处理完毕55宗，为消费者挽回经济损失64万元，接待消费者来访来电咨询392人次，提高消费维权效能。做好“3·15”国际消费者权益日纪念宣传活动，共28个单位参加宣传活动，参加人员118人；共发放宣传资料9768份，悬挂横幅标语13条，宣传画76幅，发放奖品1090件；通过真假商品对比，曝光假冒伪劣商品8个品种；接受消费者咨询1133人次，现场受理投诉4宗。

【质量技术监督】 2021年，蕉岭县市场监督管理局（知识产权局）推进质量强县战略，国家水泥及制品质量监督检验中心（广东）建成启用，广东省质量监督富硒产品和深加工农产品检验站（梅州）扎实推进，为梅州加快构建“5311”绿色产业体系提供技术支撑。狠抓工业产品质量安全，针对口罩、防护服等防疫用品、烟花爆竹、电动自行车、钢筋、危化品、机动车检测、道路交通安全等领域开展质量安全监督检查，检查产品质量相关市场主体单位485家次，推动蕉岭经济高质量发展。组织实施日常监督检查和各类安全生产大检查专项行动，排查安全隐患，累计检查特种设备使用单位156家次，发出监察指令书73份，闭环71份，查封相关特种设备6台套，防范安全事故的发生。

【食品药品监督】 2021年，蕉岭县市场监督管理局（知识产权局）做好省级食品安全示范县中期评估工作，在全市率先完成食品销售风险分级管理，完成全县2124家食品销售经营主体的录入分级工作，运用分级结果开展日常监管。结合蕉岭县2021年十大民生实事，开展实践活动，做好食品抽检、乳制品抽检、药品抽检和农产品快筛快检工作：2021年蕉岭县食品抽检任务846批次，完成抽检847批次，完成全年任务的100%，其中合格814批次，不合格33批次，不合格食品已全部立案查处，不合格处置率达100%；乳制品抽检任务16批次，完成抽检22批次，完成全年任务的137.5%，不合格0批次；县内生产的国家基本药物职级品种抽检覆盖率达到100%，蕉岭县暂无生产国家基本药物制剂品种的生产企业；食用农产品快筛快检任务全年不少于11100批次，完成快检11510批次，占全年任务的104%，其中合格11382批次，不合格128批次，合格率98.89%，处理不合格产品173.9公斤。着力抓好餐饮质量提升工程，制定《蕉岭县餐饮质量安全提升行动方案》，督促餐饮从业人员注册使用“食安快线通用版”，参加培训考核，注册率95.45%，培训率93.57%，超额完成市局下达的80%的任务；完成“明厨亮灶”目标，全县持证且正常经营的餐饮服务提供者1371家，已实施“明厨亮灶”1170家，建设覆盖率达85.34%，完成年度目标。抓好重点环节风险管控，持续开展“湿粉统一查”、粮食加工品、单位食堂食品安全、网络订餐、酒类产品、“长江禁捕、打非断链”、保健食品、婴幼儿配方乳粉风险排查等专项整治，检查各类经营户1472家次，发现并整改问题62个，查处没收假冒或不符合食品安全规定的洋酒60瓶。抓好药械化质量安全，对蕉岭县现有的1家药品生产企业、1家医疗器械生产企业、1家化妆品生产企业、70家药品经营企业开展全覆盖的检查，同时对部分的药械使用单位及化妆品经营企业开展检查，共检查“两品一械”相关单位1067家次，发现并整改问题55家，出动执法人员1521人次，立案并结案20宗，案值1.91万元，罚没款2.68万元，完成市级下达任务。 （凌慧芳）

2021年中共蕉岭县市场监督管理局党组成员名录

党组书记：刘文龙
党组成员：张裕美　徐湘琴（女，3月任职）
　　黄文敏　邓　峰
　　曾海明（任至3月）　曾维夫
　　黎　楠（10月挂任）
　　时武涛（10月挂任）

2021年蕉岭县市场监督管理局负责人名录

局　长：刘文龙
副局长：张裕美　徐湘琴（女，4月任职）
　　黄文敏　汤伟华　邓　峰
　　曾海明（任至4月）
　　曾维夫　黎　楠（10月挂任）
局长助理：时武涛（10月挂任）

统　计

【概况】　2021年，蕉岭县统计局立足新发展阶段，贯彻新发展理念，在做好常态化疫情防控工作的同时，依法开展统计调查，推进统计服务，为各级党政和有关部门整理提供大量的国民经济和社会发展统计数据。编印《2021年蕉岭县统计年鉴》400本，印发11期《统计监测月报》、21期《蕉岭统计分析》，7期《蕉岭统计监测预警专报》，编印及在政府公开网发布《2020年蕉岭县国民经济和社会发展统计公报》，全年为党委政府及社会各界提供统计数据咨询服务500多次。

【统计数据质量】　2021年，蕉岭县统计局践行新发展理念，严守数据质量，提升统计能力，优化统计服务，推动蕉岭经济高质量发展。做好统计监测预警，围绕经济运行短板，加强对重点行业、主导产业、龙头企业的动态监测和预警分析，高度关注工业增加值、能耗“双控”、固定资产投资等重要统计数据，通过月度、季度经济运行分析会等形式向县委、县政府反映全县经济运行中苗头性、趋势性问题，有针对性地提出对策建议。开展统计分析研判，建立统计专班制度，着眼全县经济运行，及时全面准确汇集“领导需要了解的数据”和“需要领导了解的数据”，增强数据的针对性、可用性和时效性，及时解读统计数据；注重围绕主要经济指标情况和运行趋势、亮点及短板等开展分析研究，为领导决策和社会公众提供参考。全年为县委、县政府及各经济部门提供《蕉岭统计监测月报》11期，《蕉岭经济运行简析》11期，《蕉岭统计分析》21期，发布《2020年蕉岭县国民经济和社会发展统计公报》和《蕉岭县第七次全国人口普查公报》，印制《2021年蕉岭统计年鉴》。严格统计执法，推进统计领域诚信建设，按《中华人民共和国统计法》、《统计违纪违法责任人处分处理建议办法》开展防范和惩治统计造假弄虚作假执法检查和城乡住户调查“双随机”统计执法检查，确保统计数据真实准确；加强统计从业人员信用档案动态管理，建立统计失信企业、统计失信人员公示专栏，提高统计数据真实性、准确性。共检查12家各类型企业单位和1个乡镇，没有发现统计违法违纪行为。推进人口普查后续工作，结合开展人口抽样调查工作，开展第七次全国人口普查数据分析，强化人口普查成果运用，组织开展人口普查为科学制定经济社会发展规划和人口发展战略提供统计信息支持，为“十四五”规划实施提供重要参考数据。

【基层基础建设】　2021年，蕉岭县统计局推进统计基层基础建设，加大统计法律法规宣传教育力度，强化统计执法检查，规范统计行为，保障统计数据质量，夯实统计基层基础。以开展农村统计基层基础建设年活动为契机，以助推乡村振兴为抓手，争取县委、县政府的重视，明确乡镇统计工作的责任，按照“五有六化”标准夯实基层统计基础，实现全县镇村农业统计源头数据的全面性、准确性、及时性。提升统计工作能力，邀请市局科室领导授课对县领导和各相关单位领导开展培训，使他们了解统计、支持统计；持续推进统计法律法规进党校，2次派员为新招录行政事业单位人员和“两新”组织开展统计法律法规培训，加大统计法律法规的知晓率和覆盖面；采取组织业务培训、外出学习、学习交流等多种形式，改善统计干部知识结构，提升业务能力和工作水平；分专业面向基层统计业务人员举办12批次统计业务培训，各网报企业单位共210人次人参加培训；动态掌握各镇、网报企业统计从业人员变动情况，采取“送教上门”方式，对新上岗的统计工作人员开展“一对一”业务培训，保证工作不断、应统尽统。建立和完善防范统计造假工作机制，制定完善数据管理制度，建立数据评估机制，明确数据采集、审核、查询等各个环节的工作标准和责任人，实现业务全流程、全覆盖的质量管控。加强与发改、科工商、园区办等经济管理部门的沟通衔接，在挖掘、培育、申报、审核、培训等方面加大协作力度，做到符合标准的“四上”企业应统尽统。

【重点工作】 2021年，蕉岭主要经济指标总体处于合理区间，就业形势基本稳定，经济结构调整优化，质量效益稳步提升。2021年，蕉岭县地区生产总值增长5.0%，农林牧渔业总产值增长7.0%，规模以上工业增加值增长10%，建筑业总产值增长5%，固定资产投资增长10%，社会消费品零售总额增长5.4%。推进能耗“双控”工作，成立能耗“双控”预警调控工作专班，围绕蕉岭县能耗“双控”目标，做好蕉岭县全社会能源消费和能耗强度统计预警预测工作，针对重点用能企业及企业能源消费现状提出意见建议，配合相关部门开展能耗测算、节能监督、专项督查及公共机构节能检查等工作。开展农村统计基层基础调研，及早谋划，主动作为，到全县8镇1场40个村田间地头第一线，开展农村统计基层基础调研工作，做到边调研边查核，边解决边总结，并认真抓好调研中发现问题的整改和“回头看”工作。服务乡村振兴发展，抽调人员到新铺镇和挂钩潘田村协助做好森林防火宣传和巡查工作，支持工作经费2万元；深入挂钩村开展扶贫访贫慰问活动，了解困难群众生产生活情况，共看望慰问贫困户44户112人次；支持新铺镇潘田村、同福村，蓝坊镇程官村扶贫工作和乡村振兴建设经费合计4万元。保障全局安全稳定，做好疫情防控宣传教育和舆论引导工作，落实常态化疫情防控措施，严格执行外出报告制度，抓实干部职工和职工家属疫苗注射工作；结合“双报到、双服务”“创文”“创卫”工作，积极开展各项志愿服务活动；建立健全局各项管理制度并加大执行力，落实保密工作责任制，做好局内部各项安全防范工作，维护正常办公秩序，预防和避免事故发生。

（钟义腾）

2021年中共蕉岭县统计局党组成员名录

党组书记：刘碧华

党组成员：林森英　刘丽珍（女）　黄　伟

2021年蕉岭县统计局负责人名录

局　长：刘碧华

副局长：林森英　刘丽珍（女）　郭　玲（女）

财政·税务

财 政

【概况】 2021年，蕉岭县财政局加强统筹协调，增强与税务、自然资源等部门的沟通协作，竭尽全力挖掘税源，抓好非税收入征缴入库管理。创新征管机制，开展财税部门税收协管工作，加强税收分析预测，扩大联合办税范围，实现涉税信息共享，挖掘增收潜力，切实做到应收尽收。强化非税收入征管，全面启用互联网交通安全综合服务凭条，完善非税收入征管电子信息化管理，加强非税收入征缴力度，非税收入完成25044万元，其中：拆旧复垦9010万元、矿业权出让收益6448万元。

【财政收支运行】 2021年，蕉岭县财政收支运行平稳。

一般公共预算执行情况。2021年，全县一般公共预算收入完成70242万元，同比增长9.12%，其中：税收收入45198万元，增收4051万元，同比增长9.85%，占一般公共预算收入的64.35%；非税收入完成25044万元，增收1819万元，同比增长7.83%，占一般公共预算收入的35.65%。支出完成246220万元，同比减少22.61%，其中：民生支出209397万元，占一般公共预算支出的85.04%，同比减少22.52%。

来源于蕉岭的财政总收入情况。2021年，来源于蕉岭的财政总收入合计179936万元，同比减少9.85%。全县上划中央“两税”收入完成27262万元，同比增长10.88%；上划省四税地市分享部分收入完成26597万元，同比增长7.21%。政府性基金预算执行情况。2021年，政府性基金预算收入完成9957万元，同比减少79.6%；支出完成64592万元，同比减少22.39%。

【财政支出情况】 2021年，蕉岭县财政局落实党中央、国务院决策部署，树立过紧日子的思想，坚持统筹兼顾、突出重点，做好“六稳”工作，落实“六保”任务。严控一般性支出和“三公”经费支出，从严从紧管好财政支出，压减日常办公经费和非必要的预算支出。做好民生保障工作，继续把保基本民生作为今年工作重点，下达基本民生保障资金2.4亿元，下达新型冠状病毒感染的肺炎疫情防控专项经费1598万元，为全县疫情防控提供资金保障。落实惠民政策，2021年，蕉岭县累计收到省级涉农资金1.04亿元，上解市级统筹419万元，实际收入1亿元，统筹整合安排用于19个项目，已全部支付完毕，支出率达100%。

【财政改革】 2021年，蕉岭县财政局积极落实各项财政改革，推进“数字财政”建设，以推动改革落地践行初心使命，抓细抓实上线准备工作，采取“到市培训、相互研讨、深入自学、实践演练”等多种模式学习新系统，通过宣讲+实操的方式分批次进行业务培训，完成系统数据迁移工作。4月，“数字财政”系统上线。推进国有企业改革工作，实施《蕉岭县国有企业改革工作方案》，结合企业实际与可行性统筹考虑，全县共20家企业需进行改革，16家企业完成公司制改制，3家企业注销出清，1家企业政府已同意通过评估拍卖方式进行出清工作。经县编委会批准设立副科级县国有资产运营中心，完善全县国有资产运营管理工作体制和制度，由其委托蕉岭县城乡建设投资有限公司实施蕉岭县推广光伏发电项目工作。

【财政管理】 2021年，蕉岭县财政局深化财政管理，提升财政管理水平，制定上报暂付款挂账县级清理计划表及方案上报并严格控制新增挂账，提高消化效率，降低运行风险，2021年期初暂付款为3.38亿元，2021年12月末暂付款项为3.45亿元，收回暂付款130万元、消化884万元。继续做好统发工资工作。与组织部、建行等有关部门通力协作，确保工资津补贴，按时、准确、足额发放到位。根据上级工作要求，与组织部、纪委监委、审计部门成立工作专班开展全面清理规范工资津补贴工作。部署农村财务管理规范化建设工作，制订实施方案，把工作落实到各镇和相关单位，推进农村财务管理规范化工作的开展。联合审计局出台《关于进一步加强行政事业性国有资产管理工作的通知》，并对全县行政事业单位的国有资产管理工作进行抽查整改，规范和细化行政事业性单位国有资产管理工作。开展2021年支农政策培训工作，推动村级财务规范管理。完善预算绩效管理制度，出台《蕉岭县关于全面实施预算绩效管理的实施意见》，明确蕉岭县全面实施预算绩效管理的措施和要求；制订县级财政预算绩效目标管理办法、编制审核指南，强化预算责任和绩效责任"双约束"。持续推进"双随机一公开"工作，随机抽取9家公司，采取现场检查方式开展代理记账机构年度检查；2021年1月起各行政事业单位实行政府采购须按广东政府采购智慧云平台电子卖场实施政府采购活动。通过推动投资审核和政府采购改革节约财政资金，2021年内部招聘专业人员合计支付审核费比去年外聘专业人员合计节省60多万元；完成工程审核预结算400项，核减工程造价12889.16万元；通过完善政府采购监管，节约财政资金312万元；国库集中支付资金12345笔，拨付金额37亿元，提高财政资金支付效率，加快支出进度。继续推行电子票据改革，全面推行支付电子化管理，县直各用票单位已全面完成电子票据相关手续。

【项目谋划工作】 2021年，蕉岭县财政局加大项目谋划储备力度，做到"先谋事再谋钱"，协助各镇各单位做好各类资金项目的谋划、立项、申报、使用，加大全县谋划项目前期工作经费投入，加强预算安排与项目规划对接，蕉岭县每年年初在县级财政预算中安排2000万元作为全县谋划项目的前期工作经费。遵循项目提出、项目可行性研究、项目设计、开工准备等四个步骤，做实做细项目立项、论证审核、入库储备及用地指标审批等前期工作，合理利用2%前期准备费支出额度。建立项目谋划季制度，确定每年第三季度为项目谋划季，做好下一年度项目的研究论证和入库储备工作，提前组织项目谋划、评审论证、入库储备、排序推优，制定项目前期工作计划，明确任务事项、时间节点、责任单位和责任人。2021年，累计争取中央直达资金1.58亿元、债券资金11.77亿元（其中：2020年5.2亿元、2021年6.57亿元）。 （余淑莹）

2021年中共蕉岭县财政局党组成员名录

党组书记：张　卫

党组成员：林英勤（女）　曾雪芬（女）
黄承珣　徐海红（女）
张　生　丘志军　张荣涛（女）

2021年蕉岭县财政局负责人名录

局　长：张　卫

副局长：林英勤（女） 曾雪芬（女）
黄承珣
总会计师：徐海红（女）
县农财办主任：张 生

税 务

【概况】 2021 年，国家税务总局蕉岭县税务局紧扣组织收入中心工作，落实减税降费，加强税费精细化管理，深化“放管服”改革和优化营商环境，积极打造税收营商环境高地。

【组织收入】 2021 年，国家税务总局蕉岭县税务局紧扣组织收入中心工作，围绕重点税种、重点行业、重点企业，在分析挖潜增收、管理堵漏增收、优化服务增收等方面持续发力，做到应收尽收，全面提升税收收入质量。全年组织税费收入 20.22 亿元，同比增长 10%。其中：组织税收收入 12.76 亿元，同比增长 5.61%（包括中央级收入 5.8 亿元，与去年基本持平；省级收入 2.62 亿元，同比增长 8.22%，比全市平均数高 8 个百分点；市县级收入 4.34 亿元，同比增长 10.82%，比全市平均数高 7.24 个百分点）。组织社会保险费收入 6.89 亿元，同比增长 16.78%；组织非税收入 0.57 亿元，同比增长 78.13%。

【减税降费】 2021 年，国家税务总局蕉岭县税务局始终把落实减税降费作为政治任务、硬任务，持之以恒抓落实。结合实际细化工作方案和任务清单，通过征管系统筛查、加强宣传辅导、主动送策上门等方式，确保纳税人应知尽知、应减尽减、应享尽享、应享快享，以税费的“减法”换企业效益的“加法”，进而形成经济高质量发展的“乘法”，全年累计新增减税降费 7633.39 万元。

【疫情防控】 2021 年，国家税务总局蕉岭县税务局坚决落实守土有责、守土尽责要求，坚持做好常态化疫情防控工作，备足口罩、消毒液、体温枪等防控物资，抓好办公区域消毒、测温、登记等工作，大力推广“非接触式办税”“预约办”“容缺办”等办税方式，减少办公区域人员聚集，严格执行离梅外出审批制度，做好防控台账登记。

【税费管理】 2021 年，国家税务总局蕉岭县税务局加强税费精细化管理。抓好税收分析，依托收入协同分析机制，按月做好税收收入预测、大企业“天气预报式”专项分析、重点行业经济税收数据分析等工作，动态监控税源特别是重点税源变动情况。完善征管数据，对企业登记信息、税费种认定、发票领用等基础信息进行全面核查，对房产税、城镇土地使用税等税源信息采取系统取数与实地查验相结合的方式进行核实，夯实数据管税基础。提升风险应对管理质效，开展成品油税费专项整治工作，对纳税人代开自产自销农产品免税发票实行“事前采集信息、事中检测预警、事后风险应对”的闭环管理模式，加强关联税种问题疑点数据比对。制作完善相关行业管理指引，根据日常管理经验和风险应对方案，形成农林牧渔业、木制品加工行业税收管理指引。

【纳税服务】 2021 年，国家税务总局蕉岭县税务局结合党史学习教育“我为纳税人缴费人办实事暨便民办税春风行动”，贯彻落实深化“放管服”改革和优化营商环境的工作部署要求，打造税收营商环境高地，提升人民群众办税缴费便利化的获得感。落实领导班子包干责任制，共走访各类企业 30 余次；开展“春雨润苗”专项行动，与工商联等社会组织建立常态化沟通机制，了解并协调解决小微企业“急难愁盼”问题；同时组织多场税企座谈会、税费业务培训等活动为纳税人释疑解惑。积极推行预约办税和“非接触式”办税，当前预约率超过90%，缩短群众办税时间，2021年群众办税平均等候时间为3.7分钟，平均办理时间为1.8分钟。电子办税率从2021年上半年的全市中游，提升至8月起连续4个月排名全市首位，2021年月平均电子办税率93.5%。成立蕉岭县首个位于镇政府办事大厅的“微税厅”，将税费服务工作融入基层治理体系，使简易办税缴费和税费咨询功能嵌入党群服务中心，实现税务服务窗口前移。持续开展“银税互动”，助力企业将良好的纳税信用转化为实实在在的真金白银，缓解企业融资难融资贵等问题，2021年联合商业银行累计向44户企业发放贷款5635万元，同比增长110.8%。（陈嘉荣）

2021年中共国家税务总局蕉岭县税务局委员会成员名录

党委书记：李郁轩（任至4月）
徐小静（女，4月任职）
党委委员：丘昌辉（任至5月）
张秋帆（任至12月）
林展强　池运军　肖振城
林伟阳（12月任职）
杨扬城（12月任职）

2021年国家税务总局蕉岭县税务局负责人名录

局　长：李郁轩（任至4月）
徐小静（女，4月任职）
副局长：丘昌辉（任至5月）　林展强
池运军（7月任职）　肖振城
林伟阳（12月任职）
总经济师：池运军（任至7月）
纪检组组长：张秋帆（任至12月）
杨扬城（12月任职）

教科文卫体

教育

蕉岭县教育局

【概况】 2021年，蕉岭县有开放大学1所。中小学校41所（含5个小学教学点），中小学生及在园幼儿共32225人。其中：完全中学2所，中等职业学校1所，在校普通高中学生3471人，中职学生75人；初级中学10所，九年一贯制学校3所，在校初中学生6463人；完全小学20所，教学点5个，在校小学生14940人。幼儿园55所（其中：公办园19所，民办园36所），在园幼儿7351人。特殊学校1所，在校学生40人。

【普通中小学教育】 2021年，蕉岭县有高中阶段学校2所，初级中学10所，九年一贯制学校3所，完全小学20所，教学点5所。高中阶段有79个教学班，初中阶段有154个教学班，小学阶段有434个教学班（含九年一贯制）。2021年，蕉岭县中小学校义务教育标准化达标率100%，小学适龄儿童入学率达100%，年辍学率为0，升学率100%；“三残”儿童入学率达98.7%；初中毕业生升学率达100%，初中毛入学率102%，初中三年巩固率101.03%，年辍学率为0。2021年，投资3000万元实施新铺镇中心小学和广福中学改扩建项目，均于2021年7月底开工，建成后分别新增16个班720个学位。同时，投入1700万元利用暑期修缮学校基础设施开工项目共26项。

【职业教育】 2021年，蕉岭县教育局根据按照梅州市教育局《关于对〈关于撤并蕉岭县职业技术学校改建为县直小学的请示〉的批复意见》，决定县职业技术学校于2020年停止招收学生，原蕉岭县职业技术学校教学楼改建为镇平小学。

【幼儿教育】 2021年，蕉岭县共有幼儿园55所（公办19所，民办36所），共有公办幼儿专任教师204名，专任教师大专以上学历比例为97.55%；民办幼儿园专任教师319名，专任教师大专以上学历比例为85.89%；在园幼儿7351人，其中公办园幼儿2670人，民办园幼儿4681人，学前三年入园率为98.57%。2021年，扩建6所公办园，分别是蕉岭县实验幼儿园、蕉岭县润玉幼儿园、蕉岭县新铺镇中心幼儿园、蕉岭县三圳镇中心幼儿园、蕉岭县蕉华中心园、蕉岭县广福镇中心幼儿园，共增加360个学位。

【教育教学成绩】 2021年，蕉岭县中考高考再创佳绩。高考本科上线人数达675人，上线率60.3%，特殊控制线分数上线177人，1人被北京大学录取。中考成绩尖子生突出，700分以上学生84名。

2021年，共39名教师获省级表彰，207名教师获市级表彰；共5项省级课题申报、5项省级课题结题鉴定；共31项市级课题立项，19项市级课题结题，其中，6项课题被评为优秀课题。2021年蕉岭县被评为“全国规范化家长学校实践活动实验区”“广东省2021年国家义务教育质量监测实施优秀组织单位”，被确定为“全国乡村复兴少年宫”建设试点县。

【教师队伍建设】 2021年，全县共有教职工2468人，其中：开放大学18人，中职学校15人，普通高中446人，普通初中607人，九年一贯制学校66人，小学1041人，幼儿园204人，特殊学校18人，教师发展中心55人。现有专任教师2445人，其中：开放大学18人（其中本科以上学历17人）；职校15人（其中本科以上学历15人）；普通高中446人（其中本科以上学历446人）；普通初中602人（其中大专以上学历602人）；九年一贯制学校66人（其中大专以上学历66人）；小学1032人（其中中专以上学历1032人）；幼儿园202人（其中高中阶段毕业以上202人）；特殊学校18人（其中本科以上学历17人）；教师发展中心55人（其中本科以上学历52人）。2021年，蕉岭县以“双引双培”和“强师工程”为抓手，大力引进高素质教育人才，共招聘1名硕士研究生，公开招聘教师46名到县直及乡镇学校（幼儿园）任教。2021年，选派56名教师参加省级骨干教师培训，选派67人次参加市级培训，2445名专任教师全员参加职务培训和信息技术2.0培训，2445名教师参加公需科培训，培训率达100%。

（徐丹玲）

2021年9月9日，蕉岭县2021年教师节庆祝大会举行（丘林强 摄）

2021年蕉岭县教育局负责人名录

县委教育工委书记、局党组书记、局长：
徐金伟

县委教育工委委员、局党组成员、副局长：
罗惠浩 赖增平
汪英巧（4月任职）
高锡华（任至3月）

县委教育工委副书记：汤国庆

县纪监委派驻组长、县委教育工委委员、局党组成员：谢 丹

县委教育工委委员、局党组成员：罗思忠

局党组成员：陈广雄

蕉岭县蕉岭中学

【概况】 2021年，蕉岭中学以育人为本，从实际出发，强化精细管理、实效评价举措；提升全员参与、高效育人高度；拓展紧抓课堂、推进教学研究宽度；促进学校内涵发展，实施品牌强校战略。被广东省教育厅评为第四批“广东省中小学心理健康教育特色学校”；被广东省教育厅授予“广东省网络安全示范校”称号。

【队伍建设】 蕉岭中学把党的政治建设摆在首位，以习近平新时代中国特色社会主义思想为指导，学习贯彻习近平总书记在庆祝中国共产党成立100周年大会上的重要讲话精神，强化党史学习教育，扎实开展为师生办实事活动，助推教育教学发展。加强干部队伍建设，坚守立德树人原则；加强党员队伍教育，发挥先锋作用；加强教师队伍管理，激发工作热情；加强骨干队伍培养，体现示范引领。

蕉岭中学重视健全学校师德建设长效机制，丰富师德建设内涵，从服从组织安排到高质量完成教育教学任务等各个方面充实师德建设内容。树立身边的典范，引导广大教师做“四有”好老师。2021年8月陈先淼老师荣获“特级教师”称号；2021年5月曾小梅老师荣获广东省2020年“我和我的祖国——致抗疫先锋的一封信”书信文化系列活动“省优秀辅导教师”称号；2021年8月夏元富、林皇干、卢敏燕、徐君航等4位老师被评为市级以上先进个人，郭电淼、杨燕琴、涂天德等15位老师被评为县级以上先进个人；徐月娥、汤秋菊等9位老师被评为高分考生优秀指导老师。

【校园安全管理】 蕉岭中学时刻把师生安全放在第一位，深入排查校园安全隐患，积极化解矛盾，从源头上、根本上维护学校安全稳定，切实把校园建成最阳光、最安全的地方。提升安全首位认识，创新安全预防机制，实施安全首遇责任制，让安全文化进校园、安全意识渗透进师生的血液，让守规矩成为生命健康的守护神。全方位加强消防安全、交通安全、防溺水安全、防校园欺凌、校舍安全、教育教学安全管理，筑牢安全防线。

突出落实新型冠状病毒肺炎疫情防控措施，筑牢安全防御线。压实压紧责任，落细落实常态化疫情防控措施，通过早午晚健康监测、个人防护教育、环境卫生消杀、食品卫生检测、严格值守值班制度等措施，坚决筑牢校园安全防线，为广大师生营造健康安全放心的环境。

【德育活动】 蕉岭中学在强化德育常规工作的基础上，努力创新德育举措，以问题为引导，以需求为切入点，精细化创新德育管理，充分发挥学生的主观能动性、激发学生潜能、引导学生个性发展，以充分发展、可持续发展为着眼点进行德育评价。2021年，李丹、罗香华老师等28位班主任获蕉岭中学“盛顺奖教金”优秀班主任奖励。

蕉岭中学德育工作坚持以活动为载体，通过形式多样的德育活动实现德育总体目标，成功地举行高一级远足活动、高二级成人礼、高三毕业典礼、第十二届科技文化节、第十四届体育节、第二十五届校园文化艺术节等活动。通过“三育人”活动，让学生在参与学校日常事务管理中培养自律自觉和劳动服务意识，增强学生的自豪感、责任感。

【教学教研】 蕉岭中学重视教学过程管理，通过多层次、全方位的课堂实践来提高教师执行新课程标准实践水平，组织开展教师汇报课、青蓝工程师徒帮带课、骨干教师示范、课改专题观摩课等活动，严格落实“备课、说课、议课、上课、评课”的教学规程，大力推进“有效教学”，打造“高效课堂”。要求广大教师紧紧抓住课堂教学主阵地，不断深化课堂教学改革，向课堂四十分钟要质量，着力打磨每一节课，提升教师专业化水平。

【高考成绩】 蕉岭中学2021年高考再创佳绩。600分以上学生32人，比上年增4人，位居梅州市各县区中学前列。其中历史选科考生陈昀昶以总分656分进入全省历史选科前50名，被北京大学录取；物理选科考生最高分曾超宇650分，被复旦大学录取；汤梦茜、钟芷倩两位同学被浙江大学录取；刘佳锐、江晓丽等同学被中山大学等名校录取。本科上线543人，本科率达91.1%。高分人数、特殊控制线上线人数稳步增加，地方专项计划上线人数大幅提高，本科率高位攀升。特殊控制线和本科上线率均比2020年有所提高，继续保持稳中有进的良好势头。 （黄新和）

2021年蕉岭县蕉岭中学负责人名录

党委书记、校长：汤国柱
党委副书记：谢志平
副校长：丘安清　刘广泉　林皇干
　　　　曾国剑（4月任职）

蕉岭县华侨中学

【概况】 2021年，蕉岭县在教育部门、教师发展中心精细指导下，在全体师生的共同努力下，办学质量进一步提升，取得令社会各界满意的教育教学成绩。高考取得重大突破，本科录取人数124人，其中北京师范大学、华南师范大学、深圳大学各录取1人。

【抓牢党风建设，凝聚党建合力】 蕉岭县华侨中学加强政治理论学习，深入学习宣传中共十九大和习近平总书记系列重要讲话精神，学习贯彻新时代中国特色社会主义思想和中共十九届五中全会精神，加强基层党组织标准规范化建设，严肃党内组织生活制度，推进党史学习教育，把思想政治工作落实，夯实制度根基，进一步发挥基层党组织战斗堡垒作用，为建设好学校提供强大精神动力。

【统筹规划，管理更优化】 蕉岭县华侨中学以德育立校，注重常规管理与内涵发展相结合，以目标办学为动力，通过学习、讲座、经验交流、演讲比赛等教育，多种形式的活动引领教师的专业发展。在全体教师中树立敬业精神、钻研精神、创新精神，培育优秀教师群体，提高办学水平，增强学校的凝聚力、战斗力，全面提升教育教学质量。学校通过各种渠道，为老师们提高发展的平台，努力创造条件帮助教师不断超越自我、展示自我、提升自我，树立“紧跟时代，终身学习”的发展理念；激励教师投身教育研究，以研究带动实践，以实践促进成长，在教育教学活动中体验成功。

【文明安全校园建设渐深入】 2021年，蕉岭县华侨中学重视校园文明建设。加大力度进行管理和督促，宣扬文明观念，规范言行举止，纠正不文明的现象，树立文明典型，创造更加健康和谐的文明校园。加强校园文化建设，营造良好的校园文化氛围，深入推动社会主义核心价值观进校园。重视防疫、安全工作，认真落实各级疫情防控要求，科学规范防控疫情，为疫情下的教育教学活动正常开展，学生的进步成长保驾护航。经常开展安全自查，对于安全隐患，第一时间研讨落实，做到安全隐患及时排查，责任到人有落实。

【立德树人，五育并举】 蕉岭县华侨中学坚持落实立德树人根本任务，五育并举，全员全方位育人，以社会主义核心价值观引领学生成长，用中国特色社会主义思想铸魂育人，促进学生的全面发展。

将健全人格教育落实在常规管理上，实施以人为本的严格管理，在教育过程中，做到讲道理，明底线，明奖罚。在学生行为习惯的培养上，注重反复要求、反复训练，让越来越多的同学养成良好习惯。在常规检查的过程中，注重现场督促改进，要求每位学生从自身做起，守时守纪，学习习惯和生活习惯双向前行，既抓课堂、晚自习纪律的管理，也抓宿舍内务的整顿，既抓集会纪律和作风，也抓爱吃零食的不良现象。

开展理想信念、社会主义核心价值观、中华优秀传统文化教育、传承英雄精神、生态文明教育等主题教育活动。特别是围绕建党百年，强化理想信念教育与党史学习教育，让学生在德育活动中汲取成长动力、培养正直品格、厚植爱党爱国情怀。依托特色德育活动，拓展思政课的教育途径，把价值观培育融入学校生活细节，在润物无声中践行“立德树人”的根本任务。先后组织元旦文艺会演、成人礼、毕业典礼、合唱比赛、校园歌手大赛、师生运动会等丰富多彩的校园文化活动，为学生搭建了展现个性风采的平台，推进德智体美劳“五育并举”的素质教育。

倡导文明上网，严格自律，自我教育，完善人格。组织班级学习有关网络安全的法律法规，增强防范意识，保持清醒头脑，让警钟长鸣。通过主题班会，认识网络暴力的严重危害性，教育学生使用网络时严以律己，明辨是非，学会正确地使用网络，自觉规范在现实生活和网络中的行为准则，为营造健康安全的网络环境贡献自己的一份力量。

【强化育人价值导向，抓实教风学风建设】

“努力培养德智体美劳全面发展的社会主义建设者和接班人”为目标，注重挖掘学科内涵，在培养学生核心素养的专业道路上探索前行，坚持价值塑造与知识追求并重，促进教育教学与学风建设。

强化学生诚信求学意识，加大树立典型力度，提升学生自我教育、自我管理能力。教师严抓课堂及晚修管理，整治不良现象，引导学生把精力用于求学上进。抓好考风，改进监考工作，严肃处理作弊违纪行为。开展心理健康主题教育活动，加强对学业困难学生的关怀帮扶。

为进一步贯彻新课程理念，推动有效教学，深化课堂教学改革，优化教学手段，提高教师教学水平，组织开展“精彩一课”研究展示活动。

落实各项常规检查，从个体备课、课堂管理及教研组、备课组活动等角度提出工作要求。（徐　岭）

2021年蕉岭县华侨中学负责人名录

党总支部书记、校长：刘隆基

副校长：罗仕东　钟剑平　涂志远

蕉岭县镇平中学

【概况】 蕉岭县镇平中学创办于1990年，是梅州市一级学校。学校座落在205国道旁，背靠横岗山，占地面积58445平方米，建筑面积11997平方米，校园绿树成荫，绿化覆盖率在83.5%以上，是梅州市“书香校园”“美丽校园”。学校教学设施先进，安装了校园网，有功能齐全的交互式多媒体教室30间，录播室1间。智慧图书馆一间，学校藏书31652册，生均图书27.4册，音乐、舞蹈室各1间，美术室1间，理化生实验室5间，功能齐全的心理咨询室1间，1300平方米的多功能体艺馆1座，体育器材充足，体育运动场“室”生均13.9平方米，学校重视打造智慧校园，管理系统、门禁系统、自动阅卷系统、录播系统等教育教学设备先进，各功能场“室”齐备，可满足教学需要。

【办学理念】 蕉岭县镇平中学以“用素质教育点燃学生成长的激情，让校园成为师生成长的乐园”为学校办学理念，以“爱国、团结、勤奋、进取”为校风，以教学“常规打基础、改革求出路、管理要质量”为办学宗旨，以“现代化初中教育”为办学目标，形成了“敬业、爱生、严谨、创新”的教风，树立了“认真、刻苦、创造、向上”的学风。学校地理优越，环境优美，读书条件得天独厚，校风严谨，教风端正，作风过硬，教学质量稳步上升，在历任校长精心经营和师生员工的共同努力下，学校成为蕉岭优质品牌学校。

【特色创建】 蕉岭县镇平中学以“古典文学的精髓在校园中的深刻渗透”为目标，以“走进古文学，品析古文学，塑造好品格”为宗旨，多年来坚持开展“走进古文学”校园特色活动。通过设立“古文学”阅览室，组织师生每周读名著，做读书笔记等形式，让学生畅游“古文学”，持续开展“古诗词·古文学积累”“古诗词·古文学的赏析”“古诗词·古文学的演讲”“地方民俗的研讨”“我看名家”等系列专题活动，形成“文明知礼，文气浓郁，勤学善思”新的校园文化氛围。 （林柳东）

2021年蕉岭县镇平中学负责人名录

党总支部书记、校长：王晓松

副校长：古红梅（女） 钟 闻 林文勇

蕉岭县职业技术学校

【概况】 蕉岭县职业技术学校成立于2004年2月。2020年8月，按照县委、县政府的部署及教育行政主管部门的要求，学校搬迁到蕉岭县华侨中学办公及进行教育教学工作。学生全国计算机等级考试过级率达100%以上、全国英语等级考试过级率达82.5%以上、化学技能课程证书考试过级率达95%以上，居梅州市同类学校前列。

【党建师德】 加强领导队伍、党员队伍和教师队伍建设，做“四讲四有”好党员和“四有好老师”，确保政治方向正确、办学方向对路。加强学习教育，筑牢思想防线，定期组织党员教师学习习近平新时代中国特色社会主义思想，深入学习中共十九大精神和十九届五中、六中全会精神，中央经济工作会议精神，习近平总书记出席深圳经济特区建立40周年庆祝大会和视察广东重要讲话、重要指示精神，书记李希到梅州调研讲话精神，省委十二届十一次、十二次全会精神以及市委市政府近期的工作部署等，做好学习活动的整体策划和活动的落实，确保学习效果，在学习贯彻中提升工作水平，促进学校发展。结合中职教育教学改革的要求，坚持立德树人，采取多种形式加强师资队伍建设，加强党员教师理论研究工作，制定激励机制，提高党员同志撰写论文的能力和积极性，达到最终提升党员教师专业素养和师生的综合素质。加强学校安全、党廉网格化管理，明确管理的权、责，落实“党政同责、一岗双责”要求，做到职责分明、责任落实和责任追究。不断提高执行率，带头服务师生，在群众中成为标杆、旗帜。把创建文明城市、平安蕉岭落实到日常工作中，确保抗疫防灾和师生安全保障工作到点到位，确保最后一届顺利毕业，考上高等院校，保质保量完成教育教学任务。

【教学方面】 强化教学常规管理，切实提高教学质量，对常规教学常抓不懈，坚持对教师的“备、教、辅、改、考、评”严格要求，不搞形式主义，不走过场，讲求实效。坚持对教师教学常规工作的突击检查，及时总结和通报检查情况，利于改进教学工作。坚持教学质量监控力度，根据学科特点优化教学过程，采用多种新的教学方法，保证每一节课的教学效率与质量，力求每一节课使不同类别的学生都有所得。坚持上课巡查制度，做到谁上课谁负责，及时发现教学中的存在问题，及时纠正。坚持重视学生反馈制度，定期举行学生座谈会，听取学生对学校教育教学等问题的意见和建议，对学生提出的问题及时进行通报，促进教师教育教学能力的提高和学校管理水平的提高。抓好教师培训，按照省、市、县的要求完成各类培训，教师素质得到提高。做好“3+证书”高考备考工作，加强学习方法和考试方法的指导，加强对后进生的辅导，进行每月定期质检，进行详细的考试分析，不断调整教学法和学法，使教学效果最优化。经过努力，今年参加高考学生成绩100%上线。（陈子龙）

2021年蕉岭县职业技术学校负责人名录

校　长：王洪兵

副校长：陈移山　陈子龙　何小东

蕉岭县田家炳实验中学

【概况】　蕉岭县田家炳实验中学校址设在蕉岭县蕉城镇桂岭大道北87号，前身为蕉岭县实验学校（中学），筹建于1998年，学校得到田家炳先生的鼎力资助，2003年2月14日，正式更名为“蕉岭县田家炳实验中学”。学校于2000年9月首届招生，2021年9月蕉岭县田家炳实验中学有58个教学班，学生2870人，教职工212人。

2021年，蕉岭县田家炳实验中学深入学习贯彻习近平新时代中国特色社会主义思想，坚持党建引航，强化师德建设，细化德育管理，深化课程改革，促进学校高质量发展。被蕉岭县委、县政府评为蕉岭县创建全国县级文明城市工作先进单位；被广东省教育厅评为广东省中小学教师校本研修示范学校；被蕉岭县委、县政府评为2020—2021学年度“德育、安全工作先进单位”；获蕉岭县第三十六届中小学田径运动会初中组团体总分第一名和组织奖。

【学校管理】　*德育管理*。2021年，蕉岭县田家炳实验中学强化德育常规工作，坚持立德树人，开展每月德育主题活动，加强养成教育，培养学生自我约束、自我管理的能力。组织学生到幸福敬老院开展了“春日学雷锋，情暖敬老院”慰问活动。邀请梅州市蓝猫儿文化传媒有限公司总经理蓝玉娜女士到校作《扬自强精神，让梦想引路》励志教育演讲。举行“关爱心灵，阳光成长”心理健康活动月启动仪式。举行以“铭记历史，矢志强国”为主题的抗战胜利纪念日主题活动。副校长黄近芳作题为《弘扬家炳精神，争做时代新人》的主题讲座。开展“回首峥嵘岁月，展望中华复兴”国庆节主题活动之“学党史、强信念、跟党走”主题团课。举行“学习贯彻党的十九届六中全会精神”主题团课。

教学科研。2021年，蕉岭县田家炳实验中学充分利用广东省中小学教师校本研修示范学校、名教师工作室的培训功能和辐射作用，组织开展系列活动。梅州市张新清名师工作室及语文组、数学组、物理组骨干老师一行30位教师到蕉岭县逢甲纪念中学开展送教下乡活动。组织政治组、英语组和物理组老师到晋元中学开展送教下乡，交流学习等区域联盟教研活动。9月28日，广东省中小学教师校本研修示范学校揭牌仪式在学校举行。10月20日至22日，梅州市郭秋源名校长工作室在五华县华阳中学和五华县洞口中学举行2021年度第三次集中研修活动。11

月26日，广东省中小学教师校本研修示范学校结对帮扶受援学校授牌仪式在该校举行。

教育教学成绩。2021年中考考取优异成绩，学校考上重点中学分数线人数达324人，学生陈雨恬中考总分770.2分，居全县第一名。2021年蕉岭县首届数学素养与创新能力竞赛，王姝妍等7位同学获一等奖。

重视教育科研。5月31日，广东省教育科研“十三五”规划课题三个项目结题鉴定会在田家炳实验中学举行，王荣华老师主持的教育科研类省级课题“‘翻转课堂’与山区初中语文课堂教学互补应用的探索与实践”通过结题鉴定。副校长黄近芳主持的教育科研类省级课题“基于英语学科核心素养的初中英语阅读课教学活动设计研究”开题。王荣华、杨立华、徐子坤3位老师被评为市级先进个人。

【特色活动】 2021年，蕉岭县田家炳实验中学推进“五育并举，五球联动”艺术特色教育，做到开齐课程，开足课时，上好每一节课，保质保量完成教学任务。以第二课堂为载体，积极开展各项兴趣活动、中间操跑操活动、初三级中考体育项目训练。举办美术、音乐、征文等学科竞赛活动，培养学生的特长。组织学生到平远黄沙村红色教育基地和平远中学法制教育基地开展研学社会实践活动。蕉岭县科协、蕉岭县气象局、蕉岭县田家炳实验中学联合举办“世界气象日，我们在行动”活动。组织参加为期两天的“领悟数学之美，弘扬客家文化”研学实践活动。举行第十五届学生田径运动会。 （王荣华）

2021年蕉岭县田家炳实验中学负责人名录

校　长：郭秋源

副校长：刘千华　黄近芳（女）

　　　　黄维锦　钟利英（女）

蕉岭县新铺中学

【概况】 2021年，蕉岭县新铺中学有12个教学班，学生人数457人；在册教职工人数55人，其中专任教师53人。

【师德师风建设】 2021年，蕉岭县新铺中学通过加强教职工的政治学习制度，抓紧抓实师德师风建设。学期初与教师签订《教师师德师风建设目标责任书》《拒绝有偿家教承诺书》《安全责任书》；不定期对教师的有偿、违规补课等行为进行检查，坚决杜绝违规现象。积极组织教师开展师德征文及微视频征集活动，开展主题为“赓续百年初心，担当育人使命”第十一届师德主题征文及微视频征集活动，2位老师的师德征文获县一等奖，1位老师的微视频获县三等奖。组织开展优秀典型案例宣传活动，在开展师德建设主题教育月活动中，注重弘扬社会正能量，采取实践反思、情境教学等形式，把一线优秀教师请进课堂，用真人真事诠释师德内涵，大力弘扬新时代教师教书育人、爱岗敬业、无私奉献的高尚品格。

【支部党建工作】 2021年，蕉岭县新铺中学党支部认真开展党史学习教育，学习贯彻中共十九大精神、十九届六中全会精神和习近平视察广东重要讲话重要指示精神，学习“四史”，加强党性修养。开好“三会一课”，组织党员教师重读志愿、重温誓词、亮党员身份、做表率。开展好反腐倡廉教育活动，观看专题片《特权之蚀》、警示教育片《政商之鉴》，“以案说纪”，提升法纪意识，筑牢廉洁自律的思想根基。开好民主生活和民主评议党员活动，切实增强党性原则，做到以党建促教育，以党建引领教育发展。

【德育安全管理】 2021年，蕉岭县新铺中学，通过每周国旗下讲话、黑板报等活动，促进学生言行规范、诚实守信、文明礼貌。召开各年级家长会议，加强家校联系，形成家校合力，促进学生发展。利用节日、重大纪念日组织学生参加各项征文比赛、学生演讲比赛、诗歌朗诵比赛，搭建平台展示学生能力和青春风采。开展网上祭英烈、学雷锋敬老爱老等活动，进行爱国主义教育、思想道德教育。加强安全教育，邀请学校法制副校长来校为学生进行网络安全法制专场报告，开展消防抗震演练、防控新冠肺炎疫情应急演练、消防安全主题班会、食品安全主题班会、禁毒宣传、普法宣传、扫黑除恶宣传等活动。开展心理讲座，对部分学生进行心理干预。定期对校舍、水电、危化品、消防设施进行安全检查，并及时做好相关记录，确保零事故发生。

【教学教研工作】 2021年，蕉岭县新铺中学通过校内教研、优课评比、课改立项、青年教师的汇报课等活动提升教师的教学能力和水平。鼓励年轻教师多听课、多学习，尽快成为学校教学工作的生力军。采用随机推门听课、跟踪听课等办法，提高教学效率和教学质量。教务部门蹲点备课组，参与备课组的集体备课，切实落实集体备课的有效性和真实性。认真开好每一次的质量分析会，以考试为手段，诊断分析为要义，促进提高为目的，强化教与学的双赢。加强毕业班管理，学校中层干部挂点初三年级，学科包干到个人，加强对教师的备课、上课督查，采用对薄弱科目指定同组教师帮带，分管科目领导督查的方式，以实现教学质量的全面提升。对学生进行整合，采取分层教学的办法，以提高各个不同阶层的学生的学习积极性；利用家长开放日活动，让家长发现自己孩子在学习中的优点和不足，切实参与到对学生的培养教育中来。重视艺术特色教育，培养学生健康向上的审美情趣，参加蕉岭县第九届中小学生艺术花会，有2个节目（作品）获县一等奖，3个节目（作品）获县二等奖。

（曾佛元）

2021年蕉岭县新铺中学负责人名录

校　长：宋伟清

副校长：曾佛元（3月离任）　廖广均

　　　　宋贤文（3月任职）

蕉岭开放大学

【概况】 蕉岭开放大学（原蕉岭县广播电视大学）是蕉岭县人民政府举办、县教育局直属，业务上隶属于全国电大系统和广东开大体系，是一所以促进终身学习为使命、现代远程教育信息技术为支撑，学历教育与非学历教育并举，面向蕉岭乃至全国提供终身教育服务的新型高等该校，是实用型人才培育基地和社区教育中心。

【党史学习教育】 2021年，蕉岭开放大学党支部扎实开展党史学习教育，始终以习近平新时代中国特色社会主义思想为指导，把学懂弄通做实新时代中国特色思想作为首要任务，引导全体干部职工切实增强“四个意识”、坚定“四个自信”、做到“两个维护”。把学党史、悟思想、办实事、开新局贯穿始终，用心、用力、用功、用情开展“我为群众办实事”实践活动，为群众办实事，做好事。

【教育教学和管理工作】 2021年，《蕉岭开放大学建设方案》通过省市开放大学专家组的论证。

2021年，蕉岭开放大学严抓教育教学管理工作。抓师资队伍的建设，严格选聘开放教育教学专、兼职教师，为每门学科配备合格的专业辅导教师，加强教师业务培训，选派教师参加省市业务培训，提高教师的业务水平。抓学生网上学习管理，充分利用国家开放大学学习平台、广东开放大学学习平台等多种学习平台教学资源，加强学生网上学习辅导和管理，引导学生开展师生间或学生间的实时和非实时的学习交流活动，提高学生网上自主学习效率。抓网络资源建设与应用，加强成人学生的学习支持服务，各课程辅导老师整合优质的教学资源提供给学生自主学习，引导学生通过电脑端、手机端 App 等登录国家开放大学学习平台、广东开放大学学习平台，随时随地开展在线学习和网上作业考核。抓考风考纪落实，细化考试组织管理，利用多种形式对学员加强考风考纪诚信教育，将考风考纪教育关口前移，规范有序开展考试工作。

【招生与人才培养工作】 蕉岭开放大学贯彻落实立德树人根本任务，坚持树立“立足基层、服务社区、服务农村”理念，建立宽进严出、开放灵活的在职人员终身学习人才培养模式，坚持学历教育和非学历教育协调发展，面向全县各行业提供本科、专科学历教育和多种类型非学历教育培训，形成“一体两翼”的发展格局，以“开放教育”为主体，以“学历教育”和“非学历社区教育”为两翼的办学格局。坚持走内涵发展道路，积极搭建开放大学学习平台，构建学习型社会，积极推进全民终身教育，不断提升成人高等教育为本地经济发展的服务能力。

学历教育招生情况，2021 年蕉岭开放大学招生总人数为 411 人，其中：国开招生 379 人，广开招生 32 人，比 2020 年度（240 人）同比增长 71%；学历教育毕业生情况，2021 年共有各类专业专、本科毕业生 404 人，其中专科 280 人，本科 124 人，比 2020 年度（350 人）同比增长 15%；3、2021 年在校生总人数为 953 人，其中，联办学校（奥鹏教育）在校生 163 人；国开、广开在校生 790 人。

【社区教育、老年教育】 2021 年蕉岭开放大学（蕉岭社区学院）与县融媒体中心、蕉岭民乐协会、蕉岭县陈式太极拳协会等合作开展一系列社区教育活动。结合党史学习教育开展“红歌进社区”社区教育活动，为社区群众送上经典红歌、革命歌曲等，送党史、送音乐、颂党恩。组织开展三期太极拳公益培训，使广大人民群众基本掌握中国传统太极拳的养生知识，弘扬传统文化，强健全民体魄，得到社区群众热烈响应，报名参与群众多。与县融媒体中心合作开设《寿乡微讲堂》定期播出系列专栏讲座，积极推进全民终身教育。制作推出的《老年人防诈骗》《智能手机的使用》等“寿乡微讲堂”讲座，受到社区中老年朋友的热烈欢迎，反响热烈。

（徐庆均）

2021 年蕉岭开放大学负责人名录

党支部书记：陈纪雄（任至 3 月）
　　　　　　赖伟华（3 月任职）
校　长：陈纪雄（任至 3 月）
副校长（主持全面工作）：赖伟华（3 月任职）
副校长：陈　剑　钟苑苑（女）　江远芳

蕉岭田家炳师范学校

【概况】 蕉岭田家炳师范学校是田家炳先生捐建的一所中等师范性质的学校，是经省教育厅评估审定的“广东省中小学教师继续教育培训基地”“小学校长培训基地”。承担全县教师继续教育和非学历教育培训工作。

【师资队伍建设】 2021 年，蕉岭田家炳师范学校严格选聘开放教育教学专、兼职教师，为每门学科配备合格的专业辅导教师，加强教师业务培训，选派教师参加省市县业务培训，提高教师业务水平；严格落实岗位职责，明确分工，做到责任到人，发挥教职工的主观能动性；坚持“培训是最好的奖励”理念，组织开展校本培训等各级培训学习，进一步提高教师的业务素质和教育创新能力，提高教育教学质量。组织全校专业教师顺利完成广东省干部网络培训和广东省中职教师网络职务培训等培训工作。

【教育教学工作】 蕉岭田家炳师范学校依托“蕉岭教师继续教育基地、成人教育培训中心”平台，开展非学历培训和社区教育培训工作。坚持开展立德树人，落实服务育人，利用互联网技术开展现代远程教育培训教学，根据培训内容与目标要求，采用集中面授、远程网络教学、专题讨论、网上答疑等灵活多样的培训方式，对学员进行培训，让学员掌握新知识、新信息、新技术、新成果，提高继教培训质量。2021 年，与蕉岭县与县融媒体中心、蕉岭民乐协会、蕉岭县陈式太极拳协会等合作开展一系列社区教育活动。开展“红歌进社区”社区教育活动，为社区群众送上经典红歌、革命歌曲等，送党史、送音乐、颂党恩。组织开展三期太极拳公益培训，使广大人民群众基本掌握中国传统太极拳的养生知识，弘扬传统文化，强健全民体魄。与县融媒体中心合作开设《寿乡微讲堂》定期播出系列专栏讲座，推进全民终身教育，制作推出的《老年人防诈骗》《智能手机的使用》等“寿乡微讲堂”讲座，受到社区中老年朋友的热烈欢迎，反响热烈。（徐庆均）

2021 年蕉岭田家炳师范学校负责人名录

党支部书记：陈纪雄（任至 3 月）
　　　　　　赖伟华（3 月任职）
校　长：陈纪雄（任至 3 月）
副校长（主持全面工作）：赖伟华（3 月任职）
副校长：陈　剑　钟苑苑（女）　江远芳

文化·传媒

蕉岭县融媒体中心（广播电视台）

【概况】 蕉岭县融媒体中心（广播电视台）以习近平新时代中国特色社会主义思想为指导，紧紧围绕县委、县政府中心工作，贯彻执行新闻宣传方针政策，以媒体融合为切入点，始终坚持宣传抓导向、播出保安全、事业谋发展、队伍强管理，为蕉岭高质量发展新征程、实现新跨越营造浓厚的舆论氛围。

新闻宣传。2021 年，蕉岭县金融媒体中心积极主动策划宣传主题骨干新闻，开设“奋斗百年路·启航新征程”“红色蕉岭行-忆峥嵘岁月”“乡村振兴在行动”“我为群众办实事”等电视新闻专栏，全方位深层次多角度报道我县发展取得的新成效，提振全县上下干事创业的精气神。创新形式做好乡村振兴推进会等大型专题会议新闻报道，探索尝试推出“蕉视述评”栏目。2021 年，《蕉岭新闻》播出 1635 条新闻。授予“卡拉比—丘（梅州蕉岭）数学大会筹备工作突出贡献单位”荣誉称号。采访部吴丹玲同志获得省“五一”劳动奖章。

新媒体宣传。在各新媒体平台开辟“聚焦党的十九届六中全会”“新春走基层”

“疫情防控”“文明实践”“乡村振兴”“生态蕉岭”等20多个专栏，对全县各项工作进行多方位、多层次的报道。2021年，蕉岭发布推送新闻信息3690条，长寿蕉岭推送新闻信息1893条。其中，在长寿蕉岭、文明蕉岭、蕉岭发布等新媒体平台同步发布中共十九届六中全会相关资讯26篇、党史学习教育394条、疫情防控208条、创文工作163条、乡村振兴238条、森林防火相关新闻资讯51篇。同时，持续跟进蕉岭县重大项目、重点工程的推进情况，提振全县上下干事创业的精气神。

专题制作。2021年，蕉岭县金融媒体中心公益类、新闻类、信息类的专题、短视频宣传作品推送的不断加强，精心制作《寿乡对外宣传片》《取经“先着之道”启迪“蕉岭振兴”》《乡村振兴在行动》《创建国家森林城市纪实》等专题片。2021年制作公益类广告110多条（次），专题纪录片80多个，微视频100多个。在中央、省、市、县各平台推出，持续提升蕉岭的影响力。

寿乡外宣。对外宣传工作进展顺利，加强与上级媒体的合作关系，加大上送上级台稿件的数量和质量，借助上级主流媒体的优势积极向外界宣传推介蕉岭。上送的《学习党史守初心 传承精神践使命》《梅州蕉岭：打造数学小镇 助力山区高质量发展》等新闻774条次在央视新闻客户端和广东、梅州等新闻平台播出，“学习强国”转载130条，赢得上级媒体的赞誉。邀请省、市媒体记者来蕉采访，多角度、全方位宣传报道蕉岭科学发展的新举措、新发展、新成就。

【安全生产、安全播出】 2021年，蕉岭县融媒体中心严格落实安全生产责任制，全力确保安全播出。加强重要技术系统新建、扩容和升级改造，确保广播电视设施设备的正常运转。制定、修订完善演播室管理制度、节目“三审三校”制度、新闻节目签审播出制度、新媒体采编管理办法、技术资料档案管理制度，确保播出及推送的内容安全。加强对无人值守机房的监控监看，对网络和业务系统进行监测检查、漏洞扫描、安全管理等，发现隐患及时处理，保障广播电视设施和网络系统的安全健康运行。

【事业建设】 2021年，蕉岭县融媒体中心加大机构融合，将17个部室精简为8个部室，对各平台进行有效融合，有电视台综合频道、中国.蕉岭政务网站、蕉岭发布微博、蕉岭发布App、长寿蕉岭微信公众号和蕉岭融媒抖音号、视频号及户外大屏等宣传平台。注重打通平台壁垒，内容运营基本实现“一次性采集、多渠道发布、快速度传播、广覆盖受众”格局，实现内容、渠道、平台等方面的融合，开展理论宣讲、科技服务、文化服务等群众喜闻乐见的文明实践活动，培育和践行社会主义核心价值观。

【队伍建设】 开展党史学习教育活动，深入贯彻习近平新时代中国特色社会主义思想，不断增强党性观念和宗旨意识，保持党的先进性和纯洁性。开展“走出去、请进来”活动，组织到省、市级媒体跟班学习6批20多人次。开展内部“学习·练兵”活动，要求中心全员每周看中央、省、市新闻、专题、专栏，开展学习拍摄、写作、编辑等技能，结合工作实际每周提交学习心得体会一篇，提高队伍的脚力、眼力、脑力、笔力，促进从业人员技能转型升级，尽快成为全媒人才。 （徐　军）

2021年蕉岭县融媒体中心（广播电视台）负责人名录

主任（台长）：徐　锋

副主任（副台长）：林　梦　张荣福　郭小静（女）

总编辑：利静荣（女）

卫生·体育

卫生健康

【概况】 2021年，蕉岭县卫生健康局深入贯彻新时代党的卫生与健康工作方针，以不断满足人民群众健康福祉为目标，从以治病为中心向以人民健康为中心转变，为实现蕉岭高质量发展打下坚实的健康基础，全力做好新冠肺炎疫情常态化防控工作，疫情防控工作取得实效。获评县级全国基层中医药工作先进单位，成功创建省级健康促进示范县，实现省卫生镇全覆盖目标，县级三家公立医院整体搬迁营业，蕉岭县医疗卫生体系提质扩容，健康服务能力显著提升。现有县属医疗卫生单位有15家，包括3家县直公立医院(县人民医院、县中医医院、县妇幼保健计划生育服务中心)，8家镇卫生院，1家社区卫生服务中心；县疾病预防控制中心、县卫生监督所、县慢性病防治站。

【新冠疫情防控】 2021年，蕉岭县卫生健康局充分发挥在疫情防控工作中作为主管部门的核心作用，坚持“外防输入，内防反弹”总策略，坚决贯彻落实各项疫情防控措施。

规范设置预检分诊和发热门诊。按照省市卫生健康部门的要求，做到防控工作关口前移，在全县各医疗卫生机构设置预检分诊点14个、发热门诊1个，按照规范要求和流程开展分流分诊作用，充分发挥疫情防控“前哨”作用。

做好对医学观察人员的隔离工作。规范设置集中医学隔离点，共筹备隔离场所共6处，隔离房间371间，严格落实国家、省、市集中医学隔离观察各项措施，2021年全年累计隔离医学观察人员77人，解除集中隔离医学观察77人，全员无新冠肺炎十大症状，无核酸阳性病例，全部人员于10月8日解除集中隔离。

推进全员疫苗接种工作。利用各种宣传渠道加强宣传引导，提升群众接种意愿，确保“应接尽接”，蕉岭县累计接种新冠病毒灭活疫苗343226剂次，其中第一剂次接种154534人，第二剂次接种150873人，第三剂次接种37819人，接种一剂人群覆盖率88.43%，完成二剂（全程）人群覆盖率86.37%。

强化大数据核查。参与“三人小组”疫情防控工作，落实核查中高风险地区来（返）蕉人员的排查，做好核酸检测、健康管理等工作。共排查省推送专项线索1270条，其中有效数据522人次，落地人员排查率100%，核酸检测率100%。

推进爱国卫生运动。以开展创卫工作为抓手，通过组织爱卫月、爱卫周、冬春季爱国卫生运动等主题活动为契机，号召广大居民、干部职工、志愿者参与环境综合整治行动，助力新冠肺炎疫情常态化防控工作。

【医疗卫生体制改革】 2021年，蕉岭县卫生健康局持续推进深化医药卫生体制改革工作，精准对接群众健康需求，全方位、全周期保障人民健康。2021年，公立医院药占比27.04%，百元医疗收入（不含药品收入）中消耗的卫生材料费26.8元，技术劳务性收入占医疗收入比例为27.03%。以加强基层医疗卫生服务能力建设为突破口，增加妇幼保健计划生育服务中心、疾病预防控制中心、卫生监督所、慢性病防治站等专业，公共卫生机构资源主动融入县域医共体建设发展，做到防治并重，做实基本公共卫生服务项目。县级医院实行错位发展，医共体总医院蕉岭县人民医院重点提升急危重症和疑难病症的救治能力，总医院蕉岭县中医医院重点推动康复理疗、治未病、医养结合等特色专科建设，通过“龙头”的带动作用，将原有的专科做强、特色做优、弱势提升，实现医共体内医疗服务“同质化”，使医疗卫生资源得到更高效的利用。加快医疗卫生信息化建设，实施以电子病历为核心的医院信息系统的升级改造，完善医院内部信息系统功能，实现各子系统数据共享，消除医院内部的信息孤岛。依托省基卫项目建设的市级卫生数据中心，建设区域全民健康信息综合管理平台，为实现蕉岭县医疗卫生机构互联互通、分级诊疗、远程医疗创造条件。推进家庭医生签约服务，以基本医疗为导向，融合公共卫生和健康管理，由专科医生、全科医生和乡村医生共同参与。全县常住人口家庭医生签约率47.93%，特殊人群签约率达100%。

【基本公共卫生服务】 2021年，国家和省级分配到蕉岭县的基本公共卫生服务项目补助资金总额1604.68万元，14项公共卫生服务人均财政补助经费75.87元，基本公共卫生服务项目考核连续3年居全市前列。做实做优基本公共卫生服务项目，抓好常见病、多发病防治和传染病防控，推动老年病、慢性病精细化管理。2021年，蕉岭县电子健康档案建档率达98.33%，预防接种建卡率为100%，免疫规划疫苗接种率99.93%；新生儿访视率100%，0—6岁儿童健康管理率92.62%，孕产妇早孕建册率91.90%，产后访视率98.15%；老年人健康管理率是62.90%，老年人中医药健康管理率63%；0—36个月儿童中医药健康管理率80%；2型糖尿病患者规范管理率66%，管理人群血糖控制率46%，高血压患者规范管理率66%，高血压管理人群血压控制率70.35%；严重精神障碍患者规范管理率94.46%；肺结核患者管理率100%；传染病疫情报告率100%、及时率100%，突发公共卫生事件信息报告率100%。广泛开展无偿献血活动。2021年，共组织12次无偿献血活动，参加献血的有1074人次，共献血249750毫升，全县临床用血100%是自愿无偿献血，无自采自供血情况，同时，扎实做好红十字会工作，8位志愿者加入中华骨髓库。

【人才培养】 2021年，蕉岭县卫生健康局从引进人才、培养人才、留住人才三个关键环节入手，立体式、全方位加大基层医疗卫生机构人才培养力度，促进蕉岭县医疗卫生事业可持续发展。

加快人才引进步伐。2021年，共招聘40名专业技术人才，其中校园招聘8名，订单定向4名，面向社会公开招聘23名，高校应届毕业生招聘1名，直接聘用在本辖区内乡镇卫生院连续工作2年以上，具有助理医师以上资格的专业技术人员共4名。做好自身人才培养。圆满完成2021年度卫生系列职称考试工作，考生人数240人；做好卫生单位专业技术人员岗位等级晋升工作，共有18名专业技术人员等级晋升，并享受相应等级的工资待遇，并享受相应等级的工资待遇；做好全科医生规范化培训1人，助理全科医生规范化培训4人，全科转岗培训5人，全科岗位培训4人，全科师资培训5人；做好170名护士的执业注册、延续注册及再注册工作；做好3名乡村医生新注册及入驻村站工作。

规范完善激励政策。对在疫情防控工作中做出突出贡献、市政府授予“梅州市抗击新冠肺炎疫情先进集体”有：蕉岭县卫生健康局、蕉岭县人民医院、蕉岭县疾控中心。三家单位按奖励性绩效工资总量12%核增绩效工资；落实好支援广州白云机场海关医务人员临时性工作补助发放工作；落实受表彰先进个人岗位聘用激励措施，切实关心爱护医务人员，蕉岭县受省市表彰的抗疫医务防疫人员中，共有8名专业技术人员享受岗位等级晋升待遇。

【卫生综合监督执法】 2021年，蕉岭县卫生健康局履行行政审批、卫生监督执纪执法等职能，为全县卫生健康事业保驾护航。蕉岭县卫生监督所在监督检查方面，共出动执法车辆1625辆次，较上年增加899辆次；出动卫生监督员5729人次，较去年增加2873人次；检查各类经营单位1625户次，较上年增加788户次；发出监督意见书990余份，发出整改通知书152份，较上年增加102份。坚持开展打击非法行医、校园及周边和重点公共场所安全专项整治、医疗美容专项整治等行动，共检查有关门店46间、医疗机构162间；查处无证行医3宗，取缔3宗，处罚3宗，罚款0.9万元；调查处理群众投诉举报2宗；收缴非法医疗广告牌2块，共发出卫生监督意见书55份。扎实推进“放管服”改革，落实“一窗办”，审批时限缩短，审批流程进一步精简。共受理卫生许可申请365份，发放许可证365份，办理医疗机构校验126家，行政许可工作规范有序，所有行政许可审批业务均在法定工作日内完成，无超时限审批，提前审批率为100%、窗口满意率保持100%，继续保持零投诉。

【疾病预防控制】 2021年，蕉岭县卫生健康局在做好新冠疫情防控的同时，统筹做好各类疾病的预防控制。2021年共报告乙、丙类传染病9种1269例，其中乙类传染病4种456例，丙类5种813例，无死亡病例，传染病报告率100%。推进基础免疫规划工作，免疫规划持续高接种率。2021年常规儿童免疫规划接种率为99.93%，达到上级规定达95%以上的工作指标；全年报告儿童疑似预防接种异常反应病例14例，其中报告一般反应病例7例异常反应病例7例。异常反应病例以卡介苗淋巴结炎、过敏性皮疹为主，无疫苗接种差错和接种事故。做好结核病规范管理。2021年网络报告可疑肺结核病人390例，查出活动性肺结核病人51例，转诊到位45例，需追踪62例，追踪到位60例，追踪到位率达96.8%，总体到位率为92.9%。全方位推进精神卫生工作。2021年，全县登记在册严重精神障碍患者1035人，报告患病率6.17‰、管理率96.02%、规范管理率93.33%，服药率87.51%、规律服药率79.31%、精神分裂症服药率86.74%、精神分裂症规律服药率78.23%，面访率89.27%，危险性三级以上患者197人。

【妇幼健康服务】 2021年，蕉岭县卫生健康局推进妇幼公共卫生服务工作，全面提升妇幼工作质量。开展蕉岭县农村妇女免费“两癌”筛查项目。完成城乡妇女“两癌”检查1702人，覆盖率达100%。通过“两癌”检查，城乡妇女宫颈癌和乳腺癌的早诊早治率得以提高，大大降低“两癌”死亡率，广大城乡妇女的健康水平得以提高。做好孕产妇健康服务，2021年，蕉岭县辖区产妇1220人，活产1231人。无孕产妇死亡，无新生儿死亡；围产儿死亡3人，5岁以下儿童死亡1人，做好卫生保健工作，督导检查和儿童健康体检工作。共为4120名儿童进行体检和营养评价，体检率96.55%；为3458名儿童进行了视力筛查，筛查率97.1%。做好婚前、孕前优生健康检查。2021年，实施免费婚检884人，婚检率达85.16%；完成国家免费孕前优生健康检查683对，咨询指导683对，指导率为100%，信息系统建档683，建档率为100%；早孕随访1277人，随访率为100%；妊娠结局随访588人，随访率为100%。

【老年健康服务】 2021年，蕉岭县卫生健康局以提升老年健康服务能力为抓手，不断提高老年人幸福感、获得感。推进“银龄安康”行动，免费为全县60周岁老人投保人身意外险，2021年，共投入金额66万余元，提高老年人抵御意外伤害的能力。开展创建老年友好社区工作与蕉岭县蕉城镇人民政府进行协作，以城西居委的新世纪二期社区为试点，开展老年友好社区创建工作，不断提升广大老年人的幸福感。开展“智慧助老”行动。围绕老年人“不会用、不敢用、不想用、不能用”智能设备的问题，开展“智慧助老”专项行动，努力消除老年人面临的“数字鸿沟”，保障老年人基本服务需要，蕉岭县县直3家医疗卫生机构挂号、就医、缴费、取药、查阅、打印等方面为老年人提供线上线下服务，在入口处安排人员协助老年人进行绿色健康码的查询操作，对没有手机或确实不会操作无法提供健康码的老年人，由保安人员送至预检分诊台，通过手工填写流调表方式完成流行病学史调查，缩短在诊区外的等候时间；实行自助系统与人工窗口相结合的方式办理门诊就诊相关业务，在门诊大堂增设志愿者和导医人员，帮助不会操作自助机的老年人办理业务。

2021年5月28日，蕉岭县卫健局等单位举办2021年示范性老年友好型社区创建工作“银龄安康行动”暨健康养老进社区义诊活动
（丘林强 摄）

【中医药事业发展】 2021年，蕉岭县卫生健康局聚焦中医药事业高质量发展，不断提高中医药社会服务能力。以蕉岭县中医医院为中医药服务龙头，乡镇卫生院重点发挥中医药服务的枢纽作用，村卫生站为中医药服务网底的建设目标，完善中医药服务三级网络，进一步提升中医药服务能力。推进中医药争先创优工作，在国家中医药管理局公布的2019—2021年创建周期全国基层中医药工作先进单位名单中，蕉岭县获评县级全国基层中医药工作先进单位。加强中医药文化宣传，2021年，共组织11场8名医师开展“千名医师讲中医”活动传播中医药健康文化，组织中医师“义”服务11场次，受益群众2500余人次。大力发展中医院优势的康复服务。蕉岭县中医医院针灸康复科充分利用中医康复手段丰富的优势，广泛开展针灸、穴位埋线、天灸疗法、耳穴埋豆、刺络疗法、拔罐、推拿、中药热敷、中药熏蒸等传统疗法的同时，积极开展现代康复医学治疗技术，如运动疗法、物理疗法 、作业疗法、言语吞咽认知治疗、日常生活能力训练及各种物理因子治疗技术，进一步推动中医药康复服务创新发展。

【人口和计生工作】 2021年，蕉岭县卫生健康局认真履行职责，加强人口和计划生育工作，为蕉岭县促进医疗卫生资源均等化提供数据支撑。2021年，全县常住人口出生1309人，人口出生率6.32‰，自然增长率为负1.53‰，符合政策生育率91.14%。加强人口计生动态监测工作，对蕉岭县生育规模进行分析、预测，全面推进三胎政策宣传，长期改善人口年龄结构，增强社会发展动力。积极开展生育关怀暖心活动。持续开展“生育关怀—关爱计生困难家庭”慈善活动，对全县32户计生困难家庭进行救助，共发放3.2万元救助金；开展“一元爱心捐助”活动，共募集捐助款3.3万元；出资25.467万元为农村独生子女、纯二女户和计生贫困家庭免费购买“计生家庭意外伤害保险”，受惠计生家庭8489户，26477人。加强流动人口管理。认真落实流动人口计划生育属地管理责任制，实施流动人口健康促进行动，筛选、制定计划生育基本公共卫生均等化服务项目，不断提高流动人口卫生计生基本公共服务覆盖率。

【党风行风建设】 2021年，蕉岭县卫生健康局坚持以习近平新时代中国特色社会主义思想为指导，进一步维护行业作风，引领蕉岭县卫生健康事业高质量发展。坚持用党的政治建设统领全县卫生健康工作，多次邀请县委党校、县委宣讲团老师为卫生系统党员干部职工上党课、主题宣讲课，参与人数累计达270余人次；征订、购买《习近平谈治国理政》《改革开放简史》《社会主义发展简史》等有关学习书籍500余册，通过集中学习和自我学习的方式，增强广大党员干部维护党的团结统一的自觉性、主动性和坚定性。党委领导班子始终坚持“党要管党，从严治党”的要求，带头贯彻落实上级的各项部署，把领班子、带队伍体现在日常管理监督中；加强和规范党内政治生活，不折不扣执行“三会一课”，其中支委会开展110次，支部党员大会开展58次，上党课40次，还开展主题党日活动70次、双重组织生活等党内生活制度。分别与下属15个医疗卫生单位签订了《意识形态工作责任制责任书》《党风廉政建设工作责任制责任书》，把握、运用好监督执纪“四种形态”，建立健全谈话提醒工作机制，确保抓早抓小工作目标任务的落实，做到谈话提醒全覆盖，2021年谈话提醒共有937人次（其中红脸出汗47人，咬耳扯袖890人）。 （彭　舒）

2021年蕉岭县卫生健康局负责人名录

局　长：朱发庆
副局长：傅延胜　曾利霞（女）
　　　　刘仁方　郭峰松（挂任）
纪检组组长：张丽芳

2021年蕉岭县卫生系统党委负责人名录

党委书记：朱发庆
党委副书记：谢汉平
党委委员：罗建阳　郭峰松
　　　　　范发君　黄莉珠（女）

2021年蕉岭县卫生健康局党组负责人名录

党组书记：朱发庆
党组成员：傅延胜　曾利霞（女）　刘仁方
　　　　　张丽芳（女）　郭峰松

蕉岭县卫生监督所

【概况】 2021年，蕉岭县卫生监督所以严格监督执法敢于亮剑，全面加强常态化疫情防控。职业卫生、学校卫生、医疗卫生和公共场所卫生的监管，各项工作取得新突破。切实履行好卫生监督护卫人民健康的神圣职责，全力保障人民群众生命健康安全。

【疫情防控】 2021年，在疫情防控步入常态化防控新阶段，蕉岭县卫生监督所。将常态化疫情防控工作与日常卫生监督重点工作一体推进。全年度累计出动卫生监督员3852人次，实现对212家医疗机构（含卫生院、门诊、村卫生站、个体诊所）、5家集中式供水单位、152家公共场所（含密闭场所）、25所学校开展疫情防控全覆盖式监督检查，反复督促各被检单位切实履行疫情防控主体责任，落细落实各项防控措施，科学防控疫情，张贴和发放相关宣传资料660余份。

【日常卫生监督】 2021年，蕉岭县卫生监督所在监督检查方面，共出动执法车辆1625辆次，较上年增加899辆次；出动卫生监督员

5729人次，较去年增加2873人次；检查各类经营单位1625户次，较上年增加788户次；发出监督意见书990余份，发出整改通知书152份，较上年增加102份。在行政许可方面，共受理卫生许可申请365份，发放许可证365份，较上年减少11份；办理医疗机构校验126家，较上年减少30家。在行政处罚方面，立案处罚9宗，结案9宗，共罚款1.15万元；在医疗机构不良执业行为记分方面，记录扣分6宗，共计12分。

*加强对医疗机构的监管。*开展全县医疗机构校验工作，对全县149家医疗机构（门诊部和诊所）进行了年度校验，严格按卫生部《医疗机构基本标准》进行。依法依规对我县医疗服务市场执业行为进行监督检查，共出动卫生监督人员886人次，检查医疗保健机构262家、疾病预防控制机构1家、采供血机构3家（采血点1家）、共实施行政处罚5宗，其中警告4宗、罚款1宗，罚款金额0.2万元；对6家医疗机构的不良执业行为实施记分，共记12分；共发出卫生监督意见书262份。

*加强公共场所卫生监督。*开展公共场所量化分级管理和节日公共场所卫生安全检查等常规工作，结合创建国家卫生县城活动，进一步贯彻落实《公共场所卫生管理条例》，提高蕉岭县公共场所卫生监督管理水平。全年共出动监督员1055人次，出动执法车辆452辆次，对369户公共场所（住宿业、美容美发业等）开展监督检查，监督相关单位卫生监督公示牌是否悬挂、内容是否齐全、卫生许可证和健康证是否取得、是否有效，公共用品用具是否消毒、是否有记录，各类物品标示是否齐全，禁烟标示是否张贴等，发出监督意见书394份，责令整改通知书95份，立案处罚5宗，罚款0.3万元，通过一年来的努力，公共卫生的安全得到了保障。

*加大生活饮用水卫生监管。*2021年全年对8家集中式供水、1家二次供水单位的持证情况、卫生制度落实、制水过程、水质消毒等管理情况进行卫生监督检查，共出动卫生监督员65人次，执法车辆17车次，对存在问题的单位下达了卫生监督意见书，并开展回头看，确保整改落实到位。

*推进学校卫生监督。*将日常监督与专项整治行动进行结合，加强对学校卫生工作的卫生监督检查力度，共出动卫生监督员62人次，完成2021年度托幼、学校采光照明“双随机”专项抽检工作、抽检数共14家，抽检合格率百分之百。对全县6间中小学校开展学校卫生综合评价，检查学校的生活饮用水管理、晨午检、因病缺勤、病因追踪以及疫情报告制度的落实情况。对学校的防控物资储备、通风消毒、临时隔离点和隔离室的设置，生活饮用水管理等情况，下达整改意见书6份，进一步规范了学校疫情防控制度的落实，切实保障县广大师生的生命安全和身体健康。

*做好职业健康监督。*辖区在管企业有62家，累计完成职业病危害项目申报62家，其中甲类32家，乙类29家，丙类1家，本年度新增10家，申报率达100%。组织企业主要负责人及职业卫生管理人员职业卫生知识培训2次，共32人；组织非现场执法1次，共9家用人单位；全年，共检查用人单位36家，出动监督员145人次，发出职业卫生监督意见书、疫情防控意见书各36份；行政处罚案件3宗；国家“双随机一公开”任务19家，已完成19家，完成率100%。

*强化放射卫生监督。*对辖区共9家放射诊疗机构进行了全覆盖式监督检查，发出卫生监督意见书共9份。辖区内应取得放射诊疗许可证医疗机构共9家，已经取得放射诊疗许可证医疗机构共9家。本年有3家机构按照法定程序进行建设项目“三同时”竣工验收后，申请取得了放射诊疗许可。

【专项执法检查】 开展国家“双随机一公

开”专项监督执法。

按照国家卫健委“双随机”抽查工作计划，认真完成监督抽检任务；2021 年，任务数 47 家，完成监督 46 家，关闭 1 家，完成率达 100%，发出监督意见书 46 份，处罚案件 1 宗，处罚金额 500 元人民币，双随机抽查情况已在蕉岭政府网及时公开。按照市场监管部门“双随机、一公开”抽查工作计划，认真完成“双随机”监督抽检任务和信息录入与公开工作，并与县市场监管局、县公安局等部门联合开展跨部门抽查活动。按照抽查事项清单的内容对抽取对象进行逐项检查，做到全程留痕、责任可追溯做好检查信息录入和公开工作，通过蕉岭政府网站及时向社会公布。2021 年，抽取任务数 15 家，完成监督 15 家，完成率达 100%。

开展消毒产品和集中消毒餐饮具单位检查。

对县城区药店进行消毒产品专项卫生监督检查，下达整改意见书 15 份，无处罚案件；对仅有的 1 家餐饮具消毒单位进行了卫生监督检查，下达卫生监督意见书 3 份，通过开展卫生监督回头看，要求整改的“存在问题”已整改落实到位。

开展打击非法行医专项行动。

打击非法行医除严厉打击无证行医外，对持证医疗机构超范围执业、聘用非卫生技术人员、出租承包科室等亦为打击的重点。大力整顿医疗市场秩序，使我县医疗市场秩序得到明显好转，持证医疗机构执业人员的执业行为不断规范的基础上，继续保持打击非法行医的高压态势。2021 年，共检查有关门店 46 家、医疗机构 162 家；查处无证行医 3 宗，取缔 3 宗；处罚 3 宗，罚款 0.9 万元；调查处理群众投诉举报 2 宗；收缴非法医疗广告牌 2 块，共发出卫生监督意见书 55 份。

开展严厉打击非法医疗美容专项行动工作。

共出动卫生监督人员约 56 人次，检查生活美容机构 42 家，发出意见书 23 份。所查其他生活美容机构未发现开展医疗美容服务的行为，未发现开展医疗美容服务的行为，检查未发现我县医疗机构有开展医疗美容行为。

做好蕉城镇国家卫生县城创建工作。

开展国家卫生县城创建工作，成立三个行动小组，对辖区内公共场所、饮用水单位进行拉网式的调查摸底，做到底数清、情况明。以宾馆旅店、美容理发的整治为突破口，强化依法办证和从业人员持证上岗，积极规范执业行为，抓好整治工作，全面落实创卫工作任务。加大执法检查力度，创卫工作共检查经营单位 452 家，发放公示牌 315 张，发放宣传资料 900 余份，举办专项培训班 1 期，培训学员 150 余人。

【执法普法成效】 在“七五”普法先进评选活动中，被县普法领导小组评选为“七五”普法先进单位。企业和职工职业病防治意识得到提高，结合全国第 19 个《中华人民共和国职业病防治法》宣传周，深入开展职业病防治法制宣传活动，开展 2 次职业病防治法律和防治知识宣传讲座，共计 72 人参加，现场发放职业病防治宣传册 750 余份，广泛宣传职业病防治知识和健康工作方式理念，提升企业和职工的职业病防治意识。公共场所从业人员守法经营意识增强，开展公共场所卫生管理专题法制宣传活动，共计 40 家公共场所负责人现场进行学习培训及考核，增强公共场所经营单位的责任意识和法律意识。坚持“边执法边普法”，法律知识得到有效普及，坚持在卫生监督执法工作中严格落实“边执法边普法”工作责任制，采取普法和依法检查治理相结合的监管方式，以执法促普法，把普法融入执法检查工作中，在严格执法检查监管的同时不断加强被监督人的知法、守法意识。

【其他工作开展情况】 及时调查处理群众投诉举报。共接上级转来或群众直接投诉举 4 宗，全部及时调查处理，并将调查处理结果向投诉举报人及时答复和抄送县卫健局。开展卫生监督稽查，定期召开卫生监督稽查领导小组会议，开展投诉举报、行政许可、行政处罚案卷、日常监督等稽查工作，反馈评查结果，促进案件质量提升，提高队伍依法行政的意识和能力。 （徐永键）

2021 年蕉岭县卫生监督所负责人名录表

所　长：陈广平

副所长：何增权

　　　　刘晓红（女，任至 10 月）

蕉岭县疾病预防控制中心

【概况】 2021 年，蕉岭县疾病预防控制中心认真贯彻落实习近平新时代中国特色社会主义思想和中共十九届四中、五中、六中全会精神，重点加强传染病、寄生虫病、地方病、非传染性疾病等预防和控制；突发公共卫生事件和灾害疫情处置；疫情和公共卫生健康危害因素监测、信息收集、报告；组织实施全县免疫规划接种；开展疾病和水质相关的检验检测任务；指导辖区内各医疗卫生机构开展卫生防病工作，负责培训、考核和评价；开展卫生宣传教育与健康促进活动，普及卫生防病知识等工作。

【传染病监测】 2021 年，蕉岭县疾病预防控制中心根据传染病与突发公共卫生事件的防控要求，对人感染高致病性得的禽流感、不明原因肺炎、狂犬病、流感等急性传染病进行动态监测。安排人员按要求每天至少 2 次以上，对蕉岭县的传染病报告进行网络审核，及时发现传染病异常情况并提出防控措施。2021 年共报告传染病 9 种 1269 例，其中乙类传染病 4 种 456 例，丙类 5 种 813 例，无死亡病例。2021 年，未报告突发公共卫生事件。定期开展禽类市场环境监测，2021 年开展禽类市场环境禽流感病毒污染监测工作，共采集禽类标本 30 份，上送市疾控中心进行 PCR（聚合酶链式反应）检测，检测结果 H7 型均为阴性。

【艾滋病防控】 2021 年，蕉岭县疾病预防控制中心持续做好艾滋病防治宣传工作。对艾滋病人和 HIV 携带者定期进行病例随访，对病者家属进行定期检查，共随访 25 人，共 57 人次，其中对病人家属检测 1 人次，检测结果为阴性。开展艾滋病自愿咨询检测工作，对辖区医疗机构的检测点进行工作指导，开展自愿咨询检测 8 人次。开展全县的艾滋病防控“一站式服务”工作，各医疗机构共初筛检测 HIV 人次 26283 次，完成率为 101.09%。开展公安、司法、监管场所被监管人员 HIV 监测工作，共检测 75 人，检测结果均为阴性。统筹全县人口死亡报告管理工作，及时发放死亡证书给各医疗机构，规范死因报告工作，及时督促报告单位及时网络报告死亡信息，对报告单位的死因编码和死因链进行审核，年底对医疗机构进行相关工作督导，强调规范死因链填写。

【免疫规划】 2021 年，蕉岭县疾病预防控制中心根据国家、省、市的工作要求，在加强预防接种服务质量的基础上，继续做好适龄儿童疫苗接种工作。在全县常规儿童免疫规划接种率为 99.93%，达到上级规定达 95%以上的工作指标。开展漏种儿童主动搜索，并做好脊灰疫苗补种和记录工作，全县共进行脊髓灰质炎灭活疫苗补种 5978 剂次，补种率 99.38%。加强接种异常发应监测。2021 年，全县共报告儿童疑似预防接种异常反应病例 14 例，其中报告一般反应病例 7 例和异常反应病例 7 例，异常反应病例以卡介苗淋巴结炎、过敏性皮疹为主，无疫苗接种差错和接种事故。

【监测检验】 2021年，蕉岭县疾病预防控制中心继续开展各项监测检验工作。开展县辖区内生活饮用水水质卫生监测工作，全年共监测各类水样146份，合格135份，合格率92.47%。对县城区市政供水水源（即黄竹坪水库、龙潭水库）水样进行卫生监测，共监测水源水样样品12份。对东宝自来水有限公司出厂水监测12份，合格12份，合格率100%；末梢水监测120份，合格120份，合格率100%。助力乡村振兴和农村饮水安全工程建设工作，共监测各类水样1023份，合格水样901份，合格率88.07%。双随机采集并检验各类公共场所126家次，采集并检验各类样品1033份。结果显示，场所合格121家次，合格率96.03%；样品合格1008份，合格率97.60%。对县内1家消毒产品供应企业的消毒质量进行卫生监测和评价，共监测4次，采集各类餐饮具样品和针织物样品48份，合格率100%。继续以“5·15”防治碘缺乏病日宣传为契机，开展地方病防治健康教育宣传活动。全年共监测县内8—10岁儿童200人以及孕妇100人，结果显示，全县8—10岁儿童家庭食用盐和孕妇家庭食用盐碘含量中位数、尿碘含量中位数和甲状腺肿大率均符合国家消除地方病的标准要求。开展职业病危害因素监测工作，全年共监测3家用人企业，委托第三方公司对17家用人企业进行了职业病危害因素监测。

【新冠肺炎疫情防控】 2021年，蕉岭县疾病预防控制中心在新冠病毒防控常态化工作前提下，继续巩固新冠疫情防控成效。自广州、深圳、东莞、西北等地报告新冠本地病例以来，处理多次各地疾控中心关于报告新冠病例密切接触者、次密切接触者和重点人群的协查函，共协查密接者1人、次密47人和重点人群5人，均按相关规定进行集中隔离医学观察、核酸检测和健康管理。对集中隔离观察点、全县重点场所、重点部位及密接者活动轨迹等存在风险的场所进行消杀消毒，累计出动125人次。对新冠肺炎密切接触者、新冠肺炎疫情防控集中隔离点进行人员和环境采样检测。2021年，累计出动人力300人次。对集进口冷冻肉制品和水产品、接触人员和环境；农贸市场，肉联厂，肉类食品生产企业冷库、冷链物流企业接触人员、食品环境采样检测；共采样检测4745份样品，均为阴性。做好新冠疫苗接种及异常反应监测工作。2021年，全县累计接种新冠病毒灭活疫苗303106剂次，其中第一剂次接种152892人，第二剂次接种144209人，第三剂次接种6005人；累计接种腺病毒载体疫苗2999人；累计接种CHO细胞疫苗82人。全县共报告接种新冠疫苗疑似预防接种异常反应病例17例。其中报告一般反应病例8例、异常反应病例7例和偶合症2例。异常反应病例以过敏性皮疹为主，无疫苗接种差错和接种事故。

【培训和宣传】 2021年，蕉岭县疾病预防控制中心制订和完善各项培训宣传计划和实施方案，组织开展政治学习和业务培训。

结合4月25日“全国儿童预防接种日”和4月26日宣传主题“防止输入再传播，巩固消除疟疾成果”，在蕉城镇金叶圆盘喜多多超市门口，进行儿童预防接种知识、新冠疫苗接种、疫苗可预防疾病、艾滋病防控、疟疾防控和登革热防控等知识宣传，共发放宣传资料300份，艾滋病宣传纸盒100盒。联合相关部门在桂岭学校举办蕉岭县2021年春季学校食品、卫生安全知识培训会，共121人参会。组织全县新冠疫苗接种工作点的相关医务工作者进行新冠疫苗大规模人群（18—59岁）接种工作培训。开展60岁以上、12—17岁和3—11岁接种对象的接种禁忌和暂缓接种情形培训工作。组织全县各卡点工作人员个人防护培训，详细介绍个人防护装备、一级防护、二级防护和三级防护的适用场合，以及防护服的穿脱流程。组织开展流

调溯源培训 3 次，已完成流调个人防护物资准备，实行一人一盒，专人专用。（汤 敏）

2021 年蕉岭县疾病预防控制中心负责人名录

主 任：郭立强

副主任：钟毅男 许 涛 古尧平 梁奋峰

蕉岭县人民医院

【概况】 2021 年，蕉岭县人民医院一手抓疫情防控阻击战，一手抓医疗发展主动战，在院领导班子的组织和调度下，新院整体搬迁顺利完成，医疗服务质量持续改善，党建引领凝聚发展合力，疫情防控工作见行见效，实现全年总诊疗 281556 人次，同比增长 9.92%，业务总收入 1.47 亿元，同比增长 9.23%。医院和多名职工获得省市级荣誉称号：医院团委获评“梅州市优秀五四红旗团委”，医院志愿者服务队获评“梅州市最佳志愿服务组织”，团委书记吴永丰获评“广东省优秀团干”，儿科副主任医师颜志远获评“梅州好医生”，罗美红、钟雪楠、徐苑玲三名护理人员获评“梅州市优秀护士”。

【新院搬迁】 2021 年 6 月 20 日，在县委县政府大力支持下，蕉岭县人民医院顺利完成搬迁，新院区正式全面开业，新院区按照三级综合医院标准，配备先进医用设备，设置床位数 520 张，新增重症医学科、介入等科室，环境优美、布局合理、功能完善，更好地满足群众日益增长的医疗保健需求。同年，新院区烈性传染病治疗综合区建设项目全力推进，项目总建筑面积 4320 平方米，至 2021 年年底已完成负压感染楼主体结构工程和医护隔离区室内砌体工程。

【党建引领】 2021 年，蕉岭县人民医院以开展党史学习教育实践活动为契机，落实党委领导下的院长负责制，发挥党委“把方向、管大局、作决策、促改革、保落实”的领导作用。

严抓党史学习教育。结合党史学习教育规律和阶段特点，打造“党委导学、支部促学、干部自学”的学习模式，带领党员干部以“线上自主学+线下集中学”双联动的方式读好红色经典，以“交流体会+撰写心得”相结合的方式悟懂重要精神，以“专题党课+主题参观”相结合的方式讲活红色故事，开展中国共产党成立 100 周年系列活动，召开党史学习教育组织生活会，向党龄 50 周年以上老党员颁发“光荣在党 50 年”纪念章。

推进“我为群众办实事”实践活动。立足综合性公立医院的功能定位，紧贴群众看病就医需求，以开展医疗新技术、推进信息化新应用为抓手，以“党史+服务”为载体，全年推出系列义诊服务 7 次，开展为民办实事 38 项，门诊志愿导诊每日准时到岗，日均服务 100 人次以上，在解决群众“急难愁盼”问题上见真章。

贯彻落实党风廉政建设。成立医院行风建设领导小组，在全院范围内深入开展纠正医药购销和医疗服务中不正之风专项整治工作，严格整治收受“红包”行为，保持打击“回扣”高压态势，严控药品耗材使用，严肃作风纪律监督和谈话提醒，实现全年干部职工谈话全覆盖，“红包”、回扣零投诉、零举报。

优化调整党组织架构。根据蕉岭县医共体管理委员会要求，蕉岭县人民医院医共体成员单位进行调整，长潭镇卫生院退出县人民医院医共体，蕉城镇卫生院加入县人民医院医共体。同时，相应调整长潭镇卫生院、蕉城镇卫生院党组织，长潭分院党组织关系转出县人民医院党委，蕉城分院党组织关系并入县人民医院党委统一管理。

【疫情防控】 围绕疫情防控的整体思路，结合疫情防控最新进展，医院及时更新预案、流程，加强培训、考核。

加强院感防控。作为县级疫情防控定点医院，发挥发热门诊哨点作用，把好预检分诊第一关口，加大医务人员院感培训力度，执行患者住院和陪护制度，各科室服从指挥、协调联动，确保疫情防控和医疗救治工作安全有序。

推进疫苗接种。开通新冠疫苗个人接种预约，上半年医院疫苗接种点启用期间，共完成接种 6010 针。派出医务人员 718 人次到医共体卫生院疫苗接种点进行医疗防护，全力保障接种工作有序高效进行。

严格核酸检测。检验科基因扩增实验室实行 24 小时无间断工作模式，引进 iPonatic 快速核酸检测分析仪，强化核酸检验操作人员的实践培训，提升核酸检测能力、速度和准确性，全年累计完成 165985 人的核酸检测。

信息化助力智慧战“疫”。根据防控需求，及时上线各种信息化平台，如通过微信公众号推出核酸检测自助开单服务，启用就医健康申报卡和电子陪护证，引进“健康防疫核验平台”，有效方便群众就医。

【医疗服务】 2021 年，蕉岭县人民医院立足新院搬迁，发展新业务新技术，夯实医疗服务质量和医疗安全。

升级硬件设施。引进飞利浦数字减影血管造影系统（DSA）、GE 全新一代 64 排 128 层螺旋 CT、贝克曼生化免疫流水线、希森美康血细胞流水线等一系列高端设备，更好满足群众日益增长的医疗保健需求。

加强学科建设。在学科拓展上下功夫，新开展压力性尿失禁手术、新生儿颅脑超声检查、钼靶检查等技术，新开设重症医学科、内二科和高压氧治疗中心，持续提升医疗服务能力和水平。在学科整合上下功夫，发挥医院专科优势，汇聚团队力量，推出多学科诊疗模式（MDT），且多学科诊疗模式入选学习强国广东平台宣传，有效提高医务人员对多学科、多系统、多器官疑难及复杂病例的诊断和诊治水平，增强医院综合竞争能力。在学科管理上下功夫，制定《蕉岭县人民医院学科带头人选拔和管理制度（试行）》，为促进医院专科学术水平奠定坚实基础。

加强队伍建设。引进省武警总院副主任医师王海坤、中山三院副主任医师徐雄均两名特岗专家，提升医院专科建设水平。通过向组织部门争取实施带编现场招考，组派人员到医学类高等院校招录紧缺专技人才 6 名，为医院发展奠定人才基础。

改善医疗服务。制订《蕉岭县人民医院进一步改善医疗服务行动实施方案》《蕉岭县人民医院改善医疗服务行动检查方案》，在全院范围内开展改善医疗服务行动，提升医务人员服务意识和服务水平，改善患者就医体验。

【质量管理】 2021 年，蕉岭县人民医院围绕“以病人为中心，以质量为核心”的宗旨，进一步提升医疗质量安全管理科学化、精细化水平，每月对门诊病历、住院病历、合理用药、院感督导及护理质控进行考核通报，通过督促检查使医务人员认真执行 18 项核心制度，增强法律意识，维护医患合法权益，依法依规执业，严格按照诊疗指南执行，推进临床路径及单病种质量管理，医疗质量安全持续改进有成效。

【文化建设】 2021 年，蕉岭县人民医院立足新院搬迁背景，根据医院发展内涵，科学制订“十四五”发展规划，提出“五项区域中心建设”工作目标，明确新院发展路径；与时俱进更新医院院训、院徽、宗旨、愿景，塑造新院人文精神；举办“确保医疗安全，提升服务质量”临床技能竞赛、“医者仁心大艾无疆”（梅州行）肿瘤防治学术研讨会等学术交流活动，活跃院内学术氛围；围绕妇女节、护士节、医师节等重要节点组织开

展形式多样的集体活动，增强干部职工凝聚力和向心力，激发团结进取斗志。（丘晓婧）

2021年5月10日，蕉岭县举行庆祝国际护士节暨"学党史颂党恩 天使展新姿"演讲比赛（县卫健局供图）

2021年蕉岭县人民医院负责人名录

党委书记：郭峰松
党委副书记、院长：林　幸（女）
党委副书记：张东文
副院长：彭　刚　林关朋　徐晓楠（女）
纪委书记：傅爱琼（女）

蕉岭县中医医院

【概况】 2021年，蕉岭县中医医院以习近平新时代中国特色社会主义思想为指引，认真贯彻落实国家、省、市、县上级各部门的决策部署，党建工作引领业务工作，中共蕉岭县中医医院院部支部获评"梅州市先进基层党组织"，杨凯桂获评"蕉岭县优秀共产党员"。

在全面做好疫情防控工作的同时，医院对标公立医院建设规范，补短板、建机制、强弱项、固优势，于2021年3月31日完成整体搬迁全面开业。新院搬迁后，不断拓展业务范畴，业务发展呈现良好势头，2021年肺病科评为梅州市中医特色专科、肛肠科评为梅州市中医临床重点专科建设单位。全年总诊疗80006人次，同比增长13.0%，业务收入3576.9万元，同比增长43.0%。

【倾力为民办实事】 2021年，蕉岭县中医医院充分发挥医院党委组织领导作用，以党史学习教育为主题主线，深入学习贯彻习近平新时代中国特色社会主义思想，扎实开展党史学习教育活动，深入推进"我为群众办实事"，推出县域内"取中药不用排队，2小时免费快递送到家"服务，患者无需长时间等待领药，就诊后直接回家就可以收到中药，省时又省心；在综合门诊楼每层楼设置茶水区，按时节为就诊群众免费提供医院熬制的"粤抗一号"、五谷杂粮茶、灵芝茶、红枣杞子等养生茶；组织开展"学党史、走基层、送健康"等义诊活动，服务村民约90人次，方便乡镇人民能在家门口获得医疗服务；设置专职院内导诊人员，向患者提供咨询、就诊指引等服务。

【共筑防疫坚固堡垒】 2021年，蕉岭县中医医院慎终如始做好疫情防控工作，盯紧院感防控、预检分诊、发热门诊、核酸检测、门诊管理、住院病区管理、隔离区、物资储备、应急管理九个方面重要环节从严从实落实防控举措，确保做到力量不减、重心不散、纪律不松。助力2021年高考疫情防控，为全县1000多名高考学子的家长完成咽拭子采样工作；派出医务人员驻点蕉岭县文福、广福、三圳卫生院及南沙体育馆等各新冠疫苗接种点，负责做好接种不良反应或有关安全事件的现场应急诊治处置；成立集中隔离医学观察点专班，调配精干力量做好隔离区感染防控及隔离人员的健康知识宣教；组织院感防控相关知识全员培训，强化全院职工、保洁、保安人员的院感防控意识，并进行防护服穿脱演练、分小组对全院职工进行考核。

【持续提升医疗服务】 2021年，蕉岭县中医医院加强特色专科建设，开展中医药宣传活动，加强中医药文化建设，规范中药房相关管理制度，将中医药特色优势和提高中医临床疗效指标纳入科室综合考核目标并体现在绩效工资中。

增设五官科市级专家门诊。引进嘉应学院医学院附属医院耳鼻喉科专家团队，利用专家团队在医疗、教学、科研、人才建设等方面的影响力和能力，带动耳鼻喉科在业务能力、科研教学和人才培养等方面的快速进步，更好地为蕉岭百姓提供优质的医疗服务。

推出医疗收费电子票据服务。6月21日起，患者缴费后无需排队即可网络领取财政电子票据。可在手机端随时查看、下载或报销使用电子票据，远离人员密集的收费窗口，大大节省患者排队交费等候时间，提高患者就诊效率，对医院疫情防控能力提升起到积极的作用。

开展急救技能培训。蕉岭县中医医院邀请中山大学附属第一医院8位专家到院开展为期三天的全员急救技能培训。从心肺复苏与电除颤、气道管理与插管、外伤止血包扎和脊柱固定搬运等方面对技术骨干进行培训，强化医院医疗质量建设，进一步提升医护人员急救应急技术和能力。

拓展新技术新项目。蕉岭县中医医院相继开设内镜（胃镜、肠镜）中心、核酸检测实验室以及血液净化中心。邀请嘉应学院医学院附属医院每周三派驻专家指导胃肠镜检查工作，完成156例无痛胃肠镜检查。邀请梅州市人民医院肾内科专家、血透中心主任朱兴华坐诊，为患者提供个性化、人性化的全方位高质量的医疗服务，使蕉岭血透患者不用舟车劳顿到市区进行透析治疗。带动该院血液净化中心在业务能力、科研教学和人才培养等方面的快速进步。

全面提升护理服务质量。以创建专科特色、中医特色护理模式为主，完善优质护理考核评价标准，开展中医八项护理技术操作，为病人提供优质护理，未发生护理投诉，全年各项护理质量指标均达标。2021年，内儿科护理组被梅州市卫健局评为“梅州市优秀护理集体”，赖小娟、胡茂瑜、杨婷霏、陈美宇、徐惠媚被评为“蕉岭县优秀护士”。

【先进模范】 2021年，凭借在工作中爱岗敬业、救死扶伤、乐于奉献、文明行医的突出表现，古志雄、刘梦映、刁志斌等3位医生荣获2021年“蕉岭好医生”称号，涂霜荣获2021年度“梅州好医生”称号。

“5·12”护士节，全院护理人员积极参与县卫健局组织的“学党史颂党恩 天使展新姿”演讲比赛，以参与活动为契机，深入推进党史学习教育，黄舒、胡茂瑜等两名护理人员参加演讲比赛分别取得二、三等奖的优异成绩，赖小娟、胡茂瑜、杨婷霏、陈美宇、徐惠媚等五名护理人员荣获“县优秀护士”表彰。

（曾艳蕻）

蕉岭县中医医院2021年负责人名录

党委书记：范发君

党委副书记、院长：林辉霞

副院长：杨凯桂　黄德民　钟其正

蕉岭县妇幼保健计划生育服务中心

【完成全面整体搬迁工作】 2021年，蕉岭县妇幼保健计划生育服务中心于2021年6月1日整体搬迁至桂岭新区。新院区建设用地30亩，总建筑面积达2.37万平方米，按照二级甲等医院标准进行升级建设。

【成功创建“二级甲等妇幼保健院”】 2021年，蕉岭县妇幼保健计划生育服务中心创建二级甲等妇幼保健院工作于2018年10月启动、2021 年 12 月 9 日申报评审、2022 年 1 月 13 日至 14 日接受梅州市卫生健康局评审专家组现场评审、2022 年 1 月 29 日梅州市卫生健康局审议通过中心为二级甲等妇幼保健院。四年来，在县委、县政府的坚强领导下，各级领导的大力支持下，各级同道的无私帮助下，全院干部职工持之以恒的辛勤努力下，中心终于顺利通过“二级甲等”妇幼保健院评审，实现跨越式发展。

【严格落实疫情防控工作】 2021 年，蕉岭县妇幼保健计划生育服务中心贯彻党中央、省委、市委、县委关于防控疫情决策部署，把人民群众生命安全和身体健康放在第一位，把疫情防控工作当做当前最重要的工作来抓。不断加强组织领导，严格落实预检分诊工作；把好四个关口，强化三类人员管理；加强院感培训及考核，杜绝院感事件发生；加强院感监督员培训；对全院院感工作进行巡查、督导；做好新冠肺炎病毒疫苗接种工作，实现能接种人员全员接种目标；同时派出医务人员奔赴新冠肺炎疫苗接种点、广福省界卡点、隔离医学观察点等抗疫一线开展工作，常态化做好疫情防控工作。全面检查和梳理有关医院感染预防与控制的各方面工作，认真排查安全隐患，为保证院感安全，切实抓好院感重点部门、重点部位、重点环节的管理，制定了重点部位、重点环节的防治措施，院感科常规进行督查和指导，防止院感在院内暴发。

【加强医疗保健服务能力建设】 2021 年，蕉岭县妇幼保健计划生育服务中心以创建二级甲等妇幼保健院为目标，扎实开展妇幼健康服务工作，抓好医疗质量管理、加强医疗业务建设和医疗质量管理，全面提高医疗服务质量，提升医疗服务水平。采取“请进来、走出去”模式，做特做优特色专科项目。为加快我县妇幼保健事业均衡协调发展，提升我县妇幼保健服务能力建设，更好地为广大妇女儿童提供优质服务。2021 年 7 月，中心分别与深圳市妇幼保健院和广州医科大学附属肿瘤医院签订专科联盟协议，引进深圳市妇幼保健院赵德鹏博士专家团队帮扶开展不孕不育专科，广州医科大学附属肿瘤医院李洪胜主任专家团队帮扶开展乳腺专科，让广大群众在“家门口”享受到省级高水平医院专家的医疗服务。开展新技术新项目。孕产保健部开展乳腺专科、产康运动，推出家庭化产房；妇女保健部开展不孕不育专科、更年期专科；开设中医科，将中医药融入三大部，开展耳穴针理疗、艾灸、中药穴位贴敷、穴位按摩、中药足部熏洗、小儿药浴推拿等中医药适宜技术。自开展以来，总治疗人数达 6178 人次。凸显中医药特色优势，强化惠民措施，为广大妇女儿童提供优质的中医药服务，真正做到惠民、便民、利民。充分发挥中医药特色优势，为人民健康保驾护航。

2021 年，孕产保健部住院人数 758 人次，比上年同期 1067 人，减少 309 人次，增长率为–28%。其中产妇总数 460 人次，比上年同期 654 人次，减少 194 人次，增长率为–29.6%；妇科总数 298 人次，比上年同期 410 人次，减少 112 人次，增长率为–29.76%；产科剖宫产 67 人次，无痛分娩 159 人次，妇科手术 226 人次，均比上年有所下降。全院门诊合计 28661 人次，比上年同期 30459 人次，减少 1798 人次，增长率–5.9%。其中妇女保健部门诊 7742 人次，比上年同期 7147 人次，增加 595 人次，增长率为 8.33%；孕产保健部门诊 10561 人次，比上年同期 15064 人次，减少 4503 人次，增长率为–29.89%；儿童保健部门诊 10358 人次，比上年同期 8248 人次，增加 2110 人，增长率为 25.58%；婚检 1040 人次；检验科 61241 人次；超声科 7773 人次。因中心为专科医院，受新冠肺炎疫情及育龄妇女人数减少的影响，各科业务量均比 2020 年同期减少。

【辖区妇幼保健工作】 2021年，蕉岭县妇幼保健计划生育服务中心抓好孕产妇健康服务和0—6岁儿童健康服务工作。2021年全县辖区产妇1495人，活产1509人。建卡率99.87%；健康管理覆盖率99.87%；系统管理率92.11%，产后访视率98.54%；住院分娩率100%；新生儿产后访视99.60%，出生低体重发生率3.98%；出生缺陷儿发生率53/万。孕产妇死亡1人，孕产妇死亡率66.89/10万。婴儿死亡0人，婴儿死亡率0‰；无新生儿死亡；围产儿死亡5人，围产儿死亡率3.3‰；0—6岁儿童14267人，管理13557人，管理率95.02%，5岁以下儿童死亡1人，5岁以下儿童死亡率0.67‰；完成县城范围托儿所幼儿园的卫生保健工作督导检查和儿童健康体检工作，共为4120名儿童进行了体检和营养评价，体检率96.55%。

出生缺陷综合防控等民生实事方面。⑴婚前、孕前检查。实施免费婚检1040人，婚检率达85.11%，检出遗传性和传染性疾病158人，并进行有效的干预。完成国家免费孕前优生健康检查750对，咨询指导750对，指导率为100%，信息系统建档683，建档率为100%；评估具有风险因数160人；早孕随访1408人，随访率为100%；妊娠结局随访743人，随访率为100%。⑵出生缺陷筛查。全县辖区产妇1495人，产前唐氏筛查1308人，筛查率87.49%，完成全年任务的100%，确诊并终止异常妊娠0人；结构畸形筛查1257人，筛查率84.1%，完成全年任务的100%，确诊并终止六大结构畸形的妊娠2人，阳性人员均建立专案追踪随访。新生儿疾病筛查1321人，筛查率为99.9%，完成全年任务的92.3%，筛查阳性221人，初筛阳性者均召回到梅州市新生儿疾病筛查中心进行复查，实施阳性人群专案管理。新生儿听力筛查1321人，筛查率99.8%，完成全年任务的92.4%，听力筛查阳性23人，转诊后听力障碍确诊2人并早期干预。⑶继续实施地中海贫血预防控制项目。完成孕前地中海贫血筛查1500人，筛查率为100%，地中海贫血筛查阳性210人，阳性率为14%，确诊为夫妻同型地贫3对。孕期建卡孕妇903人，完成孕期地中海贫血筛查903人，筛查率为100%，共完成全年任务的100%，孕妇地中海贫血初筛阳性183人，基因检测161人，发现夫妻同型地中海贫血18对，已进行胎儿产前诊断12人，另外6人经产前咨询不需行产前诊断，发现重型地中海贫血胎儿3例，均实施终止妊娠，全县无重型地贫儿出生，达到了预期目标。⑷继续做好艾滋病、梅毒、乙肝防控工作。2021年进行孕产妇艾滋病、梅毒、乙肝检测1495人，检测率为100%；检出梅毒5例、乙肝病毒感染产妇105例，所生婴儿均进行了规范的随访和治疗。

城乡妇女“两癌”检查工作方面。2021年完成城乡妇女“两癌”检查1702人，覆盖率100%，其中发现宫颈癌前病变（CIN2和CIN3）24例，发现宫颈癌1例，为早期，宫颈癌早期诊断率100%，高于预期目标（大于90%）；发现乳腺癌2例，均为早期，乳腺癌早期诊断率100%，高于预期目标（60%）。通过“两癌”检查，提高了城乡妇女宫颈癌和乳腺癌的早诊早治率，大大降低“两癌”死亡率，提升了广大城乡妇女的健康水平。 （林剑锋）

2021年蕉岭县妇幼保健计划生育服务中心负责人名单

党委书记：黄莉珠（女） (3月任职)
主　任：刘仁淼 (4月任职)
副主任：汤秋香（女）　赖映华（女）
　　　　丘李生

蕉岭县文化广电旅游体育局

【概况】 2021年，蕉岭县文化广电旅游体育局以习近平新时代中国特色社会主义思想为指导，全面贯彻中共十九大和十九届二中、三中、四中、五中、六中全会精神，深入贯彻习近平总书记“七一”重要讲话精神和《国务院关于新时代支持革命老区振兴发展的意见》，围绕县委、县政府中心工作，在做好常态化疫情防控和安全生产工作的基础上，以完成“民生实事、重点项目、重点工作”为主线，扎实开展党史学习教育，以“我为群众办实事”为落脚点，切实提高公共文体旅游服务质量，不断推进文化广电旅游体育事业繁荣发展，较好地完成了各项工作目标，取得了显著成绩。蕉岭县文化馆被评为国家一级馆。蕉岭县图书馆荣获“第九届全国服务农民、服务基层文化建设先进集体”称号。蕉岭县图书馆被命名为2021年度广东省“巾帼文明岗”。2021年旅游接待291.19万人次，实现旅游收入23.87亿元，分别同比增长12%、10%。

【公共文化】 2021年，蕉岭县文化广电旅游体育局重点推进村级综合性文化服务中心提质增效工作；筹措资金，完善文体设施；开展形式多样的公共文化活动，丰富人民群众的精神文化生活。

*公共文化服务效能日益提升。*推进村级综合性文化服务中心提质增效工作，对全县97个村综合性文化服务中心就免费开放、开放时间、服务项目、活动开展、设施建设、设施配备等内容进行两轮排查和督查整改，完成37个村级综合性文化服务中心的提质增效工作，超额完成2021年35%的目标任务。同时夯实总分馆建设。县图书馆新增1个直属分馆—丘成桐国际会议中心分馆，5个村级服务点，截至2021年年底，县图书馆分馆共计12个，村级服务点共计32个。整合总分馆的资源，把优质公共文化服务延伸至镇、村，从而提升服务效能，促进城乡融合发展。

*公共文化设施日益完善。*筹措130多万元资金，购买健身器材、篮球架、乒乓球台、书籍等，对全县体育公园及村（社区）公共文化设施进行更换和补充，建成德昭园、华侨新村两个社区体育公园。与县域内的民宿或旅游景区相结合创建“粤书吧”，打造新型阅读空间。在蕉岭县旅游服务中心、蕉岭县东岭红星客栈蕉岭县醉美书院建成3个粤书吧，实现共建共享共赢。充分结合三圳镇九岭村得天独厚的红色文化旅游资源，建设“两中心”融合试点。

*群众文化生活日益丰富。*围绕中国共产党成立100周年主题主线，以线上和线下活动相结合的服务方式，开展庆祝中国共产党成立100周年书画摄影大展、培训辅导、公益展览、群文活动、灯谜竞猜、红色诗词诵读、阅读推广、送书送戏送影下乡等形式多样的公共文化活动。2021年，开展线上线下活动230多场次，受益人数21万人次；送电影下乡1200多场，观影人数3.6万多人次；县博物馆、谢晋元故居及纪念馆、丘逢甲故居免费接待社会参观者约10万人次。

【文化遗产】 2021年，蕉岭县文化广电旅游体育局推进文物活化利用和保护、文保单位保护、非遗传承活化展演工作。

*文物活化利用和保护工作。*重点做好丘逢甲故居、谢晋元故居陈列布展提升工作，其中谢晋元故居陈列布展项目入选2021年红色革命遗址保护利用项目。谢晋元故居成功被评选为全市文物保护单位活化利用优秀实践案例。

*文保单位保护工作。*开展客家围龙屋名录申报、第十批省保、第八批市保申报，其中林连宗故居入选第八批梅州市文物保护单位。组织编制县保仓海学校维修方案。确定下东山资政第、新邓屋儒林第、黄开甲故居、联新居等四处建筑为第七批蕉岭县文物保护单位。做好南礤观察第、林修明故居和黄香铁故居3处文物保护单位修缮工程总结和竣工验收材料备齐工作。

非遗传承活化展演。挖掘和传承“三及第”文化，举办“三元及第·自在寿乡”畅享“蕉岭三及第”短视频及征文大赛，收到征文、视频作品60多件，分别评选出优秀征文17篇，优秀视频17个。公布7项县级非遗项目，14名县级代表性传承人，截至2021年年底，蕉岭县县级非遗保护项目共计9项，县级非遗代表性传承人35名。提交推荐申报6个市级代表性传承人。《广福船灯》《新铺七月半》申报省级非遗项目，其中广福船灯入选第八批省级非物质文化遗产代表性项目名录推荐项目名单。录制4首非遗相关音乐作品，分别为竹板歌《森林防火抓到笃》《反诈交通安全防范歌》《革命英雄永留芳》和客家山歌《一碗三及第》，其中竹板歌《革命英雄永留芳》和客家山歌《一碗三及第》制作了MV视频。在丘成桐国际会议中心设置大美非遗展演台，定期开展组织非遗展演活动，把富有客家特色的非遗项目竹板歌、长潭山歌、广福船灯等搬上舞台，形象地宣传非物质文化遗产。同时，积极配合市做好客家文化（梅州）生态保护实验区和“东亚文化之都”创建验收工作，营造浓厚的迎检氛围。在2021年9月份的市对县的客家文化实验区创建工作成效评分中，蕉岭被评为“优秀”等级。

【文旅融合】 2021年，蕉岭县文化广电旅游体育局厚植客家文化，深耕红色文化，善用名人效应，找准文化和旅游结合点，打造一批文化创意、文化活动、演艺精品以及非遗进景区产品，丰富游客旅游体验。

打好“名人牌”。做好丘成桐国际会议中心、“卡拉比—丘”实景天象馆、丘成桐祖居旅游区、谢晋元故居布展提升等项目。做好“红色文章”。重点打造了红色东岭、以“抗日三英杰”故居为重点的蕉岭县红色游线、以红四军入粤首胜纪念公园为重点的南礤红色游线、以谢晋元故居为重点的新铺红色游线。用好“长寿品牌”。借助“世界长寿乡”品牌和独特的山水人文景观，把红色旅游与绿色旅游相结合起来，把人文景观与自然景观结合起来，把革命传统教育与促进旅游产业发展结合起来，延伸旅游产业链，形成以“红”带“绿”、以“绿”促“红”，构建旅游区、旅游线、旅游点有机结合的蕉岭旅游产业发展大格局。

2021年新增1家AAA级景区（“卡拉比—丘数学世界旅游区”）、1条省级乡村精品旅游线路（蕉岭县寿乡探秘之旅）、1家3星级饭店（华侨大酒店）、3家四星级民宿（学宿山居、红星客栈、隐山栖舍民宿）。组织开展“蕉岭县十大网红打卡点”宣传活动，与美团合作推出一站式城市特色宣传平台“美团—蕉岭品牌馆”，“蕉岭文体旅游”微信公众号正式上线。卡拉比—丘实景天象馆项目基本完工，并举办广东（梅州蕉岭）第六届星空大会，进一步扩大寿乡蕉岭知名度和影响力。

【体育事业】 2021年，蕉岭县文化广电旅游体育局致力于竞技体育、精品赛事、体彩销售，推动体育事业繁荣发展。

竞技体育。组织360多人的代表团参加梅州市第九届运动会，团体总分和金牌总数显著提高，其中男子排球取得第二名，为蕉岭县参加三大球项目比赛历史最好成绩。团体总分1175分，较八运会提高514分；获得金牌29枚、银牌20枚、铜牌21枚，金牌数较八运会多13枚，总奖牌数多34枚。

精品赛事。利用行学港码头及石窟河自然生态优势，结合卡拉比—丘数学小镇建设，与广东省社会体育中心和省航空、航海模型协会对接，发展航模运动，成功申报“中国校园航空飞行营地”和“广东省航海模型科技体育蕉岭训练基地”，成功申报由蕉岭承办2022年广东省航海模型锦标赛和2022年广东省无线电测向冠军赛。

体彩销售。2021 年蕉岭县体育彩票销售工作在国家取消 11 选 5 高频彩票玩法的情况下，通过挖掘其他彩种的潜力、扩大宣传力度、加强对网店业主培训和指导等方式，全县体彩销量逆势增长，全年体彩销售总额 1929 万元，同比增长 11%。（刘　艳）

2021 年县文化广电旅游体育局领导名录

党组书记、局　长：陈春妮（女）
党组成员、副局长：张荣发　徐京雄
　　丘　虹（女，任至 4 月）
党组成员：黄伟良　黄　雄（纪检组长）
　　丘兆仕
副局长：黄选文（6 月任职）

蕉岭县社会科学界联合会

【概况】　2021 年，蕉岭县社会科学界联合会在县委、县政府的正确领导下，在市社科联和县委宣传部的具体指导下，深入贯彻习近平新时代中国特色社会主义思想，在推动全县理论武装、统筹疫情防控和经济社会发展工作的宣传引导、社科普及等方面履职尽责，为打造蕉岭老区苏区振兴高质量发展广东新样本营造良好的氛围环境。

【深入开展党史学习教育工作】　2021 年，蕉岭县社会科学界联合会认真学习贯彻习近平总书记在党史学习教育动员大会上的重要讲话精神，切实把党的百年历史学习好，宣传好，做到学党史、悟思想、办实事、开新局，会同县委宣传部共同推进全县党史学习教育活动。组织全县社科界认真学习宣传中共十九届六中全会精神。

【加强社科基地建设】　2021 年，蕉岭县社会科学界联合会在巩固加强原有社科基地建设的基础上，协助挖掘打造文福镇“仓海诗廊”等新的人文社科普及基地。广东（梅州）大健康高科技产业园规划展馆被市社科联认定为市级人文社科普及基地。

【开展社科课题调研】　2021 年，蕉岭县社会科学界联合会围绕大健康产业、乡村振兴、红色文化、数学小镇等主题，广泛发动社科理论骨干开展社科课题调研，撰写调研理论文章。与新铺镇中心小学联合向市社科联申报的《地方红色文化融入小学思政教育体系的探索与研究》被列入梅州市 2021 年度社科课题，12 月如期完成该课题的撰写工作。

【举办社科普及活动】　2021 年，蕉岭县社会科学界联合会在蕉岭县（东岭）革命历史纪念馆与全省同步举办以“兴起党史学习教育热潮·迎接党的百年华诞”为主题的全县社科普及周主题日活动。举行《学习百年党史·践行初心使命》专题宣讲，为 6 个市级人文社科基地赠送《习近平谈治国理政》《中国共产党简史》《论中国共产党历史》等一批书籍，派发《蕉岭县社科基地简介》宣传册，组织参观蕉岭县（东岭）革命历史纪念馆，通过重温蕉岭革命发展历史，追寻红色足迹，激发奋进力量。会同梅州市生态环境局蕉岭分局、县林业局等单位在锡林公园联合开展社科普及和“5·22”国际生物多样性日等主题宣传活动。8 月 3 日至 10 日，在县新时代文明实践中心举办“梅州市红色文化名片巡回展览”蕉岭县专场活动，进一步深入宣传和弘扬梅州红色精神，铭记光辉历史，传承红色基因，推动党史教育走深走实。

（陈振春、王文龙）

蕉岭县社会科学界联合会负责人名录

主　席：丘仕松
副主席：张　华　陈振春

社会生活

民 政

蕉岭县民政局

【概况】 2021年，蕉岭县民政局紧紧围绕“大救助、大养老、大儿童保障、大慈善、大社会治理”五大工作体系建设，坚持以人民为中心，凝心聚力、真抓实干，推动我县民政事业高质量发展，为打造老区苏区振兴高质量发展广东新样本，做出民政应有的贡献。

【突出政治引领】 2021年，蕉岭县民政局党组坚持以习近平新时代中国特色社会主义思想为指导，深入学习领会习近平总书记在党史学习教育动员大会上的重要讲话精神，聚焦“学党史、悟思想、办实事、开新局”主题主线，开展党史学习教育，为推动民政工作高质量发展提供坚强的政治保障和组织保障。

【坚持疫情防控】 2021年，蕉岭县民政局坚持人民至上、生命至上，制定出台和转发各类工作指引，以高于社会面防控标准迅速落实防控措施，抓好常态化疫情防控和安全生产工作，坚决守住“民政服务机构不发生疫情”“民政服务对象不因疫情影响而挨饿受困”两条工作底线。通过“一事一议”的方式加大临时救助力度，保障困难群众基本生活。加大对特殊群体关爱帮扶力度，全年新增城乡低保103户222人，清退城乡低保113户254人。全县在册城乡最低生活保障对象2314户3944人，城镇最低生活保障标准每人每月800元；城镇低保对象月人均补助水平每人每月631元；农村最低生活保障标准每人每月551元，农村低保对象月人均补差水平每人每月312元，全年发放城乡低保资金1536.24万元。2021年，在册五保供养对象937人，农村特困人员供养标准提高到每人每月882元，城市特困人员供养标准提高到每人每月1280元，下拨特困供养资金997.22万元。2021年，实施临时救助970人次，发放资金49.35万元。同时，办理长期滞留的流浪乞讨无户口人员落户安置17人。

【提升服务质量】 2021年，蕉岭县民政局完成蕉城、新铺、三圳、长潭四家镇级综合养老服务中心的建设。引进和支持蕉岭县光彩智慧养老服务中心建设智慧养老信息化平台，并对蕉城、长潭146名特困人员和上村、芳心村近400名老人开展居家养老服务；分别投入15万元、50万元、90万元建设蓝坊峰口村、广福广育村居家养老服务站、蕉城镇居家养老服务中心，示范推动全县村（社区）居家养老服务站（点）建设；投入15万元对全县50户困难群众家庭进行适老化改造；投入近300万元对蕉城镇、新铺镇敬老院按星级标准进行升级改造；投入近100万元完成全县养老机构消防安全达标整改工作。

2021年10月14日，蓝坊镇石湖长寿村老人协会举办2021年重阳节尊老敬老亲情活动
（廖静宜 摄）

【凝聚保障力量】 2021年，蕉岭县民政局加强孤儿、事实无人抚养儿童生活保障，提高孤儿、事实无人抚养儿童基本生活最低养育标准，集中供养孤儿从每人每月1820元提高到1883元，分散供养孤儿、事实无人抚养儿童从每人每月1110元提高到1227元。开辟医疗救治服务"一站式绿色通道"，与县人民医院签订合作协议，将其作为儿童福利机构孤残儿童医疗救治的定点医疗机构，为孤残儿童就医提供便利保障。加大关爱帮扶力度，积极动员社会力量参与关爱工作，与光彩智慧、心连心协会签订协议，为全县留守儿童提供日常关爱、走访慰问等服务。2021年，共服务留守儿童300多人次。同时，结合儿童特点，联合团县委、县教育局、县关工委、县妇联、社会组织等开展形式多样的关爱活动。2021年，共开展关爱留守儿童活动5场。

【社会福利保障】 2021年，成立蕉岭县公益慈善会，设立县中医事业发展基金，争取慈善资金助力乡村振兴；依法推进慈善捐赠和使用规范化，2021年支出经费32.48万元，用于开展义诊活动、关爱困境儿童活动、智慧助老活动、改善校舍、修建村道等。强化福利彩票规范管理，严格开展安全巡查，提前超额完成福彩销售任务1800万元。

【加强基层政权建设】 2021年，蕉岭县民政局完成村（社区）换届选举工作。选举产生455名村（居）民委员会成员，321名村（居）监督委员会成员和1503个村民小组长、89个居民小组长。推进地名普查成果转化，加快完成图、录、典、志编纂出版工作任务。完善国家地名信息库信息更新，修改地名信息56条、新增地名信息11条。加强行政区域界线管理，开展界线委托管理清理工作，创建平安和谐边界，维护边界地区和谐稳定。依法依规办理建筑物、住宅区行政许可2宗。

【提升公共服务水平】 2021年，蕉岭县民政局实现婚姻登记"全城通办"，提升婚姻登记服务水平。婚姻登记处共受理离婚申请441对，"冷静期"后办理离婚登记300对，挽回婚姻家庭141个。按月审定和发放残疾人"两项补贴"，前完成2021年残疾人二项补助资格认定工作，对无法联系查找、未进行资格认定的6名残疾人实行停发处理。

（邓海妮）

2021年蕉岭县民政局负责人名录

党组书记、局　长：潘依珊
党组成员、副局长：林淑瑜（女）　黄麟胜
　　　　　　　　　赖会南（任至3月）
　　　　　　　　　张学文（7月任职）

党组成员：黄胜永

蕉岭县应急管理局

【概况】 2021年，蕉岭县应急管理局以习近平新时代中国特色社会主义思想为指导，深入贯彻落实习近平总书记关于安全生产、应急管理、防灾减灾救灾重要指示批示精神，按照县委、县政府的工作部署，积极履行职责，扎实完成好全年各项工作任务，为蕉岭县经济社会平稳发展保驾护航。蕉岭县应急管理局被评为蕉岭县“七五”普法工作先进单位，在2021年国家机关“谁执法谁普法”履职报告评议活动中获“优秀”等次，2人获“2021年梅州最美应急人”称号。

【安全运行】 2021年，全县发生工矿商贸生产安全事故2起，死亡1人，重伤1人（去年2起、死亡2人），生产安全事故死亡率同比减少50%。全年未发生较大生产安全事故，未发生较大自然灾害。发生森林火灾1起。

【安全生产监管】 2021年，蕉岭县应急管理局全面强化安全生产党政同责规定。县、镇两级全面落实安全生产“双主任制”，党委政府主要领导同时担任本级安委会主任，全面强化安全生产的组织领导。建立非煤矿山安全生产领导包保责任制和监管部门挂点责任制；从严从实、对标对表狠抓整改，落实国务院安委会督导检查组发现问题整改工作；围绕“三个一批”强整治，确定上报1家地下开采矿山列为“淘汰退出”，4家地下开采矿山列为“整合重组”，7家地下开采矿山列为“整顿提升”，有序推进“三个一批”任务；聚焦风险隐患严执法，切实加大打非治违整治力度，对违规生产作业矿山作出行政处罚。制订《蕉岭县危险化学品三年行动安全整治实施方案》和《路线图》，确保三年专项整治行动有序进行；全面启动危险化学品安全综合治理工作，创建“一线三排”示范企业3家；持续推进危险化学品企业安全生产标准化建设，组织企业进行安全标准化管理体系培训，督导28家企业开展安全生产标准化建设；共检查、复查各类化工危化品生产、经营、储存企业94家次，发现隐患133项，下达各类检查、复查法律文书215份，已完成隐患整改133项；对烟花爆竹企业共检查105家次，发现隐患86项，共收缴各类烟花102箱，爆竹149箱，爆竹12盘以及一批违规小产品，价值6.5万余元。对安全生产违法行为立案11宗，处理案件9起，其中非煤矿山3起，危化工贸5起，事故1起，共实施行政处罚77.844万元。深刻吸取湖北十堰燃气爆炸事故教训，落实“一盘棋”应急响应全面开展城镇燃气排查治理，印发《关于深刻吸取湖北十堰“6·13”燃气爆炸重大事故教训扎实开展燃气等重点行业领域安全大检查隐患大排查的紧急通知》（蕉安委〔2021〕6号），在全县范围内扎实开展燃气等重点行业领域的拉网式、全覆盖、无死角安全大检查隐患大排查。以粉尘涉爆、有限空间作业监管为重点，督促企业落实安全生产主体责任，进一步完善企业安全管理体制机制，推进监管执法检查，梳理完善粉尘涉爆、有限空间作业企业台账；督促指导35家重点工贸企业注册安装并激活一键通，激活率达100%；共检查工贸企业43家次，发现隐患299项，下达各类检查、复查法律文书116份，已完成隐患整改299项。大力推进机制砂行业整治工作，与全县12家机制砂企业签订安全责任书，共检查机制砂企业23家次，发现隐患56项，下达各类检查、复查法律文书62份，已完成隐患整改56项。组织开展道路交通安全防范工作，聚焦“责任人、车、路、企、救”突出风险，通过成立县政府主要领导为组长、成立工作专班、细化工作目标、全面动员部署等，组织相关单位扎实开展系统防范化解道路交通安全风险工作，处理非生产经营性交通事故126起，死亡10人，受伤130人，与上年同期相比，分别减少8起、减少1人和减少41人，未发生较大及以上道路交通安全事故。

【基础性工作】 2021年，蕉岭县应急管理局强化组织领导，对蕉岭县突发事件应急委员会进行调整，实行党政一把手双主任制度，领导全县应急管理工作，下设安全生产委员会、县森林防灭火指挥部、县防汛防旱防风总指挥部、县减灾委员会、县防震抗震救灾工作领导小组、县道路交通安全工作联席会议、县消防安全委员会等7个专项工作协调机制。全县8个镇统一设置综合治理办公室(加挂应急管理办公室牌子)。应急管理日常工作由应急管理办公室承担，制定有应急管理、安全生产、值班值守、应急处置等制度。承办梅州市2021年省轻舟机动五大队骨干队员在蕉岭长潭水库开展封闭式集训和演练活动，蕉岭县轻舟分队荣获团体第二名。开展蕉岭县非煤矿山应急演练、危化行业安全生产事故应急演练、蕉岭县山洪地质灾害应急避险演练等演练活动。蕉岭县基层应急管理和防汛抗洪应急演练工作举措和成效被刊登在《广东安全生产》杂志2021年第六期“守安于心践于行之梅州市全力提升应急管理水平工作纪略”中。我县全力打通应急管理“最后一公里”，努力构建应急管理工作新格局工作举措和成效被刊登在微信公众号“长寿·蕉岭”、新闻平台“应急之窗”和“无线梅州”上。

【防汛】 2021年，蕉岭县应急管理局落实各项防汛工作责任制，修订《蕉岭县防汛防旱防风防冻应急预案》；落实防汛防台风网格化管理体系机制，以村（居）为网格单元，落实网格内责任对接、隐患排查、人员转移、抢险救援等措施，落实县镇村级山洪灾害“一张图”；开展汛前防汛度汛大检查工作，各级出动检查人数共341人次，检查水利工程470宗（其中水库50宗，山塘134宗，堤围21宗，电站186座，陂头60宗，电排19宗）。增强抢险队伍建设，现有各类防汛抢险队伍2751人、应急避难场所218处，优化县级三防应急专家库成员，现有29位专家；全力抓好抗旱工作。先后开展10次人工增雨作业，共发射39枚降雨弹；先后增加挖机井56座和投入抽水设备400台/套，投入抗旱人数4032人次，投入抗旱资金277.3万元。

【森林防灭火】 2021年，蕉岭县应急管理局加大森林防灭火宣传教育宣传力度，印发《森林特别防护期森林防灭火宣传教育工作方案》，村级安装大喇叭、全县所有公务用车和镇村干部车辆、护林员摩托车、各镇临时检查站均安装小喇叭，开展“扑火安全警示教育整治周”活动，共发放森林防火宣传环保袋1000余份，宣传画册1000余份，森林火灾典型案例手册1000余份，受教育师生达1000余人；强化临时检查站值守检查，全县共设立森林防火临时卡点142个；加强督查巡查，严格管控野外火源，全县派出多个督查组，到各镇、各国有林场进行森林防灭火工作督查，组成8个隐患排查督查组，对全县110个定点挂钩村（社）再次全部入户排查登记（坟墓、寺庙、公王、山边水田等）；推进森林火灾隐患排查工作，我县共投入人力246人次，完成隐患点上报总数2166个；完成我县直升机取水点的选点工作，开展林区输配电设施火灾隐患专项排查治理工作，其中51条林区线路、131台公变隐患、24条线路隐患及31台公变隐患已整改；印发《蕉岭县森林火灾应急预案（2021年修订稿）》；加强森林消防队伍建设，组建一支20人的森林消防大队，应急、林业部门联合对各镇镇、村干部、半专业扑火队、护林员进行森林防灭火知识培训，切实提升各队伍专业性技能和应急救援能力；加大森林防灭火经费的投入，先后投入870多万元，购置消防水车、无人机、风力灭火机、单兵装备等一批森林火灾扑救装备等。

【自然灾害防治】 2021年，蕉岭县应急管理局修订《蕉岭县自然灾害救助应急预案(2021年修订)》《蕉岭县地震应急预案(2021年修订)》工作；集中开展宣传活动，联合多部门在广福镇文化广场开展“防灾减灾日”集中宣传活动，先后在蕉城镇城北社区、城东社区和城西社区开展防灾减灾救灾专题知识讲座，提高社区群众的防灾减灾知识和避险自救能力；联合多部门举办“蕉岭县山洪地质灾害应急避险演练”；全面开展风险隐患排查整治，加大自然灾害治理能力建设，对全县重点单位、重点领域及险要路段进行隐患排查治理，特别是道路交通、地质灾害、防汛、防雷等灾害隐患和薄弱环节进行认真排查整治，全县8个镇34部门共开展各类安全风险隐患排查整治专项检查420次，共排查整治风险隐患800多处，大大减少灾害事故发生，有效提高安全环境。完成全国综合防灾减灾社区和蕉岭县110个行政村(社区)防灾减灾救灾能力“十个有”建设，确定蕉岭县长潭镇堑垣村为2021年“全国综合防灾减灾示范社区”，并完成申报工作；积极开展第一次全国自然灾害综合风险普查工作，认真贯彻落实国家、省、市第一次全国自然灾害综合风险普查工作有关文件和会议精神，精心部署，压实责任，推动普查工作。

(申宇飞)

2021年蕉岭县应急管理局负责人名录

局　长：林　威

副局长：徐绍明　陈晓欧　陈建明

徐锦平　徐　刚

劳动保障·社会保险

蕉岭县人力资源和社会保障局

【概况】 2021年，蕉岭县人力资源和社会保障局坚持以习近平新时代中国特色社会主义思想为指导，全面贯彻中共十九大和十九届二中、三中、四中、五中、六中全会精神，深入落实省、市、县高质量发展的工作要求，以党史学习教育为抓手，践行“以人民为中心”的发展思想，不断强化政治担当和责任意识，紧扣“便民、利民、为民、惠民”原则，在就业创业、社会保障、劳动关系、“三项工程”等各项工作中取得较好成绩，荣获蕉岭县“七五”普法工作先进单位。

【就业工作】 2021年，蕉岭县人力资源和社会保障局扎实做好就业这项最大的民生工程，多措并举、综合施策，促进高校毕业生、残疾人员、困难人员等群体就业创业，全力以赴稳就业保就业，让人民群众端牢“饭碗”。推进城镇就业再就业工作，全年城镇新增就业1452人，城镇失业人员再就业1103人，就业困难人员实现灵活就业382人，城镇登记失业率2.2%。不断提高就业创业资金使用效益，筹集就业创业专项资金364.28万元，发放492.01万元，资金使用率达135.06%。组织举办线上线下招聘活动51场次，服务招聘企业433家，发布就业岗位9329个，吸引5744人求职，达成就业意向910人次，成功就业 745 人，为企业和求职者搭建好就业对接平台。

【社保工作】 2021 年，蕉岭县人力资源和社会保障局紧抓社保扩面，全年企业职工基本养老保险参保 30650 人，失业保险参保 21249 人，工伤保险参保 29031 人，城乡居民基本养老保险参保 61306 人，机关事业单位基本养老保险参保 6892 人，努力实现应保尽保。强化社保改革执行，实现企业职工养老保险、失业保险和工伤保险省级统筹，全面落实困难群体城乡居民养老保险最低缴费标准全额代缴养老保险政策，启动 2017 年 12 月底前机关事业单位“退休中人”按新办法计发养老待遇工作，为 414 名退休“中人”按新办法计发待遇。加强社保基金风险防控，有效运用全国社会保险信息比对系统和全民参保信息管理系统进行数据比对，积极与税务、公安、民政、卫计等部门数据互联互通，加强社保大数据分析核查。

【劳动关系】 2021 年，蕉岭县人力资源和社会保障局坚持依法治理和综合治理相结合，全面深入企业进行普法宣传，摸底各行业企业用工、守法情况，推进农民工工资支付工作，严厉打击危害劳动者合法权益行为，化解劳资矛盾风险。

深入开展劳动保障监察工作。通过日常巡查、专项检查、“双随机”检查等，检查各类用人单位 202 家，涉及劳动者 12569 人次。受理举报投诉案件 363 宗，涉及 2116 人，劳动保障监察举报投诉案件结案率达 100%。发出劳动保障监察询问通知书 21 份，限期改正指令书 15 份。加强拖欠农民工工资问题的专项治理力度，畅通维权渠道，扎实推动工程建设领域用工实名制管理、工资保证金、工资支付专用账户和劳动用工维权信息告示等制度全覆盖，全力维护劳动者权益，促进劳动关系和谐健康发展。

扎实推进劳动人事争议调解仲裁工作。坚持调解为主、仲裁为辅的原则，提升调解仲裁服务效能，处理劳动人事争议案件 102 宗，其中案外调解结案 68 宗，不予受理案件 1 宗，受理立案 33 宗，均已结案，涉案金额 215.47 万元，仲裁结案率 100%，调解率 82.18%。不断完善和规范各项工作，设立法律援助联络点，为劳动者提供便捷优质高效的法律援助服务。创新工作机制和方式，持续推进仲裁机构及镇村调解组织建设，优化仲裁办案程序，提高办案能力。

【三项工程】 2021 年，蕉岭县人力资源和社会保障局坚持小切口推动民生大变化，围绕品牌引领、特色培育、拓宽就业，深入推进“三项工程”发展，助力群众实现美好生活。

高站位推动“粤菜师傅”工程发展。打造《寻味寿乡》专栏节目，通过县融媒体中心综合频道收看的电视受众达 12 万人次，通过蕉岭发布 App、长寿蕉岭微信公众号、蕉岭融媒视频号观看的受众达 21 万人次。举办 2 期“粤菜师傅”工程烹饪技能提升培训班，共培训 135 人，带动实现就业创业 302 人次，积极培养客家风味菜烹饪技能人才，提高学员就业本领和创业能力。

高质量推动“广东技工”工程发展。指导 2 家企业完成企业新型学徒制培训备案 108 人。通过引进民间资金，先后批准设立 2 家县级民办职业培训学校，并成立职业技能综合培训基地。贯彻执行技能人才评价体系，探索实施职业技能培训合格证书制度，开展 10 期职业技能培训合格证书培训班，备案参训 389 人次，考核通过 312 人次。

高标准推动“南粤家政”工程发展。实施家政品牌培育计划，建设 1 家县级家政培训示范基地和 2 个基层服务示范站，充分整合社区各类家政服务资源，打造“15 分钟家政服务圈”。开展公益性及“订单式”家政技能培训，共培训 522 人次，促进 705 人次稳定和新增就业创业，扩大家政服务人才有效供给。

2021年4月8日，蕉岭县举办首届南粤家政技能大赛活动（汪敬森 摄）

【其他工作】 2021年，蕉岭县人力资源和社会保障局始终坚持“人社工作为人民”的服务理念，规范各项工作，积极回应民生关切。收到工伤认定申请84宗，已受理82宗，认定为工伤71宗。接收应届毕业生档案956份，办理档案调出314人，档案查询886人。为18家企业办理稳岗补贴申请业务，发放稳岗补贴18.28万元，切实减轻蕉岭县企业负担。

（黄斯炜）

2021年蕉岭县人力资源和社会保障局负责人名录

党组书记、局　长：刘红锦
党组成员、副局长：林建军（任至3月）
副局长：王建强
党组成员、副局长：罗丽红（女）
党组成员、副局长：李春光（7月任职）
党组成员、县社会保险基金管理局局长：王军胜
党组成员、县公共就业（人才）服务中心主任：祝银清（女）

社会保险基金管理

【概况】 2021年，全县社保基金累计收入49300万元，支出85882万元。其中，企业职工养老保险征缴收入26003万元，支付待遇41802万元；失业保险征缴收入524万元，支付待遇448万元；工伤保险征缴收入261万元，支付待遇903万元；机关事业单位养老保险征缴收入14592万元，支付待遇35274万元；城乡居民养老保险征缴收入521万元，支付待遇7455万元。

【调整缴费标准和费率】 2021年，企业职工养老保险缴费基数标准为22941—3800元。单位缴费比例为14%、职工个人缴费8%，灵活就业人员缴费比例为20%。失业保险缴费基数为：21291—1410元。单位缴费基准费率为0.32%—0.8%，职工个人缴费比例为0.2%。工伤保险单位部分缴费比例调整为0.1%—1.05%；机关养老保险单位部分缴费基数为22941—4588元，单位缴费比例为16%，职工个人缴费8%。

【社会保险宣传】 2021年，蕉岭县社会保险基金管理局牢固树立以人民为中心的发展理念，按照兜底线、织密网、建机制的要求，推动数字化、信息化建设。大力开展社保经办日常宣传，突出正面宣传，重点围绕新业态从业人员社保宣传，结合村（居）委干部的工作性质第一时间与相关部门沟通协调，实现全县533名村（居）委干部全员参加工伤保险；强化风险防控，深化政策解读、服务指引、通过全方位，多渠道的社保政策宣传，提高群众参保意识。配合税务部门推动扩面征缴，提高参保率和缴费率。

【双统筹】 2021年，蕉岭县社会保险基金管

理局按照县委县政府的统一安排，积极采取措施抓好服务大厅和工作场所的疫情防控，加强对工作人员的管理，积极响应疫情防控指挥部门的号召，严防死守、不留死角，全体干部职工，均接种疫苗；大力推动社保经办网办业务与政务服务事项、粤省事等服务平台对接，通过信息化建设提升社保经办服务水平；积极配合公安等部门做好信息网络安全运维工作，建立风险预警防范机制，有效防范了系统运行风险。

【“放管服”改革】 2021 年，社保关系实现全省统筹，省内就业无需办理社保转移接续，省外就业亦实现网上办理；积极推进线上业务办理服务，已上线社保政务服务事项共有 85 项，均实现市内网上通办。2021 年人均增加养老金 214 元；累计为 414 名退休“中人”按新办法计发待遇；全面完成央属、省属机关事业单位养老保险准备期补缴工作，职业年金准备期和当期征收实现实账积累；继续推进合同制工人补缴、转移工作，完成单位合同工补缴 163 人。

【基金安全管理】 2021 年，按照社保基金专项整治专项工作部署，全面开展自查自纠、业务全流程自查，进一步明确了个人业务操作权限，规范经办流程；有效运用全国社会保险信息比对系统和全民参保信息管理系统，结合“清数”“筑墙”行动做好数据信息比对工作，避免重复领取、违规领取待遇情况的出现；与税务、公安、民政、卫健等部门建立部门联动机制，初步实现数据互联互通，提高社保大数据分析核查能力；健全财务风险防控制度，全面取消社、银手工报盘，进一步规范财务印鉴和银行票据管理，加强银行账户管理，严格按制度进行财务核算，确保账证相符、账账相符、账实相符。

【乡村振兴】 2021 年，积极推动社保扶贫和乡村振兴有效衔接，全面落实了困难群体城乡居保最低缴费标准全额代缴养老保险费政策，共为 4252 人代缴，合计约 51 万元，助力乡村振兴工作，群众的获得感、幸福感显著提高。贯彻落实联村共建服务，与蓝坊镇峰口村签订共建协议，积极发动在职党员进村服务，推动资源在村整合，帮助解决问题。

【党史学习教育】 2021 年，蕉岭县社会保险基金局坚持读原著、学原文、悟原理，认真学习《中国共产党简史》等党中央指定的学习书目；组织党员干部到叶剑英纪念馆、三河坝纪念园等红色教育基地参观学习；组织开展庆祝“七一”系列活动、组织党员干部观看党中央“七一勋章”颁授仪式和庆祝中国共产党成立 100 周年大会，努力营造爱党爱国爱社会主义的良好氛围。 （钟　卫）

2021 年蕉岭县社会保险基金管理局负责人名录

局　长：王军胜

副局长：曾劲锋（任至 7 月）　陈冬梅（女）

　　　　古伟荣（女）

医疗保障

【概况】 2021 年，蕉岭县医疗保障局紧紧围绕县委县政府重点工作，以落实目标任务为重点，积极履职尽责，狠抓落实、开拓创新、勇担使命，敢于担当作为，促进医疗保障服务能力再上新台阶。

【医疗保障】 2021 年，蕉岭县医疗保障局坚持应保尽保，扩大城乡居民受益覆盖面：利用公安、扶贫、统计等部门共享数据，与税务部门积极配合，加强信息比对，挖掘参保资源，突出新生儿、灵活就业人员和外来务工人员及家属等重点群体，加大参保宣传力度，采取数据比对、入户核查、上下联动、便民服务等方式，全面排查摸清参保底数，依法推进参保登记。优化报销程序，提升医疗保障服务水平：推进省、市内基本医疗、大病保险、医疗救助“一站式”即时结算，优化经办流程，简化报销手续，让数据多跑路，让群众少跑路。从 2021 年 3 月底起，困难群众二次医疗救助在省医保平台系统可直接结算，减少群众跑腿垫资压力。2021 年，城乡居民基本医疗保险享受待遇 339383 人次，医疗总费用 4.76 亿元，基金统筹支付 12667.12 万元。其中：零星报销 3085 人次，医疗总费用 24646.44 万元，基金统筹支付 11852.63 万元；医院直接结算 336298 人次，总费用 22950.28 万元，基金统筹支付 11481.86 万元（含特定病门诊结算 67652 人次，总费用 4600.61 万元、基金统筹支付 2806.01 万元）。线下办理市外异地居住备案 240 人；市外转诊转院备案 268 人次。巩固“两不愁三保障”成果，充分发挥医疗救助的兜底作用，全力解决困难群众“病有所医”，缓解困难群众“因病致贫、因病返贫”现象。落实医保防贫减贫长效机制措施，解决特困人员普通门诊及超限额和跨地域医疗费用救助问题，明确救助标准；引导常年患有特殊病种的困难群众申请特殊门诊，实现一站式救助方便困难群众病有所医等。2021 年，共为城乡困难群众开展医疗救助 11730 人次，救助资金达 650.57 万元。

打击欺诈骗保，维护医保基金安全。对所辖医疗机构医保基金使用情况进行现场检查，督促定点医疗机构规范使用医保基金；通过开展现场咨询、悬挂横幅、张贴海报、发放小册子等形式大力开展医保基金监管宣传月活动，共开展集中宣传 5 场次，发放宣传资料 2.3 万份，各类宣传品 8000 余份。认真开展审计问题的整改，对延伸审计时，发现蕉岭县部分医疗机构在使用医保结算时，存在违规使用限制用药、对未明确规定可另外计费的医用耗材单独收费、男女收费项目互串，造成多付医保基金和患者家属利用死亡人员身份就医等问题，违规支付医保基金合计 88194.14 元，坚持以问题为导向，细化整改措施，压实整改责任，全部违规支付基金已于限期内追回，确保整改落实到位。大力宣传《医疗保障基金使用监督管理条例》，确保条例落地落实，共制作发放宣传手册 3000 份，张贴海报 1500 份。有序开展药品跨区域联合集团采购。积极稳妥推进公立医疗机构药品跨区域联合集团采购改革各项工作，推动“互联网+医药”在药品采购中的积极作用，督促各定点医疗机构按约定采购量做好 2021 年度国家组织药品集中采购相关药品工作，推进药品供应价格、质量层次等公开透明，切实保障药品质量和供应。2021 年，蕉岭县 13 家公立医疗机构药品采购总额为 4198.4 万元，线上采购为 4164.49 万元，线上采购占比为 99.19%。

【队伍综合素质】 2021 年，蕉岭县医疗保障局全力开展党史学习教育活动，营造风清气正的政治生态，树立医疗保障新形象。加强班子建设，认真贯彻落实民主集中制，规范机关内部管理，建立用制度管人、管事、管物、管权的机制。狠抓廉政勤政教育，增强依法行政和廉洁从政的自律性，教育引导干部职工从思想上树立廉洁从政意识。

（谢雪玲）

2021 年蕉岭县医疗保障局负责人名录

局党组书记、局长：罗建阳

局党组成员、副局长：丘　锋　曾勇武

蕉岭县长寿文化发展研究中心

【概况】 2021年，在蕉岭县委、县政府的关心下，根据《关于印发〈蕉岭县长寿文化发展研究中心机构编制方案〉的通知》（蕉机编〔2021〕23号），蕉岭县长寿文化发展研究中心升格为正科级事业机构，为蕉岭县人民政府直属公益一类事业单位。

【长寿人口逐年递增】 截止至12月底，全县80—89岁老人8076人，90—99岁老人2285人，100岁以上老人68人（其中男12人）。百岁老人占户籍总人口的29/10万；80—89岁老人占户籍总人口的3.51%；90—99岁老人占户籍总人口的9.9‰；全县平均预期寿命80.03岁。

【挖掘长寿因子 推广长寿文化】 2021年，蕉岭县长寿文化发展研究中心持续推进蕉岭长寿工作，促进蕉岭县长寿文化健康发展。摸底长寿老人数据，核准长寿老人各阶段比率，及时了解长寿老人动态变化；2021年，出版了两期《长寿蕉岭》期刊，从多方位多角度宣传蕉岭，大力宣传长寿文化。

【育长寿品牌 擦亮寿乡金字招牌】 2021年，蕉岭县长寿文化发展研究中心对授权使用“源自世界长寿乡——中国·梅州·蕉岭”著作权暨图形商标已到使用期限的梅州市建丰粮业发展有限公司等18家企业进行重新审核授权和新授权梅州市景瑜长寿食品发展有限公司等3家企业使用“源自世界长寿乡——中国·梅州·蕉岭”著作权暨图形商标，有24家企业使用“源自世界长寿乡——中国·梅州·蕉岭”著作权暨图形商标。通过授权，择优扶强推动一批优质长寿食品企业做强做大，加强对重要长寿品牌资源的扶植、培育、保护及运作，规范使用长寿健康食品商标，保护好长寿养生食品品牌质量。 （钟福连）

2021年蕉岭县长寿文化发展研究中心负责人名录

主　任：林文宇

副主任：杨攸玖

蕉岭县公共就业（人才）服务中心

【概况】 2021年，蕉岭县公共就业（人才）服务中心以“小切口”推动民生大变化，在落实疫情防控相关要求的前提下，坚持“稳定就业”总基调，围绕“扩大就业”新目标，结合“南粤家政”等三项工程和“我为群众办实事”实践活动，通过加快政策落实力度，积极拓宽就业渠道等措施，扎实做好“稳就业”工作、全面落实“保居民就业”任务。在庆祝中国共产党成立100周年之际，荣获蕉岭县先进基层党组织称号。

【就业再就业完成情况】 全县完成城镇新增就业1452人，占市下达目标任务数的103.71%；完成城镇失业人员再就业1103人，占市下达目标任务数的137.88%；就业困难人员实现灵活就业382人，占市下达目标任务数的382%；城镇登记失业率控制数为2.2%，比市下达的控制数低了1.3个百分点，全县就业形势基本保持稳定。

【开展公共就业服务】 2021年，蕉岭县公共就业（人才）服务中心大力开展“春暖梅州”、“迎新春送温暖、稳岗留工”、“蕉岭—南沙”劳务对接、“乡村工匠”、百日千万、广东（梅州）大健康高科技产业园、民营企业现场招聘会暨职业指导下基层、就业援助等线上线下专（现）场招聘会。举办线上线下招聘活动 51 场次，服务招聘企业 433 家次，发布就业岗位 9329 个次，其中为 14 家大健康产业园区企业提供了招聘服务，发布就业岗位 585 个次，线上线下招聘活动共吸引 5744 人求职，达成就业意向 910 人次，成功就业 745 人。

【落实就业创业服务】 2021 年，蕉岭县公共就业（人才）服务中心在切实做好疫情防控工作的前提下，组建就业小分队深入企业，结合企业实际情况和需求送政策上门，点对点为企业进行业务指导及跟踪服务，确保企业及时全面懂政策、会申报，实现应享尽享、应享快享，助力企业复产扩能。根据高校毕业生、退役军人、就业困难人员、残疾人等重点群体不同特点、不同需求，量身打造相应的就业帮扶措施，精准施策促进多渠道就业。加大就业创业政策扶持力度，充分发挥专项资金的作用，用好用足就业补助资金。2021 年筹集就业创业专项资金总额 364.28 万元。其中：中央财政下达就业补助资金 263 万元；省级下达就业创业服务补贴 42 万元，创业担保贷款贴息和奖补 3 万元；县级下达其他就业补助 36.28 万元，创业担保贷款贴息 20 万元。截至 12 月底，发放就业创业专项资金使用合计 492.01 万元，资金使用率 135.06%。其中，一次性创业资助补贴发放 38 人，补贴资金 38 万元；租金补贴发放 26 人，补贴资金 11.2 万元；创业带动就业补贴发放 39 人，补贴资金 10 万元；小微企业社保补贴发放 7 家，补贴资金 4.66 万元；灵活就业社保补贴发放 522 人，补贴资金 89.2 万元；企业吸纳社保补贴 4 人，补贴资金 1.62 万元；公益性岗位社保个人缴费补贴 2 人，补贴资金 0.38 万元；高校毕业生到基层就业补贴 40 人，补贴资金 20 万元；高校毕业生到基层就业岗位补贴 85 人，补贴资金 34.05 万元；公共就业服务岗位补贴 6 人，补贴资金 51.65 万元；一般性岗位补贴 2 人，补贴资金 0.54 万元；公益性岗位补贴 2 人，补贴资金 1.69 万元；基层社区工作者补贴 10 人，补贴资金 30 万元；南粤家政技能大赛补贴资金 9.73 万元；技能提升培训补贴发放 693 人，补贴资金 102.96 万元；吸纳脱贫人口就业补贴 1 人，补贴资金 0.5 万元；就业见习补贴 3 人，补贴资金 1.68 万元；求职创业补贴 4 人，补贴资金 1.2 万元；农村电商基层示范站 4 家，补贴资金 40 万元；就业创业服务补助 15.99 万元；创业担保贷款贴息补贴 65 人，补贴资金 26.96 万元。此外，创业担保贷款发放 9 人，共发放 240 万元。

【劳动事务（人事）代理工作】 2021 年，蕉岭县公共就业（人才）服务中心坚持安全、保密、及时的工作管理规则，认真做好失业职工档案托管及劳动事务代理的工作。对入库档案进行全面的分类、整理、编目、入库。严格执行档案借阅和调出手续，杜绝各类档案的丢失、损毁或泄密事件的发生。2021 年，共托管失业职工档案 4703 份，服务前来办理企业档案查询的有 467 人次，借阅档案的 271 人次，办理退休手续 227 人次。 （徐玲玲）

2021 年蕉岭县公共就业（人才）服务中心负责人名录

主 任：祝银清（女）

蕉岭县关心下一代工作委员会

【概况】 2021 年，蕉岭县关心下一代工作委员会全县各级关工委带头深入学习领会习近平总书记在庆祝中国共产党成立 100 周年大会上的重要讲话精神和对关心下一代工作重要指示精神，深入贯彻落实全国、全省关工委纪念表彰大会精神和全年重点工作部署。1月14日，县委组织部召集县关工委、民政局、教育局、总工会、妇联、人民武装部、科协等8个部门分管领导，专题学习，研究部署工作。3月成立了“五老关爱团”，下设讲师团、志愿团，以此为平台有效地开展关爱工作。通过组织老干部开展专题讲座，讲述蕉岭斗争史、如何保护生态环境、“家风家教”等。“五老关爱团”成立以来，开展宣讲10场次，大手牵小手活动6场次，慰问农村留守儿童活动7场次，参与活动的“五老”共150人次。

【注重政治引领，培育青少年爱国情操】

2021年，蕉岭县关心下一代工作委员会注重加强对青少年的思想政治引领，积极开展灯塔工程系列党史学习教育和爱党爱国教育、“中华魂”主题教育、法治教育，引导学生积极参加广东省少年儿童践行社会主义核心价值观征文活动。以传统节日、纪念日为契机，以学校课堂和革命旧址为场所，以点燃蕉岭学子的理想信念“火种”为品牌理念，先后走进城镇中学、新铺小学等31间中小学，组织1436人次学生，开展“传承红色基因·讲好蕉岭党史”宣讲活动。结合抗战胜利纪念日开展“童心永向党，红色代代传”主题少先队活动课363场。开展“传承红色基因，党史故事人人猜”线上答题活动，覆盖学生23102人。组织撰写“中国梦，家风美”征文，参与学生1342人次，征集文稿69份，精选32篇优秀作品上送市关工委及有关刊物选载。通过丰富多彩的活动形式让未成年人了解红色革命历史，激发未成年人爱党、爱国、爱社会主义情怀和奋斗精神，培育蕉岭新时代好少年。组织“扣好人生第一粒扣子”主题教育实践系列活动，在城镇中学举行启动仪式，县关工委、县教育局及部分学校领导参加。在县实验小学举办蕉岭县2021年家庭、学校、社会协同育人系列活动“传承红色基因，弘扬优良家风”主题讲座。引导学生家长以好的家风助推好的教养，传承红色基因，培养子女做一个明大德、守公德、讲仁德的好学生。

【注重服务青年，助力创业发展】　2021年，蕉岭县关心下一代工作委员会积极帮助创业青年提升创业能力，助力企业青年岗位成才，促进青年创业。2021年举办农村创业青年培训班8期，培训830人次。内容涵盖水稻、无花果种植、香菇栽培、养蜂等。除此，还选送参加省、市培训班4期12人。三圳无花果基地负责人陈明还在省培训班上介绍经验。会同县委组织部，配合县人社局制定出台实施乡村振兴战略人才储备计划，着力培养造就一支懂农业爱农村爱农民的“三农”工作队伍，适时融入“粤菜师傅”“广东技工”“南粤家政”三项工程和农村电商、乡村工匠等培训项目，为全县乡村振兴提供现代人才支撑。深入农村、培训基地调研。全县现有6家省、市挂牌的创业青年培训示范基地，县关工委先后到仰韶无花果基地、科诚农场等5个基地调研，了解他们的生产经营情况，力所能及帮他们解决问题，并走访调查建丰粮业丝苗米基地、四季耕耘农业发展公司着手培育新的培训示范基地。

【开展各类关爱青少年活动】　2021年，蕉岭县关心下一代工作委员会大力实施五老关爱工程，关爱农村留守儿童和困境儿童，加强关爱和维权，积极开展未成年人保护工作。携手县教育局、县民政局在中小学建立24个农村留守儿童“爱心之家”，开展扶贫助学、助困、助残、助孤的关爱留守儿童活动。举行梅州市蕉岭县2021年“叶剑英基金助学金”，16名品学兼优的贫困学子获资助。积极发动企业捐资助学，如嘉福香业有限公司关工委除了资助贫困学子完成学业，还对考上大学的学生给予本科5000元、专科2000元的奖励。联合县委组织部、县教育局、各乡镇关工委等多家部门走进镇平中学、南礤学校、长潭镇中心小学等6所学校，开展“颂党恩、乐成长”主题活动，覆盖留守儿童1260人，合力构筑未成年人健康成长的关爱网络。筹措活动资金3万元，到学校、进乡村，慰问留守、困境儿童100多人。

【宣传报道工作】 2021年，蕉岭县关心下一代工作委员会积极向报纸、刊物、电视台投送稿件。其中：《南方日报》刊登1篇《梅州日报》刊登1篇，《秋光·关心下一代》刊登4篇，微信公众号“中国火炬”刊登3篇，“广东关心下一代”刊登17篇，学习强国平台刊登1篇。 （李秀玲）

2021年蕉岭县关心下一代工作委员会负责人名录

主　任：郭定国

副主任：黄远志（兼）　李秀玲　黄秋新

居民收入与消费

城乡居民人均可支配收入与生活消费

【概况】 2021年，蕉岭县城乡居民人均可支配收入为26995元，比上年同期增长10.3%。其中，工资性收入19879元，经营净收入5418元，财产净收入642元，转移净收入3502元。

【城乡居民人均可支配收入的比重】 2021年，蕉岭县全体居民人均可支配收入26995元，其中工资性收入占67.52%、家庭经营性净纯收入占18.40%、转移性纯收入占2.18%、财产性净收入占11.89%

【城乡居民人均生活消费支出】 2021年，蕉岭县城乡居民人均生活消费支出为19850元，其中城镇居民人均生活消费支出22218元，农村居民人均生活消费支出17695元。在八大类生活消费支出中，其中：食品烟酒类支出为7744元、衣着类支出962元、居住类支出3956元、生活用品及服务类支出1135元、交通通信类支出2362元、教育文化娱乐类支1815元、医疗保健类支出1534元、其他用品和服务类支出342元。

【城乡居民人均生活消费支出的比重】 2021年，蕉岭县全体居民人均生活消费支出为19850元，其中：食品烟酒类支出占39.01%、衣着类支出占4.85%、居住类支出占19.93%、生活用品及服务类支出占5.72%、交通通信类支出占11.90%、教育文化娱乐类支出占9.15%、医疗保健类支出占7.73%、其他用品和服务类支出占1.73%。 （黄荣城）

乡镇·省、市驻蕉岭单位

乡镇概况

蕉城镇

【概况】 蕉城镇位于蕉岭县境中部，东面靠山，西面临河，205国道贯穿全境，地处全县政治、经济、文化中心，是县城所在地、省定中心镇。蕉城镇下辖11个行政村181个村民小组、4个社区，全镇行政区域总面积约57.68平方公里，其中森林面积4.8万亩，耕地面积0.9万亩。2021年年底，全镇户籍总人口6.68万人，常住人口9.97万人，其中农业人口2.85万人。该镇党委下辖21个党组织，2306名党员。2021年，蕉城镇工农业生产总值14.69亿元，同比增长5%；农民年人均收入2.39万元，同比增长9.8%。境内有龙安村丝苗米省级现代农业产业园，有桂岭新区、长寿新城、奥园商贸中心等新型功能区，有镇山国家森林公园、兴化寺、德昭园、滨水公园、石窟河十里画廊等旅游景点，产、景、城相互交融，宜居宜业宜游。

【党建工作】 2021年，蕉城镇狠抓党建工作。通过研判换届风险、加强隐患排查、组织谈心谈话、依法依规选举党代表、人大代表等程序，选举产生新一届镇党政人大领导班子，全镇15个村（社区）“两委”按期完成换届工作，选优配强村（社区）“两委”成员87人，在全县率先实现村（社区）党组织书记“三个一肩挑”，组织意图和党员群众意愿高度统一。实施新一轮党的基层组织建设三年行动计划，围绕《蕉城镇贯彻落实〈广东省加强党的基层组织建设三年行动计划(2021—2023年)〉实施方案》，撤销蕉城工商所、机关党群和机关政府党支部，成立蕉城镇机关第一、第二、第三党支部和乡村振兴驻镇帮扶工作队临时党支部，党组织架构更趋合理。镇委党校开展培训4期，覆盖2300余人（次）。镇党委理论学习中心组开展集中学习19次，组织班子成员重点围绕“学习贯彻习近平总书记‘七一’重要讲话精神”“学习贯彻中共十九届六中全会精神”等开展专题研讨7次，邀请县委宣讲团成员围绕“习近平新时代中国特色社会主义思想”等开展专题宣讲10次。结合开展党史学习教育活动、纪律教育学习月活动等，各党组织开展主题党日活动181次，形成以讲促学、以学促干，学教相长的良好局面。镇党委与镇属部门、15个行政村（社区）签订党风廉政建设目标责任书，组织谈心谈话934人次。全面推动全镇15个村（社区）党组织进一步建章立制，指导各村成立村务监督委员会，规范村务、党务、政务“三务”公开制度，完善“三重一大”决策事项议事规则。

【城乡发展】 2021年，蕉城镇扎实推进城乡建设。围绕县委“西进南扩东优”发展战略，勇于攻坚克难，强势推进2020年第一批次、2021年第二批次城镇建设用地征收。2021年，开展集中攻坚行动6次，完成120多亩的征地拆迁任务，为世纪嘉园、碧桂园滨江1号地产项目、叟乐公学至蓝坊X043线道路改建工程，县医院、中医院、妇保院生命通道等县重点项目落地提供用地保障。狠抓中央生态环保督察问题整改，深入推进落实河长制、林长制，抓好蓝天、碧水、净土保卫战；加快农村污水处理设施建设，完成农村生活污水处理设施建设选点12处，协助配合县有关部门建成污水处理设施8个。统筹推进东山村、樟坑村主村道等道路升级改造工程，对内畅通、对外联通交通网络更趋完善。增强文化服务供给，完成龙安、金星、湖谷、樟坑村综合性文化服务中心的达标建设，在德昭园、镇山公园等人口密集区域建成5个便民笼式足球场。助力创文创卫，实施城郊村环城路儒林第至镇山公园段沿线背街小巷整治，实现县城与农村设施配套深度融合。

蕉城镇打造水清岸绿景美，让人记得住乡愁的蕉岭版“云水谣”。（汪敬森　摄）

【重点工作】 2021年，蕉城镇狠抓疫情防控，坚持把“外防输入”作为重中之重，紧盯中高风险地区及境外来（返）蕉人员，落实落地排查和核酸检测工作，构建起全链条防控体系。严格落实“内防反弹”各项措施，创新工作思路疏通堵点，抓好疫苗接种、哨点预警、隔离管理、社区防控等关键环节，全人群全程疫苗接种19.9万人次，构筑起群防群控的坚固防线。做好全镇331户781人脱贫后的动态监测，持续投入资金推进特色产业帮扶，完善提高脱贫攻坚时期的项目库建设，牢牢守住不发生规模性返贫的底线。在发展农业产业上，认真做好乡村振兴五年规划，全面推进驻镇帮镇扶村和“万企兴万村”行动，找准各村地域特点，大力发展现代农业。提档升级龙安村省级现代农业产业园，扩宽优质丝苗米种植面积，推动蕉城农业高质量发展。深入开展农村人居环境整治专项行动，持续加大“三清三拆三整治”行动力度，结合卫片执法及违法用地整改工作强化农房管控。因地制宜实施天汕高速公路樟坑出入口驿站及公交站岛；打造陂角村艾坝街公园和榕子渡桥头公园；建成横岗村思源廊桥和鱼鳞坝景观；先后推进桃源东路陂角段、天汕高速叟乐出入口周边、东山村新屋小组等一批节点建设，实现乡村“颜值”大提升。在全县率先顺利完成乡镇机构改革，承接154项县级下放镇级权责事项、131项服务事项、519项执法权限，整合原有部门构建“九大办公室五中心”，镇级职能分工更加明确。健全综合行政执法工作机制，严格按照法定条件、法定程序和法定方式办理行政执法委托事项，并及时通过广东省行政执法信息公示平台公示行政检查、行政执法和行政强制信息。2021年，办结的26宗行政处罚案件以及235宗行政检查均已完成公示。龙安村创新探索实施的乡村治理“双积分制”成为提升乡村治理效能，补齐乡村治理缺口的重要抓手。

【民生福祉】 2021年，蕉城镇落实落细底线民生保障，全镇94人享受五保补助，571人享受低保补助，17名事实无人抚养儿童（含孤儿）保障正常生活，完成4.06万人次城乡医保征缴工作。坚持老年群体需求导向，高效率推进蕉城镇居家养老服务中心建设并引入第三方参与运营。积极落实耕地地力保护补贴政策和政策性水稻种植保险承保工作，通往群众心底的一批暖心工程落地见效。通过整合资源、筹措资金，相继修建城东、城南、黄田、湖谷四个村（社区）党群服务中心，进一步提升社区管理和服务水平，满足群众办事需求。同时，紧扣乡镇机构改革要求，提档升级镇级公共服务大厅，打造便民利民服务新平台。

【社会治理】 2021年，蕉城镇狠抓安全生产不放松。严格落实制度化、常态化巡查机制，持之以恒开展重点领域隐患排查458次，发现隐患257处，已整改完毕。开展各类专项行动，查处非法储存烟花爆竹点1处，收缴各类烟花爆竹117件；查处非法储存液化气瓶点2处，收缴非法液化气瓶80余瓶；有序推进8户削坡建房风险点整治。抓细消防安全举措，完成城南片、城东片火灾隐患整治工程，为辖区900余家各类场所安装1005台烟感报警器，防灾减灾救灾应对处置得到有效保障。审批食品经营许可事项998次，开展城市食品经营许可现场核查并落实整改348户（次）。采取日常巡查与专项整治、抽样检查与专项打假相结合的办法，切实加强食药品市场的监管，确保全年镇内大型食药品安全事件零发生。做好重大活动食品安全保障工作，圆满完成广东省数学会第九届会员代表大会暨2021年学术年会、海峡交流会等4场次食品安全保障任务。深入推行“1+2+N”基层社会治理模式，狠抓维稳和矛盾纠纷调处，镇、村（社区）16个服务站（中心）全年累计受理各类民间纠纷187宗，均得到有效化解。强力开展“国家反诈中心”App安装工作，纵深推进打击治理电信网络诈骗犯罪、“扫黑除恶”、禁毒和防范非法集资等活动，平安建设取得显著成效。同时，通过构建“检查点+瞭望点+无人机组+督查组+网格化巡查组”五位一体防火体系，织牢织密森林防火安全网，全年重大森林火灾、重大事故零发生。 （温丽娟）

2021年蕉城镇党委、政府负责人名录

党委书记：丘志铭

党委副书记：徐晓威　涂伟文（任至6月）

曾峻彬　何祥永（7月任职）

陈纪江（7月挂任）
镇人大主席：王　志
镇人大副主席：曾子文（7月任职）
赖文曦（任至7月）
党委委员：梁媛仪（女，任至5月）
徐小珠　汤新运（女）
欧阳文理（6月任职）
黄　剑（6月任职）
汤静萍（任至7月）
郭东华（任至5月）
徐宋文（任至6月）
镇　长：徐晓威
副镇长：梁媛仪（5月任职）　邓伟峰
徐　乐（7月任职）
林志欣（7月任职）
罗　婷（7月任职）
李存龙（7月任职）
林　锋（7月任职）
欧阳文理（任至6月）
黄　剑（任至6月）

新铺镇

【概况】　新铺镇位于蕉岭县最南端，石窟河沿岸，毗邻梅县区、平远县。该镇交通条件优越，天汕高速公路、205国道、332省道横贯全镇；自然资源和物产丰富，具有良好的发展潜力，是著名的水泥之乡、茶果之乡、华侨之乡、文化之乡，是广东省级中心小城镇建设示范点、省级建材专业镇、省教育强镇、省级卫生镇，梅州市平安镇、文化先进镇、生态镇，蕉岭金融生态镇、长寿镇。全镇总面积184.9平方公里，其中耕地面积2.67万亩，林业用地21.3万亩，森林覆盖率达79%，下辖21个村及1个社区，户籍人口4.29万人，常住人口2.36万人。2021年，新铺镇工农业生产总值29.31亿元，同比增长5.5%，其中：工业总产值23.20亿元，农业总产值6.11亿元；农民年人均纯收入2.37万元，同比增长12%。

【党建工作】　2021年，新铺镇认真落实“第一议题”制度，高质量建立政治要件台账97项，落实具体举措，取得具体成效327项。全力抓好“大学习、深调研、真落实”工作，组织培训54场次，培训1232人次。扎实开展党史学习教育，深入推进“我为群众办实事”实践活动，收集实事项目515件，完成471件。全面落实省新一轮加强党的基层组织建设三年行动计划，圆满完成镇村换届工作，100%实现村党组织书记“三个一肩挑”，镇党委班子成员全部大专以上文化程度，领导干部整体素质进一步提高。深入开展干部驻点直联，全年走访群众227户，召开座谈会12场，收集问题58个，解决问题51个，基层社会治理得到有效提升。严格把控发展党员关口，共发展党员28名。持之以恒查纠“四风”，开展各类廉政教育14次，镇村干部谈话提醒83人次，对村“两委”干部实施风险提醒和教育提醒66人次。加强干部意识形态管理工作，与全镇干部职工签订意识形态承诺书136份，明确意识形态相关责任。

【经济发展】　2021年，新铺镇扎实推进党建引领乡村振兴，全面消除5万元以下村集体经济薄弱村。始终坚持“工业强镇”发展战略，着力推进和优化绿色建材和装配式建筑产业链。220千伏蕉岭油坑（福岭）变电站顺利落地，皇马新型熟料及余热发电、龙腾旋窑水泥节能减排等技改项目扎实推进。大力推进太阳能光伏发电共建共享，发挥驻镇帮镇扶村对口帮扶企业优势，与广州发展新能源股份有限公司签订《新铺镇“光伏小镇”示范项目战略合作协议》，积极推进成立开发投资公司，创新发展光伏产业。大力发展绿色生态产业，推动丝苗米产业、食用菌种植、富硒矿泉水等稳步发展，积极探索生态产业化发展模式，重点支持徐溪寿乡泉矿泉水项目发展，扎实推进二期山林租地工作，承租高乾村1572亩林地、徐溪村393.7亩林地。积极发展南药种植产业，以南山、金沙为开头，建设南药示范种植农业产业基地，种植金银花近200亩，打造连片150亩菊花休闲农业观光基地，同时与安徽省中药材商会合作，扎实推动南药种植规模化产业化。

【镇村面貌】 2021年，新铺镇突出抓好人居环境整治工作，积极开展“三清理三拆除三整治”行动，共拆除老旧房屋约8.7万平方米，完成垃圾清理约9.7万吨，整治乱堆乱放3235处。重点抓好205国道、新油线、新平线“三线”沿线环境提升和节点建设，全面整治205国道新铺段121间房屋店铺、135处整治点，共计2.3万平方米整治面积。推进“四好农村路”建设任务，升级改造福矮路1800米长，农村户厕摸排11033户，完成卫生改造7座。实现行政村自然村集中供水、城乡污水治理全覆盖，推进自然村4G信号和光纤网络、镇村电商服务站点、行政村物流快递等全覆盖。抢抓全国全域土地综合整治试点工作机遇，围绕耕地碎片化、农村居民点散乱化、石扇河生态破坏等问题，规划以石窟河、石扇河、柚树河等中小流域生态修复为先导，联动沿岸耕地连片整理、村庄优化提升和生态涵养区建设，构建“一廊四区”的全域土地空间格局。大力实施山水林田湖草沙一体化保护和修复工作，全面落实河长制、林长制，高效推进石窟河碧道建设。

【乡村振兴】 2021年，新铺镇积极通过广州发展集团等帮扶单位链接珠三角等资源，对接广东塔牌集团股份有限公司、蕉岭皇马矿业有限公司、梅州皇马水泥有限公司等23家企业帮扶全镇21个行政村。持续完善返贫监管机制，将全镇脱贫不稳定户26户84人，纳入防返贫监测，建立一户一档台账，采取技能培训、以工代赈、生产奖补、劳务补助等方式促进产业发展和就业增收，有效巩固“两不愁、三保障”脱贫成效。积极打造“党建+新村”品牌，与塔牌集团同谋共策，对老旧危房进行拆除，扎实推进象岭新村建设，将其打造成展现新农村建设新貌的代表性节点。持续推进美丽圩镇建设，按照“七个一”项目谋划推进古街三期改造、污水管网和停车场建设。古街三期项目已立项，总投资1600万元，着重围绕“古”，着力打造客乡文旅标杆之地。

新铺镇老街外立面改造（汪敬淼 2021年摄）

【民生福祉】 2021年，新铺镇织密筑牢疫情防控防控网，全年未发生外来输入和本地案例。扎实推进城乡居民医疗保险缴费工作，参保人数2.8万人。切实做好全镇252位复员军人、参战人员、烈属等生活补贴，以及全镇23位百岁老人、423位90岁以上老人、1371位80至89岁老人的生活津贴的发放工作，社会救助持续发力。大力推动新铺商会、新铺镇教育促进会及新铺镇关爱协会发展，广泛开展“奖教奖学”活动，发放20多万奖教奖学奖金，助力教育事业发展。深入开展扫黑除恶专项斗争，扎实推进“国家反诈中心”App安装，开展反诈宣传活动6次，引导2万多名群众下载注册“国家反诈中心”App。深入开展扫黑除恶专项斗争，2021年以来发现线索5条，均已处理答复，有力保障人民群众生命财产安全和社会大局稳定。

切实抓好信访维稳工作，2021年受理196件来信来访案件，处理答复率87.8%，到省进京上访数为0。全面落实安全生产责任制，深入采石场、地下矿井、烟花爆竹等重点行业领域，扎实开展安全生产专项检查和整治。全年共检查企业（单位）391家次，排查居民自建房8608家，检查82家企业、学校燃气安全使用，全年未发生较大以上安全生产事故。

（丘佳琦）

2021年新铺镇党委政府负责人名录

党委书记：王裕胜

党委副书记：罗伟春

谢志玉（女，任至1月）

李　浩　丘旭宁（7月任职）

党委委员：罗　丹（女，任至7月）

黄荣胜　谢胜安（任至7月）

宋雪丹（女，8月任职）

李　俊（8月任职）

陈　科（8月任职）

钟　耀（6月任职）

宋彦佳（女，任至5月）

人大主席：林　巧（任至6月）

涂伟文（9月任职）

人大副主席：谢荣昌（任至7月）

陈德民（任至9月）

镇　长：罗伟春

副镇长：陈德民（任至7月）

陈　科（任至7月）

谢胜安（9月任职）

汤　兴（9月任职）

林　婷（女，9月任职）

林若文（9月任职）

林剑湧（9月任职）

长潭镇

【概况】　长潭镇位于蕉岭县石窟河以西，东与蕉城镇隔河相望，西与平远县接壤，南与三圳镇相邻，北与广福镇相邻。全镇总面积91.59平方公里，下辖11个村和1个社区，共177个村（居）民小组。2021年年底，总户数6538户，总人口21379人。2021年工农业生产总值3.23亿元，同比增长5.2%。人均纯收入20111元，同比增长8.3%。2021年，长潭镇在蕉岭县2021年国家机关“谁执法谁普法”履职报告评议活动中获评县级优秀；获得广东省第七次全国人口普查先进集体称号，成功创建“广东省卫生镇”；辖区内“卡拉比—丘”数学世界成功创建国家AAA级旅游景区，醉美书院被评为首批广东省乡村民宿示范点。

【党建工作】　2021年，长潭镇顺利完成镇级换届，优化领导班子结构，提升班子凝聚力、创新力、战斗力；顺利完成村（居）“两委”换届选举工作，全部实现“三个一肩挑”，切实选优配强新一届“两委”班子；成立长潭镇乡村振兴驻镇帮镇扶村工作队党支部，工作队队长担任党支部书记，并分别选派干部挂任白马村、新泉村党组织第一书记，助推基层党建。场所阵地建设持续优化，新建百美、神岗、麻坑村党群服务中心，谋划建设白马、新泉党群服务中心，改善基层党组织办公环境。2021年，发展党员12名。

【乡村振兴】　2021年，长潭镇依托驻镇帮镇扶村工作队的资源优势、人才优势、资金优势等，引进了碧桂园、丝路之鹰等合作伙伴。大力发展优质米、丝苗米、黑松茸、金桔、无公害蔬菜等农产品精深加工，建设特色产业集群。丰富乡村旅游业态，串联若夫公园、浒竹登山公园、浒竹环湖栈道、数学公园、长潭三及第特色美食街、寻蜜乐园、乡创部落等景观节点，积极打造以“水”为脉的水墨长潭精品旅游线。充分依托优越的区位条件、优良的生态环境、优质的旅游资源，逐步推进长潭乡创部落、宛若故里·蕉外、醉美书院等民宿建设，打造适应市场需求的差异化、个性化民宿，培育特色突出、拥有较强市场影响力的民宿品牌；为数学小镇配套项目建设落地“保驾护航”，确保数学小镇建设无障碍、有序推进。

长潭镇蕉岭三及第特色美食街（汪敬森 摄）

【疫情防控】 2021年，长潭镇把疫情防控作为常态化工作常抓不懈，充分发挥好“三人小组”的作用，镇村干部下沉一线。主动摸排重点地区返乡人员，大数据反馈340多名返乡人员。组织镇村干部、志愿者开展环境卫生清理、森林防火、疫情防控、移风易俗、“公筷公勺”等10场活动。2021年，张贴防疫宣传海报328张，发放《致村民的一封信》2400份，悬挂横幅57条，全方面宣传疫情防控、疫苗接种政策、知识，营造全民支持、积极参与的良好氛围。按照划分区域、分解任务、采用激励措施等方式，提高疫苗接种率。

【民生实事】 2021年，长潭镇持续改善人居环境。开展“三清三拆三整治回头看”行动，2021年拆除危旧弃房及残垣断壁和乱搭乱建共11629平方米。完成“长潭镇农村生活污水处理建设示范项目”的选址征地7个。厕所革命成效显著，全面实现全镇12个村（社区）100%建设标准化公厕，61户户厕改造100%完成改造验收。持续有力打好污染防治攻坚战，文明卫生镇建设成效显著；做好脱贫攻坚档案材料的入馆工作，严格按照上级要求组织开展脱贫攻坚档案材料整理工作，如期向县档案馆移交，共移交文书类档案486件。通过形成监测机制，对全镇脱贫户和防返贫监测对象开展动态监测工作，共有农户5户19人被纳入防止返贫监测对象；开展民政领域七项整治行动，对284户民政管理服务对象进行全面核查，做到底子清，情况明。主动结对帮扶困难群众13户，开展走访慰问293人次。做好社会救济和医疗救助工作，共解决32户困难群众的医疗费用问题。 （赖映红）

2021年长潭镇党委政府负责人名录

党委书记：王　辉

党委副书记：邝财华（5月任职）

陈剑峰（任至6月）

涂玮球（任至8月）　古德新

党委委员：李春光（任至7月）

钟　丹（女）

黄　钢（任至6月）

李雁玲（女，任至4月）

林　鹏（8月任职）

徐召庆（8月任职）

蔡凤秀（女）

饶珂茜（女，8月任职）

人大主席：陈剑峰（任至6月）

涂玮球（9月任职）

人大副主席：林志荣（任至7月）

吴春香（女，9月任职）

镇　长：邝财华（5月任职）

副镇长：李春光（任至7月）

吴春香（任至8月）

徐召庆（任至7月）

林　鹏（9月任职）

何伟强（9月任职）
钟文国（9月任职）

三圳镇

【概况】 三圳镇地处蕉岭县中南部，距县城约10公里，镇域地形以平原、丘陵为主，且地处石窟河谷地中部及天然富硒带，土壤肥沃、水源充足，农业发展基础好，素有“鱼米之乡”美誉。三圳镇是蕉岭县第一个党支部（中共九岭支部）的诞生地和三山蓝坊肚战斗的发生地。为纪念抗日殉国名将谢晋元将军而命名的晋元中学和晋元大桥坐落于此。全镇（含蕉华）面积达12200公顷，下辖9个村、1个社区，总人户数8032户25040人。2021年，全镇工农业生产总值40656万元，同比增长5.0%；农民人均纯收入19602元，同比增长6%。获广东省卫生镇、市“十佳乡风文明镇”、蕉岭县“七五”普法工作先进单位、2021年度平安建设工作先进单位等荣誉称号，辖内东岭村获评“广东省森林乡村”“梅州市先进基层党组织”，九岭村获评市“百佳乡风文明村”。

【党建工作】 2021年，三圳镇完成镇、村两级换届工作，100%实现村党组织书记“三个一肩挑”，精心组织新任村（居）党组织书记岗位培训等活动，通过抓培训、结帮扶、严考核，切实提升村级带头人队伍整体水平。以“我为群众办实事”实践活动为契机，镇党政领导班子带头为群众办好各项民生实事182件，激励党员干部主动亮身份、履承诺、作表率，营造党员带头主动干、群众积极响应干的良好氛围。深入实施党员教育培训“1235”工程，围绕规范化建设，加快台塘、莲塘、顺岭党群服务中心建设进度，创新构筑“1231”党员教育矩阵，全面筑牢服务党员群众的“红色阵地”，扎实推进党建引领乡村振兴，各村集体经济年收入均10万元，其中东岭村实现从2016年2.7万元到2021年33.7万元的跨越式增长。

【经济发展】 2021年，三圳镇规模化打造特色农业。鼓励新型经营主体因地制宜种植水稻2.4万余亩，蔬菜1.7万余亩，茶叶2500余亩，无花果、百香果、葡萄、莲子等水果作物3700余亩，培育紫灵芝、姬松茸、香菇等食用菌280余亩，养殖华南中蜂1.2万箱，形成重点突出、特色鲜明的农业产业结构。立足富硒资源禀赋，瞄准“双区”和两个合作区大市场，以“五子登科”为主题、区位优势为依托、科技创新为支撑，秉持高站位统筹、高起点规划、高质量建设原则打造蕉岭（南沙）粤港澳大湾区现代农业示范基地，全力构建“研、游、产、销”为一体的现代农业发展新格局，推动更丰富的“寿乡味道”进入更广阔的“湾区市场”。紧抓全党开展党史学习教育契机，持续放大九岭“广东十大美丽乡村”和东岭“红色村”示范成效，大力推动蕉岭县第一个党支部（中共九岭支部）旧址、蕉岭县（东岭）革命历史事迹展等入选梅州市党史学习教育实践基地，蓝坊肚战斗遗址入选第二批梅州市中共党史教育基地，“游寿乡蕉岭·看苏区振兴”线路入选全市10条红色教育线路之一。

三圳镇九岭村荷花基地（汪敬淼 2021年摄）

【环境面貌】 2021年，三圳镇常态化开展秸秆禁烧工作，高标准落实“河长制”“林长制”等制度，持续推进大气污染、水污染、土壤防治及固废危废综合治理，厚植高质量发展绿色本底和生态环境优势。进一步巩固和提升三清三拆三整治、厕所革命、污水治理、生活垃圾治理等成果。开展集中整治行动180余次，清理各类垃圾500余吨。修缮提升钟化雨故居及周边村庄风貌，全新打造侨情园岁月馆、五子登科现代农业展示中心等美丽乡村“网红打卡点”。加快补齐农业生产基础设施短板，重点推进农田水利、农村道路、农村电网、信息化等基础设施建设。完成村道巷道、机耕路等硬底化13.5公里，铺设路面沥青1.8万平方米，清理、维修排灌圳道62.6公里，建成电商物流镇级服务站1个、村级服务站9个。

【民生福祉】 2021年，三圳镇有序开展医保、养老等业务经办和在册低保入户核查工作，为全镇（含蕉华区）低保户266户447人发放低保金169.39万元，特困供养金93.31万元，为20户27人次重病人员及临时困难家庭提供医疗救助及临时救助。扎实推进防止返贫动态监测和帮扶工作，通过入户走访、村级上报等方式，确定8户三类监测对象并开展精准帮扶。严格落实惠农助农政策，为农业示范主体、玉米种植户免费发放进口复合肥料、除虫药剂等农业生产资料，对水稻病虫害进行统防统治，及时审核并发放2021年度实际种粮农民一次性补贴资金34.92万元，耕地地力保护补贴资金89.07万元。充分依托驻镇帮镇扶村工作队组团单位优势，发挥人才和资金聚集效应，大力开展招商引资、招“善”引“爱”，吸引社会资本、企事业单位、热心乡贤帮助各村量身定制发展方案，实现巩固拓展脱贫攻坚成果同乡村振兴有效衔接。以蕉岭创建全国县级文明城市为抓手，引领群众参与各类赛事节庆活动，成功举办庆祝中国共产党建党100周年文艺演出、送戏下乡惠民演出等活动。

【平安建设】 2021年，三圳镇完善健全疫情防控领导指挥体系和应急响应机制，充分发挥“大数据+网格化”动态监测和“三人小组”作用，扎实做好重点人群排查和健康管理服务工作，有序推进新冠疫苗接种工作，助力构建全民防疫屏障，全年完成新冠疫苗接种3.9万剂次，接种人群覆盖率位居全县前列。扎实推进东岭、芳心乡村治理体系国家试点工作，创新“一核三元、四权同步、多层共治”乡村治理模式，构建“责任与联动到网，管理与服务到格”的网格化服务管理新局面。2021年，各网格收集信息5516条，其中矛盾信息236宗，调解办结率达100%。大力推动“全民反诈、全民防诈”工作走深走实，持续提高“国家反诈中心”App安装注册率。充分依托一村（社区）一法律顾问机制，深入开展普法教育，获评蕉岭县“七五”普法工作先进单位。多措并举、多线齐动扎实开展“安全生产月”宣传活动，依托安全生产“一岗双责”责任制和安全生产“网格化”管理制度，深入检查企业及场所217家次，排查出隐患48处，并已全部整改完毕，实现“零事故、零死亡”“双零”目标，切实有效保障了人民群众生命财产的安全。

【政府建设】 2021年，三圳镇全面落实重大行政决策合法性审查，持续提升行政决策科学化、民主化、法治化水平。依法依规做好自然资源和规划建设、市场监管等领域综合行政执法工作，切实加强对辖区内1156家经营主体的监督管理。2021年，出动执法人员1455人次，行政检查596家次，行政强制1宗，自然资源巡查354次。严格执行领导干部带头接访下访制度，“12345”热线工单答复率、办结率均为100%，主动通过惠民信息平台公开信息1008条，及时有效回应群众关切。进一步加强服务型政府建设，统筹推进“线上+线下”双服务，全力打造镇、村两级线下公共服务受理平台一站式服务，切实提高了群众办事便利度和满意度。（古鸿雁）

2021年三圳镇党委政府负责人名录

党委书记：张艳辉（女）
党委副书记：钟渊元　黄信浒
　王中强（7月任职）
　陈雁劳（任至7月）
党委委员：黄志雄　徐　霞（女，任至5月）
　罗灵敏　赖勇维（任至7月）
　黄欢欢（女）
　黄施丽（女，5月任职）
　陈志雄（7月任职）
镇人大主席：凌　凯
镇人大副主席：张新卫
镇　长：钟渊元
副镇长：黄志雄　徐　乐（任至7月）
　谢源学（9月任职）
　黄新运（9月任职）
　王中强（任至7月）

文福镇

【概况】　文福镇位于蕉岭县城以北12公里，是近代抗日志士，爱国诗人、教育家丘逢甲的故乡。同时也是著名的“菲尔兹奖”“马塞尔·格罗斯曼奖”获得者、当代数学大师丘成桐院士的家乡。天汕高速公路、205国道贯穿全镇，自然资源丰富（石灰石、锰、铅、锌、铁、稀土等丰富的矿产资源）。辖乌土、红星、鹤湖、白湖、长隆、坑头、暗石、逢甲8个村（142个村民小组）和1个社区。全镇总人口20260人，总面积12200公顷。全镇耕地面积706.7公顷，森林总面积8933.3公顷，其中生态公益林面积5466.7公顷，森林覆盖率达78.6%。2021年，文福镇工农业总产值19.57亿元，同比增长5.1%，其中工业总产值14.01亿元，同比增长5.0%，农业总产值2.83亿元，同比增长5.3%，第三产业总产值2.73亿元，同比增长5.4%。农民人均纯收14561元，同比增长10.04%。文福镇2021年农民人均纯收入14561元，同比增长10.04%。

【党建工作】　2021年，文福镇开展党委理论中心组学习22次，举办专题研讨班3次，不断提升党史学习教育工作成效。镇委党校开展各类培训班9期，党务工作者业务培训150人次，各党组织书记上专题党课48次。建立健全意识形态工作研判机制，牢牢把握辖区内意识形态主动权。镇党委全年专题研判意识形态工作4次，围绕庆祝中国共产党成立100周年、党史学习教育、疫情防控、“十四五”规划、镇村换届等主题，分析研判意识形态领域情况，对重大事件、重要情况中的苗头倾向性问题进行有针对性的引导。组织开展演讲比赛，19名青年干部参赛。开展调研活动，成立10个调研课题组展开调研。组织全体党员干部400余人次参观党史党建主题展览。挖掘整理刘安、丘琮等革命历史人物资料。结合主题党日活动，庆祝中国共产党成立100周年，讲述优秀党员故事，进行榜样教育。组织重温入党宣誓，拍摄《党之所向 吾志所趋》视频，荣获“红色蕉岭”微视频、微党课评选活动一等奖。组织参与论文征集活动，荣获“铭记光辉历史，传承红色基因”调研课题论文征集活动一等奖、二等奖。举办志愿服务活动共计41场，帮助老百姓解决突出问题36件，开展“我为群众办实事”实践活动87项。2021年，全镇8个行政村村集体经济收入均达到10万元以上。以逢甲村至白湖羊岃至长隆岌山为纵，以国道治理提升为横，纵横结合，深入实施“十村示范、百村整治”工程。圆满完成乡镇换届、村级换届工作，选举产生村（社区）“两委”班子成员 48 人，其他领域按期换届率达到 100%。新引进 2 名研究生人才进驻农业农村服务中心，成立乡村振兴驻镇帮扶工作队，共 7 人，含 1 名金融助理、1 名大学生志愿者，队员均挂村。

【经济发展】 2021 年，文福镇对 205 国道沿线工业长廊进行道路等基础设施项目建设和功能配套提升，让以塔牌集团为代表的核心企业生产发展更具优势。2021 年，沙田柚、蜜柚种植面积 5176 亩，年产量 2000 多吨。初步形成柚果、树葡萄、烟草、辣椒四大种植基地。引进泰国红宝石青柚、树葡萄种植面积达 500 多亩。花生、甜玉米、烟叶等经济作物种植面积 2800 多亩。持续发展富硒产业，做好 100+自涌天然泉水高端水资源开发项目，年产 3 万立方米山泉水，产值 7000 万元。对大于 15 亩以上撂荒耕地做好核查工作，切实担负起撂荒耕地复耕复种工作责任。

【民生福祉】 2021 年，文福镇脱贫成果持续巩固，将 303 户建档立卡贫困户户档、项目台账归档整理，开展防返贫监测工作，通过入户摸排排查出边缘易致贫户 6 户 19 人，脱贫不稳定户 172 户 220 人，针对边缘易致贫户和低收入困难户是否落实监测机制及具体帮扶措施等，开展常态化督查。社会保障有力有效，城乡居民基本医疗保险参保率达 94.3%，农村养老保险指纹采集认证约 2500 人；新增城镇就业 340 人，就业困难人员实现再就业 170 人；培训城乡劳动力 350 人，实现农村劳动力转移累计就业 310 人次，技能培训 110 人，安置公益性岗位 3 个，办理高校毕业生到基层岗位补贴 8 人，妥善解决拖欠农民工工资 3 起，完成就业跟踪服务 160 人次。惠农政策全面落实，2021 年早稻入保面积 962.3 亩，出险面积 90.9 亩，晚稻入保面积 3096.67 亩，出险面积 562.58 亩，保障了农户利益和稳定了粮食生产。疫情防控常抓不懈，积极发动接种新冠病毒疫苗，阶段式有序推进疫苗接种工作，有效提高了接种工作效率。

【乡村振兴】 2021 年，文福镇全力打造 5 个美丽宜居村和 3 个干净整洁村，完成拆旧复垦约 91 亩，拆除危房 13 万多平方米，提升岌湖新村的整体风貌，配套实施排污管道、道路绿化亮化等基础设施项目；完成丘逢甲故居、丘成桐祖居及周边环境标准化提升，对 8 个村的主村道进行环境美化、道路净化、路灯亮化建设；完成对文福市场周边及文福段 205 国道沿线进行人居环境综合整治，从根本上改变农村环境“脏、乱、差”的情况；完成镇级污水处理厂建设 1 处、村级污水处理点 5 处，在建村级污水处理点 16 处。压减关闭了蕉岭县文福食品购销站生猪屠宰场（点），完成蕉岭县润兴屠宰场选址征地、动工建设等工作。加大对白湖下厂蛟塘、栗树园为主的村庄连片整治，推进雨污分流、池塘整治、村道硬化、农房管控、农家小公园小广场建设为主的乡村振兴建设示范点。着力开展东区服务队旧址及刘安故居保护利用项目，成功获批 2021 年广东省红色遗址保护利用专项经费 240 万元，现已动工建设。仓海诗廊、创兆学校、刘安故居、丘成桐祖居获评为县级爱国主义教育基地。成功打造“院士之村”，完成白湖村羊屴村口公园绿化工程。

文福镇仓海诗廊鸟瞰图2021年（文福镇供图）

【平安建设】 2021年，文福镇以信息化为依托，完善社会矛盾纠纷排查预警和调处化解综合机制，接访受理群众来信来访20次45人，受理各种纠纷39宗，成功调处38宗，调解纠纷成功率97.4%。综治信访维稳中心接访24宗来信来访，成功调处23宗，调解纠纷成功率95.8%。民事案件调处18宗，调处率100%。按“责任全覆盖、监管无盲区”原则紧盯消防、交通、在建施工工程、自建住宅等方面安全问题，组织各村（社区）按网格化分片包干管理方式对辖区内的大小企业、“三小”场所、自建住宅、山塘水库、地质灾害点等开展拉网式安全大检查。结合元旦、春节等关键时间节点，深入开展节假日期间安全大检查工作。深入开展“八五”普法，逐步提升法治文化在农村基层的影响力和渗透力，加强法律援助中心建设，引导基层工作依法开展、基层事务依法办理、基层关系依法理顺、基层问题依法解决。 （温接繁）

2021年文福镇党委政府负责人名录

党委书记：陈子建
党委副书记：陈剑峰（6月任职）
汤伟强（任至7月）
张学文（任至7月）
黄小倩（女，7月任职）
涂焱峰（7月任职）
杨海容（7月挂任）
党委委员：刘秀云（女） 张伟增
郑富生 李玉梅（女）
徐洁茹（女，7月任职）
人大主席：杨钦增（任至7月）
汤伟强（7月任职）
人大副主席：周满桂（女）
镇 长：陈剑峰（6月任职）
副镇长：涂焱峰（任至7月） 徐佛新
钟红琴（女，任至7月）
刘秀云（女，7月任职）
黄永军（7月任职）
徐燊枫（7月任职）
龙清云（7月任职）

广福镇

【概况】 广福镇位于蕉岭县北部，地处闽粤两省交界，距县城24公里，毗邻福建省武平县岩前镇、下坝乡、中赤乡，是广东省首批中心镇之一，区位交通便利，205国道和长深高速公路贯穿全境。全镇总面积107.3平方公里，其中耕地面积10078.05亩，山林面积145008亩，森林覆盖率达78.17%。辖有10个村和1个社区，户籍总人口15070人。境内有较丰富的大理石、锰、铁、钙、钾等矿产资源和水资源；历史文化古迹有广福寺遗址、石峰村粟坝罗氏大围屋、省古村落乐干九栋等；传统民间艺术有船灯舞等。2021年，全镇工农业生产总值5.4亿元，同比增长5%，其中农业总产值2.016亿元；工业总产值2.645亿元；第三产业总产值0.742亿元；农村人均纯收入21017元。荣获“2021年度广东省移动支付示范镇”称号。

【党建工作】 2021年，广福镇全力抓实党建工作，传达学习贯彻落实“第一议题”87项，采取具体措施281项。扎实开展党史学习教育，专题学习、集中研讨习近平总书记“七一”重要讲话精神和中共十九届六中全会精神。深入开展“我为群众办实事”实践活动，制定落实镇级重点民生事项22项，落实筹集资金抗旱保供水、建设学子路、环村路等民生实事28件。全力推进国家五星级退役军人服务站创建工作，军政军民团结氛围浓厚。立足打造粤闽赣苏区改革开放创新发展试验区桥头堡，大力推进非公企业“双同步”工作，推动嘉福香业有限公司党支部成功创建市级“两新”党建示范点。扎实推进加强党的基层组织建设三年行动计划，圆满完成新一轮村级换届工作，100%实现村党组织书记“三个一肩挑”。抓好头雁队伍、人才队伍建设，广育村党总支部书记黄忠铎被评为“广东省乡村振兴先进村党组织书记”，叶田村党总支部书记钟钦荣被评为“梅州市优秀共产党员”。

【乡村振兴】 2021年，广福镇全力巩固拓展脱贫攻坚成果同乡村振兴有效衔接。扎实推进驻镇帮镇扶村工作，大力扶持村级集体经济发展，延伸扩展“一村一品”，探索光伏发电等绿色低碳产业，集体经济年收入5万元以下的村全部“清零”，收入10万元以上达到80%。新增农民合作社13个，家庭农场2个，广福食用菌生产种植基地成功入选粤港澳大湾区“菜篮子”生产基地。乡村建设行动大力实施，农村人居环境整治深入开展，“三清三拆三整治”“回头看”成效明显，河流治理长效管护。乡村振兴人才驿站建设扎实推进，与山西大学、暨南大学、华南农业大学等高校院所签订科技战略合作协议，不断推动研学与新兴产业融合发展。

【城乡环境】 2021年，广福镇以省际廊道建设为抓手，从高速出口、省门入手，按照“抓两头带中间”的思路，大力推进“三清三拆”、沿线人居环境整治、屋顶“平改坡”改造、风貌提升等，全力打造省际廊道美丽乡村示范带。以“五宜”城乡建设为目标，大力推进市级美丽圩镇示范镇创建工作。融合客家文化元素，对圩镇范围内的房屋进行屋顶“平改坡”改造；以农贸市场为中心，对周边路面、排水排污管网进行提升，优化市场环境；对大南街、福西街等主街道更新路沿石、铺设沥青路面、划立停车线，展示沿街整洁优美、安全文明、秩序井然的良好形象；严格落实生态公益林和野生动物保护，严厉打击各类涉林违法犯罪行为；常态化开展畜禽养殖污染整治攻坚，延伸提升乐干河圩镇段“一河两岸”景观工程，扎实推进水生态修复、水资源保护等重点工作。

205国道广东省与福建省交界处鸟瞰图

（丘林强　2021年摄）

【改革创新】 2021年，广福镇全力深化多领域体制改革。以重点领域深化改革牵动工作提档升级，优化资源配置，深入推进“承接下放事项、规范综合行政执法、理顺权责关系和运行机制、完善运行保障体系”等重点任务，实施“一支队伍管执法”，完善“一门式”办事服务大厅建设，率先在全县完成11个村（居）的“粤智助”政府服务自助机投放，打通政务服务“最后一公里”。借助蕉岭县作为全国乡村治理体系建设试点平台，扎实推进广育、叶田试点工作，“六事”乡村治理模式成功入选全国典型案例。在广育、叶田村实施推进土地、资金、劳务、产业、组织“五大合作全要素联动”改革，建立村企民高校四方利益联结机制，逐步推动产业集群、抱团发展。

【民生福祉】 2021年，广福镇全力做好民生保障各项工作。集中全镇80%以上的财力用于民生支出，残疾人、留守儿童等关爱服务进一步加强，城乡低保、特困供养等政策全面落实，社会保险参保扩面工作取得新进展。慎始如终抓好常态化疫情防控，全年未发生外来输入和本地病例。深化镇中心卫生院医联体建设，镇村医疗卫生服务能力不断提升。持续开展“好媳妇”“文明家庭”“模范夫妻”等评选活动，筑牢意识形态主阵地。广福船灯成功入选广东省第八批省级非物质文化遗产代表性项目推荐名录，镇文化站挂牌创建市级金狮舞传承基地，在广育村成立中国非物质文化遗产市级蕉岭金狮艺术团。积极开展“八五”普法，扎实推进广育村“全国民主法治村”创建工作，扫黑除恶专项斗争持续开展，信访问题处置及时，全年未发生民转刑、激发性或突发性案件。（熊永晅）

2021 年广福镇党委政府负责人名录表

党委书记：陈国政
党委副书记：谢淳晖　何祥永（任至 7 月）
　　刘　宇（女，任至 5 月）
　　吴国君（5 月任职）
　　赖耿斌（7 月任职）
　　裴敬中（7 月挂任）
党委委员：刘森辉（任至 7 月）
　　罗　丹（7 月任职）
　　吴雯雨（女，任至 4 月）
　　谢院新（任至 7 月）
　　黄施丽（女，任至 5 月）
　　黄胜均　徐　霞（女，5 月任职）
　　王征霖（7 月任职）
　　黄清萍（女，7 月任职）
人大主席：黄锦坤
人大副主席：曾子文（任至 7 月）
　　周悦玲（7 月任职）
镇　长：谢淳晖
副镇长：刘森辉（任至 7 月）　钟　毅
　　王征霖（任至 7 月）
　　罗　丹（7 月任职）
　　黄欢平（7 月任职）

蓝坊镇

【概况】　蓝坊镇位于蕉岭县东部，距县城 6 公里，全镇占地总面积 134.6 平方公里，其中耕地面积 776 公顷，山地面积 10319 公顷；辖 11 个村和 1 个社区，总人口约 1.8 万人。辖区内自然资源丰富，人文底蕴深厚，有“八仙过境、施福坊间”的美丽传说，现留有会仙洞、八仙凹、八仙桥等仙踪行迹，是我县首批长寿镇，有“世界长寿乡中乡”“人间仙境”之美称，是一个融自然风光、人文景观为一体的生态休闲宜居养生小镇。2021 年，蓝坊镇工农业生产总值 1.92 亿元，同比增长 2.3%；农民人均纯收入 10637 元，同比增长 3.9%。

蓝坊镇因嘉应州第一个进士蓝奎而得名。辖区内自然风光秀丽、人杰地灵。有蕉岭新老八景“文峰插汉”“龙潭飞瀑”，长寿生态景点“峰桥溪韵”“青檀古树园”“长寿公园”“十里梅廊”等；有清道光皇帝御笔、彰显客家妇女高洁坚贞的古建筑“贞节牌坊”和保天安护民顺的文奎宝塔、高思“十二联楼”、中国传统古村落大地村等名胜古迹古村；有抗日保台民族英雄罗福星、客家文化先驱蓝奎等名人资源等，历史悠久，文化底蕴深厚。

【党建工作】　镇党委认真落实“第一议题”学习制度，组织各基层党组织学习习近平新时代中国特色社会主义思想和习近平总书记系列重要讲话重要指示批示精神，专题研究党史学习教育和党的十九届六中全会精神，切实用党的创新理论武装头脑、指导实践、推动工作，加强理论修养，细化培训教育，坚持党建引领，提升干部战斗力、执行力。一年来共组织培训 22 场次，培训 1050 人次。深入开展“我为群众办实事”实践活动，列出重点民生项目清单，比如长者之家与乡村治理试点项目、溪峰河蓝坊镇峰口村段提升改造项目、峰口至石中沿线风貌提升工程等，累计梳理并完成民生实事项目86个。全面落实省新一轮加强党的基层组织建设三年行动计划，圆满完成镇村换届工作，100%实现村（社区）党组织书记“三个一肩挑”。“一村一策”探索创新发展壮大村级集体经济的有效形式，11个行政村均有稳定的集体经济收入，村级集体经济收入实现5万元以上。严格把控发展党员关口，从乡土人才群体中选拔优秀典型、发展党员，共发展党员19名。

蓝坊镇峰口村党群服务中心

（丘林强 2021年摄）

【疫情防控】 2021年，蓝坊镇坚持开展网格化、地毯式上门逐户排查外地返乡人员，压实村（社区）“三人小组”责任，对大数据推送的中高风险地区过来人员24小时内排查“清零”，严格按照指引，落实“四个一”健康管理、“三天两检”等措施。全力推进新冠病毒疫苗接种工作，按时完成县下达疫苗接种和区域核酸检测任务。

【产业发展】 2021年，蓝坊镇不断培育壮大“一村一品”、“一镇一业”，大力发展一棵笋、一瓶蜜、一杯茶、一杯酒、珍稀食用菌、丝苗米、百香果、金柚、贡柑、火龙果、澳洲坚果等绿色富硒农产品，加快推动红菇、春笋、冬笋等生态特色长寿健康农产品经营，不断壮大镇域经济。2021年，蓝坊镇共有农业专业合作社26个，家庭农场82个，形成了两个百亩基地（百香果、粉蕉）、两个千亩基地（优质李、笋竹）、两个万亩基地（金柚、毛竹），以南国白珍珠、高泉等两家“国证”酿酒企业为龙头，形成了年产米酒2000吨的客家米酒生产基地。

【生态建设】 2021年，蓝坊镇推动“三线”整治工作，实现“多杆合一、新建光路、线桥共享”。全面推进农房风貌管控，加大“三清三拆三整治”力度，重点清理整治破旧泥砖房、削坡建房、危房和违法建筑，推进基础环境整治、绿化美化和农房外立面改造，推进城镇公共服务向村镇延伸，促进农村基本公共服务体系加速发展，对接农村建设需要和满足农民诉求的基础设施供给，做好停车场、5G网络、水利灌溉、田间道路等生产性基础设施和农村电网、供水、垃圾处理、污水处理设施等生活性基础设施建设。2021年，全镇拆除危旧房屋50多亩，拆旧复垦面积207亩。建成并运行镇级污水处理设施1座，日处理能力达400吨，铺设配套管网6.5公里。建成村级污水处理设施24套，日处理能力达480吨。成立11支保洁队伍，配备保洁员35名，实现了每500人以上自然村配备1名以上保洁员要求。

【民生福祉】 2021年，蓝坊镇城乡居民基本医疗保险参保率100%。认真开展防返贫动态监测工作，常态化监测353户脱贫户，动态监测和核查“三类监测人员”8户27人。推进109户有劳力脱贫户参与长效稳定产业帮扶项目，推进就业帮扶，针对有劳力脱贫户举办百香果种植、木耳栽培、初级电工等各类主题培训班，全年培训400多人次，发放技术宣传资料400多份。社会救助体系日愈完善，全镇低保、低收入等415户救助对象生活得到保障，发放重度护理残疾人补贴342人，完成28户残疾家庭无障碍改造。建立镇级临时救助备用金，健全“救急难”工作机制，对突发性、临时性的生活困难群众应救尽救。积极推进社会治理现代化，启动“八五”普法工作，持续深化排查化解信访隐患，调处各类矛盾纠纷100起，纠纷受理率达到100%。强化执法为民，严格规范公正文明执法，整治违占违建行为，加强培训和严格管理镇行政执法人员。深入开展安全生产专项整治，切实做好安全隐患整改工作，确保全镇安全生产形势持续稳定。（邹家正）

2021年蓝坊镇党委、政府负责人名录

党委书记：郑康文
党委副书记：林　丰　吴国君（任至5月）
　　刘　宇（女，5月任职）
　　黄柏运
党委委员：何海英　刘宇威
　　赖勇维（7月任职）
　　黄焕永（任至5月）
　　林　鹏（任至7月）
　　古文贤（任至7月）
　　彭　清（8月任职）
　　钟远飞（7月任职）
人大主席：何思燕（女）
人大副主席：黄青海（任至7月）
　　古文贤（7月任职）
镇　长：林　丰
副镇长：何海英　王志均（任至7月）
　　徐洁茹（女，任至7月）
　　曾劲锋（7月任职）
　　陈　熙（7月任职）

南磜镇

【概况】　南磜镇位于蕉岭县东北部，是革命老区，北部与福建省的武平、上杭两县毗邻，东面与梅县的松源、隆文两镇相连，总面积173.9平方公里，其中耕地面积1.2万亩，山林面积21.5万亩，省道223线、县道045线南北贯通，镇府驻地距离县城22公里。全镇辖16个村，户籍总人口22004人。境内山清水秀，森林和水力资源丰富，森林覆盖率高达89.1%，是蕉岭县木材、烤烟、茶叶、毛竹和冬笋的主要产区之一，素有“粤东竹乡”美誉。2021年，南磜镇工农业生产总值2.78亿元，同比增长3%；农民人均纯收入10614元，同比增长3.5%。

【党建工作】　2021年，南磜镇严格落实第一议题制度，召开党建工作专题会议2场，抓基层党建述职专题会1场，研究部署党建工作45场。发挥党建引领，严格落实“三会一课”、主题党日等制度，扎实开展党史学习教育，深入开展“我为群众办实事”，实践活动，解决群众“急难愁盼”问题273件，推动党史学习教育取得实效。走访慰问老党员、生活困难党员等239名，发放慰问金59500元。夯实党建基础，完成全镇村“两委”换届，选举产生新一届村“两委”班子74人，“三个职位一肩挑”达100%。开展学习党史动员会精神和习近平总书记100周年讲话精神等各类培训6场461人次，发放书籍、有声笔记等学习资料163册。严把发展党员质量关，发展党员18名，其中女性10名，35岁及以下9名，大专及以上学历11名。强化纪检监察。坚持抓早抓小，防微杜渐，充分运用好监督执纪“四种形态”中的第一种形态。开展提醒谈话5人次，警戒谈话1人次，日常谈话165人次。镇党委书记对班子成员开展党内日常谈话24人次，通过咬耳扯袖、红脸出汗等方式，让党员干部真正把党章党规党纪的要求内化于心、处化于行。

【经济发展】　2021年，南磜镇持续稳定传统优势产业发展势头，发展精致高效绿色经济作物种植，大力发展“林下经济”，打响南药品牌，培育发展金山连片规模化的白芨种植，已种植白芨250亩，南药培育基地初具雏形。石寨村开展仿生灵芝种植项目。皇佑村启动生态观光农业基地项目建设，集约500亩土地用于种植南药黄精、洛神花，香料山苍子及传统水果板栗、柚子等。种植300多亩大球盖菇、竹荪等林下特色农产品，扎实推进南礤镇“竹文化”多元发展。持续擦亮“寿韵蕉岭”精品游线和红色文化革命教育经典游线品牌，投入资金对红四军入粤首胜公园、白水竹海公园提质升级。2021年，入粤首胜纪念公园被列入梅州市党员教育基地名单。此外，寿乡文化展示区、步上红色长廊、石寨“红军路”等景点作为“网红打卡地”，全年接待约2.1万人次。

【乡村振兴】 2021年，南礤镇全力实施乡村振兴。持续实施民居外立面改造、一河两岸景观带等工程。完成圩镇道路景观提升“长寿养生休闲”精品游线富足段桥岭特色风貌提升、白水村综合文化公园建设、甲华村文体公园建设及人居环境整治提升、金山村公共基础设施建设及房屋外立面提升、左槐村“四小园”示范点建设等项目，切实提升全镇人居环境水平。扎实推进驻镇帮镇扶村工作，全力推动脱贫攻坚成果和乡村振兴的有效衔接，千方百计提升居民幸福感。持续深化精神文明二级联创，评选“美丽家园”示范户100户，获评县“文明家庭”2户，获评县“最美志愿者”1人。2021年新建卫生公厕20座（旅游公厕2座），无害化卫生户厕完成率、普及率均达到100%。建立健全垃圾收运体系，47个自然村共建设垃圾收集点488个，生活垃圾日均转运9.5吨。持续开展圩镇“六乱”整治，抓好卫生保洁工作。长效推进“三清三拆三整治”工作，全年共清拆8841平方米。成功通过省级卫生镇创建检查验收，获“广东省卫生镇”荣誉称号。实施7.7公里镇村污水主管网、33处村级污水处理设施维护升级工程。

南礤镇毛竹产业园工人在竹林下采摘大球盖菌（丘林强 2021年摄）

【民生实事】 2021年，南礤镇常态化抓好疫情防控，持续推进疫苗接种，提高目标人群和加强免疫人群接种率，全年实现疫情零发生，提高镇村服务质量，全年接送群众接种约900车次，入户宣传约1800人次，顺利完成全员核酸检测2轮。扎实开展农村低保、五保专项治理，高质量完成低保、五保户年度复核工作。建成镇级社会工作服务站、乡村振兴人才驿站，服务群众水平得到有效提升。完善各项便民服务设施，加强妇幼、老年人、残疾人等重点人群健康服务。加强对农村留守儿童和妇女、老年人以及困境儿童的关爱服务；免费开展“两癌”“两筛”和残疾儿童康复救助。成功举办南礤镇第三届教育促进会奖学助学活动，发放教育补助92人15.8万元。配合做好乌富线（文福乌土至富足）段道路改建工程，基本完成沿线征地任务。完成“四好农村路”25.353公里攻坚任务建设，全面开启皇佑村主干道、石寨村老烟站至迎客榕单改双工程。

【平安建设】 2021年，南礤镇持续加强基层治理。认真贯彻落实“1+2+N”基层社会治理工作制度，积极探索新时代“枫桥经验”。全年受理“12345”政府热线60件，完成信访交办件10件，调处矛盾纠纷25次，接访来访群众90人次，镇村人民调解委员会调解案件48宗，纠纷受理率100%。扎实开展扫黑除恶专项斗争，加大国家安全教育等法律宣传力度，促进和谐社会建设。2021年度，获评平安建设“先进工作者”1人，平安建设成效良好。加强农村矛盾纠纷调处化解，加大农村普法力度，提高农民法治素养。2021年，镇司法所接待来访群众38人次，提供法律咨询15人次，发放法治宣传标语1000份，横额250幅，出动宣传车300余次，上法制课6场次，举办培训班6次，举办法律讲座4期。严格贯彻落实“一岗双责”，压紧压实安全生产责任，组织开展重大节假日安全生产大检查和九大重点领域专项检查，与镇辖区内企业和单位签订安全生产目标管理责任书114份，加强对电站、山塘水库等安全隐患排查，检查生产经营单位396家次，发现安全隐患及问题252项并逐一完成整改。（罗勇杰）

2021年南礤镇党委政府负责人名录

党委书记：汤媚萍
党委副书记：张　顺　王海胜（任至7月）
　　黄选文（任至5月）
　　黄　钢（6月任职）
　　丘俊鹏（7月任职）
党委委员：郭裕华（任至9月）
　　宋雪丹（女，任至7月）
　　丘怡山（任至6月）
　　傅心康（任至6月）
　　罗建锋　赖文曦（8月任职）
　　蒋虹璐（8月任职）
　　古　祎（8月任职）
　　徐秋琳（女，8月任职）
人大主席：李文杰
人大副主席：郭裕华（9月任职）
镇　长：张　顺
副镇长：郭裕华（任至9月）
　　丘俊鹏（任至7月）
　　郭苑平　赖文曦（9月任职）
　　朱雪山（9月任职）
　　林金山（9月任职）
　　徐广浩（9月任职）

省、市驻蕉岭单位

广东粤电长潭发电有限责任公司

【概况】　2021年，广东粤电长潭发电有限责任公司三项实用新型专利获得国家知识产权局审批通过，水工水务班荣获2021年广东省五一劳动奖状；一人荣获“广东省优秀工会干部”称号；参加水电分公司党史知识竞赛获得团体二等奖；组织参加第一届“水电杯”乒乓球比赛获得第三名，参加梅州市和蕉岭县组织的庆祝中国共产党成立100周年羽毛球比赛活动，分别获第四名和第三名。

【经营指标】　2021年，广东粤电长潭发电有限责任公司累计完成发电量4423.95万千瓦时；水库来水总量为5.23亿立方米，同比减少4.77亿立方米；发电水耗10.99立方米/千瓦时；公司实现连续安全生产运行2948天。

【党建工作】　2021年，广东粤电长潭发电有限责任公司以党史学习教育为契机，提升党建实效，召开党史学习教育动员部署会，研究制定党史学习教育活动方案。组织党史学习教育集中学习5次，党委中心组专题研讨5次，开展学习党史主题党日活动9次，领导干部讲专题党课3次，专家讲党史学习教育专题讲座2次。组织全体职工到福建长汀开展党史学习教育专题培训。组织支部全体党员参加建党百年庆祝大会并开展系列庆祝活动。着眼“我为群众办实事”，听取了员工的意见和建议，梳理问题清单12项。贯彻落实基层党建三年行动计划，统筹推进“五强五化”支部建设，开展创建“党旗领航·五强五化”党建品牌活动。贯彻落实广东能源集团和水电分公司党委“织密建强基层党组织体系”专项行动工作方案，规范和优化基层党组织设置。召开第八次党员大会，选举产生新一届公司党委委员、纪委委员。进一步加强意识形态和宣传思想工作。充分运用“学习强国”“广东党建云”规范政治理论学习，结合建党百年制定企业文化主题年活动方案，开展“身边人讲身边事”“爱国主义教育心得”等主题征文约稿活动。组织摄制《传承劳模精神，争当时代先锋》《学党史开新局传承劳模精神》宣传片，分别获得水电分公司三等奖和优秀奖。公司微信公众平台年度发布文章共160多篇，微视频9部。坚持党建带团建，持续打造团青工作品牌。公开竞聘团委书记，组织召开团员大会，选举产生第五届共青团委员会委员。团委围绕“不忘跟党初心，牢记青春使命”为主题开展团干部讲团课活动。开展“追求绿色时尚践行文明理念”护林活动、“青春心向党、争做排头兵”活动、“强化党史教育，贡献青春力量”纪念“五四”运动102周年活动，举行“读党史·颂党恩·跟党走”朗诵比赛、党史知识竞赛选拔赛。组织召开2021年度党风廉政建设和反腐败工作会议，各部门签订党风廉政建设责任书，制订年度党风廉政建设工作计划。配合水电分公司开展专项整改工作落实情况检查和监事会现场检查，完成专项检查28项反馈意见的整改。组织开展纪律教育学习月活动，制订活动方案，召开警示教育大会2次、观看警示教育片2次、组织党员和关键岗位人员参观廉政教育展厅。新编《长潭发电公司建设项目审计管理办法》《婚丧喜庆管理规定》，修编《长潭发电公司“三重一大”事项决策管理办法实施细则》。重点抓好物资采购招投标监督工作，完善招投标管理标准，进一步规范公司招投标管理。加强新能源建设项目全过程廉政监督，有针对性地防范新能源建设中的廉政风险，为公司阳光开展新能源建设提供纪律保障。

【安全生产】 2021年，广东粤电长潭发电有限责任公司统筹发展和安全，筑牢安全防控体系。抓实抓细疫情防控常态化工作，严格落实各阶段疫情防控工作要求和措施。加强对公司职工的宣传教育和摸底排查工作，组织本单位全体职工、常驻承包商、外来施工人员开展核酸检测，在册职工两针新冠肺炎疫苗接种率为96.8%。坚持“应修必修、修必修好”的原则加强设备管理，夯实安全基础。完成3台机组检修、10.5千瓦母线改造、两台主变隔离刀闸更换，开展防洪物资仓库和下游水文站河边挡土墙建设。在防洪物资仓库项目工程建设期间，全面推行公司管理创新项目《水电厂工程项目施工安全风险分级管控研究》，严格执行项目安全监管制度，严格管控施工安全风险。有序开展防汛备汛工作，层层压实三防责任，提升应急处置能力。组织开展汛前安全大检查，完成汛前设备的检查维护，完善三防应急预案。制定年度应急预案培训与演练计划，开展防汛抢险应急演练。面对百年罕见的旱情，遵循“电调服从水调”的原则，严格执行水量调度指令，切实落实水库蓄水保水供水措施，得到省水利厅书面表扬。做好安全隐患排查整治，防范化解安全风险。认真落实好“一线三排”

工作机制，全年开展7次各种形式的安全大检查，发现安全隐患121项，整改完成率100%。制定反习惯性违章工作管理规定，机组检修期间开展检查27次，发现习惯性违章问题2项。开展安全生产领域风险点、危险源辨识、评价工作，编制风险点危险源风险清单，排查发现黄色安全风险30项。以“落实安全责任，推动安全发展”为主题，开展“安全生产月”活动。完善应急预案体系，修编42个标准，发布21个应急预案，组织开展防台、防汛、防强对流天气应急预案、水库防洪抢险应急预案、火灾事故应急预案、反恐怖袭击应急预案等7项应急预案演练和应急预案的培训工作，不断提高应急处置和防范事故的能力。做好信息安全保障工作，开展信息系统网络安全自查及高危漏洞排查工作，及时消除网络安全风险隐患，未发生网络不安全事件。彻落实“预防为主，防消结合”工作方针和消防安全主体责任，签订消防安全重点单位责任书，开展职工食堂燃气管道隐患排查，对公司三合一场所进行检查，发出4张整改通知，整改完成率100%。积极开展“119”消防安全宣传月活动，组织员工参加消防技能竞赛。年度公司未发生一般及以上火灾事故。提高驾驶员安全意识、安全技能和道德约束。完成公司10座以上车辆车载安全智能设备安装，实现智能风控提醒。严格执行集团公司建党一百周年安全保障工作方案，落实好领导带班、24小时值班值守等制度，认真做好安全保障“零报告”等信息报送工作，为建党百年大庆创造安全稳定环境。

【改革工作】 2021年，广东粤电长潭发电有限责任公司实施全员绩效考核，制订《广东粤电长潭发电有限责任公司推行经理层成员任期制和契约化管理的工作方案》，全面推行经理层任期制和契约化管理，公司2名经理层成员分别与水电分公司和公司签订了任期目标管理协议书。围绕“运维合一”试点工作，推进培训教育与激励成长，推动“运维合一”新型生产管理模式顺利切入正式运行。推进职工人事档案专项审核全覆盖工作。持续强化企业创新主体意识，加大科技研发投入，年度公司三项实用新型专利获国家知识产权局审批通过。

【队伍建设】 2021年，广东粤电长潭发电有限责任公司组织开展选人用人“一报告两评议”，突出新员工招聘和教育培训工作，提升一线员工专业技能水平和改善队伍的结构性问题；以制度建设为先导，根据“运维合一”的生产与管理工作实际要求，适度调整部门职能、薪酬激励、岗位选聘与调配，推荐新能源项目公司任职1人，聘任初级职称1人，试用期满考核合格继续任职8人，中层转任1人，选聘档案、会计、团委书记等行政岗位各1人，选聘副值长1人，组织调配2人，外调系统单位1人，不断健全岗位设置，有效推动生产与管理工作。开展员工教育培训及技能鉴定，组织员工参加技能鉴定、特种作业证书复审考核、安全管理人员再教育考核、消防设施操作员考核27人次，参加各级各类线上线下学习培训68个班963人次。

【新能源】 2021年，广东粤电长潭发电有限责任公司全力加快新能源发展。立足于当地并拓展至省内外，针对新能源相关政策及模式对各类用地深入开展实地调研考察，对合适用地进行前期勘察测绘和咨询，编制项目建议书、可行性研究方案，全力拓展新能源业务。年度公司与多家企业签订屋顶租赁框架协议，已投资项目前期（电网接入设计和可行性研究报告、荷载报告）费用60余万元。完成蕉岭县多个镇的整镇整村光伏推进的可行性研究报告和电网接入可行性分析报告。通过水电分公司与蕉岭县人民政府签署《光伏发电项目投资框架协议》，计划在蕉岭投资建设光伏发电项目的装机总规模约680兆瓦，总投资约34亿元，标志集团和水电分公司在广东首个整县推进光伏项目进入到实施阶段，现光伏项目已备案容量51.95兆瓦，储备容量9.5兆瓦。

【企业文化】 2021年，广东粤电长潭发电有限责任公司着力构建和谐劳动关系，营造良好的企业氛围。深入细致做好联系服务职工工作，落实职工福利政策，开展职工夏季送清凉活动。关爱困难职工，做好帮扶救助工作，公司工会为困难职工发放慰问金和互助金共计1.7万元，向集团公司工会申请二次医疗保险及困难互助金共19.5万元。关心女职工的身心健康，组织参加女工培训班，增强女职工业务素质。深入开展劳动竞赛，唱响“劳动光荣、工人伟大”的主旋律，做好先进的选树表彰、宣传教育和管理服务工作，激励和鼓励广大职工爱岗敬业，为企业改革发展多作贡献。组织开展“运维合一”“水工水准仪竞赛”等技能竞赛活动，提升员工的专业素养和团队意识。结合“企业文化日”，开展形式多样的职工文体活动。 （李科兴）

广东粤电长潭发电有限责任公司负责人名录

党委书记、执行董事、总经理：骆伟明

委副书记、纪委书记、工会主席：徐必慷

党委委员、副总经理：邱新明

广东塔牌集团股份有限公司

【概况】 广东塔牌集团股份有限公司是一家以水泥为主业的集团公司，前身是始建于1972年的梅州市文福水泥厂，被列为国家水泥工业结构调整重点支持的60家大型企业之一，2021年列中国水泥上市公司综合实力排名第十一位，位列全球水泥行业产能40强。

广东塔牌集团股份有限公司已建成广东梅州、惠州，福建龙岩三大水泥生产基地，水泥生产规模2400万吨。广东梅州基地有2条10000吨/日新型干法熟料水泥生产线、1条5000吨/日新型干法熟料水泥生产线、1条2500吨/日新型干法熟料水泥生产线；广东惠州基地有2条5000吨/日新型干法熟料水泥生产线；福建龙岩基地有2条5000吨/日新型干法熟料水泥生产线。在深圳注册成立广东塔牌创业投资管理有限公司，负责新兴产业项目的调研分析、产业发展、经营管理、资本投资管理等业务。截至2021年12月底，拥有12家全资子公司、1家分公司，在职员工2600多人，总资产138亿元，净资产117亿元。

广东塔牌集团股份有限公司先后获“全国五一劳动奖状”“全国模范劳动关系和谐企业”“全国质量工作先进单位”“国家守合同重信用企业”“全国建材行业先进集体”“中国建材百强企业”“改革开放40周年广东省优秀企业”“广东上市公司综合实力10强”“广东上市公司最具盈利能力10强”“广东民营企业100强”“广东制造业企业100强”等荣誉。

【生产经营】 2021年，广东塔牌集团股份有限公司实现水泥产量1997.37万吨，较上年同期上升了2.31%；实现水泥销量1978.89万吨，较上年同期上升了2.96%；实现产值77.13亿元，同比增长9.46%；归母净利润18.36亿元，同比增长3.04%，自2014年以来，企业净利润指标第六次突破历史纪录。

【节能环保】 2021年，广东塔牌集团股份有限公司坚定绿色低碳发展理念，致力于做大做强做优水泥主业，聚焦“强链”，推进水泥产业绿色转型和智能升级，建设绿色矿山、数字矿山、绿色工厂、智能工厂。聚焦“补链”，推进建设水泥窑协同处置固废项目，寻找替代燃料和替代原料，减少能源消耗和资源消耗，减少20%以上黏土资源消耗，减少30%以上煤炭能源消耗。推进建设光伏发电项目，努力实现清洁能源替换。在蕉岭基地共建设有约32兆瓦规模的光伏发电项目，项目建成后年发电量超过4000万千瓦时，每年减少标煤消耗1.2万吨、减少二氧化碳排放3.2万吨，实现用能结构调整、清洁能源替换。推进资源综合利用项目，每年消纳矿山废弃物和工业废弃物320万吨，实现变废为宝。

【社会责任】 2021年，广东塔牌集团股份有限公司积极履行企业社会责任，结合企业和地方的实际，按照2019年制订的“万企帮万村”三年行动规划，对蕉岭县文福镇和新铺镇象岭村进行结对帮扶，分别投入1000万元助力开展一系列新农村建设工作。在村道网格化、硬底化建设、亮化工程、村民饮水全覆盖、新村建设、村民文化活动中心等方面集中发力。利用企业用工需求，实施用工扶贫政策，为当地困难家庭提供工作岗位，减少建档立卡贫困户劳动力经济负担，从“输血式”扶贫转向“造血式”扶贫，激发贫困群众勤劳致富的内生动力。 （刘柯源）

2021年广东塔牌集团股份有限公司负责人名录

党委书记：李　斌
名誉董事长：钟烈华
董事长：钟朝晖
总经理：何坤皇
副总经理：李　斌（任至12月）

广东梅州蕉华工业园区

【概况】 2021年，广东梅州蕉华工业园区深入贯彻落实县委“三三三五”发展战略，以省级平台蕉华工业园区为依托，按“一轴两心四组团”发展思路，大力发展先进制造业、大健康产业、特色现代农业和文旅康养产业等，着力构建集“食、医、研、养、游”为一体的大健康产业体系，打造城乡融合的标杆、产业培育的平台、改革探索的摇篮。

【主要经济数据】 2021年，广东梅州蕉华工业园区（含蕉岭集聚地）企业总数94家（规上企业32家），同比增长5.6%；实现工业总产值81.53亿元，同比增长20.25%；固定资产投资9.94亿元（其中工业项目固定资产投资8.95亿元）；实现规模以上工业增加值24.95亿元，同比增长11%；实现全口径税收6.09亿元，同比增长15.27%。全年共引进15个入园项目，计划投资总额64.03亿元，15个项目全部动工建设，共完成投资11.66亿元。达成意向投资项目16个，计划投资总额67.81亿元。

【党建引领】 2021年，广东梅州蕉华工业园区坚持党建引领经济发展，持续加强党建规范化标准化建设。机关党建聚焦提升党内组织生活质量和发挥党员先锋模范作用，狠抓会前、会中、会后三个环节，创新学习交流方式，鼓励向身边的党员典型学习，让党员干部在组织生活中有更多参与感、主动性、归属感。非公党委则聚焦支部建设和党员队伍建设，健全非公党委、非公支部领导班子，新成立汉邦实业有限公司党支部，鼓励引导广大非公党员不断提升业务技能，成长为业务骨干，辐射带动企业经营管理者和职工中的优秀分子向党组织靠拢，推动非公党员数量不断增加，质量同步提升。深入开展党史学习教育活动，将“我为企业办实事”作为主要抓手，先后开展40次“我为企业办实事”活动，帮助企业切实解决一批急难愁盼的问题。

【规划建设】 2021年，广东梅州蕉华工业园区认真落实县委对园区“城乡融合的标杆、产业培育的平台、改革探索的摇篮”的定位，高起点高标准做好园区规划工作。按“一轴两心四组团”的发展思路，沿主要交通主轴，建设“服务核心和大健康科研中心”，构建“北部新型工业区组团、中部综合服务区组团、南部大健康产业组团、东部康养产业组团”。按照统筹布局、辐射发展、有序推进的原则，充分发挥各职能部门作用，加快推动路、水、电、网、气、排污等基础设施及配套建设，夯实园区发展基础。标准厂房一期项目（总建筑面积53850平方米）主体工程已基本建设完成，标准厂房二期及配套设施项目首期实施项目正有序推进中。同时，园区正坚持“以申促建”，蹄疾步稳做好省级高新区申报和产业园扩园各项工作。

【招商引资】 2021年，广东梅州蕉华工业园区加大招商引资力度，创新招商思维，优化招商方式，紧紧围绕园区主导产业，从园区实际出发，综合运用产业链招商、以商招商、专业招商、平台招商等多种方式，积极探索发挥第三方专业人力资源机构的招商优势，靶向引进了一批适合我县发展、有影响有带动的好项目，全力做足做强大健康高科技产业和绿色建材产业。2021年，共引进15个入园项目，计划投资总额64.03亿元，15个项目全部动工建设，共完成投资11.66亿元。达成意向投资项目16个，计划投资总额共67.81亿元。

【企业服务】 2021年，广东梅州蕉华工业园区充分发挥非公党委和园区综合服务中心的服务作用，坚持提前介入、靠前服务、全过程服务，不断提升服务企业的意识、能力和水平。调整优化疫情防控和安全生产专班，建立“一位责任领导、一位值班组长、一位责任人、一家入园企业”的“四个一”服务模式，园区干部与企业“一对一”挂钩蹲点，每周至少到挂钩企业检查安全生产一次，常态化做好挂钩企业的疫情防控工作，及时发现问题、解决问题，切实为企业生产保驾护航，实现全年“零安全事故案例”“零疫情事故案例”。紧盯市县重点项目，深入企业生产一线，零距离开展服务，协助解决企业在技术改造、增资扩产、筹资融资、人才引进、招工用工等一系列关系企业发展壮大的困难和问题，进一步优化园区营商环境。协助东方雨虹做好项目立项、场地平整等工作，推动其实现当年签约、当年动工、当年投产、当年上规等“四个当年”。协助嘉腾辉做好技术改造和招工用工等，2021年其实现产值7790万元，同比增长164.5%；税收115万元，同比增长220%。 （薛晓华）

2021年广东梅州蕉华工业园区管理委员会负责人名录

党委书记：陈伟明（任至9月）
刘鸿涛（9月任职）
党委副书记、主任、场长：张伟杰（任至9月）
刘裕君（9月任职）
党委委员、副主任、副场长：古育辉（任至9月）
丘建安
张艳辉（女，9月任职）
党委委员：赖应安（任至3月）
罗万旋
陈　志（3月任职）
市管三级调研员：钟济刚

社会经济统计资料

国民经济和社会发展主要统计指标

表 1

项　目	单　位	2021 年	2020 年	同比增长(%)
一、　年末总人口（户籍）	人	230214	231256	–0.45
城镇人口	人	91281	92575	–1.4
农村人口	人	138933	138681	0.18
出生人口	人	1843	2125	13.27
死亡人口	人	1687	1741	–3.1
出生率	‰	7.57	8.69	–1.12
死亡率	‰	6.93	7.12	–0.19
自然增长率	‰	0.64	1.57	–0.93
二、年底社会从业人员	人	—	—	—
第一产业	人	—	—	—
第二产业	人	—	—	—
第三产业	人	—	—	—

续表 1

项　目	单　位	2021年	2020年	同比增长（%）
三、生产总值（现价）	万元	1064014	1019368	5
第一产业	万元	178452	173184	8.4
第二产业	万元	474150	473200	0.5
其中：工业	万元	344249	331795	8.2
第三产业	万元	411412	372984	9
人均 GDP（现价/常住人口）	元/人	57890	55027	5.8
四、来源于蕉岭的财政总收入	万元	179936	199606	-9.9
一般公共预算收入	万元	70242	64372	9.1
一般公共预算支出	万元	246220	318164	-22.6
五、金融机构本外币存款余额	万元	1222427	1142375	7
其中：# 住户存款余额	万元	937278	851098	10.1
金融机构本外币贷款余额	万元	645239	529241	21.9
六、固定资产投资额	万元	—	—	-2.5
1. 城镇投资总额	万元	—	—	-2.5
其中：# 国有单位投资	万元	—	—	-24.3
# 房地产企业	万元	—	—	86.7
2. 农村投资总额	万元	—	—	—
七、社会消费品零售总额	万元	393705	379980	3.6
其中：商品零售	万元	353312	341097	3.6
餐饮收入	万元	40394	38884	3.9
八、在岗职工年平均工资	元/人	—	—	—
城乡居民人均可支配收入	元/人	26995	24481	10.3
其中：农村居民人均可支配收入	元/人	31847	28952	10
城镇居民人均可支配收入	元/人	21017	18900	11.2
九、外贸出口总额	万美元	2218.59	1994.21	11.3
# 出口	万美元	2194.25	1974.05	11.2
实际利用外资	万美元	7.7	55	-86

续表 1

项　目	单　位	2021 年	2020 年	同比增长(%)
十、旅游总收入	万元	238749	217399	9.8
国内旅游收入	万元	238625	216956	10
十一、居民消费价格指数	%	100.1	100	0.1
十二、教育	—	—	—	—
在校学生	人	32373	32111	0.8
普通高中毕业	人	1060	1193	-11.1
考上大专以上	人	1060	1129	-6.1
本科	人	607	610	-0.5
教职工人数	人	3159	2949	7.1
十三、卫生、体育	—	—	—	—
病床数	张	1072	848	26.4
卫生技术人员	人	1276	1188	7.4
执业医师	人	341	325	4.9
执业助理医师	人	132	137	-3.6
注册护士	人	513	460	11.5
参加市以上运动会获奖牌数	块	68	1	6700
其中：金牌	块	28	1	2700
银牌	块	19	0	100
铜牌	块	21	0	100
向省、市输送运动员	人	0	6	-100
其中：省	人	0	0	0
市	人	0	6	-100

注：1. 出生人数、死亡人数、出生率和自然增长率数据来源于县卫健局。
2. 生产总值增长速度按可比价计算，生产总值各项为初步核算数。
3. 从业人员数据市局未反馈。
4. 2011 年开始固定资产投资统计范围是指投资总额在 500 万元及以上。
5. 在岗职工年平均工资市局未反馈。
6. 财政收支为快报数，年终结算数据未反馈。

地区生产总值构成及指数

表 2

项　目	生产总值	第一产业	第二产业	第三产业
一、绝对数（万元）	—	—	—	—
2021 年（初步核算数）	1064014	178452	474150	411412
2020 年	1019368	173184	473200	372984
二、构成（%）	—	—	—	—
2021 年	100	16.8	44.5	38.7
2020 年	100	17	46.4	36.6
三、发展速度（%）	105	108.4	100.5	109

建筑企业经济概况

表 3

项　目	单　位	2021 年	2020 年	同比增长(%)
一、企业数	个	10	9	11.1
一级	个	1	1	0
二级	个	4	4	0
三级及以下	个	5	4	25
二、建筑业总产值	万元	413968	556361	–25.6
建筑业增加值	万元	130030	141542	–17.4
三、税金总额	万元	8436	11507	–26.7
四、利润总额	万元	5964	15913	–62.5

农业总产值及构成

表 4

项　目	单　位	2021 年	2020 年	同比增长(%)
农业总产值	万元	274927	276264	5.0
其中：1. 农业产值	万元	132823	122818	8.5
2. 林业产值	万元	55169	51641	3.6
3. 牧业产值	万元	75000	91236	1.1
4. 渔业产值	万元	6849	5943	3.1
5. 农林牧渔服务业	万元	5086	4626	9.1

说明：农业总产值增长速度按可比价计算，因年报数据未反馈，表中数据为快报数据

主要农产品产量

表 5

项　目	单　位	2021年	2020年	同比增长（%）
一、主要农产品产量	—	—	—	—
粮食	吨	66032	61961	6.57
其中：稻谷	吨	61411	58898	4.27
花生	吨	4609	3936	17.1
烟叶	吨	1475	1542	–4.35
蔬菜	吨	129990	122166	6.4
茶叶	吨	2934	2768	6
水果	吨	58149	51636	12.64
水产品	吨	6346	6215	2.11
二、出栏及存栏情况	—	—	—	—
生猪出栏	头	150933	144841	4.21
牛出栏	头	6240	5948	4.91
山羊出栏	头	25497	24755	3
年末生猪存栏	头	76870	79405	–3.19
年末牛存栏	头	5024	5145	–2.35
年末山羊存栏	头	13540	13265	2.07
肉类产量	吨	19114	18560	2.98
其中：猪肉	吨	12466	11433	9.04

全县工业总产值及规模以上增加值完成情况

表 6

项　目	单　位	2021 年	2020 年	同比增长(%)
一、全县工业增加值（现价）	万元	344249	331795	8.2
其中：规模以上工业	万元	297641	264643	7.8
二、规模以上工业总产值（现价）	万元	953663	820759	12.4
三、全县规模以上工业企业数量	个	47	43	9.3

规模以上工业生产经营情况

表 7

指标名称	单　位	2021 年	2020 年	同比增长(%)
主营业务收入	万元	892019	802873	11.1
实现利税总额	万元	168363	163167	3.2
其中：利润总额	万元	127897	132123	–3.2
税金	万元	40466	49724	–18.6
水泥产量	万吨	1778	1680	5.8
商品混凝土	立方米	248163	382383	–35.1
石灰石	吨	1441	1362	–5.8
人造板	立方米	17694	24047	–26.4
印制电路板	平方米	362909	279091	30
规上工业发电量	万千瓦时	43085.35	43536.9	–1
其中：火电	万千瓦时	41258.98	37078.46	11.3
水电	万千瓦时	1826.37	6458.46	–71.7
全社会用电量	万千瓦时	155070.39	156440.05	–0.9
全工业用电量	万千瓦时	126710.7	131270.18	–.35
其中：规模以上工业用电量(含发电厂自发自用)	万千瓦时	145433.06	145598.27	–0.1

居民消费价格和商品零售价格指数

表 8

类　别	2021 年	比上年升降幅度(%) 上年同期为 100
一、居民消费价格指数	100.1	0.1
1. 食品烟酒	98.8	−1.2
2. 衣　着	101.5	1.5
3. 居　住	100	0
4. 生活用品及服务	100.1	0.1
5. 交通和通信	103.4	3.4
6. 教育文化和娱乐	100.3	0.3
7. 医疗保健	100.9	0.9
8. 其　他	98.2	−1.8
二、工业生产者出厂价格指数（PPI）	100.3	0.3
三、商品零售价格指数	101.8	1.8

交通、运输、邮电通信情况

表 9

项　目	单　位	2021 年	2020 年	同比增长(%)
一、公路通车里程	公里	1544.88	1490	3.7
其中高速公路通车里程	公里	40.46	40.46	0
公路密度	公里/百平方公里	160.93	155.21	3.7
二、客运量	万人	72	240	−70
公路	万人	72	240	−70
三、旅客周转量	万人公里	1782	6017	−70.4
公路	万人公里	1782	6017	−70.4
四、货运量	万吨	2329	1456	60
公路	万吨	2329	1456	60
五、货物周转量	万吨公里	130900	81475	60.7
公路	万吨公里	130900	81475	60.7
六、投入的新能源公交车	辆	50	50	0
城乡公交线路	条	24	23	4.3
开通公交线路的行政村	个	97	97	0
行政村公交线路覆盖率	%	100	100	0
七、年末固定电话用户	户	26554	25998	2.1
移动电话用户	户	214238	187779	14.1
互联网用户	户	127650	111985	14

教育情况

表 10

项　目	单　位	2021 年	2020 年
考入大专以上人数	人	1060	1129
其中：本科	人	607	610
普通中学在校女生人数	人	4957	4586
小学在校女生人数	人	7273	7419
学龄儿童入学率	%	98.57	98.56
小学生升学率	%	100	100
初中学生升学率	%	100	100
高中学生升学率	%	100	100
九年义务教育巩固率	%	98.09	97.39
高中阶段教育毛入学率	%	98.72	98.71

各类学校基本情况(一)

表 11

项　目		学校数量（所）	班数（个）	实际毕业人数（人）	实际招生人数（人）	在校学生数（人）
普通教育	合　计	92	976	7632	7612	32373
	普通中学	2	77	1060	1223	3490
	职业中学	1	1	42	0	36
	初　中	13	154	1903	2370	6463
	小　学	20	434	2382	2198	14940
	幼儿园	55	301	2242	1811	7351
	其中：公立	19	110	882	662	2670
	特殊教育学校	1	9	3	10	93

注：学校基本情况的各项指标包括蕉华区的数据。

各类学校基本情况(二)

表 12

项　目	毕业班学生数(人)	教职工人数(人)			
		合　计	其中：专任教师	合　计	
				教育部门办学	社会力量办学
合　计	8470	3159	2595	2549	610
普通中学	1082	446	389	446	0
职业中学	36	15	15	15	0
初　中	1958	728	654	728	0
小　学	2552	1046	998	1046	0
幼儿园	2836	902	523	292	610
其中：公立	1046	292	204	292	
特殊教育学校	6	22	16	22	0

表彰名录

先进集体

国家级先进集体

表 13

单位名称	授称时间	授予单位(会议)	荣誉称号
蕉岭县	2021 年 11 月	中国下一代教育基金会、中国关心下一代工作委员会事业发展中心	2019—2022 年全国规范化家长学校实践活动实验区
	2021 年 12 月	国家中医院管理局	县级全国基层中医药工作先进单位
	2022 年 1 月	农业农村部、国家乡村振兴局	全国村庄清洁行动先进县
蕉岭县统计局	2021 年 9 月	国务院第七次全国人口普查领导小组	第七次全国人口普查先进集体
蕉岭县图书馆	2022 年 1 月	中央宣传部办公厅、文化和旅游部办公厅、国家广播电视总局办公厅	第九届全国服务农民、服务基层文化建设先进集体
蕉岭县工商业联合会	2021 年 12 月	中华全国工商业联合会	2020—2021 年度全国“五好”县级工商联

省级先进集体

表 14

单位名称	授称时间	授予单位（会议）	荣誉称号
梅州市蕉岭县长潭镇“水墨长潭”美丽乡村精品线路	2021年	中共广东省委农村工作办公室、广东省人力资源和社会保障厅、广东省文化和旅游厅、南方报业传媒集团	第三届广东美丽乡村精品线路
蕉岭县人民检察院	2021年11月	广东省人民检察院政治部	全省新时代“五好”基层检察院建设先进单位
蕉岭县教育局	2022年1月	广东省教育厅	广东省2021年国家义务教育质量监测实施优秀组织单位
蕉岭县蕉岭中学	2021年1月	广东省教育厅	广东省中小学心理健康教育特色学校
	2021年4月		广东省网络安全示范校
蕉岭县人民小学	2021年6月	广东省教育厅	2020—2021年度广东省少先队红旗大队
	2021年7月		2021—2023年创建广东省文明校园先进学校
蕉岭县实验小学	2021年6月	广东省教育厅	2020—2021年度广东省少先队先进学校
蕉岭县田家炳实验中学	2021年4月	广东省教育厅	广东省中小学教师校本研修示范学校
蕉岭县图书馆	2021年4月	广东省文化和旅游厅	探索阅读新领域—2021年世界阅读日粤港澳创作比赛优秀组织奖
	2022年2月	广东省妇女联合会	2021年度广东省“巾帼文明岗”
广东粤电长潭发电有限公司	2021年3月	广东能源集团	优良班组
	2021年4月	广东省总工会	广东省五一劳动奖状
	2021年6月	广东普法办、司法厅、工信厅、国资委、工商联、总工会	2020年广东省“法治文化建设示范企业”
	2021年6月	广东省公安厅、精神文明建委、教育厅、司法局、交通运输局	广东省交通安全文明示范单位、零酒驾示范厂企

续表 14

单位名称	授称时间	授予单位（会议）	荣誉称号
蕉岭县妇女联合会	2021年3月	广东省妇女联合会	广东省三八红旗集体
蕉岭县	2021年6月	广东省卫生健康委	省级健康促进示范县
广东蕉岭长潭省级自然保护区	2021年10月	广东省林业局	2021年度广东省自然教育基地
蕉岭县长潭镇堑垣村	2021年9月	中共广东省委全面依法治省委员会办公室、中共广东省委农村工作办公室、广东省司法厅、广东省民政厅	2021年广东省“民主法治示范村（社区）”创建单位
蕉岭县文福镇鹤湖村			
广东电网有限责任公司梅州蕉岭供电局	2021年6月	广东省普法办公室、广东省司法厅、广东省工业和信息化厅、广东省人民政府国有资产监督管理委员会、广东省工商业联合会、广东省总工会	2020年广东省“法治文化建设示范企业”
广东粤电长潭发电有限责任公司			
中国人民银行蕉岭县支行	2022年2月	中国人民银行广州分行	2018–2020年度中国人民银行广州分行文明单位
蕉岭县新铺镇象岭村	2021年9月	广东省农业农村厅	省级“一村一品、一镇一业”专业村
蕉岭县新铺镇神岗村	2021年9月	广东省农业农村厅	省级“一村一品、一镇一业”专业村
蕉岭县蓝坊镇高南村	2021年9月	广东省农业农村厅	省级“一村一品、一镇一业”专业村
蕉岭县农业农村服务中心	2021年12月	广东省农业技术推广奖评审委员会	广东省农业技术推广奖三等奖
梅州市生态环境局蕉岭分局	2021年10月	广东省人民政府	“十三五”广东省生态环境保护先进集体
	2021年2月5日	广东省第二次全国污染源普查工作领导小组办公室	广东省第二次全国污染源普查表现突出集体
	2021年1月27日	广东省生态环境厅	广东省生态环境领域扫黑除恶专项斗争工作表现突出集体
梅州市蕉岭生态环境监测站	2021年1月28日	广东省生态环境厅	2020年广东省生态环境监测工作表现突出集体

续表 14

单位名称	授称时间	授予单位（会议）	荣誉称号
蕉岭县长潭镇人民政府	2021年10月	广东省第七次全国人口普查领导小组	广东省第七次全国人口普查先进集体
	2022年2月	广东省爱国卫生运动委员会	2021年广东省卫生城镇
广东省际公安检查站	2021年12月	广东省公安厅	集体二等功
蕉岭县广福镇	2021年12月	中国人民银行广州分行、广东省地方金融监督管理局	2021年度广东省移动支付示范镇
蕉岭县国家保密局	2021年1月	广东省人力资源和社会保障局、广东省国家保密局	广东省保密工作先进集体
蕉岭县三圳镇人民政府	2021年1月	广东省爱国卫生运动委员会	广东省卫生镇
蕉岭县三圳镇东岭村	2021年8月	广东省林业局	2020年广东省森林乡村

市委、市政府表彰先进集体

表 15

单位名称	授称时间	授予单位（会议）	荣誉称号
蕉岭县中医医院院部党支部	2021年6月	中共梅州市委员会	梅州市先进基层党组织
蕉岭县统计局	2021年6月	中共梅州市委员会	梅州市先进基层党组织
梅州市生态环境局蕉岭分局	2021年4月11日	中共梅州市委员会	2020年梅州市全面推行河长制湖长制先进集体
中共蕉岭县纪律检查委员会	2021年7月	梅州市扫黑除恶专项斗争领导小组	扫黑除恶专项斗争（2018-2020年）先进集体
蕉岭县三圳镇东岭村党支部	2021年7月	中共梅州市委员会	梅州市先进基层党组织

先 进 个 人

国家级先进个人

表 16

姓名	授称时间	授予单位(会议)	荣誉称号	获荣誉时所在单位及职务
郭　玲	2021 年 9 月	国务院人口普查办公室	第七次全国人口普查先进个人	蕉岭县统计局副局长
张志敏	2021 年 10 月	中华人民共和国司法部	全国司法所模范个人	蕉岭县长潭镇司法所所长

省级先进个人

表 17

姓名	授称时间	授予单位（会议）	荣誉称号	获荣誉时所在单位及职务
吴永丰	2021年5月	共青团广东省委员会	广东省优秀共青团干部	蕉岭县人民医院党委委员、团委书记、放射科主任
王雅婷	2021年5月	广东能源集团团委	优秀团员	广东粤电长潭发电有限公司综合部档案员
郭庆涛	2021年6月	广东能源集团	优秀党务工作者	广东粤电长潭发电有限公司综合党群部副部长
曾文忠	2021年6月	广东能源集团	优秀共产党员	广东粤电长潭发电有限公司运维部值长
钟　维	2021年8月	广东能源集团	“20年流光溢彩 奋进能源新征程”员工书画摄影比赛银奖	广东粤电长潭发电有限公司运维部机械班班员
刘碧华	2021年10月	广东省第七次全国人口普查领导小组	广东省第七次全国人口普查先进个人	蕉岭县统计局党组书记、局长

续表 17

姓名	授称时间	授予单位(会议)	荣誉称号	获荣誉时所在单位及职务
邓文礼	2021年10月	广东省第七次全国人口普查领导小组	广东省第七次全国人口普查先进个人	蕉岭县统计局工业和能源股负责人
徐必慷	2021年11月	广东省总工会	省优秀工会工作者	广东粤电长潭发电有限公司党委副书记、纪委书记、工会主席
陈新仁	2021年12月	广东省农业技术推广奖评审委员会	广东省农业技术推广奖三等奖	蕉岭县农业农村服务中心干部
丘新强	2021年1月21日	广东省生态环境厅	广东省固体废物污染防治表现突出先进个人	梅州市生态环境局蕉岭分局党组成员、副局长
傅惠娜	2021年2月2日	广东省生态环境厅 广东省自然资源厅 广东省农业农村厅	全省农用地土壤污染状况详查工作中表现突出个人	梅州市生态环境局蕉岭分局规划科技股股长
钟卉芳	2021年1月28日	广东省生态环境厅	2020年广东省生态环境监测工作表现突出个人	梅州市蕉岭生态环境监测站站长、高级工程师
何增辉	2021年2月5日	广东省第二次全国污染源普查工作领导小组办公室	广东省第二次全国污染源普查表现突出个人	梅州市生态环境局蕉岭分局党组成员、副局长
廖丙亮	2021年2月5日	广东省第二次全国污染源普查工作领导小组办公室	广东省第二次全国污染源普查表现突出个人	梅州市生态环境局蕉岭分局法规宣教股股长
邓聪文	2021年2月5日	广东省第二次全国污染源普查工作领导小组办公室	广东省第二次全国污染源普查表现突出个人	梅州市蕉岭生态环境监测站副站长、高级工程师
江大可	2021年2月5日	广东省第二次全国污染源普查工作领导小组办公室	广东省第二次全国污染源普查表现突出个人	梅州市蕉岭生态环境监测站工程师
陈文雁	2021年7月	广东省高级人民法院	“永远跟党走，奋进新征程”书画摄影展优秀奖	蕉岭县人民法院五级法官助理
吴丹玲	2021年4月	广东省总工会	广东省五一劳动奖章	蕉岭县融媒体中心采访部主任
宋思泉	2021年6月	广东省文明委	广东省优秀共产党员	蕉岭县公安局刑事侦查大队教导员
	2021年8月		2021年第一季度“广东好人”敬业奉献好人	

续表 17

姓名	授称时间	授予单位(会议)	荣誉称号	获荣誉时所在单位及职务
黄忠铎	2021年4月	广东省委实施乡村振兴战略领导小组	广东省乡村振兴先进村党组织书记	蕉岭县广福镇广育村党组织书记
钟钦荣	2021年6月	中共梅州市委员会	梅州市优秀共产党员	蕉岭县广福镇叶田村党组织书记
陈先森	2021年9月	广东省人民政府	广东省特级教师	蕉岭县蕉岭中学督导中心主任
林淑媛	2021年9月	广东省人民政府	广东省特级教师	蕉岭县新铺镇中心小学副校长
夏映芬	2021年9月	广东省人民政府	广东省特级教师	蕉岭县实验小学校长
黄金森	2021年9月	中共广东省委教育工作委员会、广东省教育厅、广东省人力资源和社会保障厅、广东省总工会	南粤优秀教师	蕉岭县蕉岭中学高三级级长
钟碧芳	2021年9月	中共广东省委教育工作委员会、广东省教育厅、广东省人力资源和社会保障厅、广东省总工会	南粤优秀教师	蕉岭县广福中学教师
陈荣梅	2021年9月	中共广东省委教育工作委员会、广东省教育厅、广东省人力资源和社会保障厅、广东省总工会	南粤优秀教师	蕉岭县幼儿园副园长
古鸿雁	2021年5月	共青团广东省委员会	2020—2021年广东省优秀共青团员	蕉岭县三圳镇党政综合办公室主任、一级科员
徐晓威	2021年10月	广东省人口普查办公室	广东省第七次全国人口普查先进个人	蕉岭县蕉城镇人民政府镇党委副书记、镇长
丘俊鹏	2021年6月	广东省委农村工作领导小组	2019—2020年脱贫攻坚工作中表现突出特此表扬	蕉岭县南磜镇人民政府副镇长

市委、市政府表彰先进个人

表 18

姓名	授称时间	授予单位（会议）	荣誉称号	获荣誉时所在单位及职务
陈　裕	2021年12月	梅州市开展“美丽梅州·美好家园”三年行动工作指挥部办公室	“美丽梅州·美好家园”工作先进个人	蕉岭县城市管理和综合执法局执法大队副大队长
赖天德	2021年4月11日	中共梅州市委员会	2020年梅州市全面推行河长制湖长制先进个人	梅州市生态环境局蕉岭分局党组书记、局长
曾文渊	2021年12月	中共梅州市委组织部	嘉　奖	蕉岭县委常委、县纪委书记、县监委主任、三级调研员
黄　孟	2021年6月	中共梅州市委员会	梅州市优秀党务工作者	蕉岭县纪委监委组织宣传室主任
范发君	2021年7月	中共梅州市委平安建设领导小组	2019-2020年度梅州市平安建设先进个人	蕉岭县中医医院党委书记
张艳辉	2021年7月	中共梅州市委员会	优秀党务工作者	蕉岭县三圳镇党委书记
古芹巧	2021 年 6 月	中共梅州市委员会	梅州市优秀共产党员	蕉岭县桂岭学校校长

主题索引

☆☆

说明

一、本索引采用主题分析方法，款目按汉语拼音字母（同音字按声调）顺序排列。

二、索引款目后的数字表示内容所在的页码，数字后面的拉丁字母（a、b）表示栏别（即版面的左右栏）。

三、同一主题的内容在文中多次出现的，在其款目后用不同的页码标明。

四、本索引对特载、大事记、表彰等篇不作内容主题分析。

☆☆

A

艾滋病防控　188b

安全生产　117a　122a　133a　135b　156a　230b

安全管理　144b

安全生产、安全播出　180a

安全生产监管　201a

安全运行　201a

B

“八五”普法启动　112b

办学理念　174a

保密工作　97b

保密监督检查　97b

保密宣传月活动　98a

“保尚保”业务　153a

便利店服务　144b

病虫害防治　132b

不动产登记　160a

C

财政审计　158b

财政　165a

财政收支运行　165a

财政支出情况　165b

财政改革　165b

财政管理 166a
参与疫情防控 77b
参与创文行动 78a
产业发展 226a
成功创建“二级甲等妇幼保健院” 193b
城乡一体化 116a
城区环境卫生 126a
城市综合管理 125a
城乡居民人均可支配收入与生活消费 211a
城乡居民人均可支配收入的比重 211a
城乡居民人均生活消费支出 211a
城乡居民人均生活消费支出的比重 211b
城乡发展 213a
城乡环境 224a
持之以恒正风肃纪 69b
持续提升医疗服务 192b
出台的主要文件 66b
传染病监测 188a
创新活动 73b
创文工作 76a
创新农村金融服务 145b
从严治团 76a
存贷款业务 151b
长寿人口逐年递增 208a
长潭镇 217b

D

打击防范 106a
打击犯罪 107b
代表工作 63a
当好“安全员” 97a
当好“服务员” 96b
当好“宣传员” 96b
档案馆建设 103a
档案利用 103a
档案安全 103a
档案工作 103a
档案接收 103b
调查研究活动 98b
党的领导 62a
党史学习教育 76b
党建带妇建 77a
党史学习教育 80b
党史学习教育 82a
党管武装 84b
党史学习教育 86b
党史学习教育 91b
党史编纂 101a
党史宣传 101a
党史研究 101a
党史学习教育 112b
党史学习教育 177b
党建师德 174b
党风行风建设 185a
党建引领 190a 233b
党建工作 212b 215b 217b 219a 221b 223b 225b 227b 229b
党史学习教育 206b
德育活动 171b
德育安全管理 177a
地质地貌 41a
地方志工作 102a
地情资源开发利用工作 102b
地质灾害防治 160b
电网建设 122b
队伍建设 91a 171a 180b 231b
队伍教育整顿 112a
队伍综合素质 207b
对外联络 81b

E

2021年梅州市农村工作会议暨实施乡村振兴战略现场推进会 52b
2021年广东（梅州蕉岭）第六届星空大会 61a

F

发展概况 42a
发展改革工作 156a
法律服务维权益 80a
法院 108b
法治政府 111a
法律服务 111b
法治宣传 111b
法治创建 114b
防范金融风险 145a
防范风险 154b
防讯 202a
房地产市场 123b
房产交易和物业管理 124b
“放管服”改革 206a
非公有制经济组织党的建设 81a
非金融服务 152b
风险防控 151a
扶贫助学纾侨困 80a
扶贫攻坚 129b
服务业 43b
服务职工工作 74b
服务青年 76a
服务保障体系建设 85b
服务大局 109b
服务地方 122a
服务能力建设 139b 140b
服务社会 150b
服务“三农” 151b
服务工作 154a
服务民生 154b
服务质量和服务水平提升 155b
负债业务 153a
妇幼健康服务 183b

G

改革创新 224b
改革工作 231a
干部队伍建设 87a
岗位建功行动 77b
港澳台统战工作 95a
高考成绩 172a
革命遗址保护利用 101b
耕地保护 159b
工业和建筑业 43a
工作任务落实情况 69b
工会自身建设 74b
公安 106a
公民道德建设工程 93b
公益监督 108a
公益普法 113b
公路养护 115a
公路 116b
公路建设 116b
公共事业管理 125a
公车管理 158a
公共投资审计 159a
公共文化 196a
共筑防疫坚固堡垒 192b
供电 121b
固定资产投资 43b
关爱员工 118b
管理工作 140a
管理能力建设 142a
广东省数学会第九届会员代表大会暨2021年学术年会 51b
广东蕉岭长潭省级自然保护区 133b
广东蕉岭农村商业银行股份有限公司 150a
广福镇 223b
广东粤电长潭发电有限责任公司 229a
广东梅州蕉华工业园区 233a
广东塔牌集团股份有限公司 232a
归集情况 100a
规范公务接待 97a
规范服务 144b
规划建设 233b
国内贸易和对外经济 44a
国防教育 84b

国家考核 128b
国家森林城市 131b
国防动员 158a
国土空间规划 160a

H
河长制工作 136a
弘扬爱岗敬业，创新社会服务 73a
互联网+行动 120a
化解风险 108a
环境和人民生活 45a
环境保护 126b
环境管理 126b
环境保护督察 127a
环境执法 127a
环境信访 128a
环境监测 128a
环境宣传教育 128a
环境面貌 220a
汇聚“三长”力量 79a
货币政策工具 146b

J
机构编制工作 89a
机构编制监督管理 90a
机构调整 100a
机关管理建设 140a
机构编制调整 142a
基本公共卫生服务 182a
基础能力建设和信息化建设 102b
基础设施 137b
基础设施 139a
基层基础建设 163b
基础性工作 202a
基金安全管理 206a
疾病预防控制 183a
纪检监察队伍建设 71a
加强阵地建设 78a
加强医疗保健服务能力建设 194a
加强社科基地建设 198a
加强基层政权建设 200b
家庭文明建设 77a
嘉应学院校外实习基地建设 102b
价格监管 157b
坚守为民执纪执法 70a
坚持疫情防控 199a
监测检验 189a
监管和检测 124a
检察 107b
减税降费 167a
建置沿革 41a
建筑市场 123b
健全信访制度 96a
交通 115a
蕉岭县精神文明建设表彰大会暨创建全国县级文明城市工作动员大会 49a
蕉岭县党史学习教育动员大会 49b
蕉岭县开展深入学习习近平总书记关于革命传统的重要论述现场学习活动 54a
蕉岭县委理论学习中心组暨全县科级领导干部党史学习教育专题研讨班 51b
蕉岭县学习贯彻习近平总书记在庆祝中国共产党成立100周年大会上重要讲话精神干部动员大会 54b
蕉岭县人民代表大会 62a
蕉岭县人民政府 64b
蕉岭县总工会 73b
蕉岭县妇女联合会 76b
蕉岭县科学技术协会 78b
蕉岭县归国华侨联合会 79b
蕉岭县工商联（总商会） 80a
蕉岭县工商业联合会（蕉岭县总商会）第十二次会员代表大会 80b
蕉岭县文学艺术界联合会 82a
蕉岭县残疾人联合会 83a
蕉岭县人民政府发展研究中心 98a
《蕉岭年鉴（2021）》编辑出版工作 102a
蕉岭汽车运输有限公司 116a

蕉岭县国有皇佑笔林场 134a
蕉岭县招商和企业服务中心 139a
蕉岭县城镇集体企业联社 139b
蕉岭县供销合作社联合社 140a
蕉岭县金融工作局 145a
蕉岭县教育局 169a
蕉岭县蕉岭中学 171a
蕉岭县华侨中学 172a
蕉岭县镇平中学 173b
蕉岭县职业技术学校 174a
蕉岭县田家炳实验中学 175a
蕉岭县新铺中学 176b
蕉岭开放大学 177b
蕉岭田家炳师范学校 178b
蕉岭县融媒体中心（广播电视台） 179a
蕉岭县卫生监督所 185b
蕉岭县疾病预防控制中心 188a
蕉岭县人民医院 190a
蕉岭县中医医院 192a
蕉岭县妇幼保健计划生育服务中心 193b
蕉岭县文化广电旅游体育局 195b
蕉岭县社会科学界联合会 198a
蕉岭县民政局 199a
蕉岭县应急管理局 201a
蕉岭县人力资源和社会保障局 203a
蕉岭县长寿文化发展研究中心 208a
蕉岭县公共就业（人才）服务中心 208b
蕉岭县关心下一代工作委员会 209b
蕉城镇 212a
教育教学成绩 170a
教师队伍建设 170a
教学教研 171b
教学方面 174b
教学教研工作 177a
教育教学和管理工作 177b
教育教学工作 179a
节能降耗、绿色发展 157a
节能环保 232b
金融和保险业 44b
金融法治建设 146a
金融教育示范基地建设 147a
金融安全“防护网”建设 147b
经济发展 215b 219b 222a 227b
经济贸易 138a
经济运行 138a
经营目标任务考核 149a
经济责任审计 159a
经营指标 229b
精神文明建设工作 93a
就业创业 86a
就业工作 203b
就业再就业完成情况 208b
举办社科普及活动 198b

K

卡拉比—丘（梅州蕉岭）数学大会总结会暨“卡拉比—丘”数学小镇建设动员会 50b
开展关爱慰问 78a
开展庆祝中国共产党建党百年文艺创作和文艺作品展示 82b
开展党史学习教育 94a
开展社科课题调研 198b
开展各类关爱青少年活动 210b
开展公共就业服务 208b
康复服务 83a
抗击疫情 81a
科技、教育、文化、卫生和体育 44b
科研工作 91b
科技创新 138a
客户服务 121a
矿产资源管理 160a

L

蓝坊镇 225b
劳动关系 204a
劳动事务（人事）代理工作 209b
老干部队伍建设 88b

老旧小区改造 124a
老年健康服务 184a
理论武装 91a
立德树人，五育并举 172b
粮食物资储备 157b
亮点工作 160b
烈士纪念设施修缮 86b
林业 131a
林业产业 132b
零售工作 144a
路政管理 117a
落实巡察上下联动 70b
落实政党协商制度 94b
落实就业创业服务 209a
旅游资源 42b
履行服务职能 79a
履职服务 80b
履职评议 114a
履行社会责任 143a

M

毛竹产业 134b
矛盾化解 96a 112a
梅州市住房公积金管理中心蕉岭县经办业务分理处 100a
免疫规划 188b
民生福祉 214a 216b 220a 222a 224b 226b
民生审计 159a
民生实事 83a 218a 228b
民主监督 68a
民族宗教工作 95a

N

纳税服务 167b
南礤镇 227a
内部管理 154a
凝聚多方力量 200a
农业 43a 129a
农村建房整治 124a
农业产业化 129a
农业机械化 130b
“农村金融户户通” 150a
农村科技金融服务 150b

P

培训就业 83b
培训和宣传 189b
“平安蕉岭”建设 104b
平台建设 156b
平安建设 220b 223a 228b
普法教育 112b
普惠金融工作 153b
普通中小学教育 169a

Q

其他工作开展情况 187b
其他工作 205a
企业服务 234a
企业管理 118b
企业文化建设 155b
企业审计 159a
企业文化 232a
气候特征 41b
气象 136b
强化育人价值导向，抓实教风学风建设 173a
“侨胞之家”暖侨心 79b
侨界活动联侨谊 80a
倾力为民办实事 192b
庆祝中国共产党成立100周年系列活动 87a
全民国防教育 84b
《全粤村情·蕉岭卷》编纂出版工作 102a
群众性精神文明创建活动 93a

R

人民武装 84a
人才队伍建设 88b

入河排污口 128a
人才培养 182b
人防工程 124a
人口核减 137b
人口和计生工作 184b
日常卫生监督 185b

S
“三调”与测绘管理 160b
三项工程 204b
三圳镇 219a
扫黑除恶 105a
森林防火 131b 134a
森林资源保护 132a
森林资源 134b
森林防灭火 202b
山林纠纷调处 133a
商务工作 138b
设施建设 118a
社会治安综合治理 103a
社会责任 119b
社区矫正 111a
社会保障 137b
社会治理创新 155a
社区教育、老年教育 178b
社会福利保障 200a
社保工作 204a
社会保险基金管理 205b
社会保险宣传 205b
社会治理 214b
社会责任 233a
涉赌涉诈个人账户风险排查管控工作 152b
深化思想引领，把牢政治方向 72a
深化改革 82a
深化融资对接 145b
深入开展党史学习教育工作 198a
审判工作 109a
审批制度改革 124a
审计 158b
审计成果 158b
生产经营 232b
生态工程 131a
生态公益林 133a
生物多样性 133b
生态修复 134a
生态建设 226b
师德师风建设 176b
师资队伍建设 178b
“4·15”全民国家安全教育日活动 98a
十二届一次会议 67b
十一届六次会议 67b
实施妇儿规划 78a
食盐专营 143b
食盐市场的安全保障工作 143b
食品药品监督 162a
市域社会治理现代化 105a
市场拓展工作 149a
市场监督管理 161a
事业单位人事管理工作 88b
事业单位登记管理工作 90b
事业建设 180b
数字政府建设 99b
双拥工作 85a 85b
双统筹 205b
水务 135a
水利工作 135a
水行政管理 136a
税务 167a
税费管理 167b
司法行政 110b
司法为民 110a
思想政治建设 78b
思想政治建设 84a
思想理论武装 87a
诉讼监督 108a

T

台盟中央两岸融合发展交流营广东乡村振兴主题分营活动 57b
特色创建 174a
特色活动 176a
提案工作 68a
提取及贷款情况 100b
提升服务质量 199b
提升公共服务水平 200b
体育事业 197b
调查研究活动 98b
调整缴费标准和费率 205b
统筹规划，管理更优化 172b
统计 163a
统计数据质量 163a
突出政治引领 199a
土地房屋征收安置中心 126a
土地管理 159b
推进自身建设，夯实履职基础 72a
推进新时代文明实践中心（所、站）建设 94a
推进林长制 132b
退役军人事务管理 85b

W

挖掘长寿因子 推广长寿文化 208a
外培班工作 91a
外宣工作 91a
完成全面整体搬迁工作 193b
网络建设 119a
网络安全保障 120a
网点服务建设 148b
网点建设 150b
为民办事 107a
为民办事 133a
为民服务活动 148a
围绕中心大局，积极建言献策 72b
维护职工合法权益 74a
维护妇儿权益 78a
卫生健康 181a
卫生综合监督执法 183a
位置面积 41a
文史工作 68a
文体事业 83b
文艺活动 82b
文明创建 92a
文化建设 92b 191b
文明安全校园建设渐深入 172b
文化遗产 196b
文旅融合 197a
文福镇 221a
我为群众办实事 74a
“我为群众办实事”实践活动 100b
污染防治 127b

X

辖区妇幼保健工作 195a
先进规模 193b
县级机构改革工作 89b
县委县政府接待服务中心工作 96b
宪法民法典学习宣传 113a
乡村振兴 75b 81a 157a 206a 216a 217b 222b 224a 228a
乡镇体制改革工作 89b
项目建设 139a 156b
项目谋划工作 166b
项目申报 137b
校园安全管理 171a
新时代文明实践活动 82a
新冠疫情防控 83a
新阶层人士统战工作 95b
新媒体普法 113b
新农村建设 129b
新冠疫情防控 181a
新冠肺炎疫情防控 189a
新院搬迁 190a
新铺镇 215a
新能源 231b

"信访超市"建设　96a
信访工作　95a
信息化建设　103b
信息基础设施　119b
许可证核发　128b
宣传思想工作　82a
宣传报道工作　211a
选举任免　63a
学习贯彻中共十九届六中全会精神市委宣讲团报告会暨蕉岭县科级领导干部学习贯彻中共十九届六中全会精神专题研讨班　60a
学习贯彻统一战线条例　94b
学校管理　175b
畜牧业　130a

Y

烟草专卖　142b
烟叶生产　142b
严格落实疫情防控工作　194a
央行志愿服务品牌建设　146b
养护管理　116b
野生动物保护　132a
业务工作　137a
业务经营　154a
业务经营指标　155a
一体推进"三不"建设　70a
医疗保障　206b　206b
医疗服务　191a
医疗卫生体制改革　181b
依法监督　62a
依法治县　105a　110b
移民工作　137a
疫情防控　75b　105b　106a　118a　154b　156a　167b　185b　190b　218a　226a
疫情防控期间的金融服务　149a
营商环境　122b
营销网络建设　143a
营商环境优化　161a
优抚安置工作　85b
优化营商环境　157b
邮政　117b
邮政业务　117b
幼儿教育　169b
舆论宣传　92b
育长寿品牌　擦亮寿乡金字招牌　208a
"裕农通"助农金融服务体系建设　152b

Z

增值收益情况　100b
战备训练　84a
招生与人才培养工作　178a
招商引资　234a
镇村面貌　216a
征兵工作　84b
征拆工作　126b
"征信+整村授信"信贷模式建设　146b
征信服务水平建设　147b
正规化建设　85a
政府工作报告　64b
政府常务会议和县长办公会议　65a
政协蕉岭县委员会　67b
政治引领　75a
政务服务数据管理工作　98b
政务服务　99a
政法队伍教育整顿　104a
政治安全和维护社会稳定　104b
政银企对接机制建设　146b
政策落实跟踪审计　158b
政府建设　220b
支部党建工作　176b
支农支小服务　150a
执法监察与信访　160b
执法普法成效　187b
执行工作　109b
直管公房　124b
职业教育　169b

志愿服务 75b
制度建设 149b
质量技术监督 162a
质量管理 191b
治安防控 106b
智慧创新 121b
中共蕉岭县委员会 47a
中国共产党蕉岭县第十三届委员会
第十一次全体会议 47a
中国共产党蕉岭县第十三次代表大会
第六次会议 48a
中国共产党蕉岭县第十三届委员会
第十四次全体会议 55b
中国共产党蕉岭县第十三届委员会
第十五次全体会议 56b
中国共产党蕉岭县第十四次代表大会 58b
中共蕉岭县纪律检查委员会
蕉岭县监察委员会 69a
中国农工民主党广东省蕉岭县委员会 72a
中国共产主义青年团蕉岭县委员会 75a
中共蕉岭县委组织部 86a
中共蕉岭县委宣传部 91a
中共蕉岭县委统战部 94a
中国电信蕉岭分公司 119a
中国移动蕉岭分公司 119b
中国联通蕉岭分公司 120b
中石化蕉岭石油分公司 144a
中国人民银行蕉岭县支行 146a
中国农业银行股份有限公司
蕉岭县支行 148b
中国建设银行股份有限公司蕉岭支行 151b
中国工商银行股份有限公司
蕉岭支公司 153a
中国人寿保险股份有限公司
蕉岭支公司 154a
中国人民财产保险股份有限公司
蕉岭支公司 155a
中医药事业发展 184b
重点项目建设 65b
重点对象普法 113a
重点项目 119a
重大金融风险防范 147a
重点工作 164a 213a
主要民生实事 65b
主要会议召开情况 69a
主体班培训工作 90b
主题教育活动 98a
主要经济指标 139b
主要经济数据 233b
助力民生改善 68a
助力乡村振兴 77b
住房和城乡建设 123b
住房保障 124b
注重服务青年，助力创业发展 210b
注重政治引领，培育青少年爱国情操 210a
抓牢教育 108b
抓牢党风建设，凝聚党建合力 172a
专卖治理 142b
专项执法检查 186b
资产业务 153b
自然资源 42a
自身建设 63b
自然教育基地 133b
自然资源管理 159b
自然灾害防治 203a
综合执法 115b
综合治理 120b
组织体系建设 87b
组织收入 167a
做实做细监督首责 69b